Schlangen im Terrarium, Band 1

Ludwig Trutnau

Schlangen im Terrarium

Haltung, Pflege und Zucht
in zwei Bänden

Band 1
Ungiftige Schlangen

3., durchgesehene
und erweiterte Auflage
87 Farbfotos

E.U.
VERLAG
EUGEN
ULMER

Schlangen im Terrarium

Band 1: Ungiftige Schlangen
Band 2: Giftschlangen

CIP-Titelaufnahme der Deutschen Bibliothek

Trutnau, Ludwig:
Schlangen im Terrarium : Haltung, Pflege u.
Zucht ; in 2 Bd. / Ludwig Trutnau. – Stuttgart :
Ulmer

Bd. I. Ungiftige Schlangen. – 3., durchges. u. erw.
Aufl. – 1988
ISBN 3-8001-7199-6

Wollgrasweg 41, 7000 Stuttgart 70 (Hohenheim)
Printed in Germany
Einbandgestaltung: A. Krugmann, Stuttgart
mit einem Foto (Python reticulatus) von L. Trutnau
Satz und Druck: Schongauer Druckservice GmbH, Schongau

Vorwort

Auch Schlangen sind Tiere wie alle anderen Tiere auch. Dennoch ist unser Verhältnis ihnen gegenüber in den meisten Fällen psychologisch belastet.

Zu allen Zeiten und bei fast allen Völkern galt und gilt die Schlange als das Ebenbild des Bösen. Die Vorstellung, daß Schlangen hinterhältig, gefährlich, ja todbringend seien, ist tief verwurzelt und bestimmt unser Verhalten auch heute noch weitgehend. Unbesonnen, fast instinktiv handelnd, stellt man den Schlangen nach und vernichtet sie meist sinnlos, wo man sie findet. Die heimische, harmlose Ringelnatter ist dafür das beste Beispiel. Leider ist es sehr, sehr schwer, seinen Mitmenschen derartige, in der frühen Kindheit durch falsche Erziehung angeprägte Fehlvorstellungen auszureden. Es ist wohl kaum nötig festzustellen, daß man sich nicht einmal die Mühe gibt, die Wahrheit über diese zu Unrecht verachteten und verfolgten Geschöpfe zu erfahren. In fast allen Ländern der Erde stellt man Schlangen nach und bringt sie sinnlos um. Der fast einzige Grund hierfür ist der, daß diese Lebewesen in einer dem Menschen nicht passenden Gestalt geboren werden und sich wegen fehlender Gliedmaßen kriechend fortbewegen. Für die zahllosen naturkundlichen Laien ist das Grund genug, um Geschöpfe zu vernichten, die die Natur in mehr als 200 Millionen Jahren in ihren Schöpfungsakt mit einbezogen hat.

Der Verfasser, der seit mehr als 25 Jahren sowohl ungiftige Schlangen wie Giftschlangen in der Gefangenschaft pflegt und nachzüchtet, in ihrem natürlichen Lebensraum beobachtet und sammelt und damit ihre Lebensweise und ihr Verhalten studiert, sieht es als eine bedauerliche, aber um so notwendigere Aufgabe an, die Ablehnung gegenüber diesen faszinierenden Geschöpfen und die Unwissenheit über ihr Wesen mit zur Seite räumen helfen zu müssen. Er wendet sich aber nicht nur an den Laien, der Grundlegendes erfahren möchte, sondern in besonderem Maße an diejenigen, die sich eingehender mit Schlangen beschäftigen und über ihre erfolgreiche Haltung, Pflege und Nachzucht im Terrarium unterrichtet sein wollen. Während der Schlangenpfleger vergangener Jahrzehnte bestrebt war, seine Schlangen mit möglichst geringem technischen Aufwand lange bei guter Gesundheit zu erhalten und Nachkommenschaft sich dabei eher zufällig einstellte, ist in den letzten Jahren ein immer größer werdendes Interesse an einer gezielten Nachzucht zu beobachten. Planmäßiges Züchten über viele Generationen hinweg unter Nachahmung natürlicher Bedingungen wird in Zukunft immer mehr an Bedeutung gewinnen. Die Gründe hierfür sind eigentlich jedem bekannt: Die mehr und mehr um sich greifende Vernichtung natürlicher Lebensräume, aus Profitgier und Verantwortungslosigkeit und die damit parallel laufende Verminderung und Ausrottung fast sämtlicher Reptilien. Dabei bieten Nachzuchten außerdem den Vorteil, daß sie den Bedingungen in Terrarien besser angepaßt sind als Frischfänge. Ebenso wäre es notwendig, daß man Schlangen, die von der Wissenschaft zu Verhaltensstudien oder sonstigen Versuchen benötigt werden, nicht mehr wie bisher aus der Natur entnimmt, sondern dafür den in Gefangenschaft gezüchteten Nachwuchs verwendet. Die Zucht von Schlangen im großen Stil, namentlich von Giftschlangen zur Produktion von Schlangengift, hat daher auch eine wirtschaftliche und wissenschaftliche Bedeutung. Den Giftschlangenpfleger sollte man allerdings dringend davor warnen, irgendwie leichtsinnig mit diesen Tieren umzugehen.

Während sich bei der Zucht der meisten Aquarienfische kaum noch Probleme ergeben, steckt die Nachzucht fast aller Reptilien noch in den Kinderschuhen. Um zu ähnlichen Erfolgen wie die Aquaristik zu gelangen, werden noch viele weitere Erfahrungen gesammelt werden müssen. Ich hoffe, daß mein Buch auch in diesem Sinne einen Beitrag leisten kann.
Schließlich habe ich noch die angenehme Aufgabe, den Herren Bernd von Schoeders, Dr. Heinz Schröder, Bernd Schulz, Maurice Vanderhaege und Norbert Wittmann, die mir mit ihrem Rat bei Einzelfragen behilflich waren, meinen Dank auszusprechen. Dank schulde ich auch Herrn Wulff Frick, der mir einige Diapositive zur Verfügung stellte. Ebenso bin ich Herrn Dr. Heinz Wermuth und dem Eugen Ulmer Verlag dankbar, ohne deren Anregung und Hilfe dieses Werk nicht zustande gekommen wäre.

Altrich, im März 1979 Ludwig Trutnau

Vorwort zur 3. Auflage

Eine Erweiterung und Neubearbeitung der 3. Auflage meines Buches war aus einigen Gründen sinnvoll. Ergänzungen, soweit notwendig, fanden ihren Eingang in die einzelnen Kapitel. Der Umbenennung einiger Gattungsbezeichnungen wie z.B. der amerikanischen *Natrix*-Arten zu *Nerodia*, einiger asiatischer *Natrix*-Arten zu *Rhabdophis* und *Xenochrophis, Cyclagras gigas* zu *Hydodynastes gigas* oder *Xenodon merremi* zu *Waglerophis merremi* möchte ich noch nicht folgen, da die neuen Gattungsnamen noch umstritten und die alten den meisten Reptilienfreunden geläufiger sind.

Seit noch nicht zu langer Zeit werden zahlreiche neue, den meisten Terrarianern bisher unbekannte Schlangenarten und -unterarten in größerer Anzahl aus vorher kaum erreichbaren Gebieten (Festland China, Vietnam, Borneo usw.) nach Europa importiert und sind damit für alle Reptilienliebhaber allgemein zugänglich. Eine repräsentative Auswahl dieser Arten soll in der Neuauflage meines Buches, zum Teil auch im Bild, vorgestellt werden. Der Verfasser möchte damit zu einer verbesserten Haltung und Pflege anregen, um auf diese Weise noch günstigere Voraussetzungen für die immer notwendiger werdende Nachzucht zu schaffen. Da der Handel und die Haltung von Wildtieren, u.a. auch von Echsen, Schlangen, Schildkröten und Krokodilen, weltweit zugenommen haben, kam es zwangsläufig zu Schutzbestimmungen wie z.B. dem Washingtoner Artenschutzabkommen und zusätzlichen internationalen Regelungen, die einen schrankenlosen Verbrauch dieser Tiere reglementieren. Zahlreiche Arten, die auch heute noch aus dem Ausland ohne Schwierigkeiten zu uns gelangen, werden in Zukunft nicht mehr ohne weiteres verfügbar sein. Einzig aus Nachzuchten wird man künftig solche Tiere dann noch erwerben können.

Es ist durchaus denkbar, daß manche Arten, die heute bereits gefährdet sind, eines Tages nur noch in den Terrarien von Liebhabern und Zoologischen Gärten zur Fortpflanzung gebracht und ihre ehemaligen Lebensräume vielleicht durch Gefangenschaftsnachzuchten wieder „neubesiedelt" werden. Neben der persönlichen Befriedigung, die die Haltung von Reptilien bereitet, leisten schon heute zahlreiche Terrarianer durch systematisch betriebenes Nachzüchten einen wichtigen Beitrag zur Arterhaltung. Dieser Aufgabe ist auch der vorliegende Band gewidmet.

Dem Eugen Ulmer Verlag und Herrn Dr. Heinz Wermuth bin ich zu großem Dank verpflichtet, da sie mir geholfen haben, meine Ideen und Absichten in diesem Buch zu verwirklichen.

Altrich, im Oktober 1988 Ludwig Trutnau

Inhaltsverzeichnis

Die Schlangen in der Natur

Körperbau

Die Schlangen haben einen langgestreckten Körper ohne Gliedmaßen, sowie eine bemerkenswerte Beweglichkeit und Dehnfähigkeit ihrer Kieferknochen. Wir unterscheiden drei Körperabschnitte: Kopf, Rumpf und Schwanz. Der Hals ist äußerlich nicht oder allenfalls durch die schlankere Gestalt des vorderen Körperabschnitts erkennbar. Der gesamte Körper ist von einer festen Haut mit dachziegelartig übereinanderliegenden Schuppen und Schildern bedeckt.

Die Haut besteht aus drei Schichten, von denen die innerste die dickste ist. In ihr liegen die Pigmentzellen. Dic mittlere Hautschicht ist sehr dünn. Ihre Zellen, die in dauerndem Wachstum begriffen sind, werden kontinuierlich nach oben hin abgesondert. Sie sterben bald, verhornen und bilden so die oberste Hautschicht, die als hornige Epidermis alle Teile des Körpers überdeckt. Zwischen der mittleren und äußeren Hautschicht sondert sich von Zeit zu Zeit eine Flüssigkeit ab, die dem Schlangenkörper ein stumpfes und etwas milchiges Aussehen verleiht. Selbst die Augen sind davon betroffen, und das Sehvermögen der Schlange wird herabgesetzt. Dieser Zustand dauert einige Tage, ehe die „Häutungsflüssigkeit“ von den Hautschichten wieder aufgesaugt wird; das milchige Aussehen verschwindet. Jetzt reibt die Schlange mit der Schnauzenspitze über den rauhen Erdboden und streift dabei die Haut von der Innenseite her in einem Stück ab. So erneuert sich die Oberhaut durch Wachstum und Abnutzung von Zeit zu Zeit.

Die äußere Gestalt der Schlangen ist gleichförmig und ungegliedert, bedingt durch den Bau des Skeletts, das aus dem Schädel, der Wirbelsäule – diese kann bei einzelnen Arten bis zu 560 Wirbel betragen – und den Rippen besteht.

Zur Fortbewegung dienen die Bauchmuskeln und die frei endenden Rippen, die hebelartig in die Unebenheiten des Bodens gestemmt werden. Ein solch ausgesprochen geradliniges Vorwärtsgleiten, das an die Bewegungen eines Tausendfüßlers erinnert, erfolgt meist beim Abstreifen der hornigen Oberhaut. Auch manche Vipern, namentlich Vertreter der Gattung *Bitis*, bewegen sich häufig ohne seitliches Schlängeln. Bei schnellen Bewegungen auf unebenem Boden, beim Klettern auf Bäumen, im Gebüsch oder auf Felsen oder beim Schwimmen kommen jedoch die charakteristischen seitlichen Schlängelbewegungen erst richtig zur Geltung. Die Schlange drückt dabei die Rippen auf der einen Seite stärker nach vorn und auf der anderen Seite gleichzeitig nach hinten. Manche im Wüstensand lebende Schlangen – wie zum Beispiel die nordafrikanischen Hornvipern oder die gehörnten Klapperschlangen aus den USA – bewegen sich durch ein außerordentlich flinkes „Seitenwinden“ vorwärts. Hierbei schnellt der Vorderteil des Leibes seitlich nach vorn, während der Hinterleib nachgezogen wird. Die Schlange berührt den Boden an zwei Punkten, so daß eine eigenartige Hakenspur im Sand entsteht. Diese Bewegungen wiederholen sich mit großer Ausdauer blitzschnell, so daß die Schlange auf diese Weise große Strecken zurücklegen kann. Im Erdboden lebende Schlangen bewegen sich durch wühlende und bohrende Bewegungen fort. Bei den primitivsten Arten der im Boden wühlenden Schlangen finden sich noch Reste des Beckengürtels. Dies beweist ihre nahe Verwandtschaft zu den Echsen. Manche Seeschlangen besitzen zum schnelleren

Schwimmen einen vertikal abgeflachten Ruderschwanz. Ausgesprochene Baumschlangen können mit Hilfe ihrer Bauchschilde, die an den Seiten deutlich erkennbare Kanten besitzen, blitzschnell durch das Geäst fliehen.
Eine eigenartige Umwandlung haben die Lungen erfahren. Während die primitiven Formen zwei Lungenflügel besitzen, – der rechte ist größer als der linke – ist bei den höher entwickelten Schlangen nur noch der rechte anzutreffen. Der hintere Teil dient als Luftkammer, der vordere als Atmungsorgan. Entsprechend dem langgestreckten Schlangenkörper sind auch andere Organe in die Länge gestreckt, wie z. B. die Leber, die Nieren, der Magen und der Darm.
Aufmerksamkeit verdienen die Zähne, die beim Fang und Töten der Beute eine wichtige Rolle spielen. Entsprechend ihrem Aufbau unterscheidet man innerhalb der Schlangensystematik vier Zahntypen.
Die Lider sind vor dem Auge zu einer unbeweglichen, durchsichtigen „Brille" zusammengewachsen. Den viel zitierten starren Blick gibt es tatsächlich nicht. Die Augen sind vielmehr beweglich und arbeiten unabhängig voneinander. Das Sehvermögen ist unterschiedlich entwickelt. Bei den Wurmschlangen (Typhlopidae) sind die Augen zurückgebildet, während sie bei manchen baumbewohnenden Formen außerordentlich leistungsfähig sein können. Das Schlangenauge reagiert auf Bewegungen sehr empfindlich.
Eine äußere Ohröffnung fehlt. Schlangen können nicht hören, nehmen aber dennoch die geringsten Erschütterungen wahr.
Bemerkenswert ist außerdem das Jacobsonsche Organ, das im vorderen Gaumendach liegt und gut mit Nerven versorgt ist. Mit Hilfe der Zunge nimmt die Schlange nun Duftpartikel aus der näheren Umgebung auf und bringt sie vor die Öffnungen des Jacobsonschen Organs. Damit ist es der Schlange möglich, die Spur ihres Beutetieres zu verfolgen. Dieses merkwürdige Organ dient nicht allein dazu, Beute zu finden, sondern spielt auch eine wichtige Rolle im Aufspüren geeigneter Überwinterungsquartiere, im Zusammenfinden der Geschlechter und im Erkennen des Partners in der Fortpflanzungszeit. Bei einigen Schlangenfamilien sitzen am Kopf in grubenartigen Vertiefungen wärmeempfindliche Sinnesorgane, die die von warmblütigen Tieren ausgehenden Wärmestrahlen aufnehmen und es auf diese Weise den Schlangen ermöglichen, auch im Dunkeln ihre Beutetiere zu orten.
Ungefähr 10% der 2700 Schlangenarten, die man heute kennt, sind giftig.

Wachstum, Größe, Lebensdauer

Während Säugetiere im allgemeinen ihr Wachstum bei Erreichen der Geschlechtsreife einstellen, wachsen die meisten Reptilien ihr Leben lang, allerdings jedoch nicht immer gleichmäßig. Zeiten schnellen Wachstums wechseln ab mit Perioden in denen die Tiere nur sehr langsam wachsen. In der Jugend wachsen Schlangen schneller als im Alter und während der Überwinterung wird das Wachstum verlangsamt oder hört ganz auf. Für das Wachstum sind ein hinreichendes Nahrungsangebot, Temperaturen und Licht wesentlich. Darum lassen sich auch in Gefangenschaft gehaltene Schlangen nicht mit Artgenossen vergleichen, die in ihrer natürlichen Umwelt leben, da die Nahrungs- und Temperaturverhältnisse jeweils ganz andere sind. Ein Netzpython *(Python reticulatus)*, den der Verfasser im Oktober 1968 erhielt, wuchs in 9 Jahren von ungefähr 2 m auf über 5 m heran. Mein afrikanischer Felsenpython *(Python sebae)* wuchs im Verlauf von 10 Jahren von 1,2 m auf 4,5 m heran. Junge Abgottschlangen *(Boa constrictor)* haben kurz nach dem Schlüpfen eine Körperlänge von 40–50 cm. Am Ende des ersten Jahres messen sie ungefähr 80 cm. Kornnattern *(Elaphe guttata)*, die bei der Geburt 20–24 cm lang sind, erreichen bei guter Fütterung in 3 Jahren eine Länge von über 120 cm. Eine der sorgfältigsten Aufzeichnungen über das Wachstum eines dunklen Tigerpythons

(Python molurus bivittatus) stammt von Clifford H. Pope. Am 10. Februar 1946 hatte die genannte Riesenschlange eine Länge von 102 cm, ein Jahr später war sie 175 cm lang. Ende September 1947 erreichte sie die Länge von 251 cm. Ende Mai 1948 maß sie über 3 m. Danach wurde ihr Wachstum langsamer. Im Oktober 1956 erreichte sie nach 11jähriger Gefangenschaft eine Länge von 360 cm. Im Januar 1960 wurde sie zum letzten Mal gemessen und hatte nun eine Länge von 390 cm. Für das Wachstum junger Kreuzottern *(Vipera berus)* gibt Volsoe folgende Maße an: Ein Jungtier war im August 16 cm und im Winter 17 cm. Ein Jahr später war es 26 cm, nach zwei Jahren 35 cm, nach drei Jahren 43 cm und im fünften Jahr 47 cm lang. Nach Klauber wachsen Präriekiapperschlangen *(Crotalus viridis)* in vier Jahren und zehn Monaten von 28 auf 90 cm. Östliche Diamantklapperschlangen *(Crotalus adamanteus)* des Verfassers, die bei der Geburt eine ungefähre Länge von 35 cm hatten, erreichten nach drei Jahren 100–120 cm.

Die Körperlänge einer lebenden Schlange läßt sich annähernd genau abschätzen, wenn sie an einer Glasscheibe oder Wand entlang kriecht. Messungen an lebenden, sich bewegenden Schlangen sind dennoch oft ungenau und selbst Häute entsprechen nicht der wirklichen Körperlänge, daß sie sich besonders im frisch abgezogenen Zustand nach allen Seiten hin dehnen. Wer eine Schlange im Freien flüchten sieht, überschätzt meist deren Körperlänge.

Wie lang werden Schlangen eigentlich? Diese häufig gestellte Frage ist nicht leicht zu beantworten. Die längsten Schlangen gehören zur Familie der ungiftigen Riesenschlangen. Allerdings werden nur einige von ihnen größer als 9 m, während die Anzahl der kleineren und mittelgroßen Arten überwiegt. Anakonda *(Eunectes murinus)* und Netzpython *(Python reticulatus)* sind nur in Ausnahmefällen etwas länger als 10 m. Der asiatische Tigerpython *(Python molurus)* und der afrikanische Felsenpython *(Python sebae)* erreichen 7 m oder ein wenig mehr. Wohl die bekannteste aller Riesenschlangen ist die bereits erwähnte *Boa constrictor,* die kaum länger als 4,5 m wird. Es gibt Berichte über 16 m lange Anakondas *(Eunectes murinus).* Ob diese Angaben der Wirklichkeit entsprechen ist zweifelhaft, da es noch nicht einmal gelungen ist, einen authentischen Nachweis für eine Anakonda von 10 m zu erbringen. Die New Yorker Zoologische Gesellschaft hat vor vielen Jahren einen Preis von 5000 Dollar für eine Anakonda von 10 m ausgesetzt. Diese Prämie konnte man bis heute nicht auszahlen.

Die längsten Giftschlangen sind die Königskobra *(Ophiophagus hannah),* die Schwarze Mamba *(Dendroaspis polylepis)* und der Taipan *(Oxyuranus scutellatus),* die Längen von etwas mehr als 5 m, 4 m und 3 m erreichen können. Der Buschmeister *(Lachesis mutus)* und die östliche Diamantklapperschlange *(Crotalus adamanteus)* werden ausnahmsweise etwas länger als 3 m und 2,5 m.

Wahre Zwerge findet man unter den Wurmschlangen der Gattung *Leptotyphlops* und *Typhlops,* die oft nicht größer als 20–30 cm werden. Erwartungsgemäß erreichen tropische Formen größere Ausmaße als ihre Verwandten aus gemäßigten Zonen. In den Tropen sind die klimatischen Bedingungen und das Nahrungsangebot für Reptilien günstiger, so daß die Voraussetzungen für ein ununterbrochenes Wachstum das ganze Jahr hindurch gegeben sind.

Die Lebensdauer der Schlangen variiert von Art zu Art sehr. Große Formen haben eine größere Lebenserwartung als kleine. Zuverlässige Daten über die Lebensdauer in Freiheit lebender Schlangen sind spärlich. Von Arten, die in der Gefangenschaft gepflegt werden, weiß man darüber doch genaueres: Schwarzweiße Kobra *(Naja melanoleuca)* 29 Jahre, Anakonda *(Eunectes murinus)* 28 Jahre, Regenbogenboa *(Epicrates cenchria maurus)* 27 Jahre, Wassermokassinotter *(Agkistrodon piscivorus)* 21 Jahre, Kornnatter *(Elaphe guttata)* 21 Jahre, Afrikanischer Felsenpython *(Python sebae)* 20 Jahre, Nördlicher Kupferkopf *(Agkistrodon contortrix mokasen)* 18 Jahre, Texasklapperschlange *(Crotalus atrox)* 18

Jahre, Louisiana-Milchnatter *(Lampropeltis triangulum amaura)* 18 Jahre, Nördliche Pazifikklapperschlange *(Crotalus viridis oreganus)* 17 Jahre, San Diego-Bullennatter *(Pituophis melanoleucus annectens)* 15 Jahre, Kettenklapperschlange *(Sistrurus catenatus)* 14 Jahre, Schwarze Rattennatter *(Elaphe obsoleta obsoleta)* 13 Jahre, Rosenboa *(Lichanura roseofusca)* 12 Jahre, Ringelnatter *(Natrix natrix natrix)* 11 Jahre. Eine Weißlippen-Bambusotter *(Trimeresurus albolabris)* des Verfassers lebt seit 18 Jahren in Gefangenschaft.

Ernährung

Im Gegensatz zu zahlreichen Echsen und Schildkröten sind Schlangen ausschließlich Fleischfresser. Je nach der Art, der sie angehören, ernähren sie sich von Säugetieren, Vögeln, Amphibien, Fischen und wirbellosen Tieren wie z. B. Insekten, Spinnen, Tausendfüßlern, Skorpionen, Würmern und Schnecken. Einige Formen haben sich hauptsächlich auf Reptilien spezialisiert und verzehren als typische Schlangenfresser selbst schwächere Vertreter ihrer eigenen Art. Während viele Schlangen durchaus nicht einseitig in ihrer Ernährung sind, bevorzugen einige Gattungen und Arten nur eine ganz bestimmte Nahrung und hungern sich lieber zu Tode, als daß sie etwas anderes fressen. Ein Beispiel hierfür sind die bekannten Eierschlangen der Gattungen *Dasypeltis* und *Elachistodon,* die nur Eier fressen. Eine Unterfamilie von Baumnattern, die Dipsadinae, die nur sehr gelegentlich im Terrarium gehalten wird, lebt ausschließlich von Schnekken.

Im Gegensatz zu den gleichwarmen Säugetieren und Vögeln sind die wechselwarmen Schlangen nicht so sehr auf eine regelmäßige Nahrungsaufnahme angewiesen. Ihr geringer Stoffumsatz erlaubt ein wochen- oder gar monatelanges Warten auf eine geeignete Beute. Der Schlangenschädel ist sehr beweglich. Meist halten elastische Sehnen, Bänder und Muskeln die Schädelknochen zusammen. So wirkt der Schädel wie ein Hebelapparat und ist zum Einwürgen auch großer Beutetiere hervorragend geeignet. Die Beute wird mit den leicht nach innen gekrümmten und nadelscharfen Zähnen blitzschnell gepackt und erfolgreich festgehalten. Die meisten Arten besitzen zwei Reihen von Zähnen im Oberkiefer und eine Reihe im Unterkiefer. Je mehr sich ein Beutetier jetzt noch zur Wehr setzt, desto tiefer dringen die Zähne der Schlange in seinen Körper ein.

Das Aufspüren, Erjagen und Töten der Beute läuft auf verschiedene Weise ab. Wassernattern haben gute Augen und reagieren besonders auf Bewegungen. Sie sichten einen hüpfenden Frosch oder schwimmenden Fisch meist auf der Stelle, verfolgen und packen ihn und würgen ihn lebend hinunter. Der Geruchsinn spielt dabei eine nicht unerhebliche Rolle. Kletternattern ersticken kleinere Säugetiere oder Vögel dadurch, daß sie den Kiefer kraftvoll zusammenpressen oder ihre Beute gegen den Untergrund drücken. Größere und wehrhafte Säugetiere werden durch mehrmaliges Umschlingen erwürgt. Auf diese Weise erjagen zahlreiche Nattern und Riesenschlangen ihre Futtertiere. Die Giftschlangen verfügen über eine aufs zweckmäßigste ausgebildete Waffe mit der sie ihr Opfer lähmen und töten. Das Gift bildet sich in zwei Giftdrüsen, die zu beiden Seiten des Kopfes hinter den Augen liegen. Im chemischen Aufbau ist es nicht einheitlich, sondern besteht aus verschiedenen hochkomplizierten Enzymgemischen. Zwei Bestandteile wirken im wesentlichen auf die Beute ein: der eine schädigt das Nervensystem, der andere das Blut. Bei Giftnattern und Seeschlangen überwiegt in der Regel der nervenschädigende Anteil (Tod durch Lähmung des Atemzentrums), bei den Vipern und Grubenottern der blutschädigende Teil. Zugleich leitet das Gift die Verdauung der Beutetiere ein und entspricht damit dem Speichel der Säugetiere. Tatsächlich sind die Giftdrüsen auch umgebildete Speicheldrüsen. Das farblose, gelbliche, orangefarbene oder grünstichige Gift wird mit den beiden nadelscharfen Giftzähnen im

Bruchteil einer Sekunde in das Beutetier injiziert. Zuweilen läuft dieser Vorgang so schnell ab, daß er vom menschlichen Auge kaum wahrgenommen wird. Die Giftzähne stehen bei einigen Formen vorn senkrecht im Oberkiefer, bei anderen sind sie weiter hinten im Rachen und wenig beweglich. Andere Formen wiederum können die Giftzähne aufrichten und in Schleimhautfalten einklappen. Während die meisten ungiftigen Nattern und Giftnattern in erster Linie ihre Beute mit Hilfe ihres Seh- und Geruchsinnes aufspüren und verfolgen, wartet die Mehrzahl der Vipern und Grubenottern wie auch zahlreiche Riesenschlangen wie Ansitzjäger auf ihre Beute. Das Opfer läuft ahnungslos an seinem Feind vorbei. Ein blitzartiges Zuschnappen, und das Beutetier ist durch den Giftbiß tödlich verletzt oder kann sich nicht mehr aus der Umschlingung lösen.
Die getötete Beute wird am Kopf ergriffen, seltener von hinten und, um ein schnelles Herabgleiten beim Schlingvorgang zu ermöglichen, reichlich mit Speichel überzogen. Den Verdauungsvorgang leiten die stark zersetzend wirkenden Verdauungssäfte ein und führen ihn zu Ende. Die in den Verdauungssäften enthaltenen Enzyme zerlegen Eiweißstoffe, Fette und Kohlenhydrate in einfachere Bestandteile, die der Körper aufnehmen und verwerten kann. Als chemischer Vorgang hängt die Verdauung stets auch von der Tempertur ab. Schlangen verdauen schneller und gründlicher bei den von ihnen bevorzugten Temperaturen zwischen 25–32 °C als bei 15–20 °C. Nach einer Mahlzeit ziehen sie sich an einen Ort zurück, der ihnen die zur Verdauung notwendige Temperatur, Ruhe und Schutz bietet. Unter normalen Umständen dauert die Verdauung bei einer gesunden Schlange nicht länger als 3–8 Tage, selbst wenn sie viel später exkrementiert, wie man es beispielsweise von Vertretern der Gattung *Bitis, Boa, Python* und anderen her kennt. Entsprechend der Umgebungstemperatur erfolgen die breiförmigen Ausscheidungen nach einem oder mehreren Tagen, Wochen oder gar Monaten nach der Nahrungsaufnahme. In den Schlangenexkrementen findet man als unverdauliche Bestandteile Haare, Federn, Zehennägel, Zähne, Schuppen und das Eihäutchen.
Schlangen fressen in größeren Zeitabständen. Dies steht sicherlich mit der Fähigkeit in Verbindung, große Nahrungsmengen auf einmal zu verzehren. Die Angaben über die Häufigkeit der Nahrungsaufnahme von Schlangen in ihrem natürlichen Lebensraum sind spärlich und ungenau. Die Häufigkeit der Nahrungsaufnahme hängt mit der Größe der verschlungenen Beutetiere zusammen. Von Schlangen, die in Gefangenschaft gehalten wurden, weiß man, daß man junge Exemplare wenigstens einmal wöchentlich hinreichend füttern muß. Erwachsene Schlangen lassen sich bei einer Mahlzeit alle 2–4 Wochen jahrelang bei guter Gesundheit halten. Nach meinen Feststellungen ist eine etwas knappere Ernährung zuträglicher als eine ständige Überfütterung, die die Tiere zwar Höchstmaße an Länge und Gewicht in kürzerer Zeit erreichen läßt, die andererseits aber lebensverkürzend wirkt und der Fortpflanzung hinderlich ist.

Fortpflanzung

Wie bei den übrigen Reptilien findet auch bei den Schlangen eine innere Befruchtung statt. Die Fortpflanzung der Schlangen ist auf der nördlichen wie auf der südlichen Halbkugel an festgelegte Jahreszeiten mit periodisch verlaufenden Temperaturschwankungen gebunden. Obwohl es auch im Herbst zur Paarung kommen kann, findet sie in der Regel nach der Überwinterung im Frühjahr statt. In günstigen Fällen vermehren sich Schlangen jährlich, meist jedoch im Zyklus von 2 Jahren. Als Einzelgänger kennen Schlangen kein Sozialverhalten, doch versammeln sich zur Fortpflanzungszeit an bestimmten Stellen oft zahlreiche Exemplare beider Geschlechter. Vor der Paarungszeit führen sonst ortstreue Arten mehr oder weniger weite Wanderungen aus. So finden die Geschlechter zusammen.

In vielen Fällen ist es nicht einfach, die Geschlechter auf den ersten Blick hin voneinander zu unterscheiden, da die Geschlechtsorgane im Innern des Körpers liegen. Bei erwachsenen Exemplaren deuten einige Merkmale auf das Geschlecht hin. Beim Männchen kann man von der Kloake ausgehend ein längeres Schwanzende als beim Weibchen feststellen. Männchen sind oft nicht nur bunter und anders gefärbt als die Weibchen, sondern auch länger und kräftiger im Körperbau. Die Geschlechtsorgane männlicher Schlangen liegen in der Schwanzwurzel hinter der Kloake. Sie treten stets paarig auf und werden Hemipenis genannt. Solch ein Hemipenis ist äußerlich stachlig oder faltig. In der Mitte der Innenseite besitzt er eine Rinne, die vom Samenleiter ihren Ausgang nimmt. Bei der Paarung wird nur ein Hemipenis in die Kloake des Weibchens eingeführt, wo er sich mit den Stacheln für einige Stunden verankert. Während dieser Zeit führt das Männchen mit seinem Geschlechtsorgan pumpende Bewegungen aus. Beide Tiere sind sichtlich erregt.

Die Geschlechter erkennen sich nicht nur an den aus den Postanal- und Hautdrüsen austretenden Geruchsabsonderungen, sondern auch optisch und vor allem an den angeborenen, arttypischen und stets erblichen Verhaltensmustern. Jeder Paarung geht irgendeine Form der Werbung voraus.

Bei manchen Schlangen, z. B. bei der Äskulapnatter *(Elaphe longissima)* und der Zornnatter *(Coluber viridiflavus)*, beißt sich das Männchen während der Paarung am Hals des Weibchens fest. Bei zahlreichen Arten und Gattungen findet sich ein ausgeprägtes Balzverhalten. Wenn zwei oder mehrere Männchen aufeinandertreffen, kommt es unter den Rivalen zu ritualisierten kämpferischen Auseinandersetzungen, die an mittelalterliche Turnierkämpfe erinnern. Die Schlangentänze, die ausschließlich die Männchen ausführen, ziehen sich zuweilen über Stunden hin. Ein derartiger Rivalitätskampf, den man auch als Kommentkampf bezeichnet, ist ein bemerkenswertes Schauspiel. Er läuft stets ohne Verletzungen ab. Die Gegner kriechen übereinander und umschlingen sich mit den Hinterleibern. Sie stellen ihre Vorderkörper schräg empor, legen die Köpfe aneinander und versuchen, sich mit kräftig ausgeführten Seitwärtsbewegungen gegenseitig zu ermüden. Schließlich gibt der schwächere Partner auf. Das Männchen kriecht vor der Paarung neben dem Weibchen her oder über dessen Rücken, wobei es allerlei stoßartige Bewegungen ausführt und mit dem Körper und Kopf zuckt. Mit seinem Kopf reibt das Männchen über den Rücken des Weibchens, untersucht es züngelnd am ganzen Körper und macht einen überaus erregten Eindruck. Das Weibchen beantwortet die Berührungen des Männchens mit leichten Körperzuckungen und lebhaften Schwanzbewegungen. Auf dem Höhepunkt des Paarungsvorgangs liegen beide Schlangen lang ausgestreckt neben oder übereinander. Mit seinem Schwanz umschlingt das Männchen den Schwanz des Weibchens und bringt ihn in eine günstige Lage, um den Hemipenis in die Kloake einzuführen. Die Begattungszeit dauert wenige Minuten bis viele Stunden und in Ausnahmefällen sogar Tage. Während der Vereinigung reagieren beide Partner in gedämpfter Erregung. Oft liegen sie lang ausgestreckt und ihre Körper zeigen in die entgegengesetzte Richtung. Wenn sich das Weibchen nach vorn oder zur Seite bewegt, rutscht das Männchen geschickt hinterher ohne sich aus der Paarungsstellung zu lösen. Durch ständige wellenförmige Bewegungen umschlingen und entknäueln sich beide Tiere abwechselnd. Viele Schlangenweibchen stellen früher oder später nach der Paarung die Nahrungsaufnahme ein und fressen erst wieder nach Absetzen der Eier oder der Geburt der Jungschlangen.

Die weißen oder grauweißen Eier sind meist von elliptischer Gestalt und mit einer pergamentartig derben Eihaut umkleidet. Sie besteht aus 9–10 Schichten, die so gelagert sind, daß die einzelne Faser jeder Schicht im rechten Winkel zur nächsten steht. Je nach Art sind Eier mehrere Zentimeter lang. Im Innern enthalten sie genügend Dotter zur Ernährung des heranwachsenden Embryos. Die Eiablage erfolgt meist 4–16 Wochen nach der Paarung. Die Zahl der gelegten Eier ist typisch für eine bestimmte Art. Bei den großen Riesenschlangen können es über 100 sein. Vor der Eiablage sind die Weibchen unruhig und kriechen oft pausenlos umher, um einen günstigen Platz für das Gelege zu finden. Dort stößt das Weibchen die Eier in kürzeren oder längeren Zeitabständen unter wellenartigen Bewegungen des Hinterleibes aus. Sie sind von einer klebrigen Flüssigkeit überzogen und haften daher bald fest aneinander. Die Weibchen setzen ihr Gelege gewöhnlich in den Boden, in Sand, in Humus, in Moos, in Laub-, in Torf- oder selbst Kompost- oder Misthäufen, unter Steinen, in Mauer- und Felsspalten, unter Baumstämmen und altem Holz, in und unter Termitenbauten und in allerlei Ritzen und Spalten, dort wo in der Regel die für die Entwicklung günstigsten Temperatur- und Feuchtigkeitsbedingungen herrschen. Nach der Eiablage kriecht das Weibchen davon und kümmert sich dann nicht mehr um das Gelege.

Abgesehen von wenigen Ausnahmen – *Pythons,* einigen ungiftigen Nattern und Giftnattern – kennen Schlangen keine Brutpflege. Die *Python*-Arten brüten ihre Eier aus. Dabei legt sich das Muttertier mit seinem Körper und seinem Kopf auf und um das Gelege. Manche Arten führen hin und wieder Zuckungen aus, um so eine günstige Bruttemperatur zu erzeugen. Während des Brütens erhöht sich die Körpertemperatur der sonst wechselwarmen Schlange um mehrere Grad Celsius. Temperaturmessungen ergaben, daß die Temperatur zwischen den Windungen eines brütenden Pythons bis zu 7 °C höher lag als die der Umgebung.

Über die Entwicklung der Eier entscheidet der Zufall. Die Temperatur hat einen beträchtlichen Einfluß auf die Entwicklungsdauer der Embryonen. Die Inkubationszeit, die im Durchschnitt 2–3 Monate beträgt, kann sich beispielsweise bei der Boomslang *(Dispholidus typus)* auf 6–7 Monate ausdehnen. Das Ei enthält hinreichend Aufbaustoffe für den heranwachsenden Organismus. Im Innern des Eies ist der Keimling durch die Nabelschnur mit dem Dottersack verbunden, der ein Nahrungsreservoir darstellt. Er ist von einer mit Flüssigkeit gefüllten Hülle eingeschlossen, die man als Amnion bezeichnet. Amnion und Dottersack sind von einer Ausstülpung des entodermalen Enddarmes umhüllt, der sogenannten Allantois. Im Verlauf der Embryonalentwicklung schrumpft der Dottersack, und die Allantois vergrößert sich, wobei sie als embryonale Harnblase und gleichzeitig dem Gasaustausch dient. Eine weitere Membran, das Chorion umhüllt Allantois, Amnion, Dottersack und Embryo. Am Ende der Inkubationszeit zeigen Falten und Längsrisse auf der Eioberfläche an, daß bald mit dem Schlüpfen der Jungen zu rechnen ist. Sie entwickeln auf der Schnauzenspitze eine scharfe Kante, den Eizahn, mit dessen Hilfe sie von innen her die Eischale aufschlitzen und sich so den Weg in die Freiheit bahnen. Bald häuten sie sich und sind nun voll lebensfähig und ganz auf sich selbst gestellt. Zahlreiche Schlangenformen legen keine Eier. Sie halten die Eier im Körper zurück, wo sie zur Entwicklung gelangen und bringen somit vollentwickelte, „lebende“ Junge zur Welt. Die Jungtiere sind in ein durchsichtiges Eihäutchen eingeschlossen, das sie unmittelbar nach der Geburt durchstoßen. Da sie vollständig entwickelt sind, stimmen sie wie verkleinerte Wiedergaben in allen wesentlichen körperlichen Merkmalen und Verhaltensweisen mit ihren Eltern überein. Das Gebären voll entwickelter Jungtiere kommt vor allem bei einer Reihe von Nattern, Boa-Schlangen, echten Vipern und Grubenottern vor. Als Grund dafür dürfte die Vorsorge gegen verschiedene, für die Arterhaltung ungünstige Umweltfaktoren gelten. In der gemäßigten Klimazone Nordeuropas z. B. kann sich eine trächtige Glattnatter oder Kreuzotter je nach Bedarf den wärmenden Sonnenstrahlen aussetzen und so ihre Körpertemperatur regeln, wie es für ein optimales Gedeihen ihrer im Körper befindlichen Nachkommenschaft von Vorteil ist.

Winterruhe

Die meisten Schlangen der gemäßigten und subtropischen Klimazonen mit ausgeprägten Temperaturunterschieden zwischen Sommer und Winter schalten eine periodisch verlaufende Winterruhe ein, die nach der Dauer der Kälteeinwirkung zwischen 2 und 9 Monaten liegen kann. Bei der Winterruhe der Schlangen handelt es sich nicht ausschließlich, wie man irrtümlicherweise oft annimmt, um eine der Wintertemperatur parallel verlaufende Reaktionslosigkeit. Ich bin keineswegs der Meinung, daß die sogenannte Winterstarre nur durch niedrige Temperaturen verursacht wird. Vor dem Eintreten der winterlichen Temperaturverhältnisse ändert sich die Stoffwechsellage der Schlangen, bedingt durch die jahreszeitlich auftretenden Hormonausschüttungen. Diese Hormonausschüttungen und der veränderte Stoffwechsel leiten die mehrmonatigen Ruhezustände vor Eintreten des Winters ein. Bereits im Spätsommer beenden zahlreiche Schlangenarten ihre Nahrungsaufnahme. Sie werden von einer starken inneren Unruhe getrieben und kriechen pausenlos umher, um so günstige Überwinterungsplätze zu finden. Auch im Terrarium kann man alljährlich dieses Verhalten beobachten.
Als wechselwarme Organismen können Schlangen ihre Körpertemperatur nicht selbständig regulieren. Um überleben zu können, müssen sie rechtzeitig vor Eintritt der winterlichen Kälte eine geschützte Stelle gefunden haben. Derartige Überwinterungsplätze mit weitgehend konstanten Temperatur- und Feuchtigkeitsverhältnissen liegen meist im Boden, unter Wurzelwerk, in Mauern und Felsspalten, in Geröllhalden und an ähnlichen Stellen. Hier verbringen die Schlangen die Wintermonate. Alle ihre Lebensäußerungen wie Herzschlag, Atmung und der gesamte Stoffwechsel sind stark herabgesetzt. Die Tiere haben während der Aktivitätsperiode Nahrungsvorräte in Form von Fett im Bindegewebe gespeichert. Die Fettreserven und der gleichzeitig herabgesetzte Stoffwechsel erlauben es den Tieren, monatelang schadlos bei niedrigen, etwas über dem Gefrierpunkt liegenden Temperaturen ohne Nahrung auszukommen. Sie sterben jedoch, wenn die Temperatur unter 0°C sinkt. Die winterliche Ruhepause braucht nicht unbedingt ein ununterbrochener Vorgang zu sein. Besonders in südlichen Gebieten wird die Winterruhe an warmen Tagen unterbrochen. Nicht selten findet man Schlangen bei einem kurzzeitigen Sonnenbad vor ihrem Winterquartier, das sie bei der geringsten Störung fluchtartig aufsuchen.
Zahlreiche Schlangen überwintern einzeln. Andere scheinen eine gesellige Überwinterung, oft in enger Gemeinschaft mit anderen Arten, zu bevorzugen. Das ist besonders an Stellen mit günstigen Bedingungen der Fall. So entdeckte man bei Erdarbeiten Winterquartiere, die gleichzeitig Glattnattern *(Coronella austriaca)*, Ringelnatter *(Natrix natrix)* und Kreuzottern enthielten. Die größte Zahl gemeinsam überwinternder Schlangen hat man in Norwegen gefunden; es sollen ungefähr 800 Kreuzottern gewesen sein. Ähnlich große Ansammlungen von Schlangen in der Überwinterung sind in Nordamerika gefunden worden. So wurden bei Manitoba an einer Stelle 148 Grüne Grasschlangen *(Opheodrys vernalis)*, 101 Rotbauchschlangen *(Storeria occipitomaculata)* und 8 Prärie-Strumpfbandnattern ausgegraben, die gemeinsam überwinterten.
Schließlich sei auch kurz auf die Sommerruhe hingewiesen. Während der heißen, trockenen Jahreszeit ziehen sich die Schlangen bei zu hohen Außentemperaturen an dunklere, feuchtere und kühlere Plätze zurück.

Verbreitung, Klimaansprüche und Lebensraum

In fast sämtlichen Erdteilen kommen Schlangen vor. Auch die Schlangen unterliegen den allgemeinen Gesetzen der Verbreitung. In Nordeuropa sind sie bis in die Polarzone vorgedrungen. In Skandinavien jedoch kaum über den 67. Breitengrad hinaus. Auf der Südhalbkugel reicht die Verbreitung bis ungefähr zum 44. Breitengrad. Im Bereich einiger tropischer Meere treten Schlangen nur örtlich auf. Auf vielen Inseln kommen sie in großer Zahl vor, auf anderen überhaupt nicht. Sie fehlen auf Neuseeland, auf den Azoren, auf den Bermudas, auf Hawai, in Irland, in Island und in der Antarktis. Die geographische Verbreitung der heute lebenden Arten ist hauptsächlich von den klimatischen Verhältnissen abhängig, dabei spielt die Temperatur die Hauptrolle. Je höher man im Gebirge emporsteigt, desto geringer ist die Anzahl der Arten, entsprechend den sinkenden Durchschnittstemperaturen. Schlangen findet man bis in 4500–4900 m, so z. B. in Nepal noch in Höhenlagen von 4900 m die kleine Himalaya-Grubenotter *(Agkistrodon himalayanus)*. Die Berg-Puffotter *(Bitis hindii)* kommt in den Kinangop- und Aberdare-Bergen in Kenya noch in 3100 m vor. Der Verfasser sammelte in Mexiko bei El Limon Totalca in der Umgebung des Orijaba-Berges in über 3100 m die Hochplateau-Klapperschlange *(Crotalus triseriatus)*. Auch die Treppen-Strumpfbandnatter *(Thamnophis scalaris)* ist in Mexiko noch in über 4000 m Höhe anzutreffen. Die meisten Schlangenarten leben jedoch in der Ebene, im Hügel- und niederen Bergland. Je mehr man sich dem Äquator nähert, um so reichhaltiger wird die Schlangenfauna. Daher trifft man die größte Artenfülle und Formenmannigfaltigkeit in den Tropen an, wo optimale Lebensbedingungen wie weitgehend gleichbleibende Temperaturen, Licht, Feuchtigkeit, Nahrung und Versteckplätze in Hülle und Fülle vorhanden sind. In diesen Lebensräumen treten neben kleinen Arten zugleich auch Riesenformen auf. Da die Verbreitung einer Schlangenart sich aus dem Körperbau, aus Lebensansprüchen und der damit gegebenen Ausbreitungsfähigkeit, weiterhin durch das Alter der Art wie durch klimatische und geographische Veränderungen ergeben hat, ist es naheliegend, daß jeder Erdteil eine eigene Schlangenfauna aufweist. Der Ausbreitungsfähigkeit sind jedoch durch Gebirge, große Flüsse, Meeresarme und Klimawechsel natürliche Grenzen gesetzt.

Man unterscheidet 6–8 Landtierregionen, die vor allem durch Tierordnungen, -familien, -unterfamilien oder ausgeprägte Gattungen gekennzeichnet sind, die anderwärts heute nicht vorkommen. Diese tiergeographischen Regionen sollen nun mit den dort jeweils typischen, zum Teil endemischen (d. h. nur in der jeweiligen Region vorkommenden) Schlangengruppen kurz beschrieben werden:
Die *holarktische* Region umfaßt die gemäßigten und kalten Zonen der nördlichen Erdhalbkugel. Kennzeichnend für dieses Gebiet ist die Familie der Nattern (Colubridae) mit zahlreichen Gattungen. Diese sind wieder in viele Arten aufgegliedert, wie z. B. die Gattungen der Schwimmnattern *(Natrix)*, der Strumpfbandnattern *(Thamnophis)*, der Zornnattern *(Coluber)*, der Kletternattern *(Elaphe)*, der Königsnattern *(Lampropeltis)* u. a. Während sich Europa, Afrika und Asien durch die Fülle der echten Vipern (Viperidae) auszeichnet, sind die Grubenottern (Crotalidae) hauptsächlich in Nordamerika und Ostasien vertreten. Einige Arten haben eine erstaunlich weite Verbreitung, andere treten nur örtlich und oft durch weite Räume voneinander getrennt auf. Die Ringelnatter *(Natrix natrix)* und die Würfelnatter *(Natrix tessellata)* sind hierfür 2 treffliche Beispiele. Die Ringelnatter ist in ganz Europa und Westasien, die Würfelnatter von Mitteleuropa bis zum westlichen China heimisch. Auch die Kreuzotter *(Vipera berus)* hat ein riesiges, fast zusammenhängendes Verbreitungsgebiet von der iberischen Halbinsel bis nach Mittel- und Nordasien. Die Vorkommen der Äskulapnatter *(Elaphe longissima)* und besonders der Wiesenotter *(Vipera ursinii)* in Mittel-, Südeuropa und Westasien sind dagegen sehr zerstreut. Auf dem nordamerikanischen Kontinent haben einige Natternarten ebenfalls eine weite Verbreitung. Die Strumpfbandnatter *(Thamnophis sirtalis)*, die Kronennatter *(Diadophis punctatus)*, die Ket-

tennatter *(Lampropeltis getulus)* und die Schwarznatter *(Coluber constrictor)* sind Beispiele für solche Schlangen, die fast lückenlos die Vereinigten Staaten besiedelt haben, teilweise in weiten Gebieten Mexikos anzutreffen sind und sogar in Südkanada gefunden werden.

Die *äthiopische* Region erstreckt sich über Afrika südlich der Sahara und schließt auch Südarabien mit ein. Kennzeichnend für die afrikanische Schlangenfauna sind die zahlreichen Blindschlangen *(Typhlops)* und Wurmschlangen *(Leptotyphlops)*, die Pythonschlangen *(Python)*, die Erdpythonschlangen *(Calabaria)* und die Sandboas *(Eryx)*. Überaus häufig ist die Familie der Nattern (Colubridae). Die Giftschlangen sind in der äthiopischen Region durch die Seeschlangen (Hydrophiidae), die Giftnattern (Elapidae) und die echten Vipern (Viperidae) vertreten. Charakteristisch für dieses Gebiet sind die Mambaschlangen *(Dendroaspis)*, die Ringhalskobras *(Hemachatus)*, die Hutschlangen *(Naja)*, die Erdvipern *(Atractaspis)*, die Baumvipern *(Atheris)*, die Krötenottern *(Causus)* und die Puffottern *(Bitis)*, um nur einige zu nennen. Die Grubenottern *(Crotalidae)* fehlen vollständig.

Die *madagassische* Region, der man auch die im Norden von Madagaskar liegenden Inselgruppen zuzurechnen hat, beheimatet verschiedene Nattern. Die Madagaskar-Hundskopfboas *(Sanzinia)* und die Madagaskar-Boas *(Acrantophis)* kommen ausschließlich hier vor. Die Giftschlangen fehlen vollständig, und auch die Wurmschlangen (Leptotyphlopidae) sucht man hier vergebens. Zahlreiche Schlangen Madagaskars zeigen überaus bemerkenswerte Übereinstimmungen mit einigen Schlangengattungen Südamerikas, was den Gedanken an eine nahe Verwandtschaft zwingend werden läßt.

Die *orientalische* Region umfaßt Südasien samt der malayischen Inselwelt. Die Schlangenfauna Südasien weist viele Gemeinsamkeiten mit der äthiopischen Region auf. In beiden Regionen treten Blindschlangen *(Typhlops)*, Wurmschlangen *(Leptotyphlops)*, Sandboas *(Eryx)*, Pythonschlangen *(Python)*, Zornnattern *(Coluber)*, Sandrennatter *(Psammophis)*, Hutschlangen *(Naja)* und Sandrasselottern *(Echis)* gemeinsam auf. Besonders charakteristisch für das südasiatische Faunengebiet sind Rattenschlangen *(Ptyas)*, gekielte Rattennattern *(Zaocys)*, Bronzenattern *(Dendrelaphis)*, Wolfszahnnattern *(Lycodon)*, Schmuckbaumnattern *(Chrysopelea)*, Kukrinattern *(Oligodon)*, asiatische Peitschennattern *(Ahaetulla)* und die seltsamen „Trugvipern“ *(Psammodynastes)*. Einige primitive Gattungen wie die Rollschlangen (Aniliidae), die Flachkopfschlangen (Xenopeltidae) und die Schildschwanzschlangen (Uropeltidae) sind bezeichnend für diese Region, obwohl die beiden zuerstgenannten auch in Süd- und Mittelamerika vertreten sind. Die Giftschlangen der orientalischen Region sind durch die Seeschlangen (Hydrophiidae), die Giftnattern (Elapidae), die echten Vipern (Viperidae) und die Grubenottern (Crotalidae) vertreten.

Nach Südosten hin schließt sich das *indoaustralische* Zwischengebiet (Celebes, Kleine Sundainseln, Molukken) an. Neben wenigen endemischen Formen treten hier Elemente der Fauna der orientalischen und australischen Region nebeneinander auf. Der Anteil an orientalischen Formen ist jedoch insgesamt stärker vertreten, verringert sich allerdings nach Osten hin, wobei hier der Anteil an australischen Arten zunimmt.

Die *australische* Region umfaßt nicht nur den gleichnamigen Kontinent, sondern auch Neuseeland, Neuguinea, Melanesien und eine Reihe von Südseeinseln. Endemische Gattungen und Arten sind hier besonders zahlreich. Die Schlangenwelt dieser Gebiete ist einzigartig. Neben den Blindschlangen (Typhlopidae), den Riesenschlangen (Boidae) finden wir einige Vertreter aus der Familie der Nattern (Colubridae). Für das Gesamtgebiet ist jedoch die Fülle an verschiedenen Seeschlangen (Hydrophiidae) kennzeichnend. Die australische Region erhält ihr ganz besonderes Gepräge durch die formenreiche Familie der Giftnatter (Elapidae), die ungefähr 2/3 der gesamten

Schlangenfauna dieses Gebietes ausmachen. Das sind über 120 Arten. Echte Vipern (Viperidae) und Grubenottern (Crotalidae) kommen hier nicht vor.

Ein ganz besonderer Reichtum an verschiedenartigen Schlangen herrscht in der *neotropischen* Region, die Süd- und Mittelamerika umfaßt. Ungiftige Nattern treten hier in besonders großer Formenfülle auf. Einige Gattungen wie die Nachtnattern *(Hypsiglena)*, die Schwarzkopfnattern *(Tantilla)*, die Lyranattern *(Trimorphodon)* und die Königsnattern *(Lampropeltis)* sind sowohl in der Neotropis als auch im holarktischen Nordamerika beheimatet. Als endemische Vertreter kommen die Buntnattern *(Leimadophis)*, die Spindelnattern *(Atractus)*, die Falschen Korallenschlangen *(Erythrolamprus)*, die Mussuranas *(Clelia)* und Anakondas *(Eunectes)* ausschließlich in Mittel- und Südamerika vor. Die weltweit verbreiteten Wurmschlangen (Leptotyphlopidae), die Blindschlangen (Typhlopidae) und zahlreiche Riesenschlangen (Boidae), von denen die bekannte Abgottschlange *(Boa constrictor)* an dieser Stelle erwähnt sei, sind hier beheimatet. Die Rollschlangen (Aniliidae) sind nur durch eine Gattung und eine Art vertreten. Die reptilienfressende Korallenrollschlange *(Anilius scytale)* ist in Guayana, Ostperu, Nordbrasilien und Kolumbien verbreitet. Die Giftnattern (Elapidae) sind durch die Gattung *Micrurus* vertreten, deren auffallend bunte Farbmuster viele ungiftige Nattern, die sogenannten Falschen Korallenschlangen täuschend ähnlich als Schutzanpassung gegenüber Feinden nachahmen. Auch Seeschlangen (Hydrophiidae) findet man in Südamerika. Der Formenreichtum an Grubenottern (Crotalidae) der Gattungen der Lanzenottern *(Bothrops)* und Klapperschlangen *(Crotalus)* ist besonders erstaunlich.

Die einzelnen Schlangen bewohnen ihren Lebensbedürfnissen entsprechend die unterschiedlichsten Lebensräume, an die sie sich im Laufe der Zeit angepaßt haben. Für die Auswahl eines Biotops sind Temperaturverhältnisse, Licht, Luft, Boden und Feuchtigkeit von größter Bedeutung. Zahlreiche Arten leben ausschließlich an der Bodenoberfläche, während andere im Bodengrund wühlen und nur gelegentlich an die Oberfläche kommen. In den vegetationsreichen, feuchtwarmen Tropen finden wir viele busch- und baumbewohnende Arten. Andere halten sich ausschließlich in den unterschiedlichsten Gewässern auf, die sie nur sehr selten verlassen. Außerdem muß der Lebensraum, den die Schlangen bewohnen, auch entsprechende Nahrung und Schlupfwinkel bieten.

Schlangen treten in einem Landstrich um so häufiger auf, je abwechslungsreicher dieses Gebiet ist. Daß in einem Gebiet überhaupt keine Schlangen vorkommen, ist eine Ausnahme. Schlangen sind meist sehr ortstreu und durchstreifen im allgemeinen nur ein kleines Gebiet. An einem einmal gewählten Ort halten sie in der Regel beharrlich fest. Meist leben sie in natürlichen, kaum von Menschen genutzten Gebieten. Das ist jedoch nicht immer so. Finden sie in jeder Hinsicht günstige Verhältnisse vor, werden sie nicht verfolgt oder können sich ausreichend gut verstecken, so kommen sie nicht selten in unmittelbarer Nähe menschlicher Behausungen vor und dringen sogar in Ortschaften und Städte ein. Besonders die in der Dämmerung aktiven Arten dringen in südlichen Ländern gelegentlich in Häuser ein und können dann unter Umständen gefährlich werden, wenn sie giftig sind. Der Verfasser fing ungiftige und giftige Schlangen an folgenden von Menschen bewohnten oder besuchten Orten: auf einem Truppenübungsplatz, an den Rändern eines Tennis- und Golfplatzes in Louisiana, in zahlreichen verwilderten Gärten in Europa und Nordamerika, mehrfach hinter Hotels, Restaurants und Autobahnraststätten, in zerfallenen Häusern und Scheunen, an Straßenrändern unter Ansammlungen von altem Holz, Pappdeckeln, Blechen und rostenden Konservendosen, in Barackenvierteln, unter den Holzdächern in verlassenen Blockhäusern, in Stadtmauern und Ruinen, in Weingärten und Obstkulturen, an Bahndämmen, mehrfach in Parks, in Dörfern und selbst in

Städten wie Miami, Atlanta, Houston und San Antonio, häufig an Highways, an Feldrändern und auf Kuhweiden und einmal sogar in einem Schweinestall. Überall waren Versteckmöglichkeiten in Hülle und Fülle vorhanden.
Die Verbreitung der Schlangen in den einzelnen Erdteilen ist hauptsächlich vom Klima abhängig. Durch jahrmillionenlange Anpassung stellen die Schlangen nicht nur an das Klima ihrer Umgebung bestimmte Ansprüche, sondern ebenso an den sich jährlich wiederholenden Ablauf der Witterung. Wie durch unterschiedliche Witterung die einzelnen Landschaften mit ihrem jeweiligen Kleinklima gegeneinander abgegrenzt sind, so ergibt sich auch die Verteilung der verschiedenen Vorkommen und ihre Zusammensetzung aus einzelnen Schlangenarten.
Jede Landschaft hat einen bestimmten Klimatyp. Gleiche Klimatypen faßt man zu Klimazonen zusammen. Da Gebirge, Meeresnähe oder -ferne oder Meeresströmungen auf ein Klima jeweils sehr unterschiedlich wirken können, bestehen innerhalb der einzelnen Klimatypen zahlreiche Sonderformen, die sich nur schwer charakterisieren und gegeneinander abgrenzen lassen. Von den sieben Klimazonen, die man unterscheidet, werden fünf von Schlangen mit den unterschiedlichsten Lebensbedürfnissen bewohnt. Es handelt sich hierbei um:

1. die äquatoriale Zone
2. die Zone äquatorialer Monsune
3. die beiden Zonen des Hochdrucks mit den Passaten
4. die Subtropen
5. die gemäßigten Breiten.

Das Klima setzt sich aus mehreren in Wechselwirkung stehenden Faktoren zusammen. Von diesen sind Temperatur, Dauer der Sonneneinstrahlung, Niederschlag, Luftbewegung und Luft- und Bodenfeuchtigkeit die wichtigsten für das Leben der Schlangen. Die Körpertemperatur der Schlangen hängt in besonderem Maße von der Temperatur ihrer Umgebung ab. Sobald die Temperatur der Umgebung unter eine bestimmte Grenze sinkt, wird der gesamte Stoffwechsel der Schlange herabgesetzt und die Lebensäußerungen werden eingestellt. Sie bewegen sich kaum noch, nehmen keine Nahrung auf und verdauen nicht. Die Körpertemperatur einer Schlange richtet sich jedoch nicht so sehr nach der Lufttemperatur, sondern nach der Wärme des Substrats. So traf der Verfasser bei Lufttemperaturen, die kaum über dem Gefrierpunkt lagen, Kreuzottern in unmittelbarer Nähe von abschmelzendem Schnee an. Die wärmende Märzsonne hatte die hauptsächlich aus Kiefernnadeln und trockenen Blättern bestehende Bodenschicht und damit auch die Schlangenkörper schnell erwärmt. Und eine weitere eigene ähnliche Beobachtung im Frühjahr 1959 in Frankreich: In der Nacht hatte es gefroren, und Teiche und Tümpel waren von einer dünnen Eisschicht überzogen. Obwohl die Sonne schien, war die Lufttemperatur fühlbar niedrig. An mehreren Böschungen, die neben den Teichen lagen, sonnten sich zahlreiche Ringelnattern, die wohl gerade ihr Winterquartier verlassen hatten. Da die Nächte im Frühjahr noch zu kalt sind, trifft man Schlangen meist nur tagsüber außerhalb ihrer Schlupfwinkel an. Sie werden jedoch in der Dämmerung oder nachts aktiv, wenn die Umgebungstemperatur 25–30°C überschreitet. Ein derartig temperaturbedingtes Verhalten ist bei Wüstenschlangen ganz besonders ausgeprägt. Während der Nacht unternehmen sie oft kilometerlange Wanderungen und hinterlassen dabei arttypische Kriechspuren auf dem feinen Wüstensand. Ein Bild vom Ausmaß nächtlicher Schlangenwanderungen kann man sich zuweilen auf Straßen machen, die durch schlangenreiche Gebiete führen. Die Tiere suchen die vom Asphalt ausgehende Wärme auf und werden dabei überfahren. So sah ich in Florida und Texas hunderte von Schlangen, die in der Nacht totgefahren worden waren. Ähnliches ist aus Afrika, Asien und Australien bekannt.
Zahreiche Arten der Gattung *Natrix* wechseln zeitweise vom Land ins Wasser über, wenn die Lufttemperatur zu sehr ansteigt. Andere verkriechen sich in solchen Schlupfwinkeln, in de-

nen die bevorzugte Temperatur herrscht; sie verbergen sich unter Steinen, Felsen, Baumstämmen, Rinde, Wurzeln oder im Boden. Fast jeder Ort ist ihnen dazu recht. Königsnattern *(Lampropeltis triangulum elapsoides)* und Kornnattern *(Elaphe guttata)* halten sich mit Vorliebe unter der sich vom Stamm abhebenden Rinde abgestorbener Kiefern auf. Wärme und Feuchtigkeit sind hier besonders günstig. Unter der Rinde finden sie Schutz vor Feinden und in manchen Gebieten auch vor dem oft jährlich auftretenden Hochwasser. Auch gibt es hier genügend Nahrung, denn zahlreiche kleine Echsen *(Lygosoma laterale, Anolis carolinensis)* verkriechen sich ebenfalls unter der Rinde, in der zahlreiche Insekten und deren Larven leben. Manche Schlangen, die wie zum Beispiel die Würfelnatter *(Natrix tessellata)*, die Gelbgrüne Zornnatter *(Coluber viridiflavus)*, die Stülpnasenotter *(Vipera latastei)* oder die europäische Hornotter *(Vipera ammodytes)*, die sich gewöhnlich nur auf dem Boden aufhalten, kriechen im Frühjahr zuweilen auf niederes Buschwerk und sogar auf Bäume und sonnen sich dort. Einige Schlangenarten setzen nur den Vorderteil ihres Körpers der Sonne aus, während die andere Körperhälfte in einem Mauseloch oder unter einem Stein bleibt. So vermeiden sie überhöhte Körpertemperaturen. Besonders bei der nordafrikanischen Hornviper *(Cerastes cerastes)* und der Gehörnten Klapperschlange *(Crotalus cerastes)* zeigt sich dieses temperaturbedingte Verhalten. Einige Wurmschlangen (Leptotyphlopidae) und Blindschlangen (Typhlopidae) aber auch die Sandschlangen *(Chionactis)* graben Vorder- und Hinterleib verschieden tief in den Sand ein. Auf diese Weise erreichen sie ihre günstigste Körpertemperatur.

Die Temperaturverhältnisse der gemäßigten Breiten beeinflussen auch Fortpflanzung und Entwicklung der Jungen. Zahlreiche Gattungen *(Coronella, Vipera, Thamnophis)* gebären voll entwickelte Jungtiere. Bei der Geburt durchstoßen die Jungschlangen ein transparentes Eihäutchen und kriechen davon. Diesen Vorgang bezeichnet man als Ovoviviparie. Die ovoviviparen Arten haben den eilegenden Arten gegenüber einen Vorteil. Die trächtigen Weibchen setzen sich entsprechend ihrem Wärmebedürfnis der Sonne aus. Dadurch regulieren sie nicht nur ihre Körpertemperatur, sondern beschleunigen auch die Entwicklung der Embryonen in ihrem Leib. Die Umgebungstemperaturen, etwa unter Steinen und Rinde, wären hier oft zu niedrig, um abgelegte Eier zur Entwicklung zu bringen.

Die Ovoviviparie ist erblich durchaus nicht immer unveränderlich festgelegt. Bei einer Art mit weiter Verbreitung kann sich die Eigenschaft, voll entwickelte Junge zu bekommen, mit dem Klima ändern. So legt zum Beispiel die Levanteotter *(Vipera lebetina)* in südlichen Gebieten Eier, während sie im Norden ihres Verbreitungsgebietes voll entwickelte Junge zur Welt bringen soll.

Auch die Körperlänge der Schlangen hängt vom Klima ab. Arten, die in kühlen Regionen vorkommen, sind meist klein. Ein kleinerer Körper wird nach einer kalten Nacht schneller aufgeheizt als ein großer. Kleine Schlangenarten sind daher dem nördlichen Klima besser angepaßt als große. Vielleicht liegt es an dieser Temperaturanpassung, daß große Schlangen fast ausschließlich in den Tropen und Subtropen verbreitet sind.

Licht ist für Schlangen nicht von so lebenswichtiger Bedeutung wie die Temperatur. Bei Schlangen ist Tag- und Nachtaktivität weit verbreitet. Einige Schlangenarten vermeiden entschieden das Tageslicht und sind nur in der Nacht tätig. Die Schlammnattern *(Farancia)* und Kraits *(Bungarus)* gehören zu jenen lichtscheuen Arten; sie verstecken den Kopf unter ihrem Körper, wenn man sie dem Tageslicht aussetzt. Die Schönnatter *(Elaphe taeniura ridleyi)* bewohnt große Höhlen in der Umgebung von Kuala Lumpur. Wie bei anderen höhlenbewohnenden Formen wirkt sich der Pigmentverlust auf ihre Körperfärbung aus; sie ist heller als die Nominatform. Ihre Nahrung besteht zum Teil aus Fledermäusen.

Aktivität am Tage hängt bei manchen Schlangenarten nicht nur vom Alter ab, sondern ist auch jahreszeitlich bedingt. Die Jungschlangen vieler Arten sind oft nur selten im Freien anzutreffen. Dagegen halten sich erwachsene Tiere am Tage häufig außerhalb ihrer Schlupfwinkel auf. Viele Schlangen, die im Frühjahr und Herbst über Tag aktiv sind, kommen im Sommer jedoch nur nachts aus ihren Verstecken.

Das Licht hat auch einen bedeutenden Einfluß auf die Entwicklung der Augen, namentlich der Pupillenform. Die nachts aktiven Nachtbaumnattern *(Boiga)* oder Bronzenattern *(Dendrelaphis)* haben, dem Dämmerlicht angepaßt, bedeutend vergrößerte Augen. Bei Schlangen, die ausschließlich in der Dunkelheit leben, hat sich das Auge im Laufe der Stammesgeschichte völlig zurückgebildet. In der Dämmerung und nachts aktive Arten besitzen oft für starken Lichteinfall eine senkrecht geschlitzte Pupille; so z. B. zahlreiche Riesenschlangen (Boidae), Vipern (Viperidae), Grubenottern (Crotalidae) und Nattern (Colubridae). Bei einigen baumbewohnenden Formen, wie den Peitschennattern *(Ahaetulla)* oder den Grauen Baumnattern *(Thelotornis)*, sind die Pupillen zu langen, waagerechten Schlitzen verengt. Da bei diesen Arten der vordere Schädelteil sehr viel schlanker als der hintere ist, stehen die Augen seitlich ein wenig vor. Der Pupillenschlitz ist hinten breiter als vorne, wo er zur Schnauzenspitze hin fadenförmig ausgezogen ist. Mit großer Wahrscheinlichkeit ermöglicht dies den Schlangen ein beidäugiges räumliches Sehvermögen, da die von einem entfernten Gegenstand ausgehenden und parallel verlaufenden Strahlen die Netzhaut in beiden Augen an der gleichen Stelle treffen und so im Gehirn zu einem einzigen Bild verschmelzen. Wie bei einem Photoapparat die Blende, so verengt sich die Pupille der Schlangen bei zunehmender Belichtung und kann sich sogar bei einigen Formen wie der Mexikanischen Nachtnatter *(Elaphe flavirufa)* zu einem winzigen Punkt zusammenziehen. Außerdem kann das Wasser eine wesentliche Rolle im Leben der Schlangen spielen. Eine beachtliche Anzahl von Schlangen trifft man nur an und in Seen, Sümpfen, Bächen, Flüssen und anderen Feuchtgebieten an. Die Seeschlangen leben vor allem in tropischen Meeren. Das Wasser verlassen einige Arten zuweilen zu einem Sonnenbad oder zur Eiablage, wie sie sich auch sonst recht geschickt an Land bewegen können. Die feuchtwarmen Tropenwälder beherbergen die verschiedensten Schlangen in großer Artenfülle. Die auf dem Boden oder in Bodennähe lebenden Schlangenarten haben sich an eine gleichbleibend hohe Luftfeuchtigkeit angepaßt, während die Bewohner der Baumkronen schwankenden Luftfeuchtigkeitswerten ausgesetzt sind. Da viele Feuchtwälder der Subtropen und Tropen von Gewässern durchzogen sind, die jahreszeitlich bedingt über die Ufer treten und weite Landstriche unter Wasser setzen, ermöglichen sie manchen Arten den Übergang vom Land- zum Wasserleben. Auf diese Weise sind Anakondas *(Eunectes)* und Wasserkobras *(Boulengerina)* zu ihrer weitgehend ans Wasser gebundenen Lebensweise übergegangen. Die gefürchtete Wassermokassinotter der südlichen USA hält sich vorwiegend in der Nähe von Gewässern oder im Wasser auf, wie das auch bei einer großen Zahl harmloser Wasserschlangen der Fall ist.

Eine Süß-, Brack- und Meerwasserbewohnerin der Küstenbereiche der indoaustralischen Inseln ist die Warzenschlange *(Acrochordus javanicus)*, die es bemerkenswerterweise stundenlang unter Wasser ohne Atmung aushält. Freiwillig verlassen diese Schlangen wohl nur selten das ihnen vertraute feuchte Element. Ihre Haut, die oft von Algen überwachsen ist, wirkt rauh und warzig. Obwohl einige Herpetologen die Warzenschlangen zu den echten Nattern rechnen, ähneln sie in ihren Bewegungen und ihrem Wesen doch den Seeschlangen, von denen sie sich durch ihre Harmlosigkeit aber wesentlich unterscheiden.

Eine durch plötzliche Regenfälle bedingte Veränderung der Boden- und Luftfeuchtigkeit löst oft schlagartig den Wandertrieb zahlreicher Landschlangen aus. Sie verlassen die Schlupfwinkel, die sie wochenlang der großen Hitze und Trockenheit wegen bewohnt haben.

Einige Schlangenarten sind an das Leben in Gebieten mit äußerster Trockenheit angepaßt. Sie trinken fast nie. Die notwendige Feuchtigkeit zum Überleben beziehen sie aus den Körpersäften ihrer Beutetiere. Viele dieser Schlangen haben sehr kleine Nasenöffnungen, so daß ein Feuchtigkeitsverlust weitgehend eingeschränkt und auch das Eindringen von feinem Flugsand verhindert wird. Während manche Wüstenschlangen sehr eng an einem besonders trockenen Lebensraum gebunden sind, bewohnen andere als Ubiquisten (Arten, die unabhängig von engeren Lebensbereichen sind) sowohl trockene wie feuchte Biotope.

Der Mensch und die Schlangen

Abneigung und Verehrung

Seit der Vertreibung aus dem Paradies steht der Mensch mit den Schlangen auf Kriegsfuß. Der Satan, in der Gestalt einer Schlange, hat Eva und dann Adam zum Ungehorsam gegen Gott verleitet. Gott sprach zur Schlange: „Weil du das getan hast, sollst du verflucht sein unter allen Tieren der Erde. Auf deinem Bauch sollst du kriechen und Staub fressen alle Tage deines Lebens. Ich will Feindschaft setzen zwischen dir und dem Weibe, zwischen deiner Nachkommenschaft und ihrer Nachkommenschaft; sie wird dir den Kopf zertreten, und du wirst ihrer Ferse nachstellen."
Aber nicht nur in der Bibel, sondern auch in den Schriften zahlreicher nichtchristlicher Völker stellt die Schlange das Symbol des Bösen schlechthin dar. Und tatsächlich ist kaum eine andere Tiergruppe so bewußt und gezielt verfolgt worden und hatte derartig unter dem Menschen zu leiden wie gerade die Schlangen. Mit Ausnahme vielleicht der Panzerechsen wird keinem anderen Kriechtier eine derart tief verwurzelte Abneigung und Furcht entgegengebracht. Wenn wir diese Einstellung weiter beibehalten, wird es eines Tages wohl keine Schlangen mehr geben. Aber vielen ist dies sogar gleichgültig.

Jedoch wird seit einiger Zeit diesen „Verfehmten des Tierreichs" etwas mehr Gerechtigkeit zuteil als bisher; man bemüht sich von den alten Vorurteilen loszukommen und die Schlangen, wie andere Tiere, in ihrer naturgegebenen Art zu akzeptieren. Das herkömmliche Motto, jede Schlange totzuschlagen – dem leider noch allzu oft entsprochen wird –, wird heute abgelöst von der toleranteren Haltung des „in Ruhelassens" oder des „Laufenlassens".

Heute hat man, auch angesichts der Gefahr der Ausrottung oder des Aussterbens vieler Tierarten, den Schlangen gegenüber eine stärker von der Vernunft geprägte Einstellung. Man lernt die artgegebenen Eigenschaften der Schlangen besser verstehen, ohne sie impulsiv gleich totzuschlagen. Zu ihrer Erhaltung wäre schon wesentlich beigetragen, wenn sich die Einstellung „in Ruhe lassen" und „Laufen lassen" allgemein durchsetzen würde.

Eine beachtliche Anzahl von Schlangen hat sich dem Menschen als überaus nützlich gegenüber schädlichen Nagetieren, namentlich von Ratten und Mäusen erwiesen. In einigen Ländern wie Brasilien, Südasien, West- und Südafrika wird aus diesem Grunde die Anwesenheit von Riesenschlangen in Häusern und Vorratsräumen sehr geschätzt. Seit kurzer Zeit haben alle indischen Staaten deshalb den Schlangenexport in andere Länder weitgehend unterbunden.

Millionen von Schlangen müssen jährlich ihrer Haut wegen sterben, die zu unnützen Luxus- und Modeartikeln verarbeitet wird, für die man ebenso gut auf andere Grundstoffe zurückgreifen könnte. Einige Völker verzehren Schlangenfleisch. Dies ist jedoch nicht ungefährlich, wenn man bedenkt, daß Schlangen sehr oft von zahlreichen parasitischen Würmern in Muskulatur und allen anderen Organen befallen sein können.

Zahlreiche Giftschlangen werden zum Zweck der Giftgewinnung in Instituten und Schlangenfarmen gehalten. Ein mustergültiges Beispiel hierfür bietet die Pentafarm in Basel, die verschiedene Bothrops-Arten mit bestem Erfolg nachzüchtet und daher nicht mehr auf Einfuhren angewiesen ist. Zur Giftgewinnung läßt man die Schlange durch eine Gummimembran beißen, wobei das durchsichtig klare oder grünlich bis orangefarbene Gift in ein Kelchglas tropft (die Giftgewinnung sollten jedoch nur erfahrene Fachkräfte vornehmen). Das Gift stellt eine sehr abgewandelte Form von Speichel dar und besteht aus verschiedenen Enzymgemischen. In der Medizin wird es für teure, aber sehr wirkungsvolle Medikamente benutzt. Eine andere Verwendung finden die Gifte für die Herstellung wirksamer Schlangenseren. Die gewonnenen Schlangengifte werden in kleinen, täglich steigenden Mengen Pferden, Rindern und Schafen injiziert. Diese Säugetiere bilden in ihrem Blut Antikörper gegen das Schlangengift. Das Serum wird von den festen Bestandteilen des Blutes getrennt und in Ampullen von je 10 ccm abgefüllt oder als Trockensubstanz, die bei Bedarf wieder aufgelöst werden muß, in den Handel gebracht. Derartige Schlangenseren sind oft die einzig wirksamen Gegenmittel gegen den Biß einer gefährlichen Giftschlange. Nach den Angaben der Weltgesundheitsorganisation sterben jährlich auf unserer Erde 30000–40000 Menschen an den Folgen eines Giftschlangenbisses. Wenn man bedenkt, daß Giftschlangen stellenweise sehr häufig sind, ist diese Zahl gering. Die Schlangengefahr wird oft übertrieben und steht in keinem Verhältnis zur Wirklichkeit? Überängstlichkeit ist also gewiß fehl am Platze, wie auch manche Berichterstattung in der Presse sich bei genauerer Nachprüfung als „Schauermärchen" entpuppt.

Die Schlangen haben sich ihren Platz sowohl im Zoo und in den Terrarien von privaten Tierhaltern als auch im Zirkus und im Varieté erobert. Zu Schaustellungen werden meist verschiedene Riesenschlangen verwendet. Sie haben den Vorteil, daß sie ungiftig und durch ihre Größe besonders eindrucksvoll sind. Schlangen sind von Natur aus reaktionsarm. Sie lassen sich nicht so einfach wie Säugetiere dressieren. Daher hängt eine „Schlangen-Nummer" vollständig von der Persönlichkeit des Artisten ab. Der Artist muß die Reaktionen seiner Schlangen kennen. Nur dann kann er dem Publikum die Illusion vermitteln, als seien seine Schlangen aktive Partner bei seinen Kunststücken. Nur in seltenen Fällen werden für derartige Darbietungen Giftschlangen abgerichtet. Um sich nicht in Gefahr zu bringen, hat man den Tieren vorsorglich die Giftzähne ausgebrochen. Dem Verfasser ist jedoch ein Vorfall bekannt, der sich in einem Kabarett in Miami abspielte. Eine Stripteasetänzerin wurde bei einem „Schlangentanz" von einer südafrikanischen Gelbkobra *(Naja nivea)* gebissen. Sie lehnte die lebensrettende Serumspritze ab, was zur Folge hatte, daß sie nach einer halben Stunde tot war.

Immer wieder lassen sich auch private Schlangenhalter dazu hinreißen mit Giftschlangen demonstrativ unvorsichtig umzugehen und bezahlen diesen Leichtsinn gelegentlich mit ihrem Leben. Ein Beispiel dafür: Im Halten und „Zähmen" von Schlangen war die in den USA weit bekannte Grace Olive Wiley, eine freundliche ältere Dame von kleiner Gestalt, ganz besonders geübt. Fräulein Wiley zähmte alle Schlangen. Ihre ganz besondere Liebe galt giftigen Arten, die sich unter ihrer aufmerksamen Pflege ausgesprochen wohl fühlten und dies durch reichliche Nachkommenschaft demonstrierten. Geduldige, lange Beobachtung der Schlangenreaktionen waren die Grundlage ihrer fast unvorsichtigen Fähigkeit namentlich Giftschlangen in die ungeschützte Hand zu nehmen. Grace war stets knapp bei Kasse. Für ihre Schaustellungen ließ sie sich bezahlen, um Futter für ihre Lieblinge zu kaufen. Im Jahre 1948 wurde sie von einem Journalisten besucht. Er wollte einen Bericht über die schon zu ihren Lebzeiten legendäre Grace O'Wiley schreiben. Grace führte ihrem Besuch ihre Schlangen vor, wobei sie von einer frisch erworbenen Kobra gebissen wurde und nach einigen Stunden verstarb.

Ein ähnliches Schicksal wie Grace Olive Wiley erlebte schon manch ein orientalischer Schlangenbeschwörer, dessen unentbehrliches Requisit die indische Brillenschlange *(Naja naja)* oder Uräusschlange *(Naja haje)* ist. Natürlich lassen einige Gaukler ihre Tiere ohne Giftzähne oder mit zugenähtem Maul vor den Zuschauern für ein wenig Bakschisch tanzen. Die wahren Meister dieser seltenen und seltsamen

Kunst, die sich in Indien im übrigen vom Vater auf den Sohn vererbt, lassen ihre Brillenschlangen in Flechtkörben tanzen. Die Schlangen sind völlig unversehrt und befinden sich im Vollbesitz ihrer Körperkräfte. Der Schlangenbeschwörer spielt auf seiner Flöte ein Lied und wiegt sich dabei im Takt hin und her. Die Schlange folgt den Bewegungen ihres Meisters mit den Augen. Sie richtet das vordere Drittel ihres Körpers auf und spreizt die Halsrippen pfannenkuchenförmig auseinander. Richtig im Takt bewegt sie ihren Körper hin und her, was den falschen Eindruck erweckt als höre sie die Musik. Dem ist nicht so. Schlangen können nicht hören. Die Kobra folgt mit den Augen und automatisch mit ihrem Körper nur den Bewegungen ihres vermeintlichen Angreifers, um sich bei Gefahr rechtzeitig durch Zubeißen zu verteidigen. In Burma werden derartige Vorführungen von erfahrenen Frauen mit meterlangen, riesigen Königskobras *(Ophiophagus hannah)* dargeboten. Der Höhepunkt eines derartigen Auftritts, der fast einem religiösen Ritual ähnelt, endet meist mit einem Kuß auf dem Kopf der Hutschlange.

Nicht selten sieht man auf orientalischen Märkten Kämpfe zwischen Kobras und Mungos *(Herpestes edwardsi)*. In den meisten Fällen siegt der Mungo, da er schneller als die Kobra ist. Nachdem er die Schlange totgebissen hat, frißt er sie kurzerhand vor den Zuschauern auf. Eine typisch amerikanische Erscheinung ist der „Roadside Zoo". Es handelt sich dabei um eine Wanderausstellung mit lebenden Schlangen. Auch zahlreiche giftige Arten werden gezeigt. Oft hat man den Tieren die Zähne ausgebrochen, um sich beim Hantieren in den Käfigen nicht in Gefahr zu bringen. Die Schlangen werden meist unzureichend versorgt, und auch die hygienischen Verhältnisse lassen in den meisten Fällen zu wünschen übrig. Es versteht sich von selbst, daß derartig mißhandelte Schlangen keine Nahrung mehr zu sich nehmen können und elend zu Tode kümmern. Die abgestorbenen Exemplare werden stets wieder durch Frischfänge ersetzt. Auch heute noch spielen Schlangen bei einigen nordamerikanischen Indianerstämmen eine bedeutsame Rolle und zwar nicht nur als Nahrungsmittel. Sie sind außerdem Gegenstand religiöser Verehrung. Einer der bekanntesten indianischen Rituale ist der Schlangentanz der Hopiindianer, der jährlich Scharen von Touristen nach Arizona lockt. Es handelt sich hierbei um echte religiöse Kulthandlungen, die die Regengötter günstig stimmen sollen. Ausgiebige Regenfälle sollen zu einer guten Ernte verhelfen. Der Schlangentanz, der 9 Tage dauert, wird von zwei Priestergruppen, den „Schlangenpriestern" und den „Antilopenpriestern" durchgeführt. In den ersten 4 Tagen werden Klapperschlangen gefangen. Die Priester bringen die Schlangen in unterirdische Verließe und behüten sie dort. In den nächsten Tagen finden alle möglichen Zeremonien wie Waschungen und Geheimrituale statt. Das Publikum ist vom achten Tag ab zugelassen. Die beiden Priestergruppen führen den eigentlichen Schlangentanz am Abend auf. Die Tiere werden bei tanzendem Schritt getragen, mit den Lippen berührt, in den Mund genommen und sogar mit den Zähnen im Nacken festgehalten. Die Indianer tragen die Schlangen nach Beendigung der Kulthandlungen in die vier Himmelsrichtungen und lassen sie wieder frei. Bisher wurde noch kein Hopipriester durch einen Giftbiß der Klapperschlange getötet, da man den Tieren zuvor die Gift- wie auch die Reservezähne ausgebrochen hatte.

Nicht nur bei Indianern, sondern auch bei gewissen Völkern Afrikas, Asiens und Australiens genießen Schlangen göttliche Verehrung. Schlangen gelten als Sinnbilder der Heilkunst, der List, der Klugheit und Weisheit, der Falschheit und Verführung. Sie bringen Segen oder stiften Unheil. Im Altertum wurden sie verehrt und selbst heute noch finden jährlich Schlangenprozessionen in einigen abgelegenen Dörfern Mittelitaliens statt.

Schlangen haben auch zu allen Zeiten bei Verbrechen eine Rolle gespielt. Bei verschiedenen Völkern wurden unliebsame Menschen immer wieder mit Hilfe von Schlangengiften aus dem Wege geräumt. So verwendete man in Afrika

die sehr giftigen Mambas als lebende Fallen. Man lockte das Opfer in den Raum, in dem sich die Mamba befand oder brachte es auf andere Weise mit der Schlange in Kontakt.
Der Mensch hat Schlangen für seine Zwecke in unzählbaren Varianten gebraucht und leider auch mißbraucht. Der gewissenhafte Reptilienhalter sollte darum bei der Haltung von Schlangen stets daran denken in ihnen Geschöpfe der Natur zu erkennen und nicht nur Gegenstände über die wir beliebig verfügen können.

Kauf und Fang von Schlangen

Der Handel mit lebenden Schlangen für's Terrarium ist besonders in den letzten Jahren zu einem einträglichen Geschäft geworden. Die Tierhändler versenden fast monatlich Preislisten an Interessenten. Das Artenangebot ist oft überraschend groß. Die Preise sind nicht selten überhöht. Der Versand erfolgt meist per Nachmahme und durch Eilboten. Die Versandkosten gehen immer zu Lasten des Empfängers, die Sendungen erfolgen außerdem auf sein Risiko. Kranke Tiere werden fast nie zurückgenommen, und selbst für tote Tiere wird oft nur ein teilweiser Schadenersatz geleistet. Gelegentlich gibt es Fälle, daß Tierhändler ein Übermaß an Reptilien und Amphibien auf Lager haben, das sie schon vom Zeitaufwand her nicht mehr ordnungsgemäß versorgen können. Daher muß eine Betreuung, die auf die Lebensansprüche der Tiere ausgerichtet ist, zwangsläufig entfallen. Da es an Raum mangelt sind die Behälter oft hoffnungslos mit den verschiedensten Arten aus aller Herren Länder überfüllt. Das Trinkwasser ist mit Kot verschmutzt, der sich in bakterieller Zersetzung befindet. Die Luft im Behälter stinkt und ist voll von Krankheitskeimen. Die Temperatur ist zu niedrig oder zu hoch. Häufig funktioniert noch nicht einmal die Beleuchtung. Abgestorbene Exemplare werden zuweilen übersehen und gehen in Verwesung über. Der Tatbestand der Tierquälerei ist dann gegeben. Glücklicherweise herrschen derartige Zustände nicht überall, doch hat sie der Verfasser bei verschiedenen Tierhändlern mehrmals feststellen können. Es ist naheliegend, daß Schlangen, die so gehalten werden, nur krank zum Versand kommen können. Die Tierbestellung erfolgt meist schriftlich oder per Telefon. Der Besteller sieht die Schlangen nicht, die er zu kaufen beabsichtigt.
Auf diesem Gebiet sammelte ich im Laufe einer 27jährigen Praxis hinreichende Erfahrungen. Ungefähr 25 % der zugesandten Tiere waren in einwandfreiem Zustand, der Rest war mehr oder weniger krank. Einige der Schlangen hatten Mundfäule und Infektionen, wie man an den aufgesperrten Mäulern erkennen konnte. Andere wiesen durch Bakterien oder Amöben verursachte Infektionen des Darmes auf und lebten nur noch kurze Zeit. Wieder andere hatten Hautkrankheiten oder zeigten Milbenbefall. Parasitische Würmer des Magen-Darm-Kanals waren häufig. Bei toten Exemplaren konnte ich nicht selten Würmer in der Muskulatur, in der Leber, in den Nieren und in allen anderen Organen nachweisen.
Aus diesem Grund ist es ratsam, den Tierhändler persönlich aufzusuchen, wenn man Schlangen, aber auch alle anderen Reptilien oder Amphibien käuflich erwerben will.
Eine andere Methode, sich Schlangen zu beschaffen, besteht darin, sie selbst zu fangen. Das ist jedoch oft nur unter finanziellen Opfern und großen Schwierigkeiten möglich, besonders wenn man es auf Arten aus fernen Ländern abgesehen hat. Seit einiger Zeit ist die Ausfuhr von Reptilien und Amphibien auf Grund des Washingtoner Artenschutzübereinkommens in einer Reihe außereuropäischer Länder untersagt. Der Sammler muß daher zuerst bei den Behörden des entsprechenden Landes eine Erlaubnis einholen. Aber auch der eigentliche Fang bereitet nicht selten Schwierigkeiten, wenn man das genaue Vorkommen der jeweiligen Schlangenart nicht kennt. Der Fang der besonders großen und schnellen Giftnattern ist mit gewissen Risiken verbunden und daher Unerfahrenen nicht anzuraten.

Kleine ungiftige Schlangenarten kann man ohne Gefahr mit der Hand ergreifen. Für den Fang großer, ungiftiger Schlangen und kleiner Giftschlangenarten eignet sich ein derber Lederhandschuh. Für große Giftschlangen, zum Beispiel große Vipern- oder Klapperschlangenarten benögigt man einen stabilen Schlangenhaken aus Metall mit einem langen Stiel. Der Schlangenhaken ist am Ende u-förmig eingebogen. Man greift mit dem Haken unter das Tier, hebt es hoch und läßt es in einen entsprechend großen Leinenbeutel gleiten, der mit der Öffnung über einen Metallbügel gespannt ist. Der Stiel des Metallbügels wird bei diesem Vorgang von einer anderen Person gehalten. Dann schnürt man den Sack sehr sorgfältig zu. Die flinken Giftnattern fängt man mit einem mindestens 1,8 m langen Vierkantstab, an dessen Ende sich eine sehr solide Lederschlinge befindet. Der Lederriemen, der über 2 m lang sein muß, wird mit dem schlingenförmigen Ende lassoartig über den Kopf der Schlange gestülpt und sehr sachte zugezogen. Hauptsächlich durch Biotopzerstörungen gehen die meisten Reptilien und Amphibien rapide in ihrem Bestand zurück, Daher sollte man sich beim Fang auf nur wenige Exemplare beschränken.

Wenn der Kauf von Schlangen auch sehr viel einfacher ist, so hat der Selbstfang jedoch den Vorteil, daß man fast sicher sein kann, gesunde Schlangen zu besitzen. Die gefangenen Exemplare werden stes in sauberen, absolut dichten Leinenbeuteln untergebracht, die jedes Entweichen unmöglich machen. Zum Transport legt man die Leinensäckchen in einen soliden Holzkasten oder eine Styroporbox, die ein zu schnelles Fallen oder Ansteigen der Temperatur verhindert.

Schlangen und Naturschutz

Das Fortschreiten der Zivilisation und die damit verbundenen Veränderungen der natürlichen Umwelt durch den Menschen beeinflußt und drängt die Tierwelt zurück. In ganz besonderem Maße sind davon Amphibien und Reptilien betroffen. Die Schlangen sind seit einiger Zeit besonders schnell in ihren Beständen weltweit zurückgedrängt worden. Die Ursachen für diesen Rückgang gehen fast ausschließlich auf das Konto des Menschen. Die Riesenschlangen und andere große Schlangenarten werden hauptsächlich ihrer Haut wegen gejagt. Eine profitgierige Reptilleder-Industrie und die uneinsichtige Schar derer, die Luxusprodukte aus Schlangenleder verlangen, wie auch der Tierhandel sind die Hauptverantwortlichen für die starke Verminderung der großen Schlangenarten. Zahlreiche kleine Schlangenarten sind ebenfalls durch Zerstörung ihres Biotops, durch rücksichtslose Sammeltätigkeit und durch die Anwendung von Pestiziden an den Rand ihrer Existenz gedrängt worden. In weiten Teilen ihrer ehemaligen Verbreitungsgebiete sind sie jetzt selten geworden oder ganz verschwunden. Trotzdem ist es erstaunlich, mit welcher Zähigkeit eine Reihe von Schlangenarten ihre Existenz gegenüber dem menschlichen Einfluß verteidigen. Eine ungünstige Entwicklung zeigen die Arten, die zu ihrer Existenz ungestörte großräumige Landstriche benötigen, wenn diese vom Menschen verändert werden.

Der Staat hat aus diesen Gründen Naturschutzgesetze erlassen. In Deutschland sind fast alle Amphibien und Reptilien geschützt mit Ausnahme des Grasfrosches *(Rana temporaria)*, des Teichfrosches *(Rana esculenta)*, aller Molcharten und der Kreuzotter *(Vipera berus)*. Es ist verboten, Tiere dieser Arten mutwillig zu töten oder sie zum Zwecke der Aneignung zu fangen, lebend oder tot mitzuführen, zu versenden, zu verkaufen, auszuführen, anderen zu überlassen, zu erwerben, in Gewahrsam zu nehmen oder bei solchen Handlungen mitzuwirken und sie im ganzen oder in Teilen gewerblich zu verarbeiten. Für Amphibien und Reptilien erfuhr dieser eben zitierte Paragraph 24 dahingehend eine gewisse Einschränkung, daß er das Aneignen einzelner Tiere einiger Arten zur eigenen Haltung gestattet.

Die alte Naturschutzverordnung, die am 16. 3. 1940 in Kraft trat, ist heute Landesrecht. Änderungen dieser Verordnung erfolgten bisher in einigen Bundesländern wie Bayern, Baden-Württemberg, Bremen, Hamburg, Niedersachsen und im Saarland.

Auch in anderen europäischen und außereuropäischen Ländern sind einige Amphibien und Reptilien durch das Gesetz (bei uns nur „auf dem Papier") geschützt. Die Schweiz ist mit sehr gutem Vorbild vorangegangen und hat sämtliche Amphibien- und Reptilienarten (auch die giftigen) unter Schutz gestellt. Anders als in Deutschland wird die Einhaltung dieser Gesetze überwacht und werden Zuwiderhandlung hier wirklich bestraft.

Da zahlreiche Arten, von denen nicht wenige ehemals häufig waren, durch die Unvernunft und Rücksichtslosigkeit des Menschen in weiten Teilen der Erde oder gänzlich von der baldigen Ausrottung bedroht sind, wurde am 3. 3. 1973 das „Abkommen über den internationalen Handel mit gefährdeten Arten freilebender Tiere und Pflanzen" (Washingtoner Artenschutzübereinkommen) unterzeichnet. Dieses Abkommen, das von der Bundesrepublik Deutschland am 22. 5. 1975 ratifiziert wurde, erlangte am 21. 6. 1976 bei uns Gesetzeskraft. Dem Gesetz sind bisher Anhang I und Anhang II angegliedert. In Anhang I sind solche Formen aufgeführt, die völlig unter Schutz stehen. Ein Handel mit den in Anhang I stehenden Arten ist nur noch in Ausnahmefällen und auf Grund besonderer Genehmigungen möglich. Für Arten, die in Anhang II aufgeführt werden, gilt, daß der Handel nur gegen Vorlage einer amtlichen Genehmigung seitens des ausführenden Staates erlaubt ist. Unter Anhang I fallen folgende Schlangen: Puerto-Rico-Boa *(Epicrates inornatus inornatus)*, Jamaika-Boa *(Epicrates subflavus)*, Heller Tigerpython (*Python molurus molurus)*. Unter Anhang II fallen folgende Schlangen:

Regenbogen-Boa *(Epicrates cenchria cenchria)*, Abgottschlange *(Boa constrictor constrictor)*, Südanakonda *(Eunectes notaens)* alle Pythonarten soweit nicht in Anhang I aufgeführt, Brasilianische Glattnatter *(Cyclagras gigas)*, Trugboa *(Pseudoboa clelia clelia)*, Indische Eierschlange *(Elachistodon westermanni)*, Zweistreifen-Strumpfbandnatter *(Thamnophis elegans hammondi*, gültige Bezeichnung: *Thamnophis couchi hammondi* (Anmerkung des Verfassers)). Einige der vertragschließenden Staaten haben bereits für ihr eigenes Hoheitsgebiet einen weiteren Anhang III fertiggestellt, der diejenigen Formen enthält, die dort unter Schutz stehen.

Haltung und Pflege

Das Schlangenterrarium

Ein Schlangenterrarium hat in jeder Hinsicht den Bedürfnissen der Pfleglinge zu entsprechen. Der Behälter muß stabil gebaut sein. Er darf an keiner Stelle Fugen oder Spalten aufweisen, die den Tieren ein Entweichen ermöglichen. Um Unbefugten ein Hantieren unmöglich zu machen, sollte jede Terrarientür mit einem Schloß versehen sein. Der Tierhandel bietet recht brauchbare Behälter für die Haltung von Schlangen an, wenn sich natürlich auch nicht jedes käufliche Terrarium eignet. Zur Pflege von Schlangen und anderen Reptilien kommen ausschließlich quader- oder würfelförmige Behälter in Betracht. Runde, dreieckige oder andere Formen sind unzweckmäßig und scheiden von vornherein aus. Wer handwerkliches Geschick besitzt, kann seine Behälter ohne große Schwierigkeiten und mit weit geringeren Kosten selbst bauen. Da anderweitig der Eigenbau von Terrarien schon des öfteren beschrieben wurde, soll hier auf eine eigene Bauanleitung verzichtet werden. Jedes größere Terrrarium sollte einen stabilen, aber nicht zu breiten Metallrahmen haben, der gegen Rost mit Lackfarbe gestrichen wird. Die früher üblichen Holzrahmen sind weniger vorteilhaft, da sie von der Feuchtigkeit schneller angegriffen werden und sich leicht verziehen. Für die Bodenfläche und die Hinterseite eines Schlangenbehälters verwendet man am besten Eternitplatten. Sie rosten nicht und sind gegen Feuchtigkeit und Temperaturschwankungen unempfindlich. Das Terrarium sollte stets große Glasflächen aufweisen, damit die Pfleglinge ein Höchstmaß an Licht, namentlich an Tageslicht erhalten. Es ist günstig für die Tiere, wenn sie einige Stunden Sonnenlicht erhalten. Die Luft im Terrarium sollte immer rein und geruchlos sein. Peinlichste Sauberkeit, ein angemessen großer Behälter und vor allen Dingen eine hinreichende Lüftung sind dafür die Voraussetzungen. Für den Bau größerer Terrarien empfiehlt sich die Verwendung von rostfreiem Drahtgeflecht, das man in Eisenwarenhandlungen in verschiedenen Größen und Stärken kaufen kann. Man verwende stets nur die beste Qualität. Für kleinere Behälter kann man auch Nylongeflecht verwenden. Wenn alle vier Seiten des Terrariums durch Scheiben und Eternitplatten luftundurchlässig geworden sind, muß die gesamte Oberseite des Behälters, um ausreichende Ventilation sicherzustellen, aus Draht oder Nylongitter bestehen. Ist die Oberseite des Terrariums ganz oder teilweise verglast, so müssen an jeder Seite genügend breite Durchlüftungsstreifen aus Gitter oder Lochblech angebracht sein, die ungefähr 1/4 bis 1/2 der Terrarienhöhe ausmachen sollten.

Oben links: Abb. 1: Aspidites melanocephalus (Schwarzkopfpython) s. Seite 61
Oben rechts: Abb. 2: Calabaria reinhardtii (Erdpython) s. Seite 62
Mitte links: Abb. 3: Chondropython viridis (Grüner Baumpython) s. Seite 63
Mitte rechts: Abb. 4: Liasis amethistinus (Amethystpython) s. Seite 64
Unten links: Abb. 5: Loxocemus bicolor (Spitzkopfpython) s. Seite 72
Unten rechts: Abb. 6: Python spilotus (Rautenpython) s. Seite 79

Welche Länge, Breite und Höhe soll ein Schlangenterrarium haben? Die Beantwortung dieser Frage ist nicht einfach. Sie richtet sich ausschließlich nach der Körpergröße und den Lebensansprüchen der Pfleglinge. Eine große Anzahl von Schlangen bewegt sich nur wenig und stellt daher bescheidene Ansprüche an den Raum. Für Schlangen von 100–150 cm Körperlänge sind Terrarien von 100 × 80 × 60 cm bestens geeignet. Kleinere Schlangen, die Körperlängen zwischen 40 und 80 cm aufweisen, können unbedenklich in Behältern von 50 × 40 × 30 cm untergebracht werden. Für Riesenschlangen benötigt man sehr stabile und große Terrarien mit dicken Scheiben (8–10 mm). Ein Behälter von 2,5 × 1,5 × 1,5 m ist für einen Tigerpython von 3 m Länge ausreichend groß. Die hier angegebenen Größenmaße sind jedoch nur ungefähre Richtlinien, die nach oben und unten variieren können. Sie wurden anhand eigener Erfahrungen gewonnen. Die Wahl der Terrariengröße ist eine weitgehend individuelle Entscheidung. Es hat sich herausgestellt, daß Schlangen eigenartigerweise oft in kleineren Terrarien besser fressen und gedeihen als in größeren.

Um an einer Stelle des Terrariums die notwendige Bodentemperatur zu erreichen, benötigt man eine Bodenheizung. Die im Handel überall erhältlichen Heizkabel, die von einem Blei- oder Plastikmantel umgeben sind, erfüllen diese Aufgabe recht gut. Die Heizkabel werden in verschiedenen Wattstärken angeboten. Für kleinere bis mittlere Behälter eignen sich 15–30 Watt. Bei Schlangen, die im Bodengrund wühlen, erweist es sich meist als vorteilhaft, das Heizkabel einzuzementieren. Die Wärme wird an die umgebende Fläche gleichmäßig und mild abgegeben. Man kann das Heizkabel mit einem Thermostaten koppeln und ist dann sicher, daß die Temperatur nie zu hoch ansteigt. Wenn das Terrarium nicht zu groß ist, einen Glasboden hat und der Bodengrund nicht zu tief ist oder nur aus auswechselbarem Papier besteht, kann man das Heizkabel auch unter den Behälter legen. Dabei steht das Terrarium derart auf vier ca. 2 cm hohen Styroporstreifen, daß ein abgeschlossener Luftraum entsteht, zwischen Untergrund, den vier dicht schließenden Styroporstreifen und der Bodenplatte des Terrariums. In diesen „Heizungsschacht" legt man je nach Behältergröße ein Plastikheizkabel von 15–30 Watt. Die Luft im „Heizungsschacht" erwärmt sich, kann aber nicht entweichen. So wird die Wärme ganz gleichmäßig und mild an die Bodenscheibe des Terrariums und damit an Teile des Bodengrundes abgeleitet. Mit bestem Erfolg heize ich auf diese Weise vier nebeneinanderstehende Terrarien, die auf Wandregalen stehen. Solche „Heizungsschächte" in denen Luft erwärmt wird, lassen sich genauso auch im Terrarium selbst einbauen. Dieselbe Wirkung kann man auch mit einem Heizkissen erzielen, um eine bestimmte Stelle des Terrariums mild zu erwärmen. Bei zahlreichen Schlangen, die aus subtropischen und tropischen Gebieten mit weitgehend gleichbleibenden Temperaturen stammen, erübrigt sich eine Bodenhei-

---

Oben links: Abb. 7: Python molurus molurus (Heller Tigerpython) s. Seite 74

Oben rechts: Abb. 8: Epicrates cenchria maurus (Regenbogenboa) s. Seite 89

Mitte links: Abb. 9: Python sebae natalensis (Felsenpython) s. Seite 78

Mitte rechts: Abb. 10: Python timorensis (Timorpython) s. Seite 80

Unten links: Abb. 11: Python regius (Königspython) s. Seite 75

Unten rechts: Abb. 12: Eryx jaculus turcicus (Sandboa) s. Seite 92

zung, wenn man die Raumtemperatur am Tage und in der Nacht nahezu konstant zwischen 24–30 °C halten kann.
Wesentlich, jedoch bei der Schlangenhaltung nicht so ausschlaggebend, ist das Licht. Direkte Sonneneinstrahlung ist die günstigste Lichtquelle, doch läßt sie sich für ein Schlangenterrarium, das in einem Raum untergebracht ist, kaum verwirklichen. Eine Aufstellung möglichst nahe am Fenster ist fast immer vorteilhaft. Allerdings muß man den Terrarieninsassen genügend Versteckplätze bieten, damit sie sich vor allzu großer Sonnen- oder Lichteinstrahlung schützen können. Schlangen benötigen kaum UV-Licht, das zur Bildung von Vitamin D im Tierkörper von Bedeutung ist. Als künstliche Lichtquellen, die gleichzeitig mehr oder weniger Wärme liefern, kommen Parabolleuchter, Glühbirnen und UV-Strahler in Betracht. Für kleinere Behälter sind die sogenannten Patentleuchten recht brauchbar, die in der Aquaristik Verwendung finden. Ergänzend zu den genannten Strahlern ist es ratsam, auf stromsparende Leuchtstoffröhren zurückzugreifen; sie kommen dem Tageslicht am nächsten. So verwende ich mit gutem Erfolg Leuchtstoffröhren der Marken „Osram-L Warmton", „Sylvania", „Gro-Lux" und „Osram-Fluora". Die „Osram-Fluora"-Röhre eignet sich besonders gut, da sie UV-Licht abgibt. Je nach Jahreszeit sollte die Beleuchtung täglich 10–14 Stunden in Betrieb sein. Heizung und Beleuchtung steuert eine elektrische Zeituhr.
Ein Gefäß mit stets frischem Wasser muß in jedem Terrarium vorhanden sein. Wasserschlangen benötigen ein mehr oder weniger geräumiges Wasserbecken, in dem sie sich oft stunden- oder sogar tagelang aufhalten. Zur Kontrolle von Temperatur und Luftfeuchtigkeit dürfen in keinem Terrarium Thermo- und Hygrometer fehlen. Die beiden Geräte kann man an der Seitenwand des Terrariums anbringen. Wasser zu versprühen ist immer notwendig, dafür eignen sich Pflanzenspritzgeräte aus Plastik oder in Metallausführung.
Die meisten Schlangen suchen von Zeit zu Zeit gern enge und dunkle Verstecke auf. Diese Eigenart kann man sich mit einem Schlupfkistchen zunutze machen. Da man im Terrarium häufiger das Wasser wechseln und den Kot entfernen muß oder andere Arbeiten auszuführen hat, kann die unmittelbare Gegenwart der Schlangen nicht selten hinderlich, oft sogar gefährlich sein. Es ist von Vorteil, die Schlangen beim Hantieren im Behälter im Schlupfkistchen zu wissen. Das Schlupfkistchen ist ein quaderförmiger Holzkasten mit einem Deckel, den man öffnen und verschließen kann. Auf diese Weise läßt sich das Innere des Schlupfkistchens einfach und schnell reinigen. An der Vorderseite läßt sich die Öffnung, durch die die Schlangen einkriechen, mit einem Brettchen verschließen, das über Leisten läuft. Das Schlupfkistchen kann man sowohl im Inneren wie außen am Behälter anbringen. Außerhalb des Terrariums stört es optisch im Innern des Behälters nicht. Allerdings hat man Sicherheitsmaßnahmen zu treffen, damit Unbefugte das Schlupfkistchen nicht öffnen und die Schlangen entweichen. Innen im Terrarium kann man das Schlupfkistchen mit Steinen oder Rinde tarnen. Allerdings ist es dann schwierig, beide Behälter zu säubern.
Zur Entfernung von Exkrementen benötigt man für jeden Behälter gesondert einen langstieligen Löffel.
Um lebende oder tote Futtertiere verabreichen zu können, ist eine Pinzette von wenigstens 30 cm nötig.
Neben den bereits erwähnten Geräten kommen weitere folgende Einrichtungsgegenstände in Betracht: Bodengrund, Steine, Felsbrocken, Kletteräste, kleinere Baumstämme oder Teile von Baumstämmen, Wurzelwerk, Rinde und Zierkorkröhren.
Als einfachster Bodengrund genügt Fließ- oder Zeitungspapier. Der Anblick eines derartig ausgelegten Terrariums ist zwar nicht schön, dafür aber um so hygienischer, denn auf dem trockenen Papier haben krankheitserregende Bakterien kaum Lebensmöglichkeiten. Mit Kot und Urin beschmutztes Papier läßt sich ohne Schwierigkeiten in wenigen Minuten

gegen neues auswechseln. Der leicht feuchte Untergrund kann abgewischt und – wenn kranke Schlangen im Terrarium sind – bei Bedarf auch sterilisiert werden. Für Schönheit haben Schlangen sicherlich weniger übrig als Menschen. Ihr Gesundheitszustand hängt viel eher von weitgehender Sauberkeit und günstigen Temperaturverhältnissen ab. Aus Gründen der Sauberkeit bevorzuge ich in Quarantänebehältern Papier als Untergrund, ein Pappkästchen als Unterschlupf und ein Trinkwassergefäß.

Sonst kann man je nach der Schlangenart, die man zu pflegen beabsichtigt, verschiedene Bodenbeläge verwenden. In Betracht kommen Sand, Kies, ein Gemisch von Sand mit Waldboden oder Torf, Walderde durchsetzt von vielen Rindenstücken und trockenen Blättern, Lehm oder Lavaerde. Jeder Bodengrund hat Vorteile und Nachteile hinsichtlich seines Aussehens, der Fähigkeit besser oder schlechter Kot und Urin oder Feuchtigkeit zu absorbieren usw. Um eine bakterielle Zersetzung zu verhindern, müssen von Schlangenexkrementen beschmutzte Stellen sofort gesäubert werden.

Steine und Felsbrocken lassen sich ohne weiteres zu einem notwendigen Versteck zusammenschichten. Es ist sinnvoll, die Steine fest aneinander zu zementieren, da manche Schlangen beim Wühlen die locker geschichteten Steine zum Einsturz bringen. Als Versteckmöglichkeiten haben sich auch Zwischenräume unter Ästen, Baumrinde und Baumstämmen und vor allen Dingen Zierkorkröhren gut bewährt. Baumschlangen benötigen Kletterbäume. Mit Vorliebe ruhen sie in den Achseln der Seitenäste.

Auch Pflanzen können den Insassen eines Terrariums als Versteck dienen. Mit Hilfe von Pflanzen können wir das Terrarium innen schöner und natürlicher gestalten, und ihm etwas vom Eindruck eines Käfigs zu nehmen. Wegen besonderer Lebensansprüche eignen sich viele Pflanzen nicht fürs Terrarium. Zahlreiche Zimmerpflanzen gedeihen jedoch im Terrarium und halten sich dann bei guter Pflege jahrelang. Man topft die Pflanzen am besten in große Plastikgefäße ein, die ein zu schnelles Entweichen der Bodenfeuchtigkeit verhindern. Die Gefäßränder überdeckt man geschickt mit Rinde oder Steinen.

Für Behälter, in denen man einheimische Schlangen und Schlangen aus den gemäßigten Gebieten pflegt, eignen sich Efeu *(Hedera helix)*, Brombeere *(Rubus fruticosus)*, Himbeere *(Rubus idaeus)* oder ein kleiner Wacholder *(Juniperus communis)*, um nur einige Beispiele zu nennen. Für Trockenterrarien lassen sich gut Sanseverien (wie *Sansevieria trifasciata*), kleinere Agaven (wie *Agava verschaffeltii*), Euphorbien (wie *Euphorbia resinifera*) oder Aloegewächse (wie *Aloe brevifolia* oder *Aloe striata*) verwenden. Verschiedenartige Kakteen gehören ebenfalls in ein Trockenterrarium. Für das geheizte, feuchte Terrarium eignen sich besonders Gummibäume *(Ficus elastica)*, Philodendronarten (*Philodendron erubescens* oder *Philodendron scandens*), die Fingerpflanze *(Monstera deliciosa)*, verschiedene Palmen, zahlreiche Bromeliaceen und andere Epiphyten. Neben den wenigen genannten Beispielen stehen uns eine Menge weiterer, für das Terrarium geeignete Pflanzen aus allen Landschaften der Erde zur Verfügung. Bei sachgemäßer Einrichtung mit den entsprechenden Pflanzen und Tieren vermittelt das Terrarium einen ebenso naturähnlichen Anblick wie ein gut bepflanztes Aquarium. In ein Terrarium mit großen und schweren Schlangen gehören keine Pflanzen, da sie durch das Gewicht der Tiere innerhalb kurzer Zeit zerdrückt werden.

Ist das Terrarium endgültig eingerichtet und sind die Schlangen eingewöhnt, benötigt man täglich nur wenig Zeit, um es in Ordnung zu halten. Exkremente muß man sofort entfernen. Stets ist darauf zu achten, daß sich im Trinkbehälter sauberes Wasser befindet. Temperatur und Luftfeuchtigkeit werden jeden Tag kontrolliert, wie man auch auf die gut funktionierende Beleuchtung und Bodenheizung achtet. Vor der Häutung besprüht man die Schlangen häufiger mit Wasser als gewöhnlich. Die Pflanzen sind regelmäßig zu gießen.

Temperatur und Licht

Da die Körperfunktionen der Schlangen nur in ganz bestimmten Temperaturbereichen geordnet ablaufen können, muß man die Temperatur in einem Terrarium nach den Lebensansprüchen seiner Insassen einstellen. Falsche Temperaturen, seien sie dauernd zu hoch oder zu niedrig, schaden den Tieren; sie nehmen keine Nahrung mehr auf oder würgen teilweise verdaute Beutetiere wieder aus. Verdauung und Darmbewegung laufen nur in einem ganz bestimmten Temperaturbereich ab. Bei zu niedriger, aber auch bei zu hoher Temperatur, erkranken Schlangen meist an einer Infektion der Atmungsorgane und sind auch nicht mehr in der Lage, sich fortzupflanzen. Die meisten Schlangen sind bei Temperaturen zwischen 15–32 °C aktiv. Innerhalb dieses Temperaturbereiches nimmt die Aktivität aller Körperfunktionen mit steigender Temperatur zu. Sinken die Temperaturen, so nimmt auch die Aktivität ab. In den tiefen Bereichen liegen die kritischen Temperaturen bei und etwas unter 0 °C, in den hohen bei etwas über 40 °C. Schlangen besitzen keine Schweißdrüsen. Nicht wie die meisten Säugetiere können sie überhöhte Außentemperaturen auf physiologische Weise durch Schwitzen regulieren. Obwohl bei zahlreichen Schlangenarten die Vorzugstemperatur nur geringfügig unter dem Temperaturmaximum liegt, ertragen nur wenige Arten schadlos eine Dauertemperatur von etwas über 32 °C.

Schlangen halten sich mit Vorliebe in der Vor- und Nachmittagssonne oder unter einer Heizlampe oder auf einer sehr milde erwärmten Unterlage auf. Sie ziehen sich in den Schatten eines Verstecks zurück, wenn das Innere ihres Körpers die erblich festgelegte Vorzugstemperatur überschreitet. Bei nächtlich aktiven Arten liegt der günstigste Temperaturbereich im allgemeinen etwas niedriger als bei den am Tag aktiven. Das gleiche gilt oft auch für Schlangen, die in höheren Berglagen in subtropischen und tropischen Regionen leben. Derartige „Coolforms“ fühlen sich zwischen 18–24 °C wohl. Oberhalb von 25 °C kümmern sie im Terrarium und gehen vorzeitig ein.

Welche Temperaturen soll man Schlangen bieten, um sie gesund zu halten und zur Fortpflanzung zu bringen? Die Antwort auf diese Frage hängt von der geographischen Verbreitung, von der Höhenlage und der Umwelt mit dem besonderen Mikroklima ab, in denen eine Schlangenart vorkommt.

Da in den Tropen weitgehend gleichmäßige Temperaturen herrschen, sind die meisten Schlangenarten dort über das ganze Jahr aktiv. Schlangen aus Gebieten mit hohen Dauertemperaturen pflegt man über das ganze Jahr bei nur geringen Temperaturschwankungen zwischen 25–30 °C. Eine Überwinterung ist hier fehl am Platz.

Schlangen, die aus den gemäßigten Breiten und den Subtropen stammen, verlangen in der Aktivitätsperiode Tagestemperaturen zwischen 20–30 °C. Die Aktivitätsperiode fällt meist in die Zeit zwischen März und November. Der Boden darf aber nur an einer begrenzten Stelle etwas mehr erwärmt sein als die Umgebung. Ständige Überwärmung ist schädlich, da die Vorzugstemperatur schon sehr hoch liegt, und den Tieren nur kurzfristig erträglich ist. Die Schlangen müssen stets die Möglichkeit haben, die erwärmte Stelle im Terrarium aufsuchen oder verlassen zu können. Je nach der Heimat seiner Pfleglinge stellt man die Temperatur höher oder niedriger ein. In der Nacht muß die Wärme um einige Grade sinken, um die Schlangen durch Temperaturschwankungen, wie sie auch in der Natur vorkommen, gesundheitlich auf der Höhe zu halten.

Die Beleuchtungsdauer im Terrarium richtet sich nach der betreffenden Jahreszeit. Falls der Schlangenbehälter an einem dunklen Platz aufgestellt ist, sollte die Beleuchtung im Sommer 10–14, im Frühjahr und Herbst je nach Monat 6–8 Stunden eingeschaltet sein.

Wasser und Feuchtigkeit

Wie bereits erwähnt, muß der Wasserbehälter stets mit einwandfreiem Frischwasser gefüllt sein, das nicht zu kalt sein darf. An warmen Tagen sollte im Terrarium mit einer Sprühdose ein- oder zweimal gesprüht werden, da die heimatlichen Lebensbereiche zahlreicher Reptilien oft eine hohe Luftfeuchtigkeit aufweisen. Es ist eine bekannte Erscheinung, daß nicht alle Schlangen ihren Durst aus dem Wassergefäß stillen. Viele saugen nur das Sprühwasser auf, das nach intensivem Überbrausen von den Blättern und Steinen herabtropft. Es versteht sich von selbst, daß die Pflanzen ebenfalls regelmäßig gegossen und besprüht werden müssen. Am besten verwende man weiches Wasser, da auf den Blättern sonst unschöne Kalkflecken zurückbleiben.

Überwinterung

Im Herbst zeigen sich die aus den gemäßigten und mediterranen Gebieten stammenden Schlangen von einer inneren Unruhe getrieben, die sich in pausenlosem Umherkriechen äußert. Die Tiere haben die Nahrungsaufnahme eingestellt und beachten auch ihre üblichen Schlupfwinkel nicht mehr. Das alles deutet darauf hin, daß unsere Pfleglinge sich auf ihre baldige Überwinterung einstellen. Vor der Überwinterung achte man darauf, daß die Schlangen exkrementiert haben. Es dürfen sich keine faulenden Verdauungsreste im Darm befinden, da sie dem Tier in der Überwinterungsphase schaden oder sogar seinen Tod verursachen. Man senkt die Lufttemperatur nicht plötzlich, sondern im Verlauf einer Woche. Wer einen Raum besitzt, der ausschließlich für die Schlangenhaltung bestimmt ist, öffnet im Herbst weit das Fenster. Vor der Fensteröffnung bringt man zum Schutz gegen eindringende Tiere einen sehr stabilen, von Drahtgeflecht überzogenen Rahmen an. So kann die kalte Luft langsam einströmen und im Raum Temperaturen schaffen, wie sie auch im Freien herrschen. Diese Methode hat den Vorteil, daß die Schlangen im Terrarium verbleiben können und nicht in eine Überwinterungskiste mit wiederum neuen Umweltbedingungen wechseln müssen. Die Wassergefäße im Überwinterungsbehälter müssen stets mit frischem Wasser gefüllt sein. Je nach der Schlangenart, die man überwintert, wird der Bodengrund trocken bis mäßig feucht gehalten. Manche Schlangen sind auf weitgehende Bodentrockenheit bei hoher Luftfeuchtigkeit angewiesen. Andere bevorzugen sowohl eine hohe Boden- wie Luftfeuchtigkeit. Das Terrarium oder der Behälter, in dem die Schlangen überwintern, sollte man 2–3mal wöchentlich überprüfen und Wasser versprühen, wenn der Bodengrund zu trocken geworden ist. In den Überwinterungsbehälter gehört viel Laub, Moos und flächenhafte Rindenstücke mit großer Oberfläche; so können sich unsere Pfleglinge gut verbergen. Bei den heimischen und zahlreichen nordamerikanischen wie nord- und mittelasiatischen Schlangenarten dürfen die Temperaturen während der Überwinterung bis knapp über den Gefrierpunkt absinken. Gesunde Jungschlangen überstehen derartig niedrige Temperaturen ebenso schadlos wie erwachsene Exemplare. Für geschwächte Schlangen verzichtet man ganz auf die Überwinterung, da sie dabei meist sterben.

Je nach ihren Verbreitungsgebieten empfiehlt sich für mitteleuropäische, nordamerikanische und zentralasiatische Schlangenarten während der Überwinterung eine 4–5monatige Dauertemperatur zwischen 2–15 °C. Die Überwinterung soll Ende Oktober oder Anfang November beginnen und Mitte bis Ende März oder Anfang April enden. Bei Schlangen aus dem europäischen und nordamerikanischen Süden, aus Nordafrika und aus Gebieten mit weitgehend ähnlichen Klimaverhältnissen, sind Überwinterungstemperaturen zwischen 10–15 °C günstig. Die Überwinterungsdauer sollte in diesem Fall 3–4 Monate betragen, etwa von Mitte November bis Mitte März. Man sollte darauf achten, daß die Temperatur im Überwinterungsterrarium nie über 15 °C ansteigt, um den naturbedingt stark eingeschränkten

Stoffwechsel zur falschen Zeit nicht unnötig anzufachen. Während der Winterruhe sind Schlangen nicht immer in einem Zustand ständiger Bewegungslosigkeit. Hin und wieder kriechen sie langsam umher und suchen oft vorteilhaftere Unterschlupfmöglichkeiten. Man sollte den Behälter stets abdunkeln, damit die Schlangen zur Ruhe kommen.

Mit gutem Erfolg lassen sich Schlangen in Plastikgefäßen in einem gesonderten Kühlschrank überwintern. Die Plastikgefäße, die man teilweise mit Erde, Moos, Laub und Rinde anfüllt, müssen stets zahlreiche Luftlöcher aufweisen. Auch hier darf es an einem Wassergefäß und an der notwendigen Luftfeuchtigkeit nicht fehlen. Durch Regulierung kann man im Kühlschrank die natürlichen winterlichen Temperaturverhältnisse weitgehend nachahmen und auch die notwendige Dunkelheit ist vorhanden. Jeden 2. oder 3. Tag öffnet man kurzzeitig die Tür, um zu lüften.

Wenn der Frühling naht, werden die Schlangen langsam aufgeweckt. Zuerst entfernt man die Abdunkelung und erhöht die Raumtemperatur allmählich. In den ersten Tagen setzt man die Heizung und Beleuchtung nur wenige Stunden in Betrieb. Mit jedem Tag werden Heizungs- und Beleuchtungsdauer verlängert. Nach 8–10 Tagen sind Beleuchtung und Heizung wieder voll in Betrieb.

Die erste Häutung im Frühjahr findet in der Regel 1–3 Wochen nach der Überwinterung statt. Die Schlangen haben bereits genügend Flüssigkeit aufgenommen und den Darm vollständig entleert. Weibliche Schlangen fressen bald wieder, während die Männchen in vielen Fällen erst nach der Paarung Futter aufnehmen. Für Amphibien und Reptilien aus den gemäßigten Breiten ist kaltes Überwintern bei gleichzeitigem Abdunkeln die notwendige Voraussetzung für eine erfolgreiche Nachzucht. Samen- und Eizellen können nur dann reifen, wenn sie für einige Zeit niedrigen Temperaturen ausgesetzt werden. Ganzjährig erhöhte Temperatur führt bei zahlreichen Schlangen zwangsläufig zu Unfruchtbarkeit.

Ernährung und Fütterung

Die Futterfrage

Schlangen fressen keine Pflanzen, sondern nehmen tierische Nahrung zu sich. Ihre natürlichen Beutetiere sind Kleinsäuger, Vögel, Reptilien, Amphibien, Fische und verschiedenartige Wirbellose. Einige hochspezialisierte Schlangenarten fressen Eier oder Schnecken. Zahlreiche Schlangen ernähren sich einseitig nur von Säugetieren oder Vögeln. Andere sind ein breites Spektrum von Beutetieren gewöhnt; sie verzehren verschiedene Wirbeltiere und Wirbellose gleichermaßen. Es gibt Schlangen, die sogar an rohes Rind- oder Schweinefleisch gehen und Ölsardinen fressen.
Bei den meisten Schlangen, die Säugetiere fressen, ist die Futterbeschaffung kein Problem. Mäuse und Ratten kann man oft für wenig Geld erwerben oder gelegentlich von einigen Instituten sogar umsonst bekommen. Wenn man sich selbst eine Kaninchen-, Meerschweinchen-, Ratten-, Mäuse- oder Goldhamsterzucht zulegt, hat man zu jeder Zeit Futtertiere in allen Größen zur Hand.
Besonders gern nehmen Schlangen Wildmäuse, ihres Geruchs und ihrer schnellen Bewegungen wegen, an. Man findet sie oft in großer Anzahl an Wald-, Feld- oder Wiesenrändern und an vielen sonstigen Plätzen. Mit Hilfe der käuflichen Kasten- oder Schlagfallen lassen sie sich lebend oder tot einfach erbeuten.
Auf wilde Haus- oder Wanderratten verzichtet man. Sie können sowohl auf Menschen wie auf Schlangen gefährliche Infektionskeime übertragen. Hühner und Hähnchenküken kauft man billig in Geflügelzuchtfarmen, wo Küken oft nur wenige Pfennige kosten. Der Sperling ist die einzige Vogelart, deren Fang erlaubt ist und die man mit einer Sperlingsfalle fangen oder mit dem Luftgewehr schießen kann. Futterfische kauft man bei einem Angler oder bei Bedarf größerer Mengen bei einem Berufsfischer oder in einem Fischgeschäft. Amphibienfressende Schlangenarten verzehren Gras- und Wasserfrösche, Kröten und Molche und deren Larven. Man fängt aber nur soviel Futterfrösche, wie man gerade benötigt. Im Sinne des Artenschutzes ist es jedoch besser, nach einem abendlichen oder nächtlichen Regen an einer Landstraße, die von Amphibien überquert wird, die totgefahrenen Frösche und Kröten einzusammeln. Eidechsen verfüttert man nur dann, wenn eine Schlange an kein anderes Futtertier zu gewöhnen ist. In jedem Fall verzichtet man auf einheimische Echsenarten, da ihr Lebensraum ohnehin mehr und mehr bedroht wird und sie immer seltener werden. Stattdessen greift man auf solche südeuropäischen Arten zurück, die zum Teil noch sehr häufig vorkommen. Futtereidechsen und Futterschlangen werden regelmäßig im Zoohandel verkauft. Fast alle Schlangen gewöhnen sich an tote Nahrung. Reste und Vorräte der genannten Futtertiere kann man über Monate hinweg im Gefrierschrank aufbewahren und je nach Bedarf auftauen und verfüttern.

Fütterung

Bei der Fütterung zeigen Schlangen oft ganz persönliche Eigenarten. Während manche Tiere, die man eben erworben hat, anschließend gleich tote oder lebende Futtertiere verzehren, hungern andere tage-, wochen- oder gar monatelang und in Ausnahmefällen über ein Jahr. Eine Schlange frißt nur lebende Mäuse, während eine andere Schlange der gleichen Art nur tote verschlingt. Es gibt Schlangen, die weiße Mäuse und Ratten verschmähen, stattdessen aber Farbmäuse bevorzugen. Wildmäuse werden, wie gesagt, wegen ihrer schnellen Bewegungen und ihres angenehmen Erdgeruchs von allen Schlangen mit Vorliebe gefressen. Eine beachtliche Anzahl von Schlangen nimmt bei einer Mahlzeit gleich mehrere Futtertiere hintereinander auf, während andere nur ein einziges verzehren. Auch die Tageszeit spielt eine Rolle für die Nahrungsaufnahme. Die beste Zeit zum Füttern ist am späten Nachmittag und am Abend. Es gibt Schlangen, die nur am Abend fressen, am Tage aber die Nahrung verweigern.

Manche Schlangen empfinden eine Vergesellschaftung mit Vertretern der eigenen Art oder anderer Arten als störend und fasten aus diesem Grunde. Setzt man ein solches Exemplar in Einzelhaft, so nimmt es nicht selten schon am nächsten Tag Futter auf.

Zahlreiche Schlangenarten legen jahreszeitlich bedingt Freßpausen ein und sind während dieser Zeit unter keinen Umständen zu ihrer üblichen Nahrungsaufnahme zu bewegen; so vor allem vor der Überwinterung. Derartige Pausen in der Nahrungsaufnahme muß man als naturgegeben hinnehmen. Männliche Schlangen verzichten oft in der Paarungszeit, weibliche während der Trächtigkeit auf jegliche Nahrungsaufnahme. Auch vor der Häutung fressen Schlangen nur selten. Pflegt man mehrere Exemplare im gleichen Terrarium, so hat man bei der Fütterung stets darauf zu achten, daß nicht zwei oder drei Schlangen sich das gleiche Beutetier vornehmen. Dabei kann es geschehen, daß die Köpfe der Schlangen zusammenstoßen. Dann wird meist die stärkste Schlange sowohl das Futtertier als auch ihren Artgenossen verschlingen. So habe ich aus Unachtsamkeit wiederholt wertvolle Schlangen verloren. In der Gefangenschaft kann es bei einzelnen Exemplaren der verschiedensten Schlangenarten, die sonst nie Schlangen fressen, sogar zu einem echten Kannibalismus kommen. Eine Vergesellschaftung mehrerer Schlangen in einem Behälter ist nie vorteilhaft. Kleinere Individuen gehen bei der Fütterung oft leer aus und verkümmern, wenn man sie nicht rechtzeitig in einen anderen Behälter sperrt und sich nicht besonders intensiv um sie bemüht und ihnen stets kleine bis mittelgroße Futtertiere anbietet. Sie überlasten die Verdauungsorgane nicht und werden besser und schneller als große Futtertiere verdaut.

Trotz aller Bemühungen des Pflegers sind manche Schlangen nicht an das übliche Futter zu gewöhnen. Zufällig stellt man fest, daß ein Exemplar sich auf ein ganz bestimmtes Beutetier spezialisiert hat, das unter normalen Umständen nicht zu den Nahrungstieren dieser Schlangenart gehört. Oft ist es unerklärlich, daß eine bestimmte Schlange bei bester Unterbringung in einem Terrarium jegliche Nahrung verweigert, in einem anderen Behälter aber unter gleichen Temperatur-, Licht- und Hygieneverhältnissen fast augenblicklich nach dem Einsetzen frißt. Eine Erfahrung ist, daß Schlangen in kleineren Behältern oft besser fressen und gedeihen als in großen.

Im Gefrierschrank aufbewahrte Futtertiere muß man vor dem Verfüttern auftauen und auf die Körpertemperatur der Schlange bringen. Man bietet der Schlange die aufgewärmte Maus oder Ratte oder auch ein anderes Futtertier mit einer langen Pinzette an oder lege es im Terrarium immer an die gleiche Stelle.

Wie oft soll man füttern? Die Antwort auf diese Frage richtet sich nach dem Alter, der Größe und dem Ernährungszustand der Schlangen. Junge Schlangen sollten mindestens einmal in der Woche, halb erwachsene alle 10–14 Tage und erwachsene Exemplare alle 3–4 Wochen gefüttert werden. Zu jeder dritten oder vierten Fütterung gehören ein oder zwei Tropfen eines Multivitamin-Präparates, das man auf die Körperoberfläche des Futtertieres streichen oder in einer Lösung in dessen Körper einspritzen kann. Es ist darauf zu achten, daß die Schlangen nicht zu häufig und bei einer Mahlzeit nicht zuviel Nahrung erhalten. Schlangen bewegen sich in der Gefangenschaft weniger als unter natürlichen Verhältnissen und setzen daher die aufgenommenen Nährstoffe nicht so schnell um. Außerdem sind die im Labor gezüchteten

Mäuse oder Ratten viel fetter als Kleinsäuger, die aus der freien Natur stammen. Ein Übermaß an Nahrung muß zur Verfettung lebenswichtiger Organe und daher zu einer verkürzten Lebensdauer führen. Überfettete Schlangen zeigen eine herabgesetzte Paarungsbereitschaft und eignen sich daher schlecht für die Nachzucht. Gesunde Schlangen, die sich an das Leben in der Gefangenschaft gewöhnt haben, kommen an die geöffnete Behältertür, sobald man die Futterpinzette ergreift. Durch Gewöhnung haben sie im Laufe der Zeit gelernt, ihre Nahrung auf diese Weise in Empfang zu nehmen. Erwartungsvoll ergreifen sie das Futtertier und schlingen es rasch hinunter.

Die vollständige Verdauung dauert je nach der Größe des Futtertieres und der Schlange bei günstigen Temperaturen in der Regel 2–10 Tage, was sich an der Ausscheidung der Exkremente leicht feststellen läßt. Schlangen, die gefressen haben, sind gegen Temperaturschwankungen besonders empfindlich. Man sollte sie dann auch nicht stören. Eine zu hohe oder zu niedrige Temperatur und ebenso Beunruhigungen können zu einem Auswürgen der halb- oder unverdauten Nahrung führen.

Zwangsfütterung

Gesunde, hungrige Schlangen nehmen die dargebotenen Futtertiere meist sofort an. Eine Veränderung in der Haltung, zu hohe oder zu niedrige Temperaturen, zu hohe oder zu niedrige Luftfeuchtigkeit, Störungen oder andere sich ungünstig auswirkende Umstände können die Ursache für eine länger dauernde Verweigerung des Futters sein. Wenn man die Fehler und Mängel in der Haltung beseitigt, gehen die Schlangen meist wieder wie üblich ans Futter. Kranke Schlangen nehmen verständlicherweise nur in Ausnahmefällen Nahrung zu sich. Schwieriger wird es, wenn gesund erscheinende Schlangen unter den besten Haltungsbedingungen unverhältnismäßig lang fasten, dabei an Gewicht verlieren und durch Abbau des Fettgewebes Hungerfalten an den Körperseiten bekommen. In solchen Fällen ist die Widerstandsfähigkeit des Organismus herabgesetzt, und es wird Zeit, etwas zu unternehmen; eine Zwangsfütterung wird notwendig. Man fängt die Schlange aus dem Behälter, legt sie auf Schaumstoff oder eine andere weiche Unterlage und drückt ihren Kopf mit einer Hand nieder. Kleinere Schlangen, die sich nicht zu sehr wehren, lassen sich auch leicht zwischen Daumen-, Zeige- und Mittelfinger halten. Mit einer stumpfen Pinzette, einem Spatel oder einer Sonde öffnet man vorsichtig das Maul und schiebt ein kleines Futtertier oder Herzfleisch in den Schlund. Ehe man das Futter verabreicht, macht man es mit Eiweiß oder lauwarmen Wasser gleitfähiger. Ist der Nahrungsbrocken tief genug gerutscht, so sorgen die automatischen Schlingbewegungen der Schlange dafür, daß er selbständig hinabgewürgt wird. Wenn man die Zwangsfütterung mit Mäusen durchführt, so zieht man ihnen am besten vorher das Fell bis zu den Beinen vom Leib. Sie werden noch gleitfähiger, wenn man sie in diesem Zustand in Hühnereiweiß eintaucht. Der toten Maus sollte man stets die Nagezähne ausbrechen, da sie ebenso wie das trockene Fell die Speiseröhre und andere innere Organe verletzen können. Eine sehr schonende Methode der Zwangsfütterung ist es, eine wässrige Lösung von Eigelb mit Schabefleisch zu verabreichen mit Hilfe einer Gummisonde – man kann sie in der Apotheke in verschiedenen Größen kaufen –, die an eine Injektionsspritze angeschlossen wird. Die gleitfähig gemachte Sonde schiebt man in den Rachen der Schlange und spritzt die mit den Vitaminen A, B, C, D und E versetzte Nährflüssigkeit ein. Man verabreicht auch hier nur kleine Mengen. Wenn die zwangsgefütterte Schlange die Nahrung gut verdauen kann und an Gewicht zunimmt, wird sie in den meisten Fällen nach einiger Zeit wieder selbständig fressen. Neugeborene Schlangen darf man nie vor der ersten Häutung zwangsfüttern. Wenn sie dann nicht selbständig Nahrung aufnehmen wollen, verabreicht man ihnen eine nackte Maus, ein Stückchen Herzfleisch oder Fisch.

Zucht und Aufzucht

Die Mehrzahl der üblichen Aquarienfische züchtet man ohne Schwierigkeiten und regelmäßig nach. Bei Schlangen und anderen Reptilien ist das jedoch nicht immer so; oft fehlen die richtigen Partner zur Nachzucht. Mangelnde Zuchterfolge beruhen jedoch hauptsächlich auf einer dauernden falschen Haltung. Zu fette Schlangen züchten fast nie nach, erhöhte Temperaturen über das ganze Jahr hinweg führen mit Sicherheit zur Unfruchtbarkeit und Schlangen, die nicht überwintert haben, zeigen im Frühjahr wenig oder überhaupt keine Paarungsbereitschaft. Oft genug wirkt es sich auch nachteilig auf das Fortpflanzungsverhalten aus, wenn man die in der Natur jährlich stattfindenden mikroklimatischen Schwankungen nicht berücksichtigt. Die natürlichen Stimulantien für die Fortpflanzung liegen in einem Zusammenspiel zwischen der Temperatur, der täglichen Lichtmenge und der Feuchtigkeit, die ortsbezogen in der Natur im Jahreszyklus periodisch sich wiederholenden Änderungen unterliegen. Das wohl wichtigste Stimulans für die Paarung und die Fortpflanzung entsteht aus dem Zusammenwirken von Licht und Temperatur, zwei Faktoren, die von Ort zu Ort sehr unterschiedlich sein können. Gelingt es, die klimatischen Bedingungen in einem Terrarium den Verhältnissen des jeweiligen Naturraumes entsprechend anzupassen, so kommt es zu einer Samenreifung (Spermatogenese) und einer Eireifung (Oogenese). Damit ist die wichtigste Vorbedingung für die gewünschte Nachkommenschaft erfüllt. In diesem Zusammenhang empfiehlt sich für jeden Terrarianer, der nachzüchten will, ein detaillierter Klimaatlas. Mit einem derartigen Atlas lassen sich die genauen Daten der monatlichen Temperaturen, der Sonnenscheindauer, der Niederschläge usw. von jedem Punkt der Erde ermitteln und für ein Zuchtvorhaben in Anwendung bringen.

Schlangen, die man entsprechend den natürlichen Verhältnissen lange Zeit einzeln hält, zeigen, wenn man sie zur richtigen Zeit mit einem andersgeschlechtigen Partner zusammensetzt, eine gesteigerte Paarungsneigung; nicht selten kommt es schon nach Stunden oder Tagen zu der erwarteten Paarung. Der Verfasser erlebte in zwei Fällen wie sich Trans-Pecos-Königsnattern schon 5 Minuten nach dem Zusammensetzen paarten. Eine besonders günstige Voraussetzung besteht auch, wenn das Weibchen kurz vor der Häutung mit dem Männchen zusammenkommt; die Paarung findet dann in der Regel kurz nach der Häutung des Weibchens statt.

Es ist nicht immer sehr einfach, das Geschlecht einer Schlange zu bestimmen. Von der Kloake bis zur Schwanzspitze haben die Männchen vergleichsweise ein längeres Schwanzende als die Weibchen. Dieses Merkmal ist in vielen Fällen jedoch nicht so deutlich ausgeprägt, daß man daran eindeutig das Geschlecht erkennen kann. Eine ziemlich sichere Geschlechtsbestimmung ist mit Hilfe einer Metallsonde möglich, die man in die Geschlechtsteile einführt. Dünne Sonden aus nichtrostendem Metall, die man speziell für die Geschlechtsbestimmung bei Schlangen benötigt, werden in Fachgeschäften für medizinisches Zubehör verkauft. Die Sonden sind an den Enden kugelig abgerundet. Bevor man die Sonde in ein Geschlechtsteil einführt, muß man sie mit Glyzerin gleitfähig machen. Um die Schlange nicht zu verletzen, sollte man diese Untersuchung mit größter Sorgfalt und Ruhe durchführen. Eine Person hält die Schlange und streckt ihren hinteren Körperbereich so, daß sie sich nicht bewegen kann. Eine zweite Person führt die

Sonde in eine der Geschlechtsöffnungen im Bereich der Kloake ein. Bei männlichen Exemplaren dringt die Sonde mehrere bis viele Zentimeter tief in die Hemipenistaschen ein. Bei weiblichen Schlangen reicht die Sonde nicht tiefer als einen halben bis einen Zentimeter. Diese Methode der Geschlechtsbestimmung ist sehr sicher, bleibt jedoch vor allem dem Fachmann vorbehalten.

Bei männlichen Riesenschlangen sind die Afterklauen verlängert, die zu beiden Seiten der Kloake sitzen. Bei vielen Schlangenarten sind die äußeren Geschlechtsunterschiede deutlich ausgeprägt, die Männchen sind oft anders gefärbt als die Weibchen. Bei einigen Schlangen werden die Männchen stets größer als die Weibchen, bei anderen ist das Gegenteil der Fall. Bei gesunden Schlangen, die naturgemäß gehalten werden, besteht in jedem Jahr die Möglichkeit auf Nachzucht. Einige Wochen nach der Paarung stellt man fest, daß die Weibchen meist die Nahrungsaufnahme einstellen. Dies deutet in der Regel auf Trächtigkeit hin. Oft erweist es sich als zweckmäßig, das trächtige Weibchen herauszufangen und in einem besonders eingerichteten Behälter unterzubringen. Die Haltungsbedingungen müssen in dem neu eingerichteten Terrarium selbstverständlich so günstig wie möglich sein. Die Trächtigkeitsdauer ist von Art zu Art unterschiedlich und schwankt zwischen Wochen und Monaten.

Handelt es sich bei dem getrennt gehaltenen Tier um eine lebendgebärende Art, fängt man die Mutter nach dem Absetzen der Jungen aus dem Behälter und setzt sie in ihr früheres Terrarium zurück. Die Jungen häuten sich je nach der Art, der sie angehören, sofort oder einige Tage nach der Geburt. Nach der Häutung nehmen sie meist die erste Nahrung zu sich. Man bietet nur kleine, für die betreffende Schlangenart geeignete Beutetiere an.

Handelt es sich um eine eilegende Art, wird man den zu einem Gelege verklebten Eiklumpen eines Tages, meist an der feuchtesten Stelle des Terrariums finden. Man entfernt das Gelege sehr vorsichtig und bringt es zur weiteren Entwicklung in einen besonderen Behälter. Beim Umbetten ist größte Vorsicht geboten. Nie darf man die Eier in einer anderen Lage in das neue Substrat einbetten, da sich dadurch die Lage der Keimscheibe zum Dotter und zur Eischale verändern kann. Dies hätte eine Schädigung oder das Absterben des Embryos zur Folge. Als Brutbehälter, mit weitgehend gleichbleibenden Temperatur- und Feuchtigkeitsverhältnissen, verwendet man einen Blumentopf oder ein Glasgefäß, in das man als Bodengrund mäßig feuchte Lavaerde, ein Gemisch aus Torf und Sand, Lauberde oder keimfreien Schaumstoff gefüllt hat. Man legt die Eier in diesen Bodengrund, bedeckt sie jedoch nicht vollständig. Auf den Blumentopf legt man Plastikgaze und eine Glasscheibe. Durch den von der Plastikgaze gebildeten kleinen Spalt kann genügend Sauerstoff eindringen. Die Luft kann zirkulieren, ohne daß die Luftfeuchtigkeit sinkt. Den Blumentopf oder das Glasgefäß stellt man auf einen Ziegelstein in ein Aquarium. Der Ziegelstein steht ungefähr bis zu 3/4 seiner Höhe im Aquarienwasser, das mit einem Aquarienheizer und mit Thermostat auf gleichbleibender Temperatur gehalten wird. Das Aquarium ist mit einer Glasscheibe bedeckt, besitzt aber an den Seiten kleine Schlitze, damit Frischluft eindringen kann.

Eine einfache und sichere Methode besteht darin, die Schlangeneier in einer etwas größeren, durchsichtigen Plastikdose unterzubringen, in deren Deckel man mit einem heißen Nagel zahlreiche Löcher bohrt. Ich bette die Eier stets in Lavaerde ein, da Lavaerde sich bei mir in jeder Hinsicht bewährt hat; sie ist nahezu keimfrei. Die einzelnen Teilchen des Lavabodens sind verschieden groß, darum ist er auch weitgehend luftdurchlässig und hält die Feuchtigkeit hervorragend. Den Eiklumpen bedecke ich nie vollständig mit dem Bodengrund, um eine bessere Kontrolle über das Gelege zu haben. Oben auf die Eier lege ich ein Stück sauberes Fließpapier, das ich von Zeit zu Zeit auswechsle. Den Lavaboden halte ich leicht feucht und übersprühe das Fließpapier mit lauwarmem Wasser (25–30 °C), sobald es abtrocknet. Meist stelle ich die Plastikdose mit dem Gelege auf ein größeres Terrarium oder an eine andere Stelle, wo Temperaturen zwischen 20 und 30 °C herrschen. Diese Methode halte ich für die einfachste und sicherste; sie ist unkompliziert, die Kontrolle ist einfach. Der durchlöcherte Deckel erlaubt eine ausreichende Luftbewegung bei gleichmäßigen Temperaturen.

Die Entwicklungsdauer der Eier hängt in erster Linie von der Temperatur der Umgebung und der Feuchtigkeit ab. Bei den meisten Schlangenarten liegt die günstigste Bruttemperatur zwischen 25 und 30 °C und nur in Ausnahmefällen zwischen 20 und 25 °C.

Am Ende der Inkubationszeit werden die Eier faltig und unansehnlich. Falls die Entwicklungsdauer zu weit überschritten wird, kann es sein, daß die Jungschlangen nicht in der Lage sind, die pergamentartige Eihaut von innen zu durchstoßen. Man ritzt dann das Ei mit einem Skalpell oder einer keimfrei gemachten Rasierklinge wenige Millimeter in Richtung der Längsachse an. Ein derartiger Schnitt bewahrt das Jungtier vor dem Erstickungstod und erleichtert in vielen Fällen das Schlüpfen. Der normale Schlupfvorgang kündigt sich durch einen oder mehrere Längsrisse in der Eihaut an. Bald streckt die kleine Schlange den Kopf aus einem dieser Längsrisse, zieht ihn aber bei der geringsten Störung sofort wieder unter die Eischale zurück. Der Schlupfvorgang kann einige Stunden bis mehrere Tage dauern.

Zur besseren Kontrolle bringt man die ausgeschlüpften Jungen in ein entsprechend eingerichtetes kleineres Terrarium, in dem für besonders günstige Bedingungen zu sorgen ist. Die selbständige Nahrungsaufnahme findet nach einigen Tagen bis Wochen, meist nach der ersten Häutung statt. Sollten die frisch geschlüpften Schlangen nach einiger Zeit nicht selbständig ans Futter gehen, so füttert man sie entsprechend ihren arteigenen Nahrungsansprüchen zwangsweise mit nackten Mäusen, kleinen Fröschen, Fischen, Fischstückchen oder in dünnen Streifen geschnittenem Rinderherz.

Eier mit abgestorbenem Embryo oder unbefruchtete Eier verpilzen bald und werden hart. Um ein Übergreifen der Verpilzung auf das gesamte Gelege zu verhindern, entfernt man sie möglichst bald. Obwohl sich Pilze auch auf Eiern mit lebenden Embryonen ansiedeln können, ist Pilzbefall nie ein gutes Zeichen; die neugeborenen Schlangen zeigen dann häufig Mißbildungen. Meist handelt es sich um Verkrümmungen der Wirbelsäule oder Verwachsungen. Weniger häufig tritt Doppelköpfigkeit auf, wie sie der Verfasser bei einer Hornotter *(Vipera ammodytes)* und einer Ringelnatter *(Natrix natrix)* beobachten konnte. F. W. Fitzsimons berichtet in seinem Buch „Schlangen“ von einer zweiköpfigen Rotlippenschlange *(Crotaphopeltis hotamboeia),* die ein volles Jahr im südafrikanischen Port-Elisabeth-Snake-Park lebte und mit beiden Köpfen fraß. Die Nahrung glitt jedoch nur in einen einzigen Magen und wenn der eine Kopf einen Frosch gepackt hatte, wurde der andere futterneidisch und versuchte das Beutetier zu schnappen und hinunterzuwürgen. Derartige Mißbildungen leben im allgemeinen nicht sehr lange.

Die Nachzucht von Schlangen wird in Zukunft immer wichtiger, da zahlreiche Arten in allen Teilen der Welt durch die ständig zunehmenden Umweltveränderungen seltener werden und die Importe zurückgehen. So werden heute bereits einige Arten, u.a. *Elaphe guttata, Elaphe obsoleta, Boa constrictor, Python molurus* so häufig nachgezogen, daß der Import dieser Tiere überflüssig wird.

Die wichtigsten Krankheiten und ihre Behandlung

Ein wesentliches Kapitel der Terraristik sind die verschiedenartigen Krankheiten, von denen unsere Pfleglinge trotz hervorragender Betreuung in den besteingerichteten Behältern befallen werden können. In der Vergangenheit waren die Krankheiten der Amphibien und Reptilien Stiefkinder der Veterinärmedizin. Mit dem zunehmenden Interesse an diesen wechselwarmen Tiergruppen hat sich dieses Bild in den letzten Jahren geändert. In der einschlägigen Literatur erschienen immer häufiger Veröffentlichungen über die Krankheiten der Reptilien und deren Behandlung. Vortreffliche Darstellungen des Gesamtgebietes finden sich in den Werken von Dobbs, Frye, Ippen, Schröder & Elze, Klingelhöffer, Nietzke und Reichenbach-Klinke. Daher sei nur auf die wichtigsten Krankheiten hingewiesen.

Grundsätzlich wird jede neu erworbene Schlange – sei es ein Tier aus der Gefangenschaft oder ein Frischfang – allein in einem gesonderten Behälter untergebracht. Das Exemplar bleibt dort vorsichtshalber 3–6 Monate in Quarantäne; man kann es gründlich beobachten und ist sicher, daß es keine Infektionskrankheiten oder Parasiten einschleppt. So schützt man sich vor schweren Verlusten und hält seinen Bestand gesund.

Für frisch gefangene Schlangen ist das Eingewöhnen in die Gefangenschaft stets eine anstrengende Belastung. Oft beherbergen Neuankömmlinge Parasiten, die erst dann im Organismus die Oberhand gewinnen, wenn die Widerstandskräfte herabgesetzt sind.

Mit Schlangen überfüllte Behälter sind eine gefährliche Unsitte. Die Tiere belästigen sich nicht nur gegenseitig durch dauerndes Übereinanderkriechen, sondern auch durch ihre Kotabscheidungen. Je zahlreicher man Schlangen gemeinsam hält, um so größer ist die gegenseitige Ansteckungsmöglichkeit. Schlangen sind immer Einzelgänger, sie gedeihen am besten, wenn sie einzeln gehalten werden.

Wenn sich ein Pflegling nicht mehr wie gewöhnlich verhält, so ist das meist ein Anzeichen dafür, daß der Organismus in Mitleidenschaft gezogen worden ist. Eine genaue Diagnose ist in zahlreichen Fällen nicht möglich. Nützlich sind Kotuntersuchungen auf krankheitserregende Mikroorganismen, Würmer und Wurmeier. Das äußert sich u. a. darin, daß die Schlange lang ausgestreckt im Behälter liegt, in Fetzen häutet, einen matten Eindruck macht, das Maul öffnet und schwer atmet, Falten an den Körperseiten zeigt, nicht mehr richtig fressen will, die Nahrung erbricht oder sonstige pathologische Symptome erkennen läßt, die mit dem Normalverhalten nicht mehr übereinstimmen.

Es ist erstaunlich, welche Fülle verschiedenartiger Milben und Zecken auf Schlangen schmarotzen können. Glücklicherweise sind die meisten dieser Parasiten ohne große Schwierigkeiten schon mit bloßem Auge festzustellen und verhältnismäßig leicht auszumerzen. Es gibt verschiedene Insektizide, von denen schon die geringste Dosis mit derselben Wirksamkeit Milben wie Schlangen abtötet. Daher sind nur wenige Präparate für unsere Zwecke geeignet. Das bisher beste Präparat ist Neguvon, das man als 0,2%ige wässrige Lösung mit einer Spritze fein über der Schlange versprüht. Um sämtliche Milben abzutöten, muß man allerdings auch den Behälter aussprühen. In der angegebenen Konzentration tötet Neguvon Milben und Zecken, ohne den Schlangen zu schaden. Eine weitere günstige Eigenschaft des Neguvons besteht darin, daß es chemisch instabil ist und bald zerfällt. Vorbeugend sollte man jede neu erworbene Schlange bereits im

Beutel mit Neguvon besprühen, bevor sie ins Terrarium kommt. So bleibt man meist von den unangenehmen Plagegeistern verschont. Die größeren Zecken kann man auch mit Salatöl oder Unguentolan-Lebertransalbe bepinseln; das Fett verstopft die Atmungsöffnungen der Zecken, die absterben und mit einer Pinzette entfernt werden. Es ist nicht ratsam, Schlangen vollständig mit Unguentolan-Lebertransalbe einzureiben, da sie sich danach meist schlecht häuten. Die Methode, vermilbte Schlangen mit Chlorkampfer zu behandeln, ist veraltet. Zwar sind die Milben nach ca. 80 Minuten abgestorben, aber auch der Schlange kann dies schaden.

Zu den häufigsten Innenparasiten gehören verschiedenartige Würmer, die kaum ein Organ verschonen. Besonders häufig befallen sie den Verdauungstrakt, die Muskulatur und die Lunge; sie sind unter der Haut und im Maul nachzuweisen. Bandwürmer lassen sich meist leicht anhand der abgestoßenen und im Kot befindlichen bandartigen Glieder identifizieren. Mit ihrem Saugapparat können sie sich auf der Darmwand festsetzen und dort örtliche Entzündungen verursachen. Dringen dann Bakterien in die Wunde ein, kann es zu einem Abszeß kommen. Bandwürmer, die durch die Haut ihre Nahrung aufnehmen, entziehen ihrem Wirt wertvolle Nährstoffe. Als Mittel empfiehlt sich Yomesan, das man in Form weißer Tabletten in jeder Apotheke erhält. Es ist gut verträglich und wirkt gegen die meisten Bandwurmarten. Pro kg Körpergewicht verwendet man 150–200 mg. Eine einmalige Behandlung genügt meist (bei Bothridium ist oft eine zweite Behandlung nötig). Das Präparat wird in Wasser aufgeschwemmt und mit einer Schlauchsonde in den Magen gespritzt. Man kann Yomesan aber auch in der Tablettenform einem abgetöteten Futtertier beigeben. Besonders häufig sind Fadenwürmer *(Nematoden)*. Sie kommen im Darm, hauptsächlich im Dünndarm, in der Lunge, im Blutgefäß- und Lymphsystem, in der Muskulatur und unter der Haut vor. Gegen die im Darm lebenden Formen kann man ohne besondere Schwierigkeiten mit verschiedenen Präparaten angehen. Ein gutes Mittel ist Concurat, das in einer einmaligen Dosis von 100–300 mg pro kg Körpergewicht mit der Nahrung oral (durch den Mund) verabreicht wird. Panacur wirkt fast gegen alle Fadenwürmer, einschließlich Spulwürmer *(Ascariden)*, Madenwürmer *(Oxyuren)* und Drehschwanz-Würmer *(Spiruriden)*. Pro kg Körpergewicht verabreicht man oral eine einmalige Dosis von 30–50 mg (sie läßt sich in schwierigen Fällen gefahrlos um ein Mehrfaches erhöhen). Madenwürmer und Spulwürmer sind auch gegen Tasnon empfindlich, dem Piperazin-Monophosphat als Wirkstoff zugrunde liegt. Tasnon wird oral verabreicht. Empfehlenswert ist eine Dosis von 25 mg pro kg Körpergewicht. Ein geeignetes Mittel gegen Darmälchen *(Strongyliden)* ist Thibenzol, das man in einer zweimaligen Dosis von 100–200 mg pro kg Körpergewicht, jeweils im Abstand von einer Woche, verabreicht. Schwieriger ist Würmern beizukommen, die in der Muskulatur und anderen inneren Organen als dem Magen-Darm-Kanal schmarotzen. Besonders wirkungsvoll erweist sich hier Citarin, das man subkutan (unter die Haut) verabreicht. Citarin vernichtet bei entsprechender Dosierung die in den inneren Organen und der Muskulatur schmarotzenden Würmer. Eine Dosis von 50 mg pro kg Körpergewicht sollte man auf keinen Fall überschreiten, da die Schlange sonst eingeht. Bei einer zu geringen Dosis werden die Würmer andererseits nicht abgetötet. Panacur tötet, oral verabreicht mit 30–50 mg pro kg Körpergewicht, sowohl Darmälchen wie im Darm schmarotzende Fadenwürmer.

Besonders häufig sind die durch Bakterien oder andere Mikroorganismen hervorgerufenen Magen- und vor allem Darmerkrankungen. Das Auswürgen der Nahrung und krankhaft veränderte Ausscheidungen weisen auf eine solche Erkrankung hin. Schlangen, die man während des Verdauungsvorganges stört oder bei zu niedrigen oder zu hohen Temperaturen hält, brechen häufig die zuvor gefressene Nahrung aus. Der Verdauungsvorgang ist ein chemischer Prozeß, der von besonderen Verdauungswirkstoffen (Enzymen) eingeleitet und zu Ende geführt wird. Krankheitserregende Mikroorganismen unterbinden diesen Vorgang. Außerdem hängt die Wirkung der Enzyme und damit die Dauer der Verdauung von der dafür günstigsten Temperatur ab; Enzyme sind nur in ganz bestimmten Temperaturbereichen wirksam. Kann man als Ursachen für das Ausbrechen der Nahrung sowohl eine Störung als auch eine falsche Haltungstemperatur ausschließen, so handelt es sich höchstwahrscheinlich um eine Erkrankung des Magen- und Darmtraktes. Man schickt dann eine Kotprobe der betreffenden Schlange an ein veterinärmedizinisches Institut und läßt einen Resistenztest machen (den Befund bekommt man meist über den Tierarzt mitgeteilt). Nun weiß man, welcher oder welche Erreger Ursache der Erkrankung sind. Gleichzeitig erfährt man auch, gegen welche Antibiotika die Erreger resistent oder sensibel sind. Die Behandlung des erkrankten Tieres führt man selbst durch. Ungefähr eine Woche, nachdem man mit der Behandlung mit Antibiotika begonnen hat, sendet man eine weitere Kotprobe ein, um zu erfahren, ob das Medikament die gewünschte Wirkung erzielt hat. Bei zahlreichen Darmerkrankungen sind die Ausscheidungen breiig, schleimig und mit Blut vermischt, oder gar flüssig und übel riechend. Dadurch wird dem kranken Organismus in kurzer Zeit so viel Wasser entzogen, daß das Elektrolyt-Gleichgewicht gestört ist. Der Verlust an Wasser und Salzen läßt sich durch intramuskuläre Beigaben von 0,9%iger Kochsalzlösung ausgleichen. Auch andere Nährsalzlösungen lassen sich mit gutem Erfolg verwenden. Bei einer ca. 1 kg schweren Schlange beträgt die tägliche Dosierung 10–30 ccm der genannten Salzlösungen. Das Antibiotikum löst man am besten in Boviserin auf und verabreicht diese Aufschwemmung oral mittels einer Gummisonde, die man durch die Speiseröhre bis in den Magen schiebt. Boviserin enthält wertvolle Eiweiße, die fast ohne Verdauungsarbeit vom Magen-Darmtrakt ins Blut übergehen.

Auch Salmonellen und Klebsiellen lösen zahlreiche Darmerkrankungen aus. Diese Erreger sind gegen Chloramphenicol, Neomycin, Chloromycetin und Humatin empfindlich. Ich verwende meist Chloramphenicol über 4–6 Tage hinweg in einer Dosierung von 50–100 mg pro kg Körpergewicht. Auf keinen Fall sollte man zu große Mengen eines Antibiotikums oder Sulfonamids verabreichen und sich deshalb nach der Gebrauchsanweisung richten. Eine Überdosierung um das Doppelte oder Dreifache vertragen Reptilien meist noch gut, jedoch können antibakterielle Wirkstoffe und ihre Nebenprodukte in noch größerer Dosierung zu unerwünschten Neben- und Störwirkungen führen oder sogar den Tod einer Schlange verursachen, entweder in der unmittelbaren Einwirkung auf den Organismus oder auch in indirekten Wirkungen, z. B. durch die bei der keimtötenden Behandlung freigesetzten Giftstoffe der abgestorbenen Bakterien. Außerdem kann dadurch die normale Darmflora gestört und können Zweitinfektionen verschleiert werden.

Magen- und Darmentzündungen werden häufig durch verschiedene Pseudomonas-Arten hervorgerufen, die die Oberschicht der Darmschleimhaut zerstören. Als Medikament verabreicht man Chloromycetin, oral oder intramuskulär über 7 Tage in Dosierungen von ca. 50 mg pro kg Körpergewicht.

Eine der übelsten Darmkrankheiten der Schlangen ist die Amöben-Dysenterie, die innerhalb weniger Wochen stets tödlich verläuft, wenn man sie nicht schnell behandelt. Sie wird durch den Einzeller *Entamoeba invadens* verursacht und ihre Symptome bestehen in übelriechendem, durchfallartigem Kot, der mit blutigen Schleimabsonderungen vermischt ist. Dabei entzündet sich der Enddarm, zerfällt käsig-brandig und ist oft mehrfach verdickt mit einem harten, festsitzenden Abschnitt oberhalb der Kloake. In schweren Fällen kann der entzündete Darm mit dem Bauchfell verwachsen. Die Amöben dringen zuerst in die Darmschleimhäute ein und zerstören sie. Von dort aus gelangen sie über die Blutbahn in die Leber und andere Organe, wo sie schwere Infarkte hervorrufen können. Da die Amöbiasis überaus ansteckend ist, muß man erkrankte Tiere stets einzeln in Quarantäne unterbringen. Die Ausscheidungen sind sofort zu entfernen und der Behälter ist jedes Mal mit Desinfektionsmittel (Tego, Sagrotan) zu reinigen. Ein gegen Amöbiasis spezifisch wirkendes Mittel ist Humatin, das man in Form von Kapseln und als Sirup verabreichen kann. Die Dosierung beträgt 200–500 mg pro kg Körpergewicht und sollte 4 mal in einer Woche gegeben werden. In dieser Dosierung tötet Humatin sechs- bis zehnmal verabreicht, mit großer Sicherheit alle im Darm lebenden Amöben ab. Da der Darm Humatin nicht aufnimmt, wirkt es nicht auf Amöben, die bereits in die Leber eingedrungen sind. Ein weiteres wirksames Mittel gegen *Amoeba invadens* ist Clont (Metronidazol), von dem man ca. 60 mg pro kg Körpergewicht alle 2 Tage, über mindestens 2 Wochen, oral verabreicht. Die im Darm und außerhalb des Darms, besonders schon in der Leber befindlichen Amöben lassen sich durch intramuskuläre Injektionen mit dem Malariamittel Resochin erfolgreich angehen. Der Verfasser heilte mit Resochin mehrfach Schlangen, die an Amöbiasis erkrankt waren. Pro kg Körpergewicht verabreicht man alle 2 Tage 1 ccm Resochin über mindestens 14 Tage hinweg.

Eine weniger häufige Erkrankung ist die Coccidiose, die durch Sporentierchen (Coccidien) verursacht wird. Auch hier kommt es wieder zu Darmentzündungen mit den selben durchfallartigen Kotausscheidungen. Zur Behandlung wird 2-Sulfanilamido-5-methoxy-pyrimidin empfohlen, das unter der Bezeichnung Bayrena und Durenat im Handel erhältlich ist. Man verabreicht dieses Mittel intramuskulär und zwar 80 mg pro kg Körpergewicht am 1. Tag, vom 2.–5. Tag 40 mg pro kg Körpergewicht.

Weit verbreitet sind die Infektionen der Atmungsorgane; sie sind kaum weniger gefährlich als die des Verdauungsapparates. Die Atmungsorgane können vollständig oder nur teilweise befallen sein. Bei günstigen Haltungsbedingungen gehen die Infektion und ihre äußeren Anzeichen wie Schleimabsonderungen aus Nase und Maul, das Aufreißen des Maules wegen Atemnot, das Emporheben des Vorderkörpers und das Aufblähen der Lunge und der Kehle selbständig wieder zurück. Die Ursachen der Erkrankungen der Atmungsorgane sind verschieden. Sie können in einer zu kühlen oder zu warmen Haltung liegen. Besonders empfindlich gegen derartige Infektionen sind dauernd zu warm gehaltene Schlangen. Eine zu trockene Haltung bei feuchtigkeitsliebenden Schlangen, eine zu feuchte Haltung bei Wüstenschlangen ruft Schnupfen oder Lungenentzündung hervor. Auch stickige und schlecht riechende Luft im Terrarium begünstigt Erkrankungen der Atmungsorgane. Schon deshalb entfernt man Exkremente stets rasch und restlos. Im Frühjahr treten Lungenentzündungen häufig epidemisch auf und führen, wenn sie nicht behandelt werden, sehr schnell zum Tode. Erkrankte Schlangen entfernt man sofort und bringt sie in einem Einzelbehälter unter. Gut bewährt gegen diese Erkrankungen haben sich Terramycin, Chloromycetin, Penicillin und Streptomycin, die man sowohl oral wie intramuskulär verabreichen kann. Über 5–7 Tage gibt man in Einzeldosen entweder 50 mg Terramycin, 15–30 mg Chloromycetin, 50 mg Penicillin oder 50 mg Streptomycin pro kg Körpergewicht.

Die infektiöse Mundfäule tritt besonders häufig bei Schlangen auf. Ursachen für die Entzündung der Mundschleimhaut sind schlechte hygienische Verhältnisse, fehlerhafte Haltungsbedingungen und die dadurch verminderte allgemeine Widerstandskraft. Das Maulinnere ist schleimig und weist größere und kleinere eitrige Bezirke auf. Bakterien – meist handelt es sich um Pseudomonas-Arten

---

Oben: Abb. 13: Epicrates striatus striatus (Silbergraue Schlankboa) s. Seite 90

Unten: Abb. 14: Natrix fasciata fasciata (Gebänderte Wassernatter) s. Seite 104

(Pseudomonas fluorescens, Pseudomonas aeruginosa, Pseudomonas hydrophila) – zersetzen das Zahnfleisch. Wenn nichts geschieht, greifen die Infektionsherde auf tiefere Gewebeschichten über, die Zähne fallen aus, die Schädelknochen werden angegriffen und teilweise schwer zerstört. Schließlich greift die Infektion auf die Atemwege über und endet tödlich. Mit verschiedenen Medikamenten läßt sich die Mundfäule erfolgreich behandeln. Wenn man Vitamin A und C mit den entsprechenden Medikamenten gleichzeitg verabreicht, wirkt sich dies besonders günstig auf den Heilungsprozeß aus. Oft genügt schon eine ein- bis dreimalige Anwendung einer Supronallösung, die man in das offene Maul der Schlange tropfen läßt. Erfolgreich kann man auch die Mundfäule mit Terramycin-Depot (Oxytetracyclin) behandeln. Im Abstand von 24 Stunden erhält die Schlange 3 intramuskuläre Terramycin-Injektionen. Pro Injektion beträgt die Dosierung 25–50 mg pro kg Körpergewicht. Nach einigen Tagen stellt sich die Heilung ein.

Unvollständige oder auch unterbliebene Häutungen sind ein Problem, das jeder Terrarianer erleben kann. Bei Schlangen, die sich schlecht häuten, steht es mit dem Gesundheitszustand oft nicht zum besten. Nicht selten leiden die Tiere an Mangel an Gewebeflüssigkeit, sei es durch eine nicht behandelte Darmerkrankung oder weil sie zu trocken und oft sogar ohne jegliches Trinkwasser gehalten werden. Eine in der Häutung steckengebliebene Schlange setzt man so lange in ein Gefäß mit lauwarmem Wasser (25–30 °C), bis sich die alte Haut selbständig von der neuen löst. Oft löst sich die Haut vollständig bis auf einen Rest über den Augen, der sich leicht mit einer feinen Pinzette abheben läßt (Vorsicht, damit man das Auge nicht verletzt!). Dazu setzt man die Schlange ein oder zwei Tage in ein Gefäß mit feuchtem Schaumstoff bei Temperaturen zwischen 25 und 30 °C, bis die Haut über der Cornea, der Hornhaut des Auges, weich geworden ist.

Abszesse verschiedener Größe, auf und unter der Haut, bekannt unter der Bezeichnung „Pocken", sind fast immer bakteriellen Ursprungs. Zur Behandlung verwendet man auch hier verschiedene Antibiotika wie z. B. Penicillin oder Terramycin in den oben angegebenen Dosierungen. Eine örtliche Behandlung mit Antibiotika-Salbe ist oft eine große Hilfe und fördert den Heilungsvorgang. Hautverletzungen müssen stets sorgfältig gesäubert und mit Antibiotika-Salbe oder -Puder vorsorglich gegen Infektionen behandelt werden. Während der Heilung sind die Tiere auf einen weitgehend keimfreien Bodengrund, z. B. sauberem Papier unterzubringen.

Hin und wieder kommt es zu einer Infektion der Augen; unter der Hornhaut kann sich Eiter bilden. Nach einem winzigen Schnitt in die Hornhaut massiert man den Eiter sehr vorsichtig heraus und spült das Auge mehrmals mit einer Ringer-Lösung, der man ein Antibiotikum z. B. Neomycin, hinzugefügt hat.

Zum Schluß sei auf die absorbierende Wirkung der Aktivkohle hingewiesen. Wenn Wurmmittel oder Antibiotika überdosiert und oral verabreicht werden, kann es schnell zu gefährlichen Nebenwirkungen kommen, die sich in Krämpfen mit tödlichem Ausgang äußern. Bei den ersten Anzeichen neurotoxischer Escheinungen schwemmt man sofort staubfeine Aktivkohle auf und spritzt sie der Schlage mit einer Sonde in den Magen. Die Aktivkohle absobiert dann im Magen-Darmkanal kurzfristig die Überdosis des Medikaments.

Oben links: Abb. 15: Eunectes murinus murinus (Große Anakonda) s. Seite 95
Oben rechts: Abb. 16: Eunectes notaeus (Gelbe Anakonda) s. Seite 96
Mitte links: Abb. 17: Trachyboa boulengeri (Rauhschuppenboa) s. Seite 100
Mitte rechts: Abb. 18: Natrix maura (Vipernatter) s. Seite 109
Unten links: Abb. 19: Natrix natrix astreptophora (Ringelnatter) s. Seite 110
Unten rechts: Abb. 20: Natrix rhombifera rhombifera (Diamant-Wassernatter) s. Seite 112

Schlangen und Rechtsfragen

Schlangenhalter haben nicht selten Schwierigkeiten mit uneinsichtigen Vermietern und Nachbarn. Um Unstimmigkeiten zu entgehen, sollte man sich zuvor mit den rechtlichen Vorschriften vertraut machen. Ein Vermieter kann klagen und erhält recht, wenn im Mietvertrag die Haltung von Tieren allgemein verboten wurde. Dann bleibt nur übrig, sich eine neue Wohnung zu suchen. Ist dieser Passus im Mietvertrag nicht enthalten, so kann der Vermieter eine sachgemäße Schlangenhaltung nicht verbieten, solange dadurch die übrigen Mieter nicht beeinträchtigt werden.
Im § 367 Abs. 1, Ziff. 11, des Strafgesetzbuches heißt es: „Wer ohne polizeiliche Erlaubnis gefährliche, wilde Tiere hält oder wilde oder bösartige Tiere frei umherlaufen läßt oder in Ansehung ihrer Gefährlichkeit die erforderlichen Vorsichtsmäßregeln zur Verhütung von Beschädigungen unterläßt wird ... bestraft".
Ungiftige Schlangen bis zu einer Größe von ca. 3 m sind im Sinne des § 367 weder wild noch bösartig oder gefährlich, zumal kaum ein Schlangenpfleger auf den Gedanken kommen dürfte, seine Tiere frei umherlaufen zu lassen. Bei Giftschlangen sieht es aber anders aus. Zur Pflege von Giftschlangen benötigt man eine polizeiliche Erlaubnis, die erteilt wird, wenn die entsprechenden Vorsichtsmaßregeln erfüllt sind. Als Voraussetzungen dafür gelten feste und ausbruchssichere Behälter, das Vorhandensein der nötigen Schlangen-Sera und zuweilen auch der Nachweis einer entsprechenden Haftpflicht-Versicherung. Oft wird auch gefordert, daß die Räume, in denen sich Giftschlangen befinden, von anderen Personen nur im Beisein des Pflegers betreten werden dürfen. Wenn ein Unbeteiligter von einer Giftschlange gebissen wird, mit den entsprechenden gesundheitlichen oder gar tödlichen Folgen, so zieht dies in jedem Fall stets strenge strafrechtliche Maßnahmen nach sich und außerdem ist Schadenersatz zu leisten.

Verzeichnis der beschriebenen Arten

Familie: Boidae (Riesenschlangen)
Unterfamilie: Pythoninae (Pythonschlangen)
Gattung: Aspidites (Schwarzkopfpythons)
Aspidites melanocephalus (Schwarzkopfpython)
Gattung: Calabaria (Erdpythons)
Calabaria reinhardtii (Erdpython)
Gattung: Chondropython (Baumpythons)
Chondropython viridis (Grüner Baumpython)
Gattung: Liasis (Australische Felsenpythons)
Liasis amethistinus (Amethystpython)
Liasis fuscus (Brauner Wasserpython)
Liasis childreni (Gefleckter Python)
Liasis mackloti (Macklots Python)
Liasis olivaceus (Olivfarbiger Python)
Gattung: Loxocemus (Spitzkopfpythons)
Loxocemus bicolor (Spitzkopfpython)
Gattung: Python (Pythons)
Python anchietae (Angola-Python)
Python curtus (Buntpython)
Python molurus (Tigerpython)
Python regius (Königspython)
Python reticulatus (Netzpython)
Python sebae (Felsenpython)
Python spilotus (Teppich- oder Rautenpython)
Python timorensis (Timorpython)
Unterfamilie: Boinae (Boaschlangen)
Gattung: Acrantophis (Madagaskar-Boas)
Acrantophis madagascariensis (Nördliche Madagaskar-Boa)
Gattung: Boa (Abgottschlangen)
Boa constrictor (Abgottschlange)
Gattung: Candoia (Pazifik-Boas)
Candoia bibroni (Pazifik-Boa)
Gattung: Corallus (Hundskopfboas)
Corallus enydris (Hundskopfboa)
Corallus caninus (Grüner Hundskopfschlinger)
Gattung: Epicrates (Schlankboas)
Epicrates angulifer (Kubanische Schlankboa)
Epicrates cenchria (Regenbogenboa)
Epicrates striatus (Silbergraue Schlankboa)
Gattung: Eryx (Sandboas)

Eryx colubrinus (Ägyptische Sandboa)
Eryx jaculus (Sandboa)
Eryx johnii (Indische Sandboa)
Eryx miliaris (Zwerg-Sandboa)
Eryx tataricus (Große Sandboa)

Gattung: Eunectes (Anakondas)
Eunectes murinus (Große Anakonda)
Eunectes notaeus (Gelbe Anakonda)

Gattung: Lichanura (Rosenboas)
Lichanura trivirgata (Rosenboa)

Gattung: Sanzinia (Madagaskar-Hundskopfboas)
Sanzinia madagascariensis (Madagaskar-Hundskopfboa)

Gattung: Trachyboa (Rauhschuppenboas)
Trachyboa boulengeri (Rauhschuppenboa)

Gattung: Tropidophis (Erdboas)
Tropidophis canus (Bahama-Zwergboa)
Tropidophis melanurus (Kubanische Zwergboa)

Familie: Acrochordidae (Warzenschlangen)

Gattung: Acrochordus (Javanische Warzenschlangen)
Acrochordus javanicus (Javanische Warzenschlange)

Familie: Colubridae (Nattern)

Unterfamilie: Natricinae (Wassernattern)

Gattung: Natrix (Kielrückennattern)
Natrix (Nerodia) cyclopion (Grüne Wasserschlange)
Natrix (Nerodia) fasciata (Gebänderte Wassernatter)
Natrix (Nerodia) erythrogaster (Rotbauch-Wassernatter)
Natrix mairii (Kielrücken-Wassernatter)
Natrix maura (Vipernatter)
Natrix natrix (Ringelnatter)
Natrix (Xenochrophis) piscator (Fischernatter)
Natrix (Nerodia) rhombifera (Diamant-Wassernatter)
Natrix (Nerodia) septemvittata (Königinnennatter)
Natrix (Nerodia) sipedon (Siegel-Ringelnatter)
Natrix (Rhabdophis) stolata (Gelbband-Wassernatter)
Natrix (Nerodia) taxispilota (Braune Wassernatter)
Natrix tessellata (Würfelnatter)
Natrix (Rhabdophis) tigrina (Tiger-Wassernatter)

Gattung: Rhabdophis (Asiatische Kielrückennattern)
Rhabdophis subminiatus (Rothals-Kielrückennatter)

Gattung: Thamnophis (Strumpfbandnattern)
Thamnophis butleri (Butlers Strumpfbandnatter)
Thamnophis cyrtopsis (Gefleckte Strumpfbandnatter)
Thamnophis elegans (Berg-Strumpfbandnatter)
Thamnophis marcianus (Karierte Strumpfbandnatter)
Thamnophis ordinoides (Nordwestliche Strumpfbandnatter)
Thamnophis radix (Prärie-Strumpfbandnatter)

Thamnophis sauritus (Bändernatter)
Thamnophis sirtalis (Strumpfbandnatter)
Gattung: Helicops (Scheelaugennattern)
Helicops carinicaudus (Kielschwanznatter)
Gattung: Liophis (Goldbauchnattern)
Liophis anomalus (Parana-Goldbauchnatter)
Gattung: Natriciteres (Sumpfnattern)
Natriciteres olivacea (Olivfarbige Sumpfnatter)
Unterfamilie: Xenodontinae (Ungleichzähnige Nattern)
Gattung: Xenodon (Haubennattern)
Xenodon (Waglerophis) merremi (Merrem's Haubennatter)
Gattung: Alsophis (Westindische Peitschennattern)
Alsophis vudii (Bahamas-Peitschennatter)
Gattung: Heterodon (Hakennattern)
Heterodon nasicus (Westliche Hakennatter)
Heterodon platyrhinos (Östliche Hakennatter)
Gattung: Oxyrhopus (Mondnattern)
Oxyrhopus trigeminus (Mondnatter)
Gattung: Thamnodynastes (Laubnattern)
Thamnodynastes strigilis (Graue Laubnatter)
Unterfamilie: Colubrinae (Land- und Baumnattern)
Gattung: Coronella (Glattnattern)
Coronella austriaca (Glattnatter)
Coronella girondica (Girondische Glattnatter)
Gattung: Cemophora (Scharlachnattern)
Cemophora coccinea (Scharlachnatter)
Gattung: Chionactis (Schaufelnasen-Wühlnattern)
Chionactis occipitalis (Westliche Schaufelnasen-Wühlnatter)
Gattung: Eirenis (Zwergnattern)
Eirenis modestus (Kopfbinden-Zwergnatter)
Gattung: Diadophis (Halsbandnattern)
Diadophis punctatus (Halsbandnatter)
Gattung: Storeria (Braunnattern)
Storeria dekayi (Nördliche Braunnatter)
Gattung: Opheodrys (Grasnattern)
Opheodrys aestivus (Rauhe Grasnatter)
Opheodrys vernalis (Glatte Grasnatter)
Gattung: Arizona (Arizonanattern)
Arizona elegans (Arizona-Natter)
Gattung: Drymarchon (Indigonattern)
Drymarchon corais (Indigonatter)
Gattung: Pituophis (Kiefernnattern)
Pituophis melanoleucus (Kiefernatter)
Gattung: Masticophis (Peitschennattern)
Masticophis flagellum (Peitschennatter)
Gattung: Lampropeltis (Königsnattern)
Lampropeltis getulus (Kettennatter)

Lampropeltis mexicana (Transpecos-Königsnatter)
Lampropeltis pyromelana (Arizona-Königsnatter)
Lampropeltis triangulum (Rote Königsnatter)
Lampropeltis zonata (Korallen-Königsnatter)

Gattung: Cyclagras (Brasilianische Glattnattern)
Cyclagras (Hydrodynastes) gigas (Brasilianische Glattnatter)

Gattung: Spilotes (Hühnerfresser)
Spilotes pullatus (Hühnerfresser)

Gattung: Leimadophis (Buntnattern)
Leimadophis poecilogyrus (Argentinische Buntnatter)

Gattung: Pseudaspis (Maulwurfsnattern)
Pseudaspis cana (Maulwurfsnatter)

Gattung: Lioheterodon (Madagaskar-Hakennattern)
Lioheterodon madagascariensis (Madagaskar-Hakennatter)

Gattung: Coluber (Zornnattern)
Coluber constrictor (Schwarznatter)
Coluber gemonensis (Balkanzornnatter)
Coluber hippocrepis (Hufeisennatter)
Coluber jugularis (Pfeilnatter)
Coluber najadum (Schlanknatter)
Coluber ravergieri (Ravergiers Zornnatter)
Coluber viridiflavus (Gelbgrüne Zornnatter)

Gattung: Ptyas (Rattenschlangen)
Ptyas mucosus (Rattennatter)

Gattung: Philothamnus (Grüne Wasserschlangen)
Philothamnus irregularis (Grüne Sumpfschlange)

Gattung: Elaphe (Kletternattern)
Elaphe bimaculata (Zweifleck-Kletternatter)
Elaphe carinata (Stinknatter)
Elaphe climacophora (Inselkletternatter)
Elaphe dione (Dione-Natter)
Elaphe guttata (Kornnatter)
Elaphe helena (Indische Schmucknatter)
Elaphe hohenackeri (Transkaukasische Kletternatter)
Elaphe longissima (Äskulapnatter)
Elaphe mandarina (Mandarinnatter)
Elaphe moellendorffi (Moellendorffs' Kletternatter)
Elaphe obsoleta (Erdnatter)
Elaphe (Gonyosoma) oxycephala (Spitzkopfnatter)
Elaphe quadrivirgata (Japanische Vierstreifennatter)
Elaphe quatuorlineata (Vierstreifennatter)
Elaphe radiata (Asiatische Kupferkopfnatter)
Elaphe rufodorsata (Rotbauch-Kletternatter)
Elaphe scalaris (Treppennatter)
Elaphe schrencki (Amurnatter)
Elaphe situla (Leopardnatter)
Elaphe subocularis (Transpecos-Rattennatter)

Elaphe taeniura (Streifenkletternatter)
Elaphe triapsis (Grüne Rattennatter)
Elaphe vulpina (Fuchsnatter)
Gattung: Spalerosophis (Stirnschuppenschlangen)
Spalerosophis diadema (Diademnatter)
Gattung: Leptophis (Schlanknattern)
Leptophis ahaetulla (Brasilianische Schlanknatter)
Gattung: Salvadora (Pflasternasennattern)
Salvadora grahamiae (Berg-Pflasternasennatter)
Gattung: Drymobius (Rennattern)
Drymobius margaritiferus (Perlnatter)
Gattung: Rhinocheilus (Nasennattern)
Rhinocheilus lecontei (Nasennatter)
Gattung: Phyllorhynchus (Blattnasennattern)
Phyllorhynchus decurtatus (Gefleckte Blattnasennatter)
Unterfamilie: Lycodontinae (Wolfszahnnattern)
Gattung: Lamprophis (Hausschlangen)
Lamprophis fuliginosus (Braune Hausschlange)
Gattung: Farancia (Schlammnattern)
Farancia abacura (Schlammnatter)
Gattung: Lycodon (Wolfszahnnattern)
Lycodon laoensis (Laotische Wolfszahnnatter)
Unterfamilie: Dasypeltinae (Eierschlangen)
Gattung: Dasypeltis (Afrikanische Eierschlangen)
Dasypeltis scabra (Afrikanische Eierschlange)
Unterfamilie: Homalopsinae (Wassertrugnattern)
Gattung: Cerberus (Hundskopf-Wassertrugnattern)
Cerberus rhynchops (Hundskopf-Wassertrugnatter)
Gattung: Erpeton (Fühlerschlangen)
Erpeton tentaculatum (Fühlerschlange)
Gattung: Homalopsis (Boa-Trugnattern)
Homalopsis buccata (Boa-Trugnatter)
Unterfamilie: Boiginae (Trugnattern)
Gattung: Ahaetulla (Peitschennattern)
Ahaetulla nasuta (Baumschnüffler)
Gattung: Boiga (Nachtbaumnattern)
Boiga dendrophila (Mangroven-Nachtbaumnatter)
Boiga cyanea (Grüne Katzenaugennatter)
Gattung: Dendrelaphis (Bronzenattern)
Dendrelaphis pictus (Bronzenatter)
Gattung: Chrysopelea (Schmuckbaumnattern)
Chrysopelea ornata (Schmuckbaumschlange)
Gattung: Thrasops (Schwarze Baumschlangen)
Thrasops jacksonii (Schwarze Baumschlange)
Gattung: Crotaphopeltis (Rotlippenschlangen)
Crotaphopeltis hotamboeia (Rotlippenschlange)
Gattung: Dispholidus (Boomslangs)

Dispholidus typus (Boomslang)
Gattung: Thelotornis (Vogelschlangen)
Thelotornis kirtlandii (Lianennatter)
Gattung: Malpolon (Eidechsennattern)
Malpolon monspessulanus (Europäische Eidechsennatter)
Gattung: Oligodon (Kukrinattern)
Oligodon purpurascens (Braune Kukrinatter)
Gattung: Psammophis (Sandrennattern)
Psammophis sibilans (Sandrennatter)
Gattung: Psammophylax (Shaapstekers)
Psammophylax rhombeatus (Gefleckter Shaapsteker)
Gattung: Telescopus (Katzenschlangen)
Telescopus fallax (Europäische Katzennatter)
Telescopus semiannulatus (Tigerschlange)
Gattung: Hypsiglena (Nachtschlangen)
Hypsiglena torquata (Nachtschlange)
Gattung: Trimorphodon (Leiernattern)
Trimorphodon vandenburghi (Van Denburg's Leiernatter)
Gattung: Philodryas (Südamerikanische Strauchnattern)
Philodryas olfersii (Grüne Strauchnatter)
Philodryas baroni (Langnasen-Strauchnatter)
Gattung: Clelia (Mussuranas)
Clelia clelia (Mussurana)
Gattung: Uromacer (Hispaniolische Spitzkopfnattern)
Uromacer oxyrhynchus (Haiti-Spitzkopfnatter)
Gattung: Leptodeira (Katzenaugennattern)
Leptodeira annulata (Bananennatter)
Leptodeira septentrionalis (Gebänderte Katzenaugennatter)
Gattung: Oxybelis (Spitznattern)
Oxybelis aeneus (Erzspitzschlange)
Oxybelis fulgidus (Glanzspitznatter)

Auf die Beschreibung einiger urtümlicher Schlangen wie zum Beispiel die Blindschlangen (Typhlopidae), die Wurmschlangen (Leptotyphlopidae), die Rollschlangen (Aniliidae), die Schildschwanz-Schlangen (Uropeltidae) und die Flachkopf-Schlangen (Xenopeltidae) wird verzichtet, da sie nie oder nur in den seltensten Fällen gepflegt werden.

Artenbeschreibungen

Die Auffassungen über die Zahl der Unterarten, Arten, Gattungen usw. und deren Einordnung in ein natürliches System gehen bei den Fachleuten nach wie vor erheblich auseinander. Die in diesem Buch angegebene Anzahl an Arten und Unterarten kann sich nach dem jeweiligen Stand der Forschung ändern. So wurden unlängst z.B. *Natrix piscator* zu *Xenochrophis piscator,* die amerikanischen *Natrix*-Arten zu *Nerodia, Xenodon merremi* zu *Waglerophis merremi* und *Cyclagras gigas* zu *Hydrodynastes gigas* umgeändert.

Familie Boidae
Riesenschlangen

Unterfamilie Pythoninae
Pythonschlangen

Gattung Aspidites
Schwarzkopfpythons
2 Arten

Aspidites melanocephalus
Schwarzkopfpython
(Bild Seite 33)

Kennzeichen: Der Kopf setzt sich nicht von dem kräftigen Körper ab. Kopf und Hals sind glänzend braunschwarz bis lackschwarz. Der Körper ist hellbraun mit einem Muster aus unregelmäßigen rotbraunen, dunkelbraunen bis schwärzlichen Querbändern, die sich um den gesamten Körper winden und teilweise miteinander verschmelzen. Die Bauchseite ist grauweiß bis porzellanfarben. Die frühere Unterart *Aspidites melanocephalus ramsayi* ist heute als eigene Art abgetrennt worden.
Länge: 1,5 m, in Ausnahmefällen bis zu 2,8 m.
Herkunft und Lebensweise: Aspidites melanocephalus ist im nördlichen Drittel Australiens beheimatet. Er ist ein Vertreter trokkener Örtlichkeiten in steinigem Gelände, das von Busch oder offenem Wald durchsetzt ist. Der Schwarzkopfpython ist ein Bodenbewohner, der gern zwischen Felsen umherkriecht und nur selten auf Bäume klettert. Zuweilen hält er sich auch in Kaninchenbauten auf. Er ist nicht sehr aggressiv, wenn man ihn belästigt, und beißt kaum, wenn man ihn fängt. Bei intensiver Störung hebt er den Vorderteil des Körpers bogenförmig an, flacht den Hals ab und stößt gleichzeitig hohl klingendes Zischen aus. Der Schwarzkopfpython geht auf die verschiedenste Beute aus. Er verzehrt nicht nur Säugetiere und Vögel, sondern mit Vorliebe auch Schlangen und Echsen; so vor allem Bartagamen *(Amphibolurus barbatus).* Gegen die Bisse der Giftschlangen scheint er weitgehend unempfindlich zu sein. Über die Fortpflanzung ist nur wenig bekannt; er legt 10–20 Eier.
Haltung und Zucht: Der Schwarzkopfpython beansprucht einen trockenen, geräumigen Behälter mit einem Versteck. Entsprechend seinem Vorkommen in trockenen Gebieten verhält er sich auch im Terrarium ausgesprochen wasserscheu. Wenn er bespritzt wird, nimmt er sofort seine typische Abwehrhaltung ein und sucht das Wasserbecken nur bei Milbenbefall auf, um sich von den Milben zu befreien. Er benötigt zu seinem Wohlbefinden Tagestemperaturen zwischen 25–30 °C. In der Nacht soll die Temperatur um etwa 5 °C absinken. In der Gefangenschaft erweist er sich als gieriger Fresser und verzehrt Mäuse und Ratten, die er sich auf beliebige Art ergreift und in der Umschlingung tötet. Diese seltene Riesenschlange ist bisher nur im Taronga-Zoo in Sydney nachgezüchtet worden. Aus 10 befruchteten Eiern schlüpften 2 Jungtiere.

Gattung Calabaria
Erdpythons
1 Art

Calabaria reinhardtii
Erdpython
(Bild Seite 33)

Kennzeichen: Der sehr flache Kopf setzt sich nicht vom Körper ab. Der Körper weist an fast allen Teilen den gleichen Umfang auf. Die Kopfschilder sind groß, die Körperschuppen glatt und glänzend. Der Schwanz ist kurz. Die Grundfärbung des Rückens und der Körperseiten besteht aus einem Schwarzbraun, Braun bis Rotbraun mit unregelmäßiger ziegelroter, hellgelber oder porzellanfarbiger Fleckenzeichnung. Die Kopfspitze und der Schwanz sind fast schwarz. Manche Tiere besitzen eine weiße Querbinde vor dem Schwanzende. Die Pupille ist senkrecht geschlitzt. Die Bauchseite zeigt sich braun oder grau und ebenfalls gelb oder braun gefleckt.
Länge: Bis zu 1 m.
Herkunft und Lebensweise: Der Erdpython kommt auf Fernando Po und auf dem westafrikanischen Festland von Liberia bis Kamerun und von Gabun bis zum Kongo vor. Er bewohnt den feuchten Tropenwald, wo er sich gewöhnlich kriechend und grabend in der modernden Laubschicht wie im Erdboden und in den Bauten kleiner Nagetiere aufhält. Er frißt kleine Mäuse und außerdem Regenwürmer, die für Riesenschlangen eine ganz ungewöhnliche Nahrung sind. Mäuse tötet er nicht durch Zupacken und anschließendes Umschlingen, sondern drückt sie kräftig mit seinem Körper gegen die Wand des Nagetierbaus. Er verhält sich nachtaktiv. Wenn er in seinem Versteck aufgeschreckt wird, versucht er zu entkommen und gräbt sich schnell in den Bodengrund ein. Dabei ist es für diese Art typisch, den Kopf fast immer senkrecht nach unten, das Schwanzende nach oben zu halten. Ist ein Entkommen unmöglich, so verhält er sich ähnlich wie *Python regius* oder *Lichanura roseofusca*. Das Tier rollt sich dann kugelartig zusammen und versteckt den nach unten gesenkten Kopf in der Mitte seines Körpers. Nie versucht er zu beißen. Der Erdpython legt Eier, das Gelege ist jedoch klein.
Haltung und Zucht: Der Erdpython wird nur selten eingeführt. Daher ist über sein Verhalten in der Gefangenschaft nur wenig bekannt. Das Tier verlangt keine großen Behälter und keine besondere Beleuchtung; Tageslicht genügt. Bei dieser im Boden grabenden Art sollte der Grund des Terrariums aus Walderde oder einem Sand-Torfgemisch bestehen und an einigen Stellen angefeuchtet sein. Ein Wassergefäß, aus dem die Schlange trinkt und in dem sie zuweilen badet, darf nicht fehlen. Als Versteck bietet man ein großes Rindenstück oder einen flachen Stein, unter dem sich das Tier am Tage aufhält. Als Futter eignen sich nestjunge Mäuse und Regenwürmer. Die meisten Exemplare gehen schlecht oder gar nicht an die angebotene Nahrung. Manche Tiere fressen, wenn man sie über Nacht mit dem Futtertier in ein enges Kistchen sperrt. *Calabaria reinhardtii* verlangt während des Tages Temperaturen zwischen 28 und 32 °C. Nachts soll die Temperatur 4–6 °C tiefer liegen. In der Gefangenschaft wurde diese Art noch nicht nachgezüchtet, obwohl es Berichte von gefangenen trächtigen Weibchen gibt, die Eier gelegt haben. Über die Eiablage von *Calabaria reinhardtii* berichtet van der Pols. Zu Beginn Juli 1981 fraß das Weibchen zum letzten Mal. Einen Monat später nahm ihr Körper an Umfang zu. Das Tier wurde in einem Behälter (40 × 30 × 35 cm) mit Sphagnum untergebracht, um die relative Luftfeuchtigkeit zu halten. Die Temperaturen lagen am Tage und in der Nacht zwischen 26 und 28 °C. Am 15. September 1981 legte das Weibchen zwei große, lange Eier von 122 × 34 mm und 110 × 28 mm ab. Die Eier wogen 65 und 38 g. Das Weibchen machte keinerlei Anstalten zur Brutpflege. Daher wurden die Eier in einen Inkubator überführt, wo sie in eine Sphagnumschicht kamen. Die Temperatur variierte zwischen 29 und 31 °C. Anfangs waren die Eier weiß. Ein Ei wurde schon am nächsten Tag gelblichbraun und be-

gann zu schrumpfen. Dieses Ei war unbefruchtet, wie die anschließende Untersuchung ergab. Das andere Ei zeigte nach der ersten Woche Veränderungen. Beim Öffnen kam ein schlecht riechender gelber Brei mit Blutklumpen zum Vorschein, die Reste eines im Zerfall begriffenen Embryos. Auf jeden Fall stellen sie die ersten Ansätze einer Nachzucht dar, die bei dieser seltenen Riesenschlange bisher noch nicht gelungen ist.

Gattung Chondropython
Baumpythons
1 Art

Chondropython viridis
Grüner Baumpython
(Bild Seite 33)

Kennzeichen: Der kurze, wuchtige Kopf setzt sich deutlich von dem schlanken Hals ab. Der Grüne Baumpython hat eine überraschende Ähnlichkeit mit dem südamerikanischen Hundskopfschlinger, mit dem er daher leicht verwechselt wird. Der Baumpython hat sehr kleine Schuppen auf der Kopfoberseite; beim Hundskopfschlinger sind die Schuppen bedeutend größer und zu Schilden entwickelt. Die Pupille des Grünen Baumpythons ist senkrecht geschlitzt. Die Vorderzähne sind stark verlängert. Mit Hilfe des einrollbaren Greifschwanzes hält sich das Tier an den Ästen fest. Ausgewachsene Exemplare sind lebhaft smaragdgrün und weisen auf der Rückenmitte ein mehr oder weniger zusammenhängendes Band weißer Tupfen auf. Die Bandzeichnung kann bei einzelnen Exemplaren von blauen Flecken durchsetzt sein. Die Bauchseite ist hellgelb. Neben der grünen Form tritt gelegentlich auch eine hellblaue Farbvariante auf. Jungtiere sind ziegelrot oder goldgelb; ungefähr 3 Jahre nach der Geburt ändern sie die Färbung der Körperoberseite und werden dann grün.
Länge: 1,5–1,8 m.
Herkunft und Lebensweise: Der Grüne Baumpython kommt auf Neuguinea und den kleinen angrenzenden Inseln, den Schouten-Inseln, den Aru-Inseln und in Nordaustralien (Cape York) vor. Zu Beginn des letzten Weltkrieges entdeckten Soldaten diese Art bei Cape York, wo er recht häufig vorkommen soll. *Condropython viridis* ist ein Bewohner des tropischen Regenwaldes. Seine grüne Körperfärbung und der Greifschwanz deuten auf seine baumbewohnende Lebensweise hin. Seine Beute packt er in schnellem Vorstoß und erwürgt sie, indem er mehrere Körperringe um sie legt. Mit den verlängerten Ober- und Unterkieferzähnen hält er Vögel, baumbewohnende Frösche und sogar kleine Beuteltiere sicher fest. Sein Verhalten ist hauptsächlich nachtaktiv. Aus dem Ästegewirr steigt er nur selten auf den Boden. Das Weibchen legt Eier und bebrütet sie.
Haltung und Zucht: Der Behälter sollte für diese Art sehr geräumig und gut bepflanzt sein so wie einen Kletterbaum aufweisen, da die Schlange während des Tages fast immer eingerollt auf einem Ast liegt. Am Abend und in der Nacht wird sie munter und kriecht umher. Als Bodengrund kann man ein Gemisch aus Sand und Walderde verwenden, das sich auch für das Pflanzenwachstum gut eignet. Der Grüne Baumpython bevorzugt eine hohe Luftfeuchtigkeit und man sollte ihn daher täglich mit angewärmtem Wasser von etwa 25 °C ausgiebig besprühen. Wegen des großen Feuchtigkeitsbedürfnisses darf ein ausreichendes Wasserbecken nicht fehlen. Eine Bodenheizung erübrigt sich, da sich die Schlange fast ausschließlich im Geäst aufhält. Eine tägliche Beleuchtung von 12–14 Stunden ist zuträglich. Die günstigsten Lufttemperaturen liegen am Tage bei 25–32 °C und können in der Nacht auf 22–23 °C sinken. Als Nahrung bietet man Mäuse, mittelgroße Ratten und Vögel, die man am besten tot mit der Pinzette reicht. Tote wie lebende Beutetiere werden blitzartig gepackt und umschlungen. Besonders begehrt sind Sperlinge. Manche Exemplare fressen sehr viel und werden in kurzer Zeit ziemlich fett; solchen Tieren sollte man wöchentlich oder im Abstand von 2–3 Wochen nur ein Futtertier anbieten. Andere Exemplare sind heikel und

launisch in der Nahrungsaufnahme und fressen nur, wenn sie allein gehalten werden oder nehmen nur ein ganz bestimmtes Futtertier an. In der Gefangenschaft ist die Nachzucht schon einige Male gelungen. Die Paarung findet von Februar bis Juli statt. Nach Van Riel ist es wichtig, den Schlangen ein Stimulans zu geben. Dies läßt sich dadurch erreichen, daß man im Januar und Februar den Lichteinfluß auf 8 Stunden pro Tag verkürzt und die Temperatur um 5–6 °C senkt. Diese Temperatursenkung schadet den Schlangen nicht, da in Neuguinea in den feuchten Bergwäldern Temperaturen von 14 °C gemessen worden sind. Bei Van Riel kam es am 28. und 29. Februar und am 1. und 2. März 1980, also am Ende der kühleren Frist, zu Paarungen. Diese dauerten von der Nacht bis in den späten Vormittag. In den letzten beiden Monaten davor fraß das Männchen nichts, das Weibchen dagegen regelmäßig, zum letzten Mal am 2. März. Mitte April war deutlich sichtbar, daß das Weibchen Eier trug. Von dieser Zeit an hatte Van Riel einen Plastikbecher zwischen die Äste gelegt, worin feuchtes Sphagnum war, in das sich das Weibchen nun regelmäßig hineinlegte. Ungefähr am 3. Juni wurden die Eier abgelegt. Den genauen Zeitpunkt konnte der Verfasser nicht angeben, weil das Weibchen sich um die Eier gerollt hinlegte, um sie selbst auszubrüten. Da Temperatur und Luftfeuchtigkeit im Terrarium nicht konstant waren, wurden der Schlange am 9. Juni die Eier weggenommen und in einen Brutbecher gestellt. Am selben Tag fraß die Schlange noch zwei Ratten. Bei einer Tag- und Nachttemperatur zwischen 29 und 29,5 °C schlüpften vom 27.–29. Juli 12 *Chondropython viridis.* Bei Getreuer schlüpften aus 19 Eiern 14 junge *Condropython viridis* nach einer Inkubationszeit von 50 Tagen. Das Durchschnittsgewicht der Jungtiere betrug am Tag des Schlupfes 9 g. Zwischen dem 9. und 12. August häuteten sich alle jungen Schlangen. Danach fing eine von ihnen sofort von sich aus an, Jungmäuse zu fressen, und zwar zwei Stück pro Woche. Die übrigen mußten bis jetzt mit Jungmäusen zwangsgefüttert werden. Das Weibchen bebrütete das Gelege, wobei es sich kegelförmig um die Eier legt und ständig Zukkungen mit seinen Körperringen ausführt. Diese zuckenden Bewegungen lassen die Körpertemperatur auf die für die Entwicklung der Eier günstigsten Werte ansteigen. Die jungen Baumpythons schlüpfen nach ungefähr 50 Tagen. Zu dieser Zeit beträgt ihre Länge etwa 30 cm. Sie sind prachtvoll rotbraun gefärbt. Über die Rückenmitte verläuft eine aus weißen Dreiecken bestehende Längslinie. Die erste Häutung findet nach 2–3 Wochen statt. Nicht alle Exemplare fressen nach der ersten Häutung selbständig nestjunge Mäuse. Freßunlustige junge Baumpythons stopft man am besten so lange mit nackten Mäusen bis sie selbständig ans Futter gehen.

Gattung Liasis
Australische Felsenpythons
8 (vielleicht 9) Arten

Liasis amethistinus
Amethystpython
(Bild Seite 33)

Kennzeichen: Der wuchtige Kopf, der sich deutlich vom Hals absetzt, ist auf seiner Oberseite mit großen, symmetrischen Schilden bedeckt. Das Auge ist groß, die Pupille senkrecht geschlitzt bis oval. Die Sinnesgruben sind auf den Ober- und Unterlippenschilden deutlich sichtbar. Die Grundfärbung der Körperoberseite und der Flanken ist gelblich bis rötlich braun mit scharf abgesetzten Flecken. Diese Flecken bilden auf dem Rücken und auf den Körperseiten ein Zickzack- oder „Teppichmuster“. Die Bauchseite ist weißlich-grau. Einfarbige Exemplare sind selten. Von der farblich und zeichnungsmäßig ähnlich aussehenden *Morelia argus variegata* unterscheidet sich diese Art durch die großen Schilde, die ein regelmäßiges Muster auf der Oberseite des Kopfes bilden. Die Kopfschuppen sind bei *Morelia argus variegata* kleiner und unregelmäßig geformt.

Länge: Etwa 5 m, in Ausnahmefällen sogar über 8 m.
Herkunft und Lebensweise: Der Amethystpython ist auf Neuguinea, den Molukken, den Philippinen, den Bismarck-Inseln, Timor, dem südlichen Teil Mindanaos, den Inseln Kei, Aru, Semao, Salawatti, Jobi, Tenimber, Trobriand, den Inseln der Torres-Straße und in Queensland (Australien) verbreitet. Die in Queensland vorkommende Festlandform galt früher als eigene Unterart *Liasis amethistinus kinghorni*. Der Amethystpython bewohnt den tropischen Regenwald und hält sich auf Bäumen, in Felsspalten, unter Felsblöcken, in Löchern und im Mangrovendickicht auf. Zuweilen dringt er bis zu den Ansiedlungen des Menschen vor. Obwohl in seinem Temperament nicht besonders lebhaft, ist er wegen seiner Größe doch sehr stark. Mit seinen langen Zähnen kann er tiefe Wunden verursachen. In der Natur ernährt sich der Amethystpython von kleinen Känguruhs, Kaninchen, Ratten und anderen Säugetieren. Er frißt auch Vögel. In der Nähe menschlicher Ansiedlungen lauert er auf Geflügel.
Haltung und Zucht: Eine so große Art wie der Amethystpython benötigt ein geräumiges Riesenschlangen-Terrarium mit starken Kletterästen und großem Wasserbecken. Die Beleuchtung sollte täglich 12–14 Stunden in Betrieb sein. Die Lufttemperatur beträgt am Tage 25–32 °C; nachts kann sie auf 22–25 °C sinken. Als Futter bietet man Mäuse, Ratten, Kaninchen, Meerschweinchen und Hühner. Die Schlange packt sie mit einem wuchtigen Vorwärtsstoß und erwürgt dann mit einigen Umschlingungen die Beutetiere. Der Amethystpython kann ungefähr bis zur Hälfte seiner Körperlänge vorschnellen. Bei Reinigungsarbeiten im Behälter sollte man daher dem Tier nicht zu nahe kommen. Diese Art ist selten und wird daher nur wenig gehalten. Vereinzelt ist die Nachzucht des Amethystpython in der Gefangenschaft gelungen. Das Weibchen legt 7–15 Eier, die es in der bei Pythonschlangen üblichen Weise bebrütet. Körperzuckungen erzeugen die für die Entwicklung der Eier günstige Temperatur. Die Jungen, die nach ungefähr 80 Tagen schlüpfen, sind etwa 65 cm lang und braun gefärbt. Die so typische Teppichzeichnung erscheint erst nach einigen Häutungen.

Liasis fuscus
Brauner Wasserpython
2 Unterarten

Kennzeichen: Der Kopf ist lang und setzt sich deutlich vom Hals ab. Die Kopfschilde sind symmetrisch angeordnet. Die Färbung der Kopfoberseite ist bei der Nominatform braun, bei der Unterart *albertisii* schwarz. Die Kehlregion ist weißlich; teilweise zeigt sie einen rosafarbigen Anflug. Die Ober- und Unterlippenschilde sind schwarz-weiß gestrichelt. Der Körper ist mittel bis dunkelbraun, die Bauchseite einfarbig hellgrau. Im Licht schillert die Körperfärbung prachtvoll.
Länge: 2 m, in Einzelfällen bis 3 m.
Herkunft und Lebensweise: Liasis fuscus kommt auf Timor, auf Neuguinea und in Nordaustralien vor. Er lebt in Galeriewäldern, in grasigem und buschreichem Gelände, teilweise in unmittelbarer Nähe oder direkt am Wasser, das er auch während des Tages oft stundenlang aufsucht. Jungtiere trifft man gelegentlich auf Bäumen. Der braune Wasserpython ernährt sich in der Natur von Kleinsäugetieren, Vögeln und Reptilien. Von Oktober bis Dezember macht er Jagd auf kleine Australien-Krokodile *(Crocodylus johnstoni)*, die zu dieser Zeit aus den Eiern schlüpfen. Seiner Beute stellt er hauptsächlich in der Nacht nach. Die Bezeichnung Wasserpython ist irreführend. Wenn die Schlangen auch hin und wieder das Wasser aufsuchen, so leben sie keineswegs ausschließlich im Wasser. Diese Art legt Eier, die wie bei anderen Pythons das Weibchen bebrütet.
Haltung und Zucht: Der Wasserpython benötigt ein geräumiges Riesenschlangen-Terrarium mit einem Kletterast und einem großen Wasserbehälter. Er ist sehr wärmebedürftig.

Am Tage sollte die Lufttemperatur 28–30 °C betragen. Nachts kann sie auf 23–25 °C absinken. Da sich diese Schlange während des Tages mit Vorliebe verborgen hält, ist ein Unterschlupf notwendig. Die Exemplare des Verfassers liegen am Tage in einem röhrenförmigen Zierkork oder auf der Bodenheizung. Obwohl sie das Wasserbecken nur gelegentlich aufsuchen, lieben sie doch ein Besprühen mit lauwarmem Wasser. *Liasis fuscus* wird erst am Abend und in der Nacht aktiv und klettert dann viel umher. Er frißt in der Gefangenschaft Mäuse, Ratten und Hühnerküken. In wuchtigem Stoß schnellt er ungefähr bis zur halben Körperlänge vor, packt das Beutetier blitzartig, umschlingt und erwürgt es. Erst wenn das Beutetier absolut reglos ist, wird es verzehrt. Der Wasserpython ist reizbar und antwortet auf Störungen mit kurzem Zischen und sofortigem Zubeißen. Man pflegt diese Art in der Gefangenschaft erst seit kurzer Zeit häufiger. Der Wasserpython ist im Terrarium bereits nachgezüchtet worden. Im Taronga-Zoo in Sydney paarten sich die Tiere am 11. und 14. 8. 1972. Am darauffolgenden 6. 10. legte das Weibchen 11 Eier und bebrütete sie sofort. Das Gelege wurde wiederholt für jeweils 30–60 Minuten verlassen. Durch Sprühen von lauwarmem Wasser hielt man die Luftfeuchtigkeit im Terrarium hoch. Die Jungschlangen schlüpften zwischen dem 6. und 9. 12. 1972. Die frisch geschlüpften Schlangen waren im Durchschnitt 40 cm lang und wogen 45 g. Die erste Häutung fand innerhalb von 5 Tagen statt. Die ersten nestjungen Mäuse nahmen die jungen Schlangen bereits einige Tage später an. Bei Wittmann setzte ein Weibchen der Unterart *Liasis fuscus albertisii* (Cogger betrachtet diese geographische Rasse als gute Art) am 13. 8. 1976 ein Gelege von 16 Eiern ab. Die Eier, die eine Länge von etwa 6 cm und ein Gewicht von 50 g hatten, wurden in einem abgedeckten Styroporbehälter bei konstanter Temperatur von 30 °C untergebracht. In dem Styroporbehälter befand sich ein mit Wasser angefülltes Gefäß, das für gleichbleibende Luftfeuchtigkeit sorgte. Am 19. 10. schlüpften 2 Jungschlangen. Aus 7 Eiern, die man anschlitzte, schlüpften weitere Jungtiere, die 45 cm lang waren. Die erste Häutung fand nach 3–4 Wochen statt. Da die Schlangen nicht selbständig ans Futter gingen, wurden sie in der ersten Zeit mit nackten Mäusen gestopft. Nach einem Jahr waren sie auf eine Gesamtlänge von etwa 60 cm herangewachsen.

Meine eigenen Erfahrungen mit der Nachzucht von *Liasis fuscus albertisii*, den ich jahrelang pflegte und für den nach Ross nur ein einziger Schlupf bekannt ist, sind folgende: Am 3. 2. 1980 legte mein großes *Liasis fuscus albertisii*-Weibchen 12 Eier ab, die ich auf feuchten Schaumstoff bettete und einen Tag später in humusreiche Walderde legte. Ich entfernte die Eier aus dem Terrarium, da sie sich in einer recht unglücklichen Lage befanden und das Weibchen auch nicht die geringsten Brutpflegeanstalten machte. Da ich dem Gelege aus Zeitmangel zu wenig Aufmerksamkeit schenkte und das Substrat zu feucht hielt, kam es zu keinem Schlupf von Jungschlangen. Leider verdarben die befruchteten Eier, was ich nach ungefähr 2 Monaten feststellte. Ein weiteres Gelege von 17 aneinanderklebenden Eiern fand ich am 28. 7. 1981 in dem hohlen Baumstamm, der das bevorzugte Versteck dieser *Liasis* darstellte. Mit dem Hinterleib hatte sich das Weibchen um die Eier geringelt. Auch dieses Mal entfernte ich die Eier und brachte sie in einer mit Vermiculite – einem unschädlichen, geruchlosen und wasserspeichernden Plastikgranulat – gefüllten Plastikbox bei weitgehend konstanten Temperaturen von 28–30 °C unter. Alle 17 Eier waren befruchtet. Nach einer Inkubaktionsdauer von 72–74 Tagen schlüpften vom 8. bis 10. Oktober 1981 leider nur 4 Jungschlangen, die sich in ihrem bleigrauschwarzen Kolorit deutlich von der Färbung der erwachsenen Tiere unterschieden. Die restlichen 13, fast völlig entwickelten Jungschlangen waren wiederum kurz vor dem Schlupf im Ei abgestorben. Ich brachte die kleinen Schlangen in einem Plastikterrarium (44 × 32 × 22 cm) mit einer 2 cm hohen Waldbodenschicht, einem Wassergefäß und einem hohlen Zierkork als Versteck bei Dauertemperaturen von 28–30 °C unter. Die kleinen, reizbaren Geschöpfe gingen nach der ersten Häutung an soeben behaarte Mäuse, die sie in gleicher Weise packten, erdrosselten und verzehrten wie ihre Eltern. Die weitere Entwicklung verlief völlig unkompliziert. Im übrigen sei noch auf folgendes verwiesen: Nach McDowell ist *Liasis fuscus albertisii* nicht mehr als Unterart von *Liasis fuscus* anzusehen, sondern die eigen stehende Art *Liasis albertisii.*

Liasis childreni
Gefleckter Python

Kennzeichen: Der längliche Kopf setzt sich nur mäßig vom Hals ab. Die Körperoberseite und die Flanken sind graubraun. Die dunkelbraunen Querbänder und Flecken auf dem Rücken und an den Körperseiten sind reihenartig angeordnet. Der Kopf ist auf der Oberseite einfarbig braun, bei wenigen Exemplaren gefleckt. An jeder Kopfseite zieht sich ein dunkelbraunes Schläfenband vom Mundwinkel durch das Auge und endet vor der Nasenöffnung. Das Zeichnungsmuster ist bei Jungtieren fast schwarz. Tiere aus dem nördlichen Teil des Verbreitungsgebietes sind nicht so deutlich gezeichnet und in wenigen Fällen sogar einfarbig dunkelbraun.
Länge: 75–150 cm, nur selten bis 180 cm.
Herkunft und Lebensweise: Liasis childreni kommt in West-, Nord-, Zentral- und Ostaustralien sowie auf den Inseln der Torres-Straße vor. Obwohl hauptsächlich bodenbewohnend, klettert er nicht selten auf Bäume. Er ist sowohl in den an der Ostküste liegenden Regenwäldern als auch in den inneraustralischen Wüsten verbreitet. Mit Vorliebe hält er sich in einer steinigen Umgebung unter Steinplatten und zwischen Felsspalten auf. Zuweilen dienen ihm Termitenhügel als Unterschlupf. Während des Tages ruht diese Riesenschlange meist in ihrem Versteck. Erst am Abend und in der Nacht wird sie aktiv. Dann kriecht sie umher und sucht nach Beute. Zur Nahrung des Gefleckten Pythons gehören Eidechsen, besonders Geckos, Vögel und Kleinsäuger. Wie andere *Liasis*-Arten legt der Gefleckte Python Eier und übt Brutpflege aus.
Haltung und Zucht: Kleinere bis mittelgroße Terrarien reichen zur Haltung dieser Art völlig aus. Da die Schlange am Tage hauptsächlich in ihrem Schlufpwinkel liegt, genügt neben dem Tageslicht eine 2–4stündige Beleuchtung. Ein hinreichend großes Wasserbecken darf nicht fehlen, da einzelne Exemplare sich oft tagelang im Wasser aufhalten. Die Lufttemperatur sollte am Tage 25–30 °C betragen und in der Nacht auf 20–22 °C absinken. *Liasis childreni* frißt Mäuse, Ratten und Hühnerküken, jedoch erst wenn sie erwürgt sind. Der Gefleckte Python kommt selten in den Handel und in die Terrarien der Liebhaber. Er ist jedoch schon in Gefangenschaft nachgezüchtet worden. Die Männchen zeigen Balzverhalten. Paarungen fanden von Ende September bis Ende März statt. Trächtige *Liasis childreni*-Weibchen zeigen eine merkwürdige Körperhaltung: Sie winden sich in einer engen Spirale mit dem Kopf obenauf.
Mitte April legte ein Weibchen 9 Eier ab und bebrütete sie sofort. Ein weiteres Weibchen legte 11 Eier, die es ebenfalls in der bei Pythons üblichen Weise bebrütete. Im Terrrarium wurde für ein stetige, hohe Luftfeuchtigkeit gesorgt. Die Jungschlangen schlüpften nach 65–66 Tagen. Eine Woche nach dem Schlüpfen fand die erste Häutung statt.

Liasis mackloti
Macklots Python
2 Unterarten

Kennzeichen: Liasis mackloti hat einen länglichen Kopf, der sich deutlich vom Hals absetzt. Das Auge ist mäßig groß, die Pupille im hellen Licht zu einem senkrechten Schlitz verengt. Das Schnauzenschild, das breiter als hoch ist, weist 2 schwach entwickelte Wärmesinnesgruben auf. Die beiden ersten 11 Oberlippenschilde wie die 5 letzten Unterlippenschilde weisen ebenfalls Wärmesinnesgruben auf. Die Schuppen umgeben die Rumpfmitte in 49–55 schrägen Reihen. Das Analschild ist ungeteilt. Die braune Körpergrundfärbung ist von verstreuten, kleinen, gelblichen und dunkelbraunen Flecken durchsetzt. Die Bauchseite ist gelblich bis bräunlich.

Länge: 2 m, selten mehr.

Herkunft und Lebensweise: Liasis mackloti ist in Indonesien, auf Neuguinea und in Nordwestaustralien beheimatet. Die genauen Fundorte dieser Art sind die Inseln Savu, Samao, Timor und Weta auf den kleinen Sunda-Inseln, der Kimberley Distrikt, das Northern Territory und Teile von Queensland in Australien wie auch die Cape York Halbinsel und die Cornwallis Insel in der Torres-Straße, die untere Fly-River-Gegend auf Neuguinea und Papua-Neuguinea. *Liasis mackloti* ist eine sumpfbewohnende Riesenschlange, die nach den Angaben von Parker nur in verschilftem Sumpfgelände angetroffen wird. In Anpassung an ihren natürlichen Lebensraum ist sie eine geschickte Schwimmerin. Über die Nahrung, das Beutefang- und das Fortpflanzungsverhalten in freier Natur ist nichts bekannt.

Haltung und Zucht: Liasis mackloti wird nur gelegentlich im Handel angeboten. In größerer Anzahl sah ich diese Tiere auf der Siam Farm in Bankok. *Liasis mackloti* verlangt zu seinem Wohlbefinden einen geräumigen Behälter und als Bodengrund ein Gemisch aus Sand und Waldhumus oder aus Sand und Torf oder nur Torf allein. Ein größeres Wasserbecken, Kletteräste wie ein Versteck sind notwendig. Eine milde Bodenheizung trägt zur Gesundheit dieser Riesenschlangen bei. Falls der Behälter nicht in Fensternähe steht und auch zeitweilig kein Sonnenlicht erhält, sollten Beleuchtung und Heizung während des Tages 10–14 Stunden in Betrieb sein. Die günstigsten Tagestemperaturen für die genannte Art liegen zwischen 28 und 32 °C. Nachts sollen sie um einige Grade, etwa auf 22–26 °C absinken. Die Fütterung mit lebenden oder toten Mäusen, Ratten und Hühnerküken bereitet keinerlei Schwierigkeiten. Die Nachzucht ist schon mehrfach gelungen. Günstige Vorbedingungen für die Fortpflanzung im Terrarium sind eine Temperaturabsenkung um 3–4 °C bei gleichzeitig erhöhter Luftfeuchtigkeit. Bei Orlow paarten sich *Liasis mackloti* in der Zeit vom 1. September bis Mitte Oktober 1980. Die Paarungsaktivität ließ Mitte Oktober nach. Bei Broer paarten sich *Liasis mackloti* von Ende Dezember 1982 bis Ende Januar 1983. Orlows Schlangen kopulierten am Abend und in der Nacht. Danach stellte das Weibchen die Nahrungsaufnahme ein. Es wurde in einen anderen Behälter umgesetzt, in dem es unruhig umherkroch. Am 3. Januar 1981 legte das Weibchen 17 Eier ab, die als Gelege zusammenklebten. Die Eier wiesen Maße zwischen 55–60 × 45–60 mm auf. Zu dieser Zeit betrug die Tagestemperatur in dem Behälter 32–33 °C. An der kühlsten Stelle wurden 26–27 °C gemessen. Nachts sank das Thermometer auf 26–30 °C. Die Luftfeuchtigkeit betrug 100 %. Das Weibchen verließ das Gelege alle 10–30 Minuten und kroch dann wieder darauf und bebrütete es. Die Körpertemperatur des Weibchens schwankte zu dieser Zeit zwischen 30,5 und 31 °C. Wenn das Weibchen das Gelege verließ, sank die gemessene Oberflächentemperatur der Eier zwischen 29–30,5 °C auf 27 °C. Das Gelege wurde anschließend in einen Inkubator überführt und hier künstlich bebrütet. Am 11.3.1981 schlitzte die erste junge *Liasis mackloti* gegen acht Uhr morgens die Eischale auf. Im Zeitraum zwischen dem 11. und 19.3.1981 schlüpften 11 Jungtiere. Am 14.3. schlüpften 2 Jungtiere aus einem Ei. Wegen körperlicher Defekte warend die restlichen Embryonen nicht lebensfähig. Die Körperlängen der geschlüpften *Liasis mackloti* lagen zwischen 468 und 507 mm, die Gewichte

---

Oben: Abb. 21: Thamnophis sauritus sackeni (Bändernatter) s. Seite 127
Unten: Abb. 22: Thamnophis sirtalis sirtalis (Strumpfbandnatter) s. Seite 127

zwischen 26 und 32,5 g. Die erste Häutung erfolgte zwischen dem 3. und 9. Tag. Danach fraßen die kleinen Geschöpfe neugeborene Hausmäuse selbständig. Der Eizahn wurde 48 Stunden nach dem Schlupf resorbiert. Broer trennte die Geschlechter vor der Paarung. Er senkte die Temperatur ab und stimulierte die Paarungsaktivität durch Vitamin A-Gaben beim Männchen und ein Multivitamin beim Weibchen. Am 4.4.1983 setzte das Weibchen ein Gelege von 6 befruchteten und 3 unbefruchteten Eiern ab. Sechs Tiere schlüpften bei einer Temperatur von 29 °C nach einer Brutdauer zwischen 87 und 89 Tagen. Die Jungschlangen waren durchschnittlich 42,8 cm lang und wiesen ein Durchschnittsgewicht von 30,6 g auf. Die jungen *Liasis mackloti* fraßen nach der ersten Häutung nackte Mäuse. Die Aufzucht verlief bei bemerkenswert raschem Wachstum problemlos.

Liasis olivaceus
Olivfarbiger Python
2 Unterarten

Kennzeichen: Liasis olivaceus hat einen länglichen Kopf, der sich deutlich vom Hals absetzt. Das Schnauzenschild ist breit und von oben sichtbar. Das eine Paar von Praefrontalschilden ist groß. Die Parietalschilde sind ebenfalls groß. Es sind 10 oder 11 Oberlippenschilde vorhanden, von denen das 5. und 6. oder das 6. und 7. den unteren Augenrand berühren.

Oben links: Abb. 23: Natrix taxispilota (Braune Wassernatter) s. Seite 116
Oben rechts: Abb. 24: Natrix tessellata tessellata (Würfelnatter) s. Seite 116
Mitte links: Abb. 25: Thamnophis cyrtopsis ocellata (Gefleckte Strumpfbandnatter) s. Seite 120
Mitte rechts: Abb. 26: Liophis anomalus (Parana-Goldbauchnatter) s. Seite 129
Unten links: Abb. 27: Xenodon merremi (Merrem's Haubennatter) s. Seite 131
Unten rechts: Abb. 28: Heterodon nasicus gloydi (Westliche Hakennatter) s. Seite 133

Das Schnauzenschild, die ersten Lippenschilde und einige Unterlippenschilde weisen Wärmesinnesgruben auf. 69–75 Schuppen umgeben die Rumpfmitte in schrägen Reihen. Das Afterschild ist ungeteilt. Die genannte Art ist dunkeloliv bis olivbraun. Lippen und Bauch sind cremefarben. Die Rückenseite ist oft dunkler als die Flanken.
Länge: Bis 4 m, selten länger.
Herkunft und Lebensweise: Liasis olivaceus olivaceus ist im Northern Territoy und in Queensland in Nordaustralien, *Liasis olivaceus papuanus* auf Neuguinea, auf Misool und auf den d'Entrecasteaux Islands beheimatet. Die Art bewohnt felsiges und steiniges Gelände und verbirgt sich hier in Felsspalten, in hohlen Baumstämmen und in Höhlen. In ihren Lebensgewohnheiten ist diese Bodenschlange dämmerungs- bis nachtaktiv. *Liasis olivaceus* besitzt eine milde Wesensart und beißt nur zu, wenn er übermäßig gereizt wird. Die Nahrung besteht aus kleinen Säugetieren, aus Vögeln und gelegentlich aus Reptilien, wobei er auch Schlangen nicht verschmäht. Über die Fortpflanzung unter natürlichen Bedingungen wie über die Eizahlen ist nichts bekannt.
Haltung und Zucht: Liasis olivaceus verlangt zu seinem Wohlbefinden einen geräumigen Behälter, einen Bodengrund aus Sand und Waldhumus, eine milde Bodenheizung, ein größeres Wasserbecken, einen Kletterast und einen passenden Unterschlupf. Da die Schlange erst gegen Abend und in der Nacht munter wird, genügt das Tageslicht in einem hellen Raum. Andernfalls sollte die Beleuchtung 10–12 Stunden in Betrieb sein. Der olivfarbige Python verlangt Tagestemperaturen um 30 °C, die in der Nacht auf 25 °C oder etwas mehr absinken können. Aus Sicherheitsgründen sollte diese Riesenschlange möglichst in Einzelhaft gepflegt werden, da sie kannibalistische Gelüste zeigt. Als Futter biete man dem in der Regel sehr gut fressenden Python Küken, Hühner, Mäuse und Ratten an. Unter Obhut des Menschen ist die genannte Art scheinbar noch nicht nachgezüchtet worden. *Liasis olivaceus* wird selten im Terrarium gehalten.

Gattung Loxocemus
Spitzkopfpythons
1 Art

Loxocemus bicolor
Spitzkopfpython
(Bild Seite 33)

Kennzeichen: Der Spitzkopfpython ist wohl der einzige echte Python der Neuen Welt. Diese Art macht den Systematikern Schwierigkeiten bei der Einordnung in das natürliche System. Man ist sich nicht klar darüber, ob man diese seltene Schlange zu den Python- (Pythoninae) oder den Flachkopfschlangen (Xenopeltidae) stellen soll. Aus anatomischen Gründen ergeben sich jeweils Schwierigkeiten, wenn man sie in die eine oder andere Gruppe einreiht.
Die Schnauze ist zu einer keilförmigen Spitze ausgezogen. Der stämmige Körper ist tief dunkelbraun und weist im hellen Licht einen wunderschönen Purpurglanz auf. Auf den Flanken sind vereinzelt weißliche Flecken verstreut.
Länge: 120–150 cm.
Herkunft und Lebensweise: Der Spitzkopfpython ist von Nayarit (Mexiko) bis nach Costa Rica verbreitet. Über seine Lebensweise in freier Natur sind wir nur sehr spärlich unterrichtet. Er wühlt im Laub und lockeren Erdboden, in dem man ihn seiner Färbung wegen kaum erkennt. Meist wird er in Laubansammlungen und nicht in der Erde gefangen. Seine Nahrung setzt sich in der Natur hauptsächlich aus Kleinsäugern zusammen. Er pflanzt sich durch Eier fort. Es ist unbekannt, ob eine Brutpflege wie bei anderen Pythonarten vorkommt.
Haltung und Zucht: In der Gefangenschaft ist der Spitzkopfpython gut haltbar, denn er benötigt kein großes Terrarium. Als Bodengrund verwendet man Tannenwalderde mit Sphagnum und Blättern. Darin graben sich die Tiere ein. Um den Boden feucht zu halten, versprüht man täglich ein wenig lauwarmes Wasser. Auf eine Bodenheizung kann man verzichten, doch sollte die Lufttemperatur zwischen 24–28 °C liegen. Eine zusätzliche Beleuchtung ist unnötig, da sich die Tiere während des Tages verborgen halten. Nach den Angaben von B. Schulz geht der Spitzkopfpython gut ans Futter. Er frißt mit Vorliebe Hühnerküken, seltener Mäuse. Nachzucht gelang in der Gefangenschaft bisher noch nicht. Im November wurden jedoch schon Paarungen beobachtet.

Gattung Python
Pythons
7 Arten

Python anchietae
Angola-Python

Kennzeichen: Der Kopf setzt sich deutlich vom Hals ab. Im Gegensatz zum Felsenpython ist die Kopfoberseite des Angola-Pythons ausschließlich mit kleinen Schuppen besetzt. Typisch für die genannte Art sind ein einziges Paar von Internasal- und Praefrontalschilden, die durch eine Doppelreihe von kleinen Schuppen getrennt sind. Etwas vorstehende, dreieckige Wärmesinnesgruben finden sich auf dem Schnauzenschild und auf den 5 ersten Lippenschilden. Die Schuppen auf dem Rumpf sind relativ größer als bei *Python sebae.* Sie umgeben die Rumpfmitte in 57–61 schrägen Reihen. Die Oberseite des Kopfes weist eine dreieckige, rotbraune Zeichnung auf, die von einem hellen und einem dunklen Band umfaßt wird. In der Mitte der Kopfzeichnung befindet sich ein weißer, schwarz umrandeter Fleck. Die Grundfärbung des Körpers ist ein blasses Rotbraun, durchsetzt von zahlreichen weißen Flecken und Bändern, die ebenfalls schwarz umrandet sind. Auf der gelblichen Bauchseite erkennt man wenige braune Flecken.
Länge: 130 cm, selten mehr.
Herkunft und Lebensweise: Diese seltene Art kommt im Süden Angolas und in nördlichen Teilen Südwestafrikas vor. Der Angola-Python ist wesentlich kleiner als der Felsenpython *(Python sebae). Python anchietae* ist mit dem westafrikanischen Königspython *(Python regius)* nahe verwandt. Bisher wurden nur we-

nige Exemplare gefangen. In der Natur ernährt sich *Python anchietae* von kleinen Säugetieren wie Springmäusen und Vögeln. In der Gefangenschaft gewöhnt er sich rasch an Mäuse. Er ist von mildem Naturell und beißt selten zu, selbst wenn er angegriffen wird. Bei extremer Provokation rollt er sich zu einem Knäuel zusammen wie man es von *Python regius* her kennt.

Haltung und Zucht: Der Angola-Python ist noch kaum importiert worden. Nur wenige Exemplare werden unter Obhut des Menschen gepflegt. Im Gegensatz zu anderen Pythonarten zeigt er in der Gefangenschaft eine ruhige Wesensart. Bei hohen Temperaturen von 29–32 °C fühlt er sich wohl und ist aktiv. Als hervorragender Fresser neigt er allerdings leicht zur Verfettung. Im Transvaal Snake Park in Südafrika werden mehrere solcher Riesenschlangen gepflegt. Sie alle stammen von einem trächtig gefangenen Weibchen ab. Die Jungen schlüpften nach einer Entwicklungsdauer von 69–74 Tagen. Tommy Logan, Assistent für Reptilien am Zoo in Houston (Texas), erzählte mir von den erfolglosen Zuchtversuchen, die er mit seinen 4 Angola-Pythons (2 Männchen und 2 Weibchen) unternahm. Ein besonders langes Weibchen (183 cm) wurde mehrmals in Paarung beobachtet. Zwei Monate später sah man am Körperumfang und an den durch die Eier bedingten seitlichen Körperauswölbungen deutlich, daß das Tier trächtig war. Es stellte die Nahrungsaufnahme ein und zeigte ein Verhalten, das auf eine innere Störung hinwies, so daß eine Operation erforderlich wurde. Es stellte sich heraus, daß die Eileiter gerissen waren. Die Eier waren in die Leibeshöhle ausgetreten, unbefruchtet sowie zum Teil nicht voll ausgereift und geschrumpft. Das größte Ei war 63,5 × 38 mm groß. Die Trächtigkeitsdauer ist nicht genau bekannt. Sie scheint etwa 3 Monate zu betragen.

Im Jahre 1983 gelang es dem gleichen Zoo, diese seltene Art zum ersten Mal zur Nachzucht zu bringen. Nach einer Inkubationsdauer von 60–65 Tagen schlüpften 5 Junge. Die Faktoren, die für die erfolgreiche Nachzucht verantwortlich waren, bestanden in stark schwankenden Temperaturen zwischen 21 und 32 °C bei einer relativen Luftfeuchtigkeit von 55 %. Die Geschlechter waren zeitweilig getrennt und wurden nur zur Paarungszeit zusammengesetzt.

Python curtus

Buntpython
3 Unterarten

Kennzeichen: Der kegelförmig zugespitzte Kopf setzt sich deutlich vom Hals ab. Der Körper ist stämmig und abgesetzt, der Greifschwanz kurz. Die Grundfärbung kann ziegel- bis karminrot, grau, braun oder schwärzlich sein. Den Rücken und die Körperseiten bedecken gelblichgraue Flecken und Bänder in unregelmäßiger Gestalt, die mehr oder weniger zu einer bindenförmigen Zeichnung verschmelzen. Die Bauchschilder sind im Kern grau und an den Seiten heller. Der Kopf ist braun bis schwarz. Auf der Kopfoberseite verläuft eine dünne, dunkle oder helle Mittellinie. Eine helle Linie zieht auch vom Augenrand bis zum Mundwinkel.

Länge: Etwa 150 cm, in Ausnahmefällen sogar bis 3 m.

Herkunft und Lebensweise: Python curtus bewohnt die Malayische Halbinsel, Sumatra und Borneo. Er lebt im Dschungel und an den Rändern undurchdringlicher tropischer Regenwälder und auf deren Lichtungen. Meist hält er sich in der Nähe von Sümpfen, Seen, größeren und kleineren Wasserläufen auf. Oft bringt er Stunden im Wasser zu. So konnte der Verfasser 2 Exemplare der genannten Art auf der südthailändischen Insel Phuket in einem Sekundärwald im Hügelland bei Ao Kata beobachten. Ein Exemplar lag im Wurzelgewirr eines Baumes, das andere in einer Felsspalte, beide in unmittelbarer Nähe eines Baches. Von Natur aus ist er schnell reizbar. Wird er gestört, so schnellt er ruckartig auf seinen Feind zu. Seine Beute setzt sich aus verschie-

denartigen Vögeln und Nagetieren zusammen. Hauptsächlich frißt er Ratten. Wie die anderen Pythonarten, so ringelt sich der Buntpython um seine Eier und treibt Brutpflege.
Haltung und Zucht: Der Buntpython hält sich oftmals in der Gefangenschaft schlecht. Schuld daran ist meist eine fehlerhafte Pflege. Bei wenig variierenden hohen Temperaturen und hoher Luftfeuchtigkeit, wie dies in seinem natürlichen Lebensraum der Fall ist, hält sich *Python curtus* bei bester Gesundheit über viele Jahre im Terrarium und pflanzt sich hier auch fort, wie das schon häufiger geschehen ist. Der Bodengrund des Terrariums sollte aus Torf oder holziger Walderde bestehen und stets an einigen Stellen angefeuchtet sein. Da der Buntpython mit Vorliebe stundenlang im Wasser liegt, darf ein geräumiges Wasserbecken nicht fehlen. Die Beleuchtung soll am Tage 12–14 Stunden in Betrieb sein. Die von ihm bevorzugten Temperaturen liegen am Tage zwischen 28–32 °C und in der Nacht zwischen 25–28 °C. Der Buntpython ist weitgehend in der Dämmerung und nachts aktiv. Nur selten kriecht er am Tage umher. Am besten füttert man am Abend. Man bietet Mäuse, Ratten, Meerschweinchen, Tauben und kleine Hühner an. Die Futtertiere werden sowohl lebend als auch tot verzehrt. Dem Pfleger gegenüber zeigt der Buntpython große individuelle Unterschiede im Verhalten. Einzelne Exemplare bleiben in der Gefangenschaft stets bösartig und bissig. Schon bei kleinen Störungen fauchen sie wild. Andere werden schnell zahm und lassen sich ohne Gefahr in die Hand nehmen. Die Nachzucht des Buntpythons ist schon mehrmals im Terrarium bei Temperaturen zwischen 25–32 °C gelungen. Das Weibchen ringelt sich um die Eier und treibt Brutpflege. Von Zeit zu Zeit führt es zuckende Bewegungen aus und erhöht damit die Wärme zwischen den Körperschlingen, was für die Entwicklung des Geleges vorteilhaft ist. Die jungen Buntpythons schlüpfen nach 70–75 Tagen. Sie sind dann 33–45 cm lang und zwischen 37–69 g schwer. Zuweilen bebrütet jedoch das Weibchen die Eier nicht. In einem derartigen Fall bringt man das Gelege in einem Gemisch von feuchtem Moos, Sand und Torf bei Dauertemperaturen zwischen 30–32 °C künstlich zur Entwicklung.

Python molurus
Tigerpython
2 Unterarten
(Bild Seite 34)

Kennzeichen: Der Kopf setzt sich mäßig vom Hals ab. Der Körper ist kräftig und sehr muskulös. Die Grundfärbung des Kopfes und des Körpers variiert von cremefarben bis nußbraun. Die Bauchseite ist weißlich bis grau. Ein brauner Streifen nimmt an der Nasenöffnung seinen Ursprung und zieht durch das Auge bis zu den Mundwinkeln. Ein y-artiges Zeichnungsmuster findet sich auf der Kopfoberseite. Der Rücken ist von größeren, die Körperseiten sind von kleineren, mehr oder weniger regelmäßig angeordneten, braunen Flecken bedeckt. Bei der Nominatform *(Python molurus molurus)* sind sie heller und bei der in Südostasien beheimateten Unterart *(Python molurus bivittatus)* dunkler ausgebildet.
Länge: Die hellere Nominatrasse erreicht 5 m, die dunklere, burmesische Unterart 6–8 m.
Herkunft und Lebensweise: Der Tigerpython ist in weiten Teilen Südasiens beheimatet. Der helle Tigerpython bewohnt Westpakistan, Nepal, Indien und Ceylon, der dunkle Tigerpython kommt in Burma, Südchina, Indochina, Hainan, Borneo, Celebes, Java und Sumbava vor. Mehr als der Netzpython *(Python reticulatus)* bevorzugt der Tigerpython feuchte Örtlichkeiten im Gebirge. In den nördlichen Verbreitungsgebieten hält er sogar eine Winterruhe. Er ist jedoch auch im Flach- und Hügelland anzutreffen und als Bewohner des feuchten Dschungels mehr oder weniger an Wasserläufe, Seen und Sümpfe gebunden. Er klettert und schwimmt gleichermaßen gut. Nicht selten hält er sich stundenlang im Wasser auf, wobei nur die Nasenöffnungen über die Wasseroberfläche hinausragen. Im Norden paart sich der Ti-

gerpython während oder kurz nach der Überwinterung. Die 8–30 Eier sind ungefähr 12 × 6 cm groß. Sie benötigen ungefähr 3 Monate zu ihrer Entwicklung. Das Muttertier bebrütet die Eier in der bei Pythonschlangen üblichen Weise, wobei die Körpertemperatur nur geringfügig ansteigt. Der Tigerpython ist ein träges Geschöpf, das im Erregungszustand jedoch schnell vorstoßen und zubeißen kann. Wie mir M. Vanderhaege berichtete, soll diese Schlange in Pakistan hauptsächlich auf Wassergeflügel Jagd machen, jedoch frißt sie alle warmblütigen Tiere, die sie bewältigen kann. Es wird sogar erzählt, daß erwachsene Tigerpythons Leoparden mit Erfolg angegriffen und verschlungen haben. Daß *Python molurus* den Menschen angreift und frißt, dürfte aber in jedem Fall in das Reich der Fabel verwiesen werden. Von Wall wird allerdings berichtet, daß in China ein Kleinkind von einer dieser Riesenschlangen gefressen worden sein soll.

Haltung und Zucht: Der Tigerpython eignet sich gut für ein großes und geräumiges Riesenschlangen-Terrarium. Ein großes Wassergefäß ist eine Lebensnotwendigkeit. Die Exemplare des Verfassers halten sich nicht selten tagelang im Wasser auf. Ein Kletterast ist nicht unbedingt erforderlich, ein einzementierter Unterschlupf sollte jedoch nicht fehlen. Die Beleuchtung muß 12–14 Stunden täglich in Betrieb sein. Auch eine Bodenheizung ist notwendig, um an einer Stelle den Untergrund über 12 Stunden mild zu erwärmen. Der Tigerpython liebt tagsüber Temperaturen zwischen 28–32 °C, die in der Nacht um 5–8 °C fallen können. *Python molurus* ruht während des Tages; erst gegen Abend und in der Nacht wird er munter und kriecht und klettert dann stundenlang im Terrarium umher. Er geht sehr leicht ans Futter und ist in keiner Weise ein Problemtier. Kaninchen, Meerschweinchen, Ratten, Mäuse und Geflügel verzehrt er gleichermaßen gern. Meine Tigerpythons fressen mit Vorliebe Ratten und Hühner. Zu einer Mahlzeit fressen sie 2 Hühner. Sie umschlingen und töten so die Beute. Erst dann beginnt der Freßakt. Da der Tigerpython weitgehend in der Dämmerung aktiv ist, empfehlen sich Fütterungen am Abend. *Python molurus* ist schon häufig in der Gefangenschaft nachgezüchtet worden. Die Nachzucht des hellen Tigerpythons erfordert eine etwa 2–2 1/2 monatige Überwinterung von Anfang Dezember bis Februar bei herabgesetzten Temperaturen zwischen 18–20 °C. Auch die Beleuchtung sollte während dieser Ruhezeit außer Betrieb sein. Die angegebenen Temperaturen gelten nur für Tiere aus dem nördlichen Teil ihres Verbreitungsgebietes. Die Eiablage findet ungefähr 3 Monate nach der Paarung statt. Die Entwicklungsdauer der Eier beträgt ungefähr 2–3 Monate. Das Weibchen umringelt den zusammengeklebten Eihaufen und bebrütet ihn auf diese Weise. Vor der Eiablage sollte man darauf achten, daß die Eier auf Torf oder humushaltiger Walderde abgelegt werden, wo man sie durch tägliches Sprühen mit lauwarmem Wasser ohne Schwierigkeiten leicht feucht halten kann. Während des Brutvorgangs durchlaufen das Muttertier fortwährend leichte Körperzuckungen, die eine geringfügige Temperaturerhöhung hervorrufen und so zu einer günstigen Entwicklung der Jungen beitragen. Während des Brütens sollte die Temperatur im Terrarium weitgehend gleichmäßig zwischen 28–32 °C liegen. Die jungen Tigerpythons häuten sich einige Tage nach dem Schlüpfen. Danach fressen sie bald Mäuse mittlerer Größe. Die weitere Aufzucht bereitet keine Schwierigkeiten.

Python regius
Königspython
(Bild Seite 34)

Kennzeichen: Der kegelförmige Kopf setzt sich deutlich vom Hals ab. Der Körper ist kräftig, der Schwanz auffallend kurz und rübenförmig. Die Grundfärbung der Körperoberseite ist ein Schokoladenbraun, das an den Flanken von gelblichen bis grauweißen Flecken unregelmäßiger Gestalt überdeckt wird. Die Flecken können einfarbig sein oder ein bis mehrere braune Tupfen in ihrem Kern aufweisen. An jeder Schläfenseite zieht sich ein schmaler, gelber Streifen von der Nasenspitze bis zur Halsregion. Unterhalb des gelben Schläfenstreifens verläuft ein dunkles Band, das am Mundwinkel endet. Die Oberseite des Kopfes wirkt dunkelbraun bis schwarz. Der Bauch ist porzellanfarben.

Länge: 90–120 cm, ausnahmsweise über 150 cm.

Herkunft und Lebensweise: Der Königspython kommt in Westafrika vor. Er ist von Senegal bis nach Sierra Leone und zur Elfenbeinküste verbreitet und bewohnt weite Teile Zentralafrikas. Er lebt in offenen Wäldern, in der Savanne und im Busch und wird oft in der Nähe von Wasser gefunden. Dem Menschen gegenüber verhält er sich überaus friedfertig, und beißt nur in Ausnahmefällen. Bei Gefahr rollt sich der Königspython zu einem Knäuel zusammen. Diese Eigentümlichkeit, die man bei keiner anderen Pythonart findet, hat dem Königspython die Bezeichnung „Ballpython" eingetragen. Obwohl er sich zuweilen während des Tages sonnt, ist er doch eher ein in der Dämmerung und nachts aktives Geschöpf. Dieser nächtlichen Aktivität entsprechend besteht seine Beute hauptsächlich aus Renn- und Springmäusen der Gattung *Gerbillus,* die ebenfalls nachts aktiv sind. *Python regius* macht in der Natur weitgehend Jagd auf nur ein Beutetier. Aus diesem Grunde ist er in der Gefangenschaft oft so schwer zur Nahrungsaufnahme zu bringen. Die Paarung und Eiablage findet im Frühjahr statt.

Haltung und Zucht: Da diese Art nicht sehr groß wird, genügt ein kleineres Terrarium (100 × 60 × 60 cm). Der Königspython klettert gern; daher sollte ein stabiler Kletterast nicht fehlen. Als Bodengrund kann man reinen Sand oder ein Gemisch von Sand, Torf und Walderde verwenden. Notwendig ist eine Bodenheizung, die über 12 Stunden örtlich milde Wärme spendet. Ein Wasserbehälter darf nicht fehlen. Wegen seiner geringen Größe und seinem geringen Gewicht vernichtet der Königspython nicht jede Vegetation im Terrarium. So kann man eine wenig empfindliche Pflanze, am besten in ein Plastikgefäß eingepflanzt, im Schlangenbehälter unterbringen. *Python regius* verlangt weitgehend gleichbleibende Temperaturen zwischen 26–32 °C, die auch nachts nicht mehr als 2–5 °C sinken sollen. Königspythons sind oft heikel in der Nahrungsaufnahme und können schadlos monatelang fasten. In einem englischen Zoo nahmen 2 Exemplare der genannten Art erst nach 22 Monaten die erste Nahrung zu sich. Der Königspython wurde in Gefangenschaft schon mehrfach nachgezüchtet. Die Paarung findet von Februar bis März, die Eiablage von März bis Mai statt. Die 6–8 Eier, die meist nachts abgelegt werden, kleben aneinander und sind bemerkenswert groß (7–8 × 4,5–6,1 cm). Die Entwicklung der Eier bis zum Schlupf der jungen Schlangen nimmt ungefähr 90–105 Tage in Anspruch. Im Taronga-Zoo in Sydney dauerte die Entwicklung von der Eiablage bis zum Schlüpfen der jungen Königpythons vom 30. November bis zum 30. Dezember 1972. Diese ungewöhnlich kurze Entwicklungsdauer von ungefähr 4 Wochen ist wohl auf die lange Zeit zurückzuführen, die zwischen Paarung und Eiablage (von Februar bis Juni) verstrich. Der Königspython übt Brutpflege. Die Jungen sind beim Schlüpfen zwischen 23 und 43 cm groß. Die erste Häutung findet nach einigen Tagen statt. Wenige Tage später werden nestjunge Mäuse gefressen. Bei guter Pflege wachsen die jungen Königpythons auf 90 cm heran.

Python reticulatus
Netzpython
(Titelbild)

Kennzeichen: Der lange Kopf setzt sich mäßig vom Hals ab. Der Körper ist zwar schlanker als bei den übrigen Pythonarten, aber überaus kräftig. Die Grundfärbung des Körpers variiert zwischen hellgelb und dunkel- oder olivbraun. Der Rücken ist von rundlichen, ovalen oder rhombischen Flecken bedeckt, die mehr oder weniger zu einem gitterartigen Zeichnungsmuster verschmelzen. Die Flecken sind

gelblich bis braun und von einem lackschwarzen und gelben Rand umgeben. Eine schwarze Längslinie verläuft auf der Kopfmitte von der Schnauzenspitze bis zum Nacken. Auf jeder Kopfseite zieht ein schwarzer Schläfenstreifen vom Auge bis zum Hals. Die gelbliche Bauchseite ist spärlich schwarz gesprenkelt. Besonders nach der Häutung und im hellen Licht schillert die Körperoberfläche in prachtvollem Metallglanz.
Länge: 5–6 m, in Ausnahmefällen über 8 m.
Herkunft und Lebensweise: Der Netzpython ist in Südostasien weit verbreitet. Auf dem Festland kommt er in Burma, Thailand, Laos, Vietnam, Kambodscha und auf der Malayischen Halbinsel vor, ebenso wie auf Sumatra, den Philippinen, Borneo, Celebes, den Molukken, Java, Lombok, Sumbava, Sumba, Flores, Timor und zahlreichen kleinen Inseln. Er ist ein Bewohner des dichten feuchtwarmen Dschungels. Zuweilen dringt er bis in besiedelte Gebiete vor und ist dort sogar öfters anzutreffen. Noch heute lebt er in den Vorstädten von Bangkok und in Bangkok selbst. Er hält sich unter allerlei Gerümpel, in Wohn- und Lagerhäusern und an den Ufern der Klongs auf, auf denen unzählige Boote hin und herfahren und ein reges Treiben herrscht. *Python reticulatus* ist weitgehend in der Dämmerung aktiv. Er ernährt sich von verschiedenen Säugetieren und Vögeln, die Hunde- und Entengröße haben können. Die Beute wird vor dem Verschlingen durch Erdrosselung getötet. Im Verhalten gegenüber dem Menschen zeigt sich der Netzpython als Individualist. Während einzelne Exemplare fast zahm werden, sind die meisten unberechenbar und bei Störungen zu wütenden Angriffen bereit. Folgender Fall wurde dem Verfasser von einem französischen Lehrer vietnamesischer Herkunft erzählt, der jahrelang zur Kolonialzeit in Vietnam tätig war. *Python reticulatus* wird in Vietnam nicht gefürchtet und ist fast jedem bekannt. Mehrere Männer ärgerten einen großen Netzpython. Es kam ihnen nicht so recht zum Bewußtsein, daß einer von ihnen gepackt worden war und gefährlich umschlungen wurde, so daß an eine Gegenwehr nicht mehr zu denken war. Seine Kumpanen, die die Sache nicht ernst nahmen, standen untätig herum und lachten aus vollem Hals über die seltsamen Gebärden und Geräusche ihres vom Python völlig umschlungenen Freundes. Als sie auf den Gedanken kamen, ihren Gefährten aus der Umklammerung zu befreien, war er tot. Derartige Vorfälle sind natürlich selten. Nach Kopstein soll in Niederländisch-Ostindien sogar ein 14jähriger Junge von einem Netzpython verschlungen worden sein. Dies erscheint in Anbetracht der geringen Größe und Schmächtigkeit der dort lebenden Menschen mit einigem Vorbehalt glaubhaft. Der Netzpython legt Eier und treibt Brutpflege. Erwachsene Schlangen dieser Art legen bis zu 100 Eier, deren Entwicklungsdauer zwischen 60 und 80 Tagen liegt.
Haltung und Zucht: Der Netzpython benötigt stets einen geräumigen Behälter, ein großes Wasserbecken und einen sehr starken Kletterast. Ein Bodengrund aus Steinplatten ist aus hygienischen Gründen geeigneter als eine Bodenfüllung aus Torf, Sand oder ähnlichem. Eine Stelle des Bodens wird täglich mehr als 12 Stunden durch eine Bodenheizung mild erwärmt. *Python reticulatus* verlangt am Tage Lufttemperaturen zwischen 25–32 °C, die nachts 4–6 °C tiefer liegen können. Am Tage ruht die sehr eindrucksvolle Schlange meist auf einer Stelle und bewegt sich nur wenig. Oft liegt sie im Wasserbehälter. Gegen Abend wird sie munter und kriecht stundenlang im Behälter umher. Der Netzpython hält sich sehr leicht im Terrarium. In der Nahrungsaufnahme ist er nicht wählerisch. Er frißt Hühner, Enten, Mäuse, Ratten, Meerschweinchen, Kaninchen, Katzen, Hunde und junge Schweine. Die Exkremente werden nach 3–10 Tagen oft in den Wasserbehälter abgesetzt. *Python reticulatus* wurde schon mehrfach in der Gefangenschaft zur Nachzucht gebracht. Ein über 5 m langes Weibchen des Verfassers, wurde am Abend des 2. Dezember 1976 mit einem etwa 3 1/2 Meter langen Männchen in stundenlanger Paarung beobachtet. Am 23. April 1977 legte es dann 45 Eier auf humushaltiger Wald-

erde ab, um sie sofort zu umringeln und zu bebrüten. Jeden 2. oder 3. Tag wurde das Muttertier und die Eier mit mehreren Litern lauwarmen Wassers überbraust. Während der gesamten Brutdauer betrug die Lufttemperatur im Behälter 28–32 °C. Zwischen den Körperringen des Pythons maß ich eine Temperatur von 32 °C. Körperzuckungen wie man sie von anderen brütenden Pythonschlangen kennt, waren hier nicht zu beobachten. Am 25. Juni 1977 überführte ich das Gelege in einen Behälter mit Humus und abgefallenen Blättern und deckte die Eier mit feuchtem Fließpapier ab. Die Temperatur betrug Tag und Nacht 28–30 °C. Das Gelege wurde nun jeden Tag mit lauwarmem Wasser übersprüht. 37 junge Netzpythons schlüpften zwischen dem 16. und 19. Juni 1977. Die ersten Häutungen fanden vom 31. Juli bis zum 3. August 1977 statt. Am 11. August 1977 fraßen die Jungschlangen die ersten mittelgroßen Mäuse. Die Netzpythons hatten beim Schlüpfen eine Länge von 75–79 cm und ein Gewicht von 160–170 g. Die Aufzucht bereitete keine weiteren Schwierigkeiten. Nach 3 Monaten hatten sie bereits eine Länge von 130 cm erreicht.

Python sebae
Felsenpython
2 Unterarten
(Bild Seite 34)

Kennzeichen: Der kegelförmige Kopf setzt sich nur wenig vom Hals ab. Der Körper ist kräftig. Die Grundfärbung variiert zwischen hellbraun und graubraun. Die Rückenzeichnung besteht aus schwarzbraunen oder rotbraunen Flecken. Mehr oder weniger deutliche halbmondförmige Flecken, die im Kern hell sind und zu den Rändern hin dunkler bis lackschwarz werden, sind auf beiden Körperseiten in weitgehend gleichen Abständen angeordnet. Ein brauner dreieckiger Fleck bedeckt die Kopfoberseite. Zu beiden Seiten dieses Flecks verläuft eine helle Binde. Außerdem zieht sich ein dunkles Längsband vom Nasenloch zum Auge und vom Augenhinterrand zum Mundwinkel. Die Bauchseite dagegen ist hellgrau und dunkel gesprenkelt.
Eine neue Art - *Python saxuloides* – wurde 1979 von Miller & Smith auf der Grundlage von 6 Exemplaren aus der Umgebung von Mwingi, Kenya, aufgestellt. Aufgrund weiterer Untersuchungen stellte man fest, daß *Python sebae* in 2 Unterarten zerfällt: *Python sebae sebae* und *Python sebae natalensis. Python sebae sebae* kommt von Westafrika nach Osten bis Zaire, Uganda, Sudan und Äthiopien vor. *Python sebae natalensis* ist in Angola, in Sambia, in Malawi und in Mozambique bis nach Natal verbreitet. Die Situation in Kenya und Tansania ist bis heute noch nicht geklärt, so daß die taxonomische Bezeichnung *Python saxuloides* aufrecht erhalten werden muß. Ein typisches Merkmal für *Python sebae sebae* ist, daß er ein Paar länglicher Präfrontalia besitzt, die die großen Supraocularschilde teilen. Die dunklen Zeichnungsmuster auf dem Kopf und auf dem Rumpf sind ausgedehnt und gut abgegrenzt. Typisch ist ein gut abgegrenzter Fleck auf der Schnauze vor dem Auge, weiterhin ein dreieckkiger Streifen unter dem Auge und ein breiter Streifen hinter dem Auge. Bei *Python sebae natalensis* sind die Supraocular- und Frontalschilde mehr oder weniger aufgespalten, dergestalt, daß zwischen den Supraocularia 2–7 Schilde sind. Die Frontalia sind nicht länger als breit. Die dunklen Zeichnungsmuster sind nicht so ausgedehnt, oft zerrissen und weniger gut abgegrenzt. Ein oder mehrere Subocularflecke sind vorhanden, ebenso wie ein schmaler Subocularstreifen. Ein schmaler Streifen läuft von der Nasenöffnung zum Auge.
Länge: 4 m, ausnahmsweise bis zu 6 m.
Herkunft und Lebensweise: Den Felsenpython findet man in Afrika südlich der Sahara weit verbreitet. Im tropischen Regenwald dagegen ist er weniger häufig anzutreffen, da er ein entschiedener Bewohner der offenen Savanne ist. Meist hält er sich in der Nähe von Gewässern auf, und liegt auch gern im Wasser. So ist es verständlich, daß sich Felsenpythons zuweilen in den Netzen der Fischer verfangen und aus

dem Wasser gezogen werden. *Python sebae* schwimmt und klettert gut. Nicht selten liegt er auf einem Ast und packt und umschlingt von dort ein vorbeilaufendes Beutetier ohne Schwierigkeiten. Mit seinem kräftigen Greifschwanz kann er sich gut im Geäst festhalten. Er ernährt sich hauptsächlich von Warmblütlern wie Vögeln, Ratten, Hasen, Wildschweinen, kleinen Antilopen und Affen. Die Beute wird in wuchtigem Vorstoß gepackt, erwürgt und meist vom Kopf her verschlungen. Der Felsenpython ist im allgemeinen ruhiger als der Netzpython. Einzelne Exemplare können jedoch sehr bissig sein. Den Felsenpython trifft man auch am Tage im Freien. Meist ist er jedoch in der Nacht unterwegs, um warmblütige Beutetiere mit Hilfe der grubenförmigen Wärmesinnesorgane in der Ober- und Unterlippe aufzuspüren. In Südafrika hält *Python sebae* eine 2–4monatige Winterruhe. Der Felsenpython legt 30–50 und in Ausnahmefällen bis zu 100 Eier, die das Weibchen bebrütet, wobei sein Kopf auf dem Gelege ruht. Die Eier haben eine derbe, lederartige Haut und messen ungefähr 90 × 60 mm. Bis zum Schlüpfen der Jungen vergehen in der Regel 3 Monate. Die 60–70 cm langen Jungpythons sind ungefähr fingerdick. Sie wachsen schnell heran und können bei guter Ernährung in 5 Jahren eine Länge von 2,5 m erreichen.

Haltung und Zucht: Der Behälter und dessen Einrichtung sollen weitgehend wie beim Netzpython beschaffen sein. Ein Kletterbaum darf nicht fehlen. Der Felsenpython ruht häufig auf einem Ast. Oft liegt er stunden- oder gar tagelang im Wasserbehälter, wobei nur die Nasenspitze über die Wasseroberfläche hinausragt. Licht und Heizung hält man täglich 12–14 Stunden in Betrieb. Die Lufttemperatur muß am Tage zwischen 25–32 °C liegen. In der Nacht darf sie auf 18–22 °C fallen. Der Felsenpython ist in der Gefangenschaft nicht heikel. Anders als der Bunt- und Königspython nimmt er stets willig Nahrung zu sich und kennt kaum individuelle Geschmacksrichtungen. Er frißt Mäuse, Ratten, Hamster, Meerschweinchen, Kaninchen, Katzen, Hunde und alle Arten von Geflügel. Mein Exemplar verzehrt jedes warmblütige Tier. Mit besonderer Vorliebe macht sich die mächtige Schlange an Katzen. Zu einer Mahlzeit frißt sie 2–3 erwachsene Katzen, die sie aber erst dann vom Kopf her verschlingt, wenn sie sich nicht mehr bewegen. Im Juli 1975 legte dieses Tier in Ermangelung eines Männchens 56 unbefruchtete Eier, um die es sich sofort ringelte. Während der Brutzeit war es besonders aggressiv und stets zu wilden Ausfällen geneigt. Die Nahrungsaufnahme hatte es während des Brütens nicht eingestellt. *Python sebae* ist in der Gefangenschaft nachgezüchtet worden. In einem Fall konnte beobachtet werden, daß die Entwicklung der Eier bei Temperaturen zwischen 22–30 °C nur 52 Tage dauerte.

Python spilotus
Teppich- oder Rautenpython
3 Unterarten
(Bild Seite 33)

Kennzeichen: Der Kopf ist breit mit kurzer, vorstehender Schnauzenspitze. Auf schwarzer bis blauschwarzer Grundfärbung, die bei der Nominatform dunkeloliv-grün bis schwärzlich sein kann, finden sich cremefarbene bis gelbe Flecken, die zu einem rautenförmigen Muster verschmelzen können. Die gelbe Fleckung kann auch sehr spärlich ausgebildet sein. Auf dem Kopf ist ein Muster aus schwarzgelben Tupfen und Flecken zu erkennen. Der Bauch ist gelblich und weist eine dunkle Querbänderung auf.

Länge: 3–4 m.

Herkunft und Lebensweise: Diese prachtvolle Riesenschlange kommt in den australischen Küstengebieten von Neu-Südwales und Ost-Viktoria, im Inneren Australiens, in Neuguinea und auf den Tokelau-Inseln vor. Der Rautenpython lebt vorzugsweise im Busch und in feuchten, teilweise dicht bewaldeten Gebieten. Nicht selten hält er sich auch in hohlen Baumstämmen auf. Er ist mit einem langen Greifschwanz ausgestattet. Daher kann er besonders gut klettern. Oft verbirgt er sich unter Felsen, in Felsspalten und in Kaninchenbauten und wird erst nachts aktiv. Zuweilen sonnt er sich am frühen Morgen auf einem Felsbrocken. Er liebt die Feuchtigkeit und verweilt oft stundenlang im Wasser. Der Rautenpython ist in seinem Wesen sanftmütiger als andere Pythonarten. Bei sehr grober Störung verteidigt er sich und beißt kräftig zu. Mit Hilfe seiner langen, nach innen gebogenen Zähne kann er tiefe Wunden verursachen. Seine Beute besteht aus Vögeln, kleinen Beuteltieren, Kaninchen, Ratten und Mäusen. Die Farmer sehen ihn daher meist gern auf ihren Grundstücken und selbst innerhalb ihrer Farmen. Der Rautenpython legt bis zu 35 Eier, die er in einem zusammenklebenden Gelege absetzt. Das Weibchen umringelt sie, um dadurch die zur Entwicklung der jungen Rautenpythons notwendige Temperatur zu spenden. Die Jungschlangen haben beim Schlüpfen eine Länge von ungefähr 30–37 cm.

Haltung und Zucht: Wie alle größeren und wärmeliebenden Riesenschlangen benötigt der Rautenpython einen geräumigen, hohen Behälter mit einem großen Wassergefäß, Kletterästen, einem Versteck, einer örtlichen Bodenheizung und einer Beleuchtung, die 12–14 Stunden am Tag in Betrieb ist. Er gewöhnt sich bald an die Gefangenschaft und frißt willig kleine Säugetiere wie Ratten, Mäuse, Goldhamster und Kaninchen. Trotz der anfänglich guten Eingewöhnung in die Gefangenschaft ist er heikel und bedarf einer aufmerksamen Pflege, sonst lebt er nicht lange. Während des Tages braucht er Temperaturen zwischen 25–32 °C, die in der Nacht nur um wenige Grade absinken sollen. Der Boden des Terrariums sollte aus flachen Steinplatten bestehen, die fest einzementiert sind. So kann man die Ausscheidungen stets vollständig entfernen und die für diese Art so notwendigen einwandfreien hygienischen Verhältnisse sicherstellen. Der Teppichpython wurde bisher erfolgreich im Emperor Valley Zoo auf Trinidad zur Nachzucht gebracht. Die dortigen Zuchttiere paarten sich zu Beginn September. Zu Anfang Dezember wurden 14 Eier abgelegt, die das Weibchen bebrütete. Die Inkubationszeit betrug die erstaunlich kurze Dauer von 37–39 Tagen. Besonders erfolgreich in der Nachzucht von *Python spilotus variegatus* war W. Broer. Unter Terrarienbedingungen tritt die Geschlechtsreife bei weiblichen Tieren nach 5 Jahren ein. Im Mai 1982 legte das Weibchen 32 Eier, von denen nach einer Inkubationsdauer von ungefähr 78 Tagen 10 Jungschlangen schlüpften. Die Temperatur während der Inkubationszeit betrug ziemlich konstant 29 °C. Im April 1982 legte das Weibchen wieder eine nicht gezählte Anzahl von Eiern ab, die zu einem Klumpen verklebt waren. Nach ungefähr 71 Tagen schlüpften aus diesen 37 junge Schlangen. Die Bruttemperatur betrug fast konstant 30 °C. Nach einer 3. Eiablage schlüpften 12 Schlangen nach einer Brutdauer von 70–71 Tagen. Als wichtig zu bemerken ist, daß die Eier nicht zu feucht gehalten werden und auf keinen Fall mit Wasser in Berührung kommen dürfen. Recht empfindlich und mit Entwicklungsstörungen bzw. Tod reagieren die im Ei in Entwicklung begriffenen Schlangen bei zeitweiligem Temperaturabfall. Die jungen Teppichpythons haben bei Schlupf eine Länge von ungefähr 50 cm. Meist gehen sie in der ersten Zeit ihres Lebens nicht selbständig an die dargebotenen Jungmäuse. Aus diesem Grunde müssen sie alle 10–14 Tage zwangsernährt werden, bis sie nach einiger Zeit selbständig ans Futter gehen.

Python timorensis
Timorpython
(Bild Seite 34)

Kennzeichen: Der Kopf ist länglich oval, setzt sich aber deutlich vom Hals ab. Der Körper ist natternhaft schlank. Die lochförmigen Wärmesinnesorgane sind auf den Oberlippenschilden besonders deutlich entwickelt. Die Grundfärbung des Rückens und der Körperseiten ist gelb bis rotbraun und wird von dunklen Flekken bedeckt. Die Flecken verschmelzen zu ei-

nem netzartigen Zeichnungsmuster. Die Fleckenzeichnung wird gegen den Schwanz hin undeutlicher und verschwindet schließlich vollständig. Die Bauchseite ist einfarbig gelblich.
Länge: Etwas mehr als 3 m.
Herkunft und Lebensweise: Diese seltene Art kommt nur auf Timor und Flores vor. Der Timorpython lebt im Busch und im Trockenwald. Über sein Freileben ist kaum etwas bekannt.
Haltung und Zucht: Neben *Python anchietae* ist *Python timorensis* die seltenste Pythonart. Der Timorpython benötigt einen geräumigen Behälter mit zahlreichen Kletterästen. Ein Wasserbehälter darf nicht fehlen. Heizung und Beleuchtung sollen täglich 12–14 Stunden in Betrieb sein. Zum Wohlbefinden verlangt der Timorpython während des Tages Temperaturen zwischen 25–32 °C, die nachts nicht mehr als um 3–5 °C absinken sollen. Die Exemplare des Verfassers liegen am Tage in einer Ecke des Behälters oder halten sich in einem hohlen Korkrindenstück auf. Seltener kriechen sie auf den Kletterbaum, der von der Heizlampe bestrahlt wird. Erst in der Dunkelheit werden sie aktiv und kriechen umher. Der Timorpython frißt Mäuse, Ratten und Küken, die er in der Umschlingung tötet. *Python timorensis* wurde im Zoo von Dallas zur Nachzucht gebracht. Eine Kopulation wurde nicht beobachtet. Das Weibchen legte am 19. Juni 1975 8 Eier. Die Länge der Eier variierte zwischen 83 und 100 mm und die Breite zwischen 41 und 56 mm. Das Weibchen war aggressiv. Es umringelte und bebrütete das Gelege. Während des Brutgeschäftes zuckte das Weibchen mit den Körperringen. Zwei Tage nach der Eiablage wurden die Eier entfernt, in Nylonstrümpfen untergebracht und bei 29 °C über einem Wassercontainer aufgehängt. Nach 2 Monaten waren 3 Eier verdorben. Die verbleibenden Eier wurden in Vermiculite eingebettet. Ein Jungtier schlüpfte am 22. September 1975. Vier völlig entwickelte Jungtiere waren im Ei abgestorben.

Unterfamilie Boinae
Boaschlangen

Gattung Acrantophis
Madagaskar-Boas
2 Arten

Acrantophis madagascariensis
Nördliche Madagaskar-Boa

Kennzeichen: Die Madagaskar-Boa ähnelt sehr der südamerikanischen Abgottschlange *(Boa constrictor)*. Der Kopf setzt sich deutlich vom Hals ab. Der Körper ist stämmig und kraftvoll. Das große Auge weist eine senkrecht geschlitzte Pupille auf. Der Rücken ist braun, die Körperseiten sind heller gefärbt. Zu beiden Seiten des Rückens stehen schwarze oder sehr dunkle Ovalflecken in gleichen Abständen. Zur Bauchseite hin verschmelzen die ovalen Flecken mit großen, runden Flecken bräunlicher Färbung, die ein helles Zentrum besitzen. Die Zwischenräume zwischen den braunen Seitenflecken sind unregelmäßig schwarz getupft. Auf der Rückenmitte bilden hellere oder dunklere Linien ein mehr oder weniger deutliches Zickzackmuster. Erwachsene Exemplare erstrahlen im Licht in einem herrlichen blauen bis goldgrünen Metallglanz. Ein Schläfenstreifen verbindet das Auge mit dem Mundwinkel. Die Kopfseite ist einfarbig braun. Die porzellanfarbene Bauchseite trägt dunkle Flecken.
Länge: Etwas über 3 m.
Herkunft und Lebensweise: Diese Art kommt im Norden Madagaskars vor. Über ihr Leben in der Natur gibt es nur spärliche Berichte. Im Gegensatz zu der sehr nahe verwandten *Acrantophis dumerili*, die trockenes Gelände in der Nähe von Wasser bevorzugt, bewohnt *Acrantophis madagascariensis* feuchtwarme Urwälder. Sie ist sanft und nur wenig beißlustig. Ihre Nahrung besteht aus Vögeln und kleineren Säugetieren, die sie vor dem Verzehren durch Umschlingen tötet. Die Madagaskar-Boa bringt nach einer Trächtigkeit von ungefähr 6 Monaten lebende Junge zur Welt.

Haltung und Zucht: Diese Riesenschlange ist selten und wird nur ausnahmsweise im Handel oder privat angeboten. Das Terrarium sollte geräumig sein. Als Bodengrund eignen sich Torf oder Waldboden gut. *Acrantophis madagascariensis* ist sehr feuchtigkeitsliebend. Sie benötigt einen großen Wasserbehälter, in dem sie oft und lange badet. Während des Tages sind Lufttemperaturen zwischen 28–30 °C angezeigt, die in der Nacht nur wenig absinken sollen. Die Beleuchtung sollte 12–14 Stunden täglich in Betrieb sein. Die Madagaskar-Boa bewegt sich am Tage wenig und kriecht erst am Abend umher. Sie gewöhnt sich leicht in die Gefangenschaft ein und frißt willig Tauben, Küken, Mäuse, Ratten und Kaninchen. *Acrantophis madagascariensis* hat in der Gefangenschaft schon nachgezüchtet. M. Vanderhaege überwinterte seine Exemplare von Ende Mai bis Juli bei Temperaturen von 17 °C. Die Paarung fand im Juli statt. Im Oktober des gleichen Jahres wurden 4 Jungschlangen geboren, die zwischen 42 und 48 cm groß waren. Die Aufzucht der Jungschlangen bereitete keine Schwierigkeiten.

Nach Huff wurde *Acrantophis dumerili* in den USA mehrfach zur Nachzucht gebracht. Die Schlangen kopulieren am meisten zwischen der ersten Novemberwoche und der ersten Aprilwoche. Weibchen bevorzugen im Zustande der Trächtigkeit höhere Temperaturen und suchen besonders warme Stellen im Terrarium auf. Die Trächtigkeitsdauer variiert bei *Acrantophis dumerili* zwischen 200 und 241 Tagen. 12 Geburten von *Acrantophis dumerili* fielen in den USA zwischen den 2. Juli und den 10. September. Die Anzahl der Jungen betrug zwischen 6 und 13 mit einem Durchschnitt zwischen 9 und 12. Die Größe der Jungschlangen schwankte zwischen 44 und 48,7 cm und das Gewicht zwischen 82,7 und 95,4 g. Die erste Häutung fand 4–15 Stunden nach der Geburt statt. Die meisten jungen *Acrantophis dumerili* gingen nach kurzer Zeit selbständig an junge Mäuse.

Gattung Boa

Abgottschlangen
1 Art

Boa constrictor

Abgottschlange
8 Unterarten
(Bild Seite 177)

Kennzeichen: Die Abgottschlange ist die bekannteste, aber nicht die größte aller Riesenschlangen. Der Kopf ist dreieckig zugespitzt, der Körper abgesetzt und kräftig gebaut. Die Körperfärbung ist überaus unterschiedlich, nicht nur innerhalb der einzelnen Unterarten, sonder sogar von Exemplar zu Exemplar der gleichen geographischen Rasse. Die Grundfärbung kann rötlichgrau, gelbbraun oder rötlichbraun sein oder aus anderen dunkelbraunen Farbabstufungen bestehen. Über den Rücken zieht sich ein Zeichnungsmuster aus abwechselnd hellen und dunklen Flecken. Die Rückenflecken nehmen zum Schwanz hin rötlichere, bei manchen Tieren sogar blutrote Farbtöne an. Über die Mitte der Kopfoberseite zieht sich eine Längsbinde, die an der Schnauzenspitze beginnt und im Nackenbereich endet. Eine dunkle Schläfenbinde zieht sich von der Schnauzenspitze bis zu den Halsseiten. Der Bauch ist porzellangrau und von dunklen Sprenkeln durchsetzt.

Länge: Über 3 m.

Herkunft und Lebensweise: Boa constrictor ist von Südmexiko bis nach Argentinien verbreitet und auf den Kleinen Antillen heimisch. Sie kommt besonders an trockenen Örtlichkeiten in offenen Wäldern und dichten Gebüschen vor. Meist lebt sie in der Nähe von Wasserläufen, Seen und Teichen. Die Abgottschlange hält sich sowohl auf dem Erdboden wie im Geäst der Bäume auf, wo sie Jagd auf Vögel und kleinere Säugetiere macht. In der Natur soll sie auch gelegentlich Echsen und sogar kleine Kaimane überwältigen und verzehren. Während des Tages ruht sie meist in ihrem Versteck oder einem geschützten Winkel. Erst bei Einbruch der Dämmerung wird sie munter. Die einzelnen Exemplare sind in ihrem Wesen sehr verschieden. Es gibt Abgottschlangen, die ausgesprochen bissig sind, während andere sich sehr zahm verhalten und selbst bei groben Behelligungen nicht zubeißen. In Brasilien ist die Abgottschlange in Silos und unter Farmdächern gern gesehen, da sie die Ratten kurz hält. *Boa constrictor* bringt im allgemeinen von Mai bis August und dann meist mehrmals 60 vollentwickelte Junge zur Welt, die bei der Geburt eine Länge von 35–50 cm aufweisen.

Haltung und Zucht: Von allen Riesenschlangen findet sich *Boa constrictor* am häufigsten in der Gefangenschaft. Die Abgottschlange benötigt zu ihrem Wohlbefinden ein geräumiges Terrarium mit einer örtlichen Bodenheizung, einem Kletterbaum und einem großen Wasserbekken. Als Bodengrund eignet sich reiner Sand oder ein Gemisch aus Sand und Torf. Heizung und Beleuchtung sollten ganztägig in Betrieb sein. Bei einer Tagestemperatur zwischen 25–32 °C fühlt sich die Abgottschlange wohl. Nachts darf die Temperatur auf 20–22 °C fallen. Während des Tages hält sich die Abgottschlange meist auf dem Terrarienboden auf. Zuweilen liegt sie im Geäst unter der Heizlampe. Sie ist in der Dämmerung aktiv und wird erst gegen Abend munter. In der Natur soll sie das Wasser meiden; in der Gefangenschaft jedoch liegen einzelne Exemplare oft stundenlang im Wasser. Gesunde Abgottschlangen gehen fast ausnahmelos willig an die dargebotene Nahrung und verzehren Mäuse, Ratten, Meerschweinchen, Kaninchen, Hühnerküken und Vögel gleich gern. Ihrem Artnamen „constrictor" entsprechend wird das Beutetier ehe es verschlungen wird stets erdrosselt. Auch angebotene Futtertiere umschlingt die Abgottschlange gewohnheitsmäßig zuerst. Die Zucht ist nicht sonderlich schwierig und schon häufig gelungen. Selbst Bastarde zwischen *Boa constrictor constrictor* und *Boa constrictor occidentalis* wurden schon nachgezüchtet. Die Paarung findet meist von Februar bis März statt. Die Trächtigkeitsdauer liegt zwischen 5 und 7 Monaten. Vor der Paarung kriecht das Männchen über den Rücken des Weibchens. Die erste Häutung der jungen Abgottschlangen findet 1–3 Wochen nach der Geburt statt. Danach füttert man kleinere Mäuse. Die Aufzucht ist völlig unproblematisch. Bei guter Fütterung sind die Jungschlangen bereits nach 3 Jahren geschlechtsreif.

Gattung Candoia
Pazifik-Boas
3 Arten

Candoia bibroni
Pazifik-Boa
2 Unterarten

Kennzeichen: Der dreieckige Kopf setzt sich sehr deutlich vom Hals und dem untersetzten Körper ab. Die Grundfärbung der Körpers variiert in den verschiedensten Braunabstufungen und ist großen individuellen Schwankungen unterworfen. Die Körperseiten weisen oft eine rötliche Tönung auf. Auf dem Rücken und den Flanken findet sich ein schokoladenbraunes bis schwarzes Fleckenmuster. Die Kopfoberseite und die Schläfen wirken ebenfalls schokoladenbraun bis schwarz, durchsetzt von hellen Sprenkeln. Die Bauchschilde sind porzellanfarben und in der hinteren Partie dunkel gefleckt. Die Schwanzunterseite ist schmalstreifig hell und dunkel gebändert. Bei der Pazifik-Boa beobachtet man im Tagesverlauf zeitweilig einen Farbwechsel. Diese bei Schlangen seltene Erscheinung, die ich auch beim Netzpython *(Python reticulatus)* feststellte, kommt durch Außenreize und durch Lichtfaktoren im Tag- und Nachtrhythmus zustande. Während des Vormittags zeigt der Schlangenkörper eine helle Färbung. Am Nachmittag und in der Nacht dagegen ist sie deutlich dunkler gefärbt.

Länge: Etwas über 2 m.

Herkunft und Lebensweise: Diese Art ist auf Ceram, Melanesien und Polynesien heimisch. *Candoia bibroni* ist auf vielen Inseln häufig. Sie kommt in tropischen Feuchtwäldern vor, zeigt

sich aber mehr boden- als baumbewohnend. Über die Lebensgewohnheiten in ihrem natürlichen Lebensraum ist kaum etwas bekannt. Sie ernährt sich von Vögeln und Kleinsäugern.
Haltung und Zucht: Diese seltene Riesenschlange hat Anfang 1960 Frau Schetty erstmals lebend eingeführt und so den Schlangenfreunden zugänglich gemacht. Die Pazifik-Boa benötigt ein geräumiges Terrarium und einen Kletterbaum mit griffigem Astwerk, auf dem sie am Tage häufig ruht. Ein Wassergefäß darf nicht fehlen, obwohl die Schlange es nicht zum Baden benutzt. Die Pazifik-Boa liebt eine hohe Luftfeuchtigkeit von 75%. Sie sollte mindestens zweimal wöchentlich mit lauwarmem Wasser übersprüht werden. Dem Menschen gegenüber zeigt sie sich nicht sehr friedfertig. Bei Störung beißt sie sofort zu. Die Beleuchtung sollte während des Tages 12–14 Stunden in Betrieb sein. Hans Schweizer pflegte 2 Exemplare dieser Art. Im Sommer bot er den Tieren Temperaturen zwischen 23–29°C und im Herbst zwischen 19–24°C an. Im stärker erwärmtern Schlupfkästchen herrschten stets Temperaturen zwischen 25-30°C. Die Schlangen fraßen Vögel, Hühnerküken, Mäuse, Ratten und Weißfische. Die Pazifik-Boa wurde bisher in der Gefangenschaft noch nicht nachgezüchtet. Trächtig importierte Weibchen bekamen jedoch schon Junge.

Gattung Corallus
Hundskopfboas
3 Arten

Corallus enydris
Hundskopfboa
2 Unterarten

Kennzeichen: Der keilförmige Kopf setzt sich deutlich ab von dem natternartig schlanken, abgeflachten Körper. Über die Rückenmitte verläuft eine Kante. Die Schlange besitzt einen wohlausgeprägten langen Greifschwanz. Die Grundfärbung des Körpers variiert zwischen braun, grau und graugrün. Rücken und Körperseiten sind unregelmäßig schwarz gefleckt. Die Flecken auf den Körperseiten sind oft vier- oder sechseckig und im Zentrum aufgehellt. Die schwarzen Rhombenflecken erscheinen mehr oder weniger hell umrandet. Die hellen Einfassungen ziehen sich bis zum Rücken und verschmelzen hier mit einem Zickzackband oder mit nebeneinander stehenden Flecken. Das Rückenmuster kann sehr unterschiedlich ausgeprägt sein. Einfarbig gelblichgraue Tiere sind nicht selten. Der Kopf ist dunkel gefleckt. Ein schwarzes Band zieht sich vom Auge zum Mundwinkel.
Länge: Selten mehr als 2,5 m.
Herkunft und Lebensweise: Die Hundskopfboa kommt vom südlichen Mittelamerika (Nikaragua) bis zum nördlichen Südamerika (Nord- und Westbrasilien, Peru, Bolivien) und auf den Windward-Inseln vor. Nach meinen eigenen Beobachtungen kommt sie aber noch in der Umgebung von Rio de Janeiro vor. In den Bergen von Petropolis bei Rio de Janeiro fing ich im Frühjahr 1982 einen *Corallus enydris enydris* in einer Bananenstaude. Sie bewohnt vor allem feuchte Tropenwälder. Hier lebt sie hauptsächlich auf Bäumen und ruht mit Vorliebe im Geäst und Blätterwerk. Beim Klettern wendet die Schlange eine Technik an, die man als Ziehharmonika-Methode bezeichnet. Sie wickelt sich mit dem vorderen Körperdrittel um einen Ast, reckt dann das Vorderende in die Höhe und hat nun Gelegenheit, sich weiter oberhalb wiederum festzuwickeln. Auf diese Weise gelangt sie kletternd immer ein wenig höher. Die Hundskopfboa ernährt sich hauptsächlich von Vögeln und Kleinsäugern. Die Vorderzähne des Ober- und Unterkiefers sind lang, nadelspitz und nach hinten eingebogen. Sie dringen leicht durch das Gefieder und in die Muskulatur eines Vogels. Vor dem Zustoß biegt sie Hals und Vorderkörper S-förmig zurück. in blitzschnellem Vorstoß packt und erdrosselt sie dann die Beute. Die Hundskopfboa ist von wilder Wesensart. Wenn sie behelligt wird, schießt sie sofort auf den Störenfried zu und verursacht ihm mit ihren scharfen Zäh-

nen tiefe Wunden. *Corallus enydris* bringt ebenso wie auch *Corallus caninus* lebende Junge zur Welt. Bei A. Blumberg paarten sich die *Corallus enydris cooki* im November. Die Temperatur im Behälter variierte zwischen 25 und 32 °C; am Boden war sie niedriger als oben. Das Weibchen stellte im Januar seine Nahrungsaufnahme ein. Nach einer Tragzeit von 7 Monaten setzte es im August 30 Jungtiere ab, die bei der Geburt 30–35 cm lang und 8 g schwer waren. Die Jungtiere, die bis auf 2 Exemplare eingingen, mußten gestopft werden. Bei einer weiteren Nachzucht zwischen *Corallus enydris cooki* und *Corallus enydris enydris* kamen 5 Jungtiere zur Welt.

Haltung und Zucht: Diese Baumschlange, die nur selten auf den Boden herabsteigt, benötigt ein hohes Terrarium mit ausgiebigen Klettermöglichkeiten. Vor der Häutung hält sie sich nicht selten für längere Zeit im Wasser auf. In ihrem Verhalten ist sie hauptsächlich nachts aktiv. Meist kriecht sie am Abend und in der Nacht auf den Ästen umher. Bei Tagestemperaturen zwischen 25–30 °C, die in der Nacht auf 20–24 °C absinken dürfen, fühlt sie sich wohl. Sie hält sich jahrelang bei bester Gesundheit. Stets nimmt sie Nahrung auf, mit Vorliebe Mäuse, die sie zwischen den Schlingen des Vorderkörpers erdrosselt. Sie klammert sich mit dem Greifschwanz an einem Ast fest, und frei herabhängend würgt sie ihre Beute herunter. *Corallus enydris* ist schon mehrfach und ohne Schwierigkeiten im Terrarium nachgezüchtet worden. Die Jungschlangen gingen an kleine, behaarte Mäuse, die nachts im Behälter umherliefen. Junge *Corallus enydris* müssen in der ersten Zeit ihres Lebens oft zwangsernährt werden, bevor sie sich selbständig zur Nahrungsaufnahme entschließen. Als Futtertiere bieten sich kleine Fische wie z. B. Guppies, aber auch nackte Mäuse an. Als Besonderheit sei noch folgende Beobachtung erwähnt, daß *Corallus enydris* nach der Geburt die unbefruchteten „Wachseier“ bezüngelt und sie anschließend auffrißt.

Corallus caninus
Grüner Hundskopfschlinger
(Bild Seite 177)

Kennzeichen: Von der Färbung und dem Körperbau her ist der Grüne Hundskopfschlinger das südamerikanische Gegenstück zum grünen Baumpython *(Chondropython viridis)* aus Neuguinea und Australien. Beide Schlangen sehen zum Verwechseln ähnlich aus. *Corallus caninus* gehört zu den schönsten Boiden. Der keilförmige Kopf setzt sich deutlich von dem starken Körper ab. Der Körper ist seitlich zusammengedrückt und spitzt sich in der Rükkenmitte zu einer Kante zu. Ein ausgeprägter Greifschwanz ist vorhanden. Die Grundfärbung des Rückens und der Flanken sind laubgrün. Die Lippenschilde und die Bauchseite wirken dottergelb. Eine weiße Binde, von der in regelmäßigen Abständen weiße oder gelbliche Querbänder ausgehen, zieht sich über die Rückenmitte. Bei Jungtieren ist die Oberseite rot gefärbt. Die grubenförmigen Wärmesinnesorgane in den Ober- und Unterlippenschilden sind sehr deutlich ausgeprägt. Die Zähne des Ober- und Unterkiefers sind lang und nach hinten gebogen.

Länge: 2–3 m.

Herkunft und Lebensweise: Der Grüne Hundskopfschlinger ist in Guayana, Brasilien, Ost-Peru, und Nordbolivien beheimatet. Den größten Teil ihres Lebens verbringt diese prachtvolle Riesenschlange im dichten Blattwerk der Bäume, an das sie sich durch ihre grüne Körperfärbung hervorragend angepaßt hat. Auf einem Ast rollt sich die Schlange so zusammen, daß der Kopf ungefähr in die Mitte des Körpers zu liegen kommt. *Corallus caninus* ernährt sich von Vögeln und Säugetieren, die meist von oben her gepackt und mit 3 Körperschlingen erwürgt werden. Dabei sind die langen Zähne des Tieres deutlich sichtbar. Der Grüne Hundskopfschlinger ist in der Dämmerung und nachts aktiv. Nur selten steigt er vom Geäst zum Boden herab. Nicht nur sein Klettervermögen ist ausgezeichnet, er vermag auch gut zu schwimmen. Er besitzt eine ruhige Wesensart. Bei groben Störungen beißt er jedoch heftig zu. Mit seinen langen Zähnen verursacht er tiefe und schmerzhafte Wunden. Der Grüne Hundskopfschlinger bringt lebende Junge zur Welt.

Haltung und Zucht: Der Grüne Hundskopfschlinger verlangt ein geräumiges, hohes Regenwaldterrarium mit reichlichen Klettermöglichkeiten in weit verzweigtem Astwerk. Als Bodenfüllung eignen sich Torfmull oder humushaltige Walderde. Das Terrarium soll mit einer ausreichenden Boden- und Luftheizung versehen sein und stets eine Luftfeuchtigkeit von über 70% aufweisen. Grüne Hundskopfschlinger benötigen eine gleichbleibend hohe Luftfeuchtigkeit. Bekommen sie diese nicht, so gerät der Wasserhaushalt dieser Riesenschlangen in Unordnung und sie gehen an den Folgen der Dehydratation unweigerlich zugrunde. Der Wasserhaushalt dieser Tiere wird nämlich zum großen Teil über die Atemluft reguliert. Ein großer Wasserbehälter und ein mehrmaliges wöchtentliches Überbrausen sind daher notwendig. Man kann diese Schlange auch gut über einer großen Wasserfläche halten. Als Bepflanzung eignen sich Philodendron, Hoya und Scindapsus besonders gut. Zu seinem Wohlbefinden verlangt der Grüne Hundskopfschlinger Tagestemperaturen zwischen 25–35 °C und in der Nacht 20–25 °C. Treibhausluft verträgt er allerdings schlecht. Er ist oft ein Problemtier, und die Haltungsergebnisse sind sehr verschieden. Außerdem neigt er zur Mundfäule und geht nicht immer willig an die dargebotene Nahrung, so daß man ihn schließlich stopfen muß. Manche Exemplare gehen erst nach Wochen oder Monaten selbständig ans Futter. Es gibt Grüne Hundskopfschlinger, die auf besondere Futtertiere spezialisiert sind und sie nur dann annehmen, wenn sie in der Nacht und von unten her angeboten werden, zum Beispiel in einem an einem Ast hängenden Eimerchen. Der Hundskopfschlinger ist ein sehr ruhiges Tier, das am Tage ungestört sein will. Eine erfolgreiche Haltung dieser Schlange hängt oft vom Zustand der Importtiere und von den geeigneten Terrarienbedingungen ab. Einzelne Tiere wurden schon über 6 Jahre gepflegt. Bei Kratzer lebte ein Tier 13 Jahre. *Corallus caninus* ist bisher in der Gefangenschaft selten nachgezüchtet worden. Paarungen finden meist in der ersten Jahreshälfte statt. Um die Schlangen sexuell vorzubereiten und zu stimulieren, sollte man die Temperatur ungefähr 2 Monate vorher um 4–5 °C senken und das Licht reduzieren. Die Entwicklungsdauer der Jungen im Mutterleib ist schwer zu bestimmen. Sie kann über 100 wie auch über 200 Tage betragen. Vor der Geburt kriecht das Weibchen unruhig im Geäst umher und scheidet aus der Kloake einen transparenten Schleim ab. Die Kloakenöffnung wird nach oben gehalten und das Jungtier kriecht aktiv aus der Öffnung heraus. Die Jungen von *Corallus caninus* verschaffen sich sofort Halt im Geäst. Die erste Häutung findet nach ungefährt 10–14 Tagen statt. Danach gehen einzelne junge Hundskopfschlinger selbständig an kleine Mäuse, die von der Pinzette aus angeboten werden. Nicht fressende Exemplare werden zwangsernährt, bis sie selbständig an die dargebotene Nahrung gehen. Die Jungen (bis zu 6) sind ungefähr 45 cm lang, rostbraun gefärbt mit einer leuchtend weißen Zeichnung. Diese Färbung geht nach einigen Häutungen von einem schmutzigen Braungrün in ein tiefes Blattgrün über.

Oben: Abb. 29: Opheodrys aestivus (Rauhe Grasnatter) s. Seite 146
Unten: Abb. 30: Masticophis flagellum testaceus (Westliche Peitschennatter) s. Seite 151

Gattung Epicrates
Schlankboas
7 Arten

Epicrates angulifer
Kubanische Schlankboa
(Bild Seite 177)

Kennzeichen: Der längliche Kopf wird am Ende breit und setzt sich deutlich vom Hals ab. Das Auge ist groß, die Pupille im hellen Licht zu einem senkrechten Spalt verengt. Es sind 14 Oberlippenschilde vorhanden. *Epicrates angulifer* ist dem *Epicrates striatus* äußerst ähnlich . Von dem Letzteren unterscheidet er sich durch eine das Auge von den Oberlippenschilden trennende Schildchenreihe. Der Körper ist schlank und muskelkräftig. Die Körpergrundfärbung ist silbergrau. Der Rücken und die Körperseiten sind von einem Muster dunkelbrauner Flecken überzogen, die mehr oder weniger miteinander in Verbindung stehen und im Kern hell sein können. Der Kopf ist hell- bis dunkelbraun gefärbt.
Länge: Bis zu 4,5 m.
Herkunft und Lebensweise: Epicrates angulifer ist auf Kuba, auf den Islas de Pinos und auf den Bahamas beheimatet. Hier lebt diese mächtige Boide in Wäldern, in Felsspalten und in der Nähe von Felsenhöhlen, die von Fledermäusen bewohnt werden, von welch letzteren sie sich in freier Natur zum Teil ernährt. Sie ergreift die Fledermäuse blitzartig im Flug, wenn diese die Höhlen in der Dämmerung verlassen. Auch in Zuckerrohrplantagen, wie unter den Dächern baufälliger Hütten, ist sie gelegentlich anzutreffen, wo sie Jagd auf Ratten und Mäuse macht und auch Vögel verzehrt. Einstmals häufig und weit verbreitet ist sie heute an vielen Stellen ihres ursprünglichen Vorkommens ausgerottet worden oder in ihren Beständen sehr zurückgegangen. Die Ursachen für den Niedergang liegen in erster Linie in den Biotopzerstörungen und der konsequenten Ausrottung durch die einheimische Bevölkerung. Diese Art ist lebendgebärend.
Haltung und Zucht: Die Kubanische Schlankboa verlangt zu ihrem Wohlbefinden die gleichen Pflegebedingungen wie *Epicrates striatus.* In der Mehrzahl der Fälle ist *Epicrates angulifer* reizbar und bissig. Unter Obhut des Menschen ist sie schon häufig zur Nachzucht geschritten. Bei Letsch paarte sich *Epicrates angulifer* vom 10. 3. bis zum 24. 3. 1985. Die Paarungen fanden am Abend und in der Nacht statt und waren teilweise am Morgen noch nicht beendet. Ab Mai nahm das Weibchen geringere Nahrungsmengen zu sich und wurde auch ruhiger. Die Geburt der jungen *Epicrates angulifer* erfolgte am 18. 9. 1985. Die 7 Jungschlangen hatten kurz nach der Geburt Längen zwischen 580 und 630 mm. Die erste Häutung erfolgte 18–26 Tage nach der Geburt. Danach nahmen die jungen *Epicrates angulifer* die erste Nahrung an und entwickelten sich prächtig.

Epicrates cenchria
Regenbogenboa
10 Unterarten
(Bild Seite 34)

Kennzeichen: Der Kopf ist länglich und setzt sich kaum vom Hals ab. Der kräftige Körper besitzt einen ausgeprägten Greifschwanz. Auf den Oberlippenschilden fehlen die grubenför-

---

Oben links: Abb. 31: Heterodon platyrhinos (Östliche Hakennatter) s. Seite 134
Oben rechts: Abb. 32: Coronella austriaca austriaca (Glattnatter) s. Seite 137
Mitte links: Abb. 33: Coronella girondica (Girondische Glattnatter) s. Seite 138
Mitte rechts: Abb. 34: Eirenis modestus modestus (Kopfbinden-Zwergnatter) s. Seite 143
Unten links: Abb. 35: Diadophis punctatus punctatus (Südliche Halsbandnatter) s. Seite 144
Unten rechts: Abb. 36: Arizona elegans (Arizona-Natter) s. Seite 148

mig ausgeprägten Wärmesinnesorgane. Die Grundfärbung des Körpers durchläuft alle Farbvarianten zwischen Gelb- bis Rotbraun. Der Rücken ist von schwarzen Ringen bedeckt, die kettenförmig aneinander gereiht sind und teilweise miteinander verschmelzen. Diese dunklen Ringflecken fehlen bei manchen Exemplaren fast ganz. Die Körperseiten tragen schwarze Flecken, über denen sich jeweils ein halbmondförmiger heller Fleck anschließt. Ein schwarzes Band verläuft vom Unterrand des Auges bis zum Mundwinkel. Eine dunkle Mittellinie teilt die Oberseite des Kopfes farblich in zwei gleiche Hälften. Ein dunkles Band verläuft oberhalb des Auges bis zum Hintergrund des Kopfes. Nicht selten sind auch sehr schwach gezeichnete oder einfarbig rotbraune Exemplare anzutreffen.
Länge: Bis zu 2 m.
Herkunft und Lebensweise: Die Regenbogenboa ist von Costa Rica bis nach Argentinien verbreitet. Als Lebensraum bevorzugt sie felsiges Gelände, Wälder und kommt auch auf Plantagen vor. Sie klettert hervorragend und hält sich ebenso häufig auf Bäumen wie auf dem Erdboden auf. Ihre Nahrung besteht hauptsächlich aus Vögeln und Säugetieren, die sie mit Hilfe ihres schlanken, aber überaus kräftigen Körpers erdrückt. Während des Tages ruht sie in einem Versteck. Erst gegen Abend wird sie munter. Ihre Jungen bringt sie lebend zur Welt.
Haltung und Zucht: Die Regenbogenboa verlangt einen geräumigen Behälter mit einem Kletterbaum und einem großen Wassergefäß. Als Bodenfüllung verwendet man ein Gemisch aus Sand und Torf oder Torf und Walderde. Die Beleuchtung sollte 12–14 Stunden am Tage in Betrieb sein. *Epicrates cenchria* verlangt am Tage gleichmäßige Temperaturen zwischen 26–32 °C und nachts zwischen 22–25 °C. Obwohl nicht so bissig wie andere Boiden, kann die Regenbogenboa mit Hilfe ihrer langen, nach hinten gebogenen Zähne tiefe Wunden reißen. Wegen ihrer einfachen Haltung und bemerkenswerten Schönheit eignet sie sich hervorragend als Terrarientier. Sie geht gut an die dargebotene Nahrung und frißt Mäuse, Ratten, Vögel und Hünhnerküken gleich gern. In der Gefangenschaft ist die Nachzucht schon mehrfach gelungen. Stemmler erhielt eine Bastardnachzucht zwischen *Epicrates cenchria maurus* und *Epicrates cenchria cenchria.* Die Trächtigkeit umfaßt ungefähr 5 Monate. Die Jungschlangen, die bei der Geburt eine Länge von etwa 50–65 cm aufweisen, häuten sich nach etwa 10–20 Tagen. Nach der Häutung gehen sie bald an junge behaarte Mäuse.

Epicrates striatus
Silbergraue Schlankboa
5 Unterarten
(Bild Seite 51)

Kennzeichen: Der Kopf setzt sich deutlich von dem schlanken, aber sehr muskulösen Körper ab. Ein ausgeprägter Greifschwanz ist vorhanden. Die Grundfärbung des Körpers ist ein schönes Graubraun bis Kupferbraun. Der Rücken ist von hell bis dunkelgrauen, mehr oder weniger unregelmäßig gezackten Flecken überzogen, die teilweise ineinander übergehen. Zwischen diesen Flecken verlaufen helle Querbänder. Die Körperseiten sind ebenfalls unregelmäßig gefleckt. Der Kopf ist einfarbig grau oder braun. Die Bauchseite ist grau und ein wenig dunkel gesprenkelt.
Länge: Bis zu 3 m.
Herkunft und Lebensweise: Die Silbergraue Schlankboa ist auf Hispaniola und den Bahama-Inseln beheimatet. Der Verfasser lernte die Lebensbereiche dieser Schlange (*Epicrates striatus fosteri*) auf den Bimini-Inseln kennen. Die Schlankboas kommen besonders im Buschwald und im Mangrovendickicht vor. Sie ruhen ebenso gern im Geäst wie in dem überall umherliegenden Steingeröll. Mit Vorliebe verstecken sie sich unter Dachbalken und alten Brettern zerfallender Holzhäuser. Sie leben ebenso unter den Strohdächern der Negerhütten wie in Zuckerrohrpflanzungen, wo sie haupsächlich Vögeln, Mäusen und Ratten nachstellen. Während des Tages sind sie sehr

träge und werden erst am Abend munter. Daher bezeichnen die Eingeborenen sie auch als „Schlafschlangen". Frisch gefangen, beißt die Schlankboa oft kräftig zu. Im Terrarium wird sie jedoch bald handzahm. Verängstigt und in die Hand genommen, scheidet sie aus ihren Afterdrüsen – dies tun alle Riesenschlangen und auch die meisten anderen Schlangen – ein besonders stark riechendes Sekret aus. Die Schlankboa bringt ihre Jungen lebend zur Welt.

Haltung und Zucht: Epicrates striatus benötigt einen geräumigen und hohen Behälter mit einem kräftigen, vielverzweigten Kletterbaum. Ein großes Wasserbecken darf nicht fehlen. Vor der Häutung liegen die Schlangen oft tagelang im Wasser. Als Bodenfüllung eignen sich Sand und Steine oder ein Gemisch aus Sand und Torf. Die Schlankboas klettern viel und liegen stundenlang im Geäst unter der Heizlampe, halten sich aber auch auf dem Boden auf. Am Tage soll die Beleuchtung 12–14 Stunden in Betrieb sein. Eine örtliche Bodenheizung, die eine sehr milde Wärme spendet, ist empfehlenswert. Die Tiere fühlen sich bei Tagestemperaturen zwischen 24–30 °C und nachts bei 18–22 °C wohl. Schlankboas legen in ihrer Heimat im Dezember und Januar eine Winterruhe ein. Daher ist es zweckmäßig, die Terrarientemperaturen in dieser Zeit ebenfalls um 5–6 °C zu senken. Halbwüchsige und erwachsene Exemplare fressen Vögel, Hühnerküken, Mäuse, Ratten und andere Kleinsäuger. Ein Weibchen des Verfassers bekam im September 1975 19 Junge, die bei der Geburt 40–50 cm lang waren. Die erste Häutung fand ungefähr 2 Wochen nach der Geburt statt. Junge Schlankboas fressen Eidechsen, besonders Geckos, verschmähen aber in ihrem ersten Lebensjahr kleine Mäuse. Daher muß man sie wöchentlich mit ein oder zwei nackten Mäusen stopfen. Die Paarung findet von Dezember bis März statt. Am 14. September 1977 setzte das erwähnte Weibchen ein lebendes Junges ab, 2 Totgeburten von 42,7 und 43,6 cm und zahlreiche unbefruchtete „Wachseier". Ich machte eine Beobachtung, die sicher sehr selten ist: Das Muttertier fraß schon bei der Geburt und danach einen großen Teil der unbefruchteten Eier auf. *Epicrates striatus* ist schon mehrfach nachgezüchtet worden. In der Gefangenschaft hat es sogar Bastarde zwischen *Epicrates striatus striatus* und *Epicrates striatus strigilatus* gegeben. Die gleichen Haltungs- und Pflegebedingungen wie *Epicrates striatus* verlangt auch die von den großen Antilleninseln und dem amerikanischen West-Indien stammende *Epicrates inornatus*.

Gattung Eryx
Sandboas
10 Arten

Eryx colubrinus
Ägyptische Sandboa
2 Unterarten

Kennzeichen: Der Kopf setzt sich nicht vom Hals ab. Der Schwanz wirkt rübenförmig und sehr kurz. Der Körper ist sehr muskulös gebaut. Den Rücken und die Körperseiten bedecken dunkelbraune und orangefarbene Flekken. Die orangefarbenen Flecken bilden auf der Rückenmitte ein Zickzackmuster. Die Flecken sind von grünlichen Sprenkeln durchsetzt. Eine dunkle Schläfenbinde reicht vom Auge zum Mundwinkel. Das Auge ist rund und weist eine senkreckt geschlitzte Pupille auf. Die Bauchseite ist grau bis gelblichgrau.

Länge: Etwas über 70 cm.

Herkunft und Lebensweise: Eryx colubrinus ist im nördlichen und östlichen Afrika wie auch in Arabien beheimatet. Sie lebt in Steppen und anderen Trockengebieten, wo sie sich tagsüber im Erdboden, unter Steinen und in den Löchern kleiner Säugetiere aufhält. Die ägyptische Sandboa findet man häufig beim Pflügen und Roden. Ihre Nahrung besteht aus Echsen, hauptsächlich jedoch aus verschiedenartigen Kleinsäugern, die sie blitzartig packt, durch straff angezogene Umschlingung tötet und vom Kopf her verzehrt. Sie ist hauptsächlich in der Dämmerung aktiv und kommt meist am Abend und in der Nacht an die Erdoberfläche. Wie die anderen Boiden ist auch sie lebendgebärend.

Haltung und Zucht: Zur Haltung dieser Art genügt ein mittelgroßes Terrarium mit einer Bodenfläche von 70 × 40 cm. Als Bodengrund verwendet man eine 7–10 cm dicke Schicht Sand. Eine örtliche Bodenheizung ist notwendig, eine Beleuchtung jedoch nicht, Tageslicht genügt. Einen Wasserbehälter stellt man so auf, daß ihn die Schlangen nicht zur Seite drükken oder umwerfen können. Steine im Terrarium sollte man festzementieren. Die Ägyptische Sandboa fühl sich tagsüber im Sand bei Temperaturen zwischen 30–35 °C wohl. Diese Temperaturen dürfen in der Nacht um 10 °C tiefer liegen. Als Futter bietet man Mäuse an, die fast immer willig angenommen werden. *Eryx colubrinus* ist mehrmals im Terrarium nachgezüchtet worden. Die Paarung findet meist im Sommer statt. Die Jungen, bis zu 15, werden gewöhnlich im Oktober geboren. Sie sind bei der Geburt durchschnittlich 198 mm lang. Die erste Häutung erfolgt 8–10 Tage nach der Geburt. Wenige Tage nach dieser ersten Häutung sind die jungen Schlangen bereits in der Lage kleinste Mäuse tödlich zu umschlingen und anschließend zu fressen. Die weitere Aufzucht ist unproblematisch.

Eryx jaculus
Sandboa
3 Unterarten
(Bild Seite 34)

Kennzeichen: Der Kopf setzt sich kaum vom Hals ab. Der Oberkiefer ragt deutlich über den Unterkiefer. Seiner Funktion entsprechend ist das Schnauzenschild gut entwickelt. Die Rükkenseiten und Flanken sind grau bis bräunlich. Der Rücken wird von dunkelbraunen Flecken gedeckt, die ein unregelmäßiges Rautenband bilden. Die Körperseiten sind in gleichen Abständen dunkel gefleckt. Ein dunkler Streifen zieht sich vom Auge bis zum Mundwinkel. Die Bauchseite ist hellgrau bis weißlich, meist einfarbig und nur in wenigen Fällen gesprenkelt.

Länge: 30–60 cm, selten bis 80 cm.

Herkunft und Lebensweise: Die Sandboa ist in Südosteuropa, Südwestasien und Nordafrika verbreitet. Sie bewohnt steppen- und wüstenartiges Ödland mit spärlicher Vegetation. Sie kommt sowohl in der Ebene wie im Hügelland vor. Hier lebt sie meist unter Steinen, im sandig-trockenen Erdboden und in Erdlöchern. Während des Tages hält sie sich meist unter Steinen und in der Erde auf. Ihre Schlupfwinkel verläßt sie nur am Morgen und frühen Abend. An ihren Lebensraum ist sie gut angepaßt. Bei Gefahr gräbt sie sich schnell und mit großer Geschicklichkeit in das lockere Erdreich ein. Das Wasser sucht sie nie freiwillig auf. Dem Menschen gegenüber verhält sie sich friedfertig. Sie macht von ihren Zähnen keinen Gebrauch, wenn sie angegriffen wir. Die Paarungszeit ist im April oder Mai. Wie die anderen Verwandten der Gattung Eryx bringt die Sandboa lebende Junge zur Welt, meist 5–12, in seltenen Fällen auch 15. Sie ernährt sich hauptlsächlich von Echsen und Mäusen, die sie blitzartig packt und erdrosselt. Wenn das Opfer tot ist, wird es vom Kopf her verschlungen. In manchen Gegenden hält man sie aus Unkenntnis für giftig.

Haltung und Zucht: Eryx jaculus beansprucht nur ein kleines Terrarium mit einem Bodenbelag aus lehmigem Sand und einigen Steinen als Unterschlupf. Obwohl diese Art die Trockenheit sehr liebt, sollte ein kleiner Wasserbehälter – er muß fest im Terrarium verankert sein – nicht fehlen. Eine örtliche Bodenheizung, die den Bodengrund an einer Stelle mild erwärmt, ist für das Wohlbefinden der Tiere notwendig. Am Tage genügen Bodentemperaturen zwischen 20–28 °C. In der Nacht sollte die Temperatur bis zu 10 °C tiefer liegen. Während des Tages gräbt sich die Schlange regelmäßig in den Bodengrund ein. Nur die Nase und die Augen ragen ein wenig hervor. Die Sandboa ist sehr gefräßig. Blitzschnell schließt sie aus dem Sand heraus, packt ihre Beute und erwürgt sie mit 2–3 Körperschlingen. Manche Exemplare fressen sowohl Eidechsen wie Mäuse, während andere nur eine Art dieser Futtertiere annehmen. Die Sandboa ist sehr futterneidisch. Sie läßt zuweilen die gerade erdrosselte Beute liegen, wenn sie eine andere Schlange beim Fressen sieht, um ihr das Futtertier zu entreißen. Dabei kommt es oft zu einem wirren, sich hin- und herschiebenden Schlangenklumpen. Aus diesem Grunde empfiehlt sich Einzelhaltung. Bei trächtig importierten Weibchen konnten Geburten beobachtet werden. Bei der Geburt hatten die Jungen eine Länge von ungefähr 12 cm. Im Laufe eines Jahres wuchsen sie auf 25–28 cm heran. Voraussetzung für die Nachzucht der Sandboa ist eine kalte Überwinterung bei Dämmerlicht oder in der Dunkelheit bei Temperaturen um 5 °C. Nur unter solch wechselnden Bedingungen können im Zuge der Spermatogenese und der Oogenese Samen- und Eizellen heranreifen. Eine echte Nachzucht von *Eryx jaculus familiaris* gelang Ch. und K.-P. Lehmann. Die erste Paarung wurde am 12. März beobachtet. Nach 107 Tagen Tragzeit wurde ein Jungtier von 20 cm Länge und 8 g Gewicht abgesetzt. Bis zum September des gleichen Jahres verzehrte die kleine Schlange, die in einer Kühlschrankdose gehalten wurde, 5 kleine, z. T. nestjunge Mäuse und häutete sich in dieser Zeit dreimal.

Eryx johnii
Indische Sandboa
2 Unterarten

Kennzeichen: Der Kopf setzt sich nicht vom Hals ab. Der klobig-kurze Schwanz besitzt annähernd die gleiche Form wie der Kopf und ist von ihm kaum zu unterscheiden. Der Oberkiefer ragt deutlich über den Unterkiefer. Die Augen sind sehr klein. Auf der Rückenmitte befindet sich eine Furche, die ein Abgleiten des Sandes vom Rücken des Tieres verhindert, wenn es sich dicht unter der Sandoberfläche bewegt. Die Färbung ist gelb bis dunkelbraun.
Länge: Bis 1 m.
Herkunft und Lebensweise: Die Indische Sandboa ist im Iran, Westpakistan und Indien beheimatet, wo sie vor allem die verschiedenartigsten Trockengebiete, zuweilen aber auch feuchtere Landstriche bewohnt. Während des Tages wühlt sie sich meist in den lockeren Wüstenboden ein. Sie ist nachts und in den ersten Morgenstunden unterwegs. Ihre Beute besteht aus Vögeln und kleinen Nagetieren, die sie nach Art der Riesenschlangen erdrosselt. Sie ist lebendgebärend.
Haltung und Zucht: Zur Pflege der Indischen Sandboa genügt ein mittelgroßer Behälter mit einer etwa 20–25 cm hohen Sandschicht. Steine, die man als Unterschlupf einbringt, sollte man stets am Boden festzementieren. Eine Bodenheizung, die örtlich Temperaturen von 30–35 °C hervorbringt, ist ebenso unentbehrlich wie ein kleines Wassergefäß. Während des Tages sind Luft- und Bodentemperaturen zwischen 28–30 °C notwendig, damit sich diese Schlange wohlfühlt. Nachts darf das Thermometer auf 20 °C absinken. Dem Menschen gegenüber zeigt sich *Eryx johnii* friedfertig. Wenn sie hungrig ist, kann sie bissig sein. Sie verwechselt den Finger mit der Maus und läßt nicht so schnell wieder los. Sonst versucht sie nur in Ausnahmefällen zu beißen. Mäuse, Ratten und Hamster frißt sie gleich gern. Eidechsen verschmäht sie. Vor der Paarung bohrt das Männchen den Kopf in den Sand und legt so ein ganz oder teilweise im Sand vergrabenes Weibchen frei, um es besser umwerben zu können und schließlich durch Druck die Schwanzpartie des Weibchens vollends aus dem Sand herauszuheben. Vor der Paarung kriecht das Männchen auf den Rücken des Weibchens. Die Trächtigkeitsdauer beträgt ungefähr 4 Monate. Die jungen Indischen Sandboas haben bei der Geburt eine Länge von 27–28 cm und ein Gewicht von 20–22 g. Die etwa 2 cm lange Nabelschnur, die den Jungtieren anhaftet, löst sich nach 10–12 Tagen. Die erste Häutung findet nach ungefähr 2 Wochen statt. Die Jungen gehen nicht immer leicht ans Futter. So nehmen sie nestjunge, behaarte Mäuse oft nur vereinzelt an. Nicht fressende Jungtiere sind zu stopfen.

Eryx miliaris
Zwerg-Sandboa

Kennzeichen: Der Kopf setzt sich nicht vom Hals ab. Die Augen stehen schräg nach oben. Der Oberkiefer ragt über den Unterkiefer hinaus. Der Körper wirkt sehr muskulös. Der Schwanz ist am Ende rübenförmig abgestutzt. Die Grundfärbung der Körperoberseite ist olivsandfarben bis graubraun. Der Rücken ist von unregelmäßigen, zimtfarbenen Flecken bedeckt, die vorn symmetrisch angeordnet sind; nach hinten verliert sich diese Symmetrie immer mehr. Die hellere Bauchseite ist von dunkelbraunen Sprenkeln bedeckt. Die Weibchen sind heller als die Männchen.
Länge: 50 cm, in Ausnahmefällen bis zu 95 cm.
Herkunft und Lebensweise: Die Zwerg-Sandboa kommt an der Nordküste des Kaspischen Meeres, östlich von Kasachstan bis zur westlichen inneren Mongolei, südlich bis nach Turkmenistan und Afghanistan vor. Ihr Lebensraum sind die Halbwüsten. Während des Tages ruht sie bis zu 10 cm tief im lockeren Sandboden vergraben, sowie in den Gängen von Nagetierbauten. Erst in der Dunkelheit wird sie munter und kriecht dann aus ihrem Versteck. Die Zwerg-Sandboa beißt zu, wenn sie sich bedroht fühlt. In ihren Bewegungen ist sie schnell und vermag sich mit verblüffender Geschwindigkeit in den lockeren Sandboden einzugraben. Ihre Nahrung besteht aus Käfern, allerlei Insekten, Eidechsen, Vögeln und Säugetieren, die sie vor dem Verzehren erdrosselt. Die Zwerg-Sandboa überwintert in Nagetierbauten. Im Juni oder Juli setzt sie bis zu 10 lebende Junge in die Welt, die bei der Geburt 13–13,5 cm lang sind.
Haltung und Zucht: Als kleine Art benötigt die Zwerg-Sandboa nur einen kleinen Behälter. Der Bodengrund des Terrariums sollte aus mindestens 10 cm tiefem, feinem Sand bestehen. Den Wasserbehälter stellt man so auf, daß ihn die Schlangen nicht umwerfen oder zur Seite drücken können. Bei der starken Wühltätigkeit der Zwerg-Sandboas empfiehlt es sich, die Steine festzuzementieren. Heizkabel und Beleuchtung sind notwendig. Damit sich Schlangen wohlfühlen können, sind große Temperaturschwankungen zwischen Tag und Nacht erwünscht. Während des Tages ist eine Luft- und Bodentemperatur zwischen 25–35 °C angezeigt. Allerdings sollte die Temperatur in der Nacht nicht unter 5 °C absinken. Die Zwerg-Sandboa frißt in der Gefangenschaft Mäuse, die sie aus dem Sand herausfahrend blitzschnell ergreift, aber erst dann verzehrt, wenn sie erdrosselt wird. Wie bei *Eryx jaculus* ist auch bei *Eryx miliaris* eine 3–4monatige Überwinterung in trockenem Sand bei niedrigen Temperaturen zwischen 6–10 °C notwendig, besonders dann, wenn man Nachzucht anstrebt. In ihrem Verhalten ist die Zwerg-Sandboa bedeutend angriffslustiger als andere Eryx-Arten. Wenn man sie stört, beißt sie kräftig zu und läßt nicht locker. Oft muß man ihr das Maul mit Gewalt wieder öffnen. Zuweilen bleiben sogar Zähne in der Bißwunde stecken. Trächtige Weibchen sind bereits mehrfach importiert worden. Auch wurde in der Gefangenschaft schon nachgezüchtet. Dabei kam es sogar zu einer Bastardnachzucht zwischen einem Weibchen von *Eryx tataricus tataricus* und einem Männchen von *Eryx miliaris*.

Eryx tataricus
Große Sandboa
3 Unterarten

Kennzeichen: Der Kopf setzt sich nicht vom Hals ab. Der Körper erscheint muskulös, der Schwanz zapfenförmig ausgezogen. Das Auge ist klein und mehr als bei anderen Eryx-Arten seitwärts gerichtet. Die weißlichgraue bis gelblichbraune Rückenfärbung zeigt schiefergraue, schwarzbraune bis scharze Querflecken und kleinere Flecken an den Körperseiten.
Länge: Bis zu 98 cm.
Herkunft und Lebensweise: Die Große Sandboa kommt in Kasachstan, Zentralasien, Westchina, im Iran, in Afghanistan und im nördlichen Westpakistan vor. Als Lebensraum

bevorzugt sie Steppen, Halbwüsten und trokkene Wälder, wo sie sich vorwiegend in den Löchern von Nagetieren aufhält. Sie gräbt im Boden und klettert auch auf niedriges Geäst. Sie ernährt sich von Eidechsen, besonders der Gattung *Eremias* und *Phrynocephalus,* frißt aber auch Vögel, Mäuse, Ratten und Ziesel, die sie ihrer in der Dämmerung aktiven Lebensweise entsprechend hauptsächlich am Abend und in der Nacht erbeutet. Das Weibchen bringt Ende August bis Anfang September 10–20 Junge zur Welt, die bei der Geburt eine Länge von 12 bis 20 cm aufweisen.
Haltung und Zucht: Als Bodengrund des Terrariums eignet sich ein Gemisch aus Sand und lehmiger Erde. *Eryx tataricus* ist noch weniger feuchtigkeitsliebend als *Eryx johnii.* Trotzdem darf ein Wasserbehälter nicht fehlen, da sie trinkt und sich gerne für einige Stunden in das Wasserbecken legt, wenn es sehr warm ist. Ein Kletterast sollte ebenfalls vorhanden sein. Die Bodentemperatur kann örtlich bis zu 35 °C betragen und nachts auf etwa 18–20°C abkühlen. Als Futter bietet man Mäuse, junge Ratten und Hühnerküken an. Es ist empfehlenswert, die Schlangen einzeln von der Pinzette zu füttern, besonders dann, wenn man mehrere Exemplare in einem Behälter pflegt. So hat man eine bessere Kontrolle über die einzelnen Schlangen und die an sie verfütterten Beutetiere. Zuweilen hat eine Sandboa eine Maus in der Umschlingung, packt und tötet aber gleichzeitig noch eine andere. Eine 3–4 monatige Überwinterung ist für eine Nachzucht notwendig. In der Gefangenschaft wurde diese Art schon mehrfach zur Nachzucht gebracht. Als Erstfutter bietet man nestjunge Mäuse an.

Gattung Eunectes
Anakondas
4 Arten

Eunectes murinus
Große Anakonda
2 Unterarten
(Bild Seite 52)

Kennzeichen: Der Kopf ist länglich und setzt sich kaum vom Hals ab. Die Grundfärbung des Rückens und der Körperseiten ist grau- bis olivgrün. Jungtiere zeigen zuweilen auf den Körperseiten einen leicht rostfarbenen Anflug. Auf dem Rücken finden sich runde Flekken, die teilweise ineinander übergehen. Die Körperseiten weisen ebenfalls dunkle Flecken auf, die im Zentrum gelb gefärbt sind. Die Bauchseite ist grauweiß oder gelblich und schwarz gefleckt. Eine weißgraue bis gelbliche Binde, die von beiden Seiten schwarz eingefaßt ist, verbindet das Auge mit dem Mundwinkel.
Länge: Über 9 m. Ein 11,5 m langer *Eunectes murinus gigas* aus Kolumbien (**Dunn**, 1944) wurde von einem Petroleum-Geologen im Rio Meta erlegt (Prof. Medem, briefl. Mitteilung). Do Amral (1976) berichtet in seiner Monographie „Serpentes Gigantes" (Bol. Mus. Paràense 1: 211–237, 1948) sogar von Längenausmaßen von nahezu 14 m bei *Eunectes murinus.*
Herkunft und Lebensweise: Die Große Anakonda ist in Brasilien, Columbien, Peru, Ecuador, Venezuela, Guayana und Trinidad beheimatet. Sie kommt als hervorragende Schwimmerin fast immer in der Nähe von Gewässern vor und kann sich unter Wasser sehr lang aufhalten. Am Ufer sonnt sie sich mit Vorliebe auf überhängenden Baumstämmen, Felsen oder auf dem erhitzten Sand. Sie ernährt sich von Fischen, hauptsächlich jedoch von verschiedenen Säugetieren wie Wasserschweinen, Agutis und Pakas wie auch Vögeln, verzehrt jedoch auch junge Kaimane. Zur Zeit des Hochsommers gräbt sich das riesige Tier zu einer Art Sommerruhe in den Schlamm der austrocknenden Sümpfe ein. Die Große Ana-

konda bringt lebende Junge zur Welt, die bei der Geburt ungefähr 70 cm lang sind.
Zwei weitere, sehr nahe mit *Eunectes murinus* verwandte Anakondaarten sind *Eunectes barbouri* und *Eunectes deschauenseei*, die beide auf der brasilianischen Insel Marajó beheimatet sind.
Haltung und Zucht: Die Große Anakonda benötigt ein geräumiges Terrarium mit einem sehr soliden Kletterbaum und einem großen Wasserbehälter, den sie bei der von ihr bevorzugten Wassertemperatur von 26–29°C oft tagelang nicht verläßt. Sie bewegt sich nicht gern und ist in der Dämmerung aktiver als tagsüber. Als typischer Bewohner des tropischen Südamerikas ist sie an gleichbleibend hohe Tag- und Nachttemperaturen zwischen 26–32°C gewöhnt, bei nur sehr geringen Schwankungen. Bei geeigneter Pflege sind Große Anakondas in der Gefangenschaft gut haltbar. Manche Exemplare fressen Ratten, Meerschweinchen, Kaninchen, Tauben, Hühner und Fische oder noch andere Beutetiere. Es gibt jedoch Große Anakondas, die sich auf ein ganz bestimmtes Futtertier spezialisiert haben und auch bei großem Hunger jede andere Beute verschmähen. Die meisten Großen Anakondas sind reizbar und bissig und daher mit Vorsicht zu behandeln. Sie beißen kräftig zu und halten die Beute mit ihren langen, nach hinten gebogenen Zähnen fest. Stets rollen sie sich dann um den mit den Zähnen gepackten Körperteil. Für die Große Anakonda empfiehlt sich in jedem Fall Einzelhaltung, da sie sich zuweilen an Käfiggenossen vergreift und sie verzehrt. In der Gefangenschaft wurde *Eunectes murinus* mehrfach erfolgreich nachgezüchtet. Auch trächtig importierte Weibchen haben vereinzelt Junge geboren. Bei der Paarung kriecht das Männchen über den Rücken des Weibchens. Die Paarung findet meist im Wasser statt. Die Trächtigkeitsdauer beträgt ungefähr 230 Tage. *Eunectes murinus* ist bei der Geburt ungefähr 75 cm lang und wiegt etwa 250 g. Die erste Häutung findet 5–8 Tage nach der Geburt statt. Danach nehmen die Jungen in unregelmäßigen Abständen Mäuse, Ratten und Hühnerküken als Nahrung auf. Die weitere Aufzucht ist unproblematisch. Wie die erwachsenen Anakondas, so halten sich auch die Jungen mit Vorliebe im Wasser auf.

Eunectes notaeus
Gelbe Anakonda
(Bild Seite 52)

Kennzeichen: Der längliche Kopf setzt sich kaum vom Hals ab. Die Grundfärbung ist ein schönes helles Gelbbraun mit großen, dunklen Flecken auf dem Rücken. Die Seitenflecken sind viel kleiner, von unregelmäßiger Gestalt und haben in ihrer Mitte keinen hellen Kern wie bei der Großen Anakonda. Eine breite, dunkle Schläfenbinde verbindet das Auge mit dem Mundwinkel. Die Bauchseite ist gelblich bis porzellanfarben und schwarz gefleckt.
Länge: Über 3 m, in Ausnahmefällen bis 5 m. Wie mir Professor F. Medem (Villavicencio (Meta), Kolumbien) in einem Brief, datiert vom 15. November 1982, angab, wird *Eunectes notaeus* entschieden länger als es in der Regel in der einschlägigen Literatur angegeben ist. So vermaß derselbe im Jahre 1968 in Bogota eine 703 cm lange Haut eines *Eunectes notaeus*, die ein amerikanischer Parasitologe aus Bolivien mitgebracht hatte. Das Exemplar wurde in einem Nebenfluß des Rio Guaporé (oder Itenez in Bolivien) erbeutet. Eine weitere Längenangabe zu *Eunectes notaeus* gibt er im gleichen Brief: „Im Jahre 1973 berichtete ein deutscher Häuteexporteur, daß er vor vielen Jahren eine Anakondahaut von 12 m gemessen habe, und weil diese nicht für den Handel taugte, verschenkte er sie an eine deutsche Schule in Buenos Aires. Da dieses in Asunción geschah, ist anzunehmen, daß es sich bei der Schlange um *Eunectes notaeus* handelte".
Herkunft und Lebensweise: Die Gelbe Anakonda ist in Südbrasilien, Bolivien, Paraguay und Nordargentinien beheimatet. Wie die Große Anakonda ist auch sie eine wasserlie-

bende Art, die sich in und am Rande verschiedenartiger Gewässer aufhält. Beim Studium des Südlichen Krokodilkaimans *(Caiman crocodilus yacare)* beobachtete ich am Nachmittag des 8.4.1988 an der Eisenbahnlinie, die von Porto Esperança in Richtung nach Aquidauana (Mato Grosso do Sul) führt und von beiden Seiten von weiten Sümpfen umgeben ist, einen ungefähr 250 cm langen *Eunectes notaeus.* Das Tier sonnte sich unmittelbar am Rande des Gewässers, in welches es sofort verschwand, als es mich bemerkte. Sie lebt aber auch an lichteren Stellen im Feuchtwald. Ihr Schwimm- und Tauchvermögen ist hervorragend ausgebildet; sie kann sich längere Zeit unter Wasser aufhalten. Hauptsächlich lebt sie in Bodennähe. Nur gelegentlich klettert sie auf Bäume. Gegen Kälte ist sie sehr widerstandsfähig. In ihrer Heimat hält sie eine Winterruhe. Ihre Nahrung besteht aus Säugetieren, Vögeln, Fischen und gelegentlich auch aus Reptilien. Sie bringt lebende Junge zur Welt, die sich bereits einige Stunden nach der Geburt häuten.

Haltung und Zucht: Obwohl die Gelbe Anakonda bei weitem nicht so lang und schwer wird wie ihre nördliche Verwandte, benötigt sie doch ein geräumiges Riesenschlangen-Terrarium mit einem großen Wasserbehälter. Oft liegt sie tagelang im Wasser, wobei nur der Kopf über die Wasseroberfläche hinausragt. Die Beleuchtung sollte 12–14 Stunden in Betrieb sein. Die Lufttemperatur sollte am Tage 25–30 °C betragen. Eine stärkere Abkühlung in der Nacht auf 15–20 °C ist durchaus wünschenswert. Gegen Kälte ist diese Schlange sehr widerstandsfähig. Sie ist in der Dämmerung aktiver als tagsüber. Gegen Abend und in der Nacht kriecht sie oft stundenlang umher. Dem Menschen gegenüber verhält sich die Gelbe Anakonda individuell sehr unterschiedlich. Manche Exemplare verhalten sich bösartig und angriffslustig. Schon bei der geringsten Störung machen sie wilde Ausfälle. Andere verhalten sich von Anfang an gutmütig, versuchen niemals zu beißen und werden handzahm. An die dargebotene Nahrung geht diese Art leicht und frißt Kaninchen, Ratten, Mäuse, Meerschweinchen, Tauben und Küken. Einzelne Exemplare verzehren auch Fische. Die Gelbe Anakonda weigert sich im Winter zuweilen Nahrung aufzunehmen. Dies hängt wohl mit der Winterruhe in ihrer Heimat zusammen. *Eunectes notaeus* wurde nicht nur trächtig importiert, sondern auch mehrmals in der Gefangenschaft zur Nachzucht gebracht. Die Trächtigkeit dauert etwa 9 Monate. In einem Wurf können mehr als 30 Jungschlangen sein, die bei der Geburt zwischen 55 und 70 cm lang sind.

Meine eigenen Beobachtungen zur Nachzucht von *Eunectes notaeus* sind folgende: Im August 1978 entdeckte ich meine Paraguay-Anakondas mehrmals stets am frühen Morgen und im Wasserbehälter liegend bei der Paarung. Das Männchen hatte sich in einigen Körperschlingen über den Rücken des Weibchens gelegt und umfaßte mit seinem Schwanz das Schwanzende seiner Partnerin. Ungefähr 2 Monate nach erfolgter Begattung stellte das Weibchen die Nahrungsaufnahme ein. Im Laufe der nächsten 7 Monate wurde der Leib der Schlange immer fülliger, was auf eine bevorstehende Geburt hindeutete. Bei der morgendlichen Inspektion meiner Schlangenterrarien entdeckte ich am 2. Mai 1979 ein mageres und faltiges Anakondaweibchen, das in der Nacht 15 Jungschlangen und 2 unbefruchtete Eier in das Wasserbecken abgesetzt hatte. Von den 15 Jungschlangen lebten 6 Tiere, 9 wurden tot geboren. Die Geburt einer weiteren toten Anakonda erfolgte am nächsten Tag. Ein lebendes Exemplar wies an einer Stelle eine verkrümmte Wirbelsäule auf. Alle anderen Jungschlangen, ob tot oder lebendig, waren äußerlich in Ordnung und ohne sichtbare Deformationen. Die erste Häutung fand noch am gleichen Morgen statt. Zur Konservierung in Alkohol schenkte ich die 10 toten Anakondas sowie die beiden Wachseier meinem Freund W. Frick, der mir folgende Maße und Gewichte der kleinen Anakondas angab:

Nr.	Länge in mm	Gewicht in g
1	594	130
2	598	128

Nr.	Länge in mm	Gewicht in g
3	600	132
4	607	132
5	584	125
6	587	139
7	590	130
8	575	131
9	595	127
10	582	121

Bei den Eiern wurden folgende Maße verzeichnet: 81 × 39 mm und 75 g wie 83 × 44 m und 80 g. Alle Jungschlangen, die ich in einen gesonderten Behälter überführte, fraßen nicht von sich aus, so daß ich sie mit nackten oder soeben behaarten Mäusen stopfen mußte. 2 Jungtiere gab ich ab. Das Tier mit der deformierten Wirbelsäule und ein weiteres Exemplar gingen nach einiger Zeit ein. Die 2 verbliebenen Junganakondas entwickelten sich zu prachtvollen Exemplaren.

Gattung Lichanura
Rosenboas
1 Art

Lichanura trivirgata
Rosenboa
3 Unterarten
(Bild Seite 177)

Kennzeichen: Der ovale Kopf mit den kleinen Augen setzt sich nicht vom Hals ab. Die Schuppen sind glatt und glänzend. Auf dem Kopf und auf dem Kinn sind keine großen symmetrischen Schuppen. 36–45 Reihen von glatten Schuppen umgeben den Rumpf in schrägen Reihen. Das Afterschild ist ungeteilt. Die Männchen haben je einen krallenähnlichen Sporn auf jeder Seite des Afterschildes. Der Körper erscheint gedrungen und sehr muskulös, der Schwanz kurz. Die Grundfärbung des Körpers ist braun bis blaugrau. Den Körper überziehen je drei unregelmäßig gezackte, braune, weiße oder rosafarbene Längsbänder. Die Bauchseite ist porzellanfarben und grau gesprenkelt.
Länge: Bis zu 90 cm.
Herkunft und Lebensweise: Lichanura trivirgata, die in die 3 geographischen Rassen *Lichanura trivirgata trivirgata, Lichanura trivirgata gracia* und *Lichanura trivirgata roseofusca* aufspaltet, ist im nördlichen Niederkalifornien, in Südkalifornien, in Südwestarizona und in Nordwest-Mexiko beheimatet. Sie bewohnt hauptsächlich von buschartiger Vegetation durchsetzte Flachwüsten und Felsgelände. Man trifft sie vom Meeresspiegel bis zu 1500 m Höhe an. Mit Vorliebe kommt sie am Fuß der Berge und an Flußrändern vor. Meist lebt sie punktförmig verteilt. Sie ist friedlich und beißt nicht, wenn sie gefangen wird. Bei Angst scheidet *Lichanura trivirgata* eine übelriechende Flüssigkeit aus ihren Postanaldrüsen aus. Wird sie in die Hand genommen, so rollt sie sich wie der Königspython *(Python regius)* zu einer Kugel zusammen, wobei sie den Kopf in die Körpermitte zieht. Sie ist tagsüber, mehr jedoch in der Dämmerung und nachts aktiv. Besonders bei Regen und bedecktem Himmel kommt sie aus ihren Schlupfwinkeln hervor. Sie bewegt sich langsam und hält sich meist auf dem Boden auf. Hin und wieder klettert sie auf niedrige Büsche und Bäume. Je nach Witterung hält sie eine 3–6monatige Winterruhe. Die Paarung findet im April und im Mai statt. Rosenboas bringen lebende Junge zur Welt. Die Trächtigkeitsdauer beträgt ungefähr 130 Tage. Im Oktober werden ungefähr 6–10 lebende Junge geboren. Die Jungen sind etwa 31 cm lang. Sie ernährt sich hauptsächlich von Mäusen und Vögeln.
Haltung und Zucht: Die Rosenboa benötigt ein mittelgroßes Terrarium. Als Bodengrund hat sich ein Gemisch von Sand und Walderde bewährt. Einige flache Steine und Korkrindenstücke sorgen für den notwendigen Unterschlupf. Kletteräste sind wichtig, da die Schlangen gern lange Zeit in den Zweigen liegen. Ein kleines Wassergefäß darf ebenfalls nicht fehlen. Der Boden sollte an einer Stelle mäßig erwärmt werden. Um gesund zu blei-

ben, benötigt die Rosenboa am Tage Temperaturen zwischen 26 und 30 °C und in der Nacht eine leichte Abkühlung auf 20 °C. Als Lichtquelle ist eine schwache Leuchtstoffröhre oder Tageslicht ausreichend. Die Rosenboa ernährt sich von nestjungen Vögeln und Mäusen, die sie durch Umschlingen erwürgt. Leider ist es oft schwierig, manche Exemplare zur Nahrungsaufnahme zu bewegen. In den meisten Fällen ist *Lichanura trivirgata* jedoch eine gierige Fresserin, die tote und lebende Mäuse verzehrt. Zwei halbwüchsige Mäuse pro Woche genügen für ein erwachsenes Tier. Junge *Lichanura trivirgata* müssen häufiger gefüttert werden. Sonst aber ist diese kleine Riesenschlange ein dankbares Terrarientier, das bis zu 12 Jahre in Gefangenschaft gehalten werden konnte. Eine 3–4monatige Winterruhe bei herabgesetzten Temperaturen zwischen 10–15 °C ist besonders dann angezeigt, wenn man nachzuzüchten beabsichtigt. Der Bodengrund muß absolut trocken sein, denn eine feuchte Überwinterung führt mit Sicherheit zur Lungenentzündung und zum Tod. *Lichanura roseofusca* ist im Zoo von San Diego zur Nachzucht gebracht worden. Die Jungschlangen sind bei der Geburt ungefähr 30 cm lang. Unter günstigen Haltungsbedingungen können sie jedoch innerhalb eines Jahres bis auf 74 cm heranwachsen und schon nach 2 Jahren geschlechtsreif sein. Erwachsene Exemplare wachsen jedoch im allgemeinen nicht mehr als höchstens 2–4 cm jährlich.

Die Fortpflanzung im Terrarium wurde besonders sorgfältig von Kurfess beobachtet. Während der Kopulation verharrten die Schlangen bewegungslos für eine halbe Stunde. Dann trennten sie sich wieder. Ungefähr eine Woche nach der Paarung stellte das Weibchen die Nahrungsaufnahme ein. Nach einer Inkubationsdauer von 131 Tagen wurden am 26. Oktober 5 Junge geboren. Einen Tag nach der Geburt nahm das Weibchen wieder Nahrung zu sich. Nach 9 Monaten hatten die jungen *Lichanura trivirgata* ihre Körperlänge verdoppelt.

Gattung Sanzinia
Madagaskar-Hundskopfboas
1 Art

Sanzinia madagascariensis
Madagaskar-Hundskopfboa

Kennzeichen: Der herzförmige Kopf setzt sich deutlich vom Hals ab. Der Körper ist stämmig. Im Körperbau erinnert die Schlange sehr an die südamerikanische Hundskopfboa *(Corallus enydris)*. Die Grundfärbung des Rückens und der Körperseiten ist grau- bis olivgrün. Den Rücken überziehen Querbänder, die in gleichen Abstände zueinander stehen. Die Querbänder greifen auf die Körperseiten über, wo sie sich rautenförmig erweitern. Die rautenförmigen Flecken zeigen oft in ihrer Mitte einen hellen Kern. Der dunkle Kopf ist ein wenig schwarz gesprenkelt. Eine schwarze Schläfenbinde verbindet das Auge mit dem Mundwinkel.

Länge: Bis zu 250 cm.

Herkunft und Lebensweise: Diese Art ist ausschließlich auf Madagaskar verbreitet. Obwohl sie trockenen Untergrund liebt, hält sie sich jedoch fast immer in der Nähe oder unmittelbar am Wasser auf. Sie ernährt sich von Vögeln, Mäusen, Ratten und anderen Kleinsäugern. Sie ist weitgehend in der Dämmerung aktiv. Bei regnerischem Wetter findet man sie am Abend und in der Nacht häufig auf den Straßen. In ihrer Heimat halten die Tiere von Ende Mai bis zum Juli oder August eine Winterruhe. Auf einen sehr eigenartigen Verhaltensunterschied zwischen Exemplaren aus dem Osten und dem Westen Madagaskars sei kurz eingegangen. Tiere aus dem östlichen Madagaskar verhalten sich wild und ungestüm. Sie beißen sofort auf den Störenfried ein, wobei sie ihren Kopf vipernähnlich abflachen. Tiere aus dem Westen sind im Gegensatz dazu überaus ruhig veranlagt. Auch wenn sie gestört werden, beißen sie kaum. Meist werden zwischen 5–10 Junge geboren, die bei der Geburt ungefähr 40 cm lang sind und sich nach 10–14 Tagen zum ersten Mal häuten.

Haltung und Zucht: Der Behälter sollte geräumig sein, mit einer Bodenfläche von mindestens 80 × 80 cm und einer Höhe von 100–150 cm und außerdem einen reichverzweigten Kletterbaum enthalten. Als Bodengrund verwendet man ein Gemisch aus Sand, Walderde und Torf, das stellenweise mit einigen Moospolstern bedeckt ist. Eine örtliche Bodenheizung ist notwendig. Bei Tagestemperaturen zwischen 28–30 °C fühlt sich die Madagaskar-Hundskopfboa wohl. In der Nacht sollte die Temperatur auf 22–23 °C absinken. *Sanzinia madagascariensis* ist im Terrarium gut haltbar und geht stets willig ans Futter, das aus Küken, Mäusen und Ratten besteht. Nachzucht in der Gefangnschaft ist bereits gelungen. Meist wurden jedoch trächtige Weibchen importiert. Die Trächtigkeit dauert ungefähr 150 Tage. Unter den in Gefangenschaft geborenen Jungschlangen befindet sich ein großer Prozentsatz an Mißbildungen. Die Ursache dazu mag in einer Erbanlage liegen. In Angleichung an natürliche Verhältnisse sollte man von Ende Mai bis Ende Juli die Temperatur im Terrarium auf 17–20 °C senken. Eine solche Ruhepause bei Dämmerlicht scheint eine wesentliche Voraussetzung für die erfolgreiche Nachzucht zu sein.

Gattung Trachyboa
Rauhschuppenboas
2 Arten

Trachyboa boulengeri
Rauhschuppenboa
(Bild Seite 52)

Kennzeichen: Die Rauhschuppenboa gehört zu den kleinsten Riesenschlangen. Der von kleinen Schuppen bedeckte Kopf setzt sich deutlich vom Hals ab. Der Schnauzenschild fehlt oder ist weitgehend reduziert. Charakteristisch sind die hornartigen Schuppen über den Augen und der Schnauzenspitze. Der gedrungene Körperbau und der stark abgesetzte Kopf verleihen dieser kleinen Boide ein vipernähnliches Aussehen. Die Körperschuppen sind stark gekielt. Die Grundfärbung des gesamten Körpers ist kaffeebraun. Auf den Körperseiten finden sich zwei parallel verlaufende Reihen schwarzer Flecken, die von rotbraunen Flecken unterbrochen werden. Die rotbraun gefärbte Bauchseite ist schwarz gefleckt.
Länge: Bis zu 43 cm.
Herkunft und Lebensweise: Trachyboa boulengeri kommt in der Choco-Region von Ekuador, in Kolumbien und Panama vor. Über ihre Lebensweise in der Freiheit ist wenig bekannt. Sie lebt sehr versteckt an feuchten Örtlichkeiten; oft findet man sie in Baumkronen. Ihre Nahrung setzt sich in erster Linie aus Froschlurchen und Fischen zusammen. Die Beutetiere werden nicht angeschlichen und verfolgt, sondern gepackt und erdrosselt, wenn sie vor dem Kopf der Schlange vorbeilaufen. Die Rauhschuppenboa vehält sich dem Menschen gegenüber friedlich. Sie beißt nicht, wenn man sie in die Hand nimmt, sondern gibt aus den Afterdrüsen ein schlecht riechendes Sekret ab. Bei Berührung verfällt sie in einen Starrezustand, wobei sie sich lang ausstreckt. Auch diese Art ist lebendgebärend.
Haltung und Zucht: Wegen ihrer geringen Größe benötigt die Rauhschuppenboa nur einen kleinen Behälter, dessen Bodengrund in Anpassung an natürliche Umweltverhältnisse aus Torf oder Waldboden mit trockenen Blättern und Moos bestehen soll. Einige Rindenstückchen können als Unterschlupf dienen. Ein Wasserbehälter darf nicht fehlen, da die Schlange oft badet. Da die Rauhschuppenboa Feuchtigkeit liebt, muß der Bodengrund stets feucht gehalten werden. Diese Schlange ist ausschließlich in der Dämmerung aktiv und verläßt ihre Verstecke nur während der Nacht. Zu ihrem Wohlbefinden sind Tagestemperaturen zwischen 20–25 °C Voraussetzung. Sie nimmt Frösche, Kröten und Fische als Nahrung zu sich. In der Gefangenschaft ist sie bisher noch nicht nachgezüchtet worden, jedoch wurden schon trächtige Weibchen importiert. Die Jungen messen bei der Geburt zwischen

12–13 cm. Die Trächtigkeitsdauer beträgt ungefähr 10 Monate.

Gattung Tropidophis
Erdboas
15 Arten

Tropidophis canus
Bahama-Zwergboa
4 Unterarten

Kennzeichen: Der etwas keilförmige Kopf setzt sich nur mäßig vom Hals ab. Der Rumpf ist stämmig und muskelkräftig. Das Auge ist groß, die Pupille im hellen Licht zu einem senkrechten Schlitz verengt. Typisch sind ein Vorder- und drei Hinteraugenschilde. 23 Schuppen umgeben die Rumpfmitte in schrägen Längsreihen. Die 6 Reihen von Flankenschuppen, die den Bauchschilden benachbart sind, sind ungekielt. Die anderen Schuppen sind gekielt. Die Kopfoberseite zeigt ein schwärzlich graubraunes Kolorit. Eine graubraune Schläfenbinde zieht sich vom Augenhinterrand zu den Halsseiten. Die gelblichbraune Bauchseite ist in der Mitte von zahlreichen Pünktchen durchsetzt. Die Rückenseite besteht aus 2 dunklen Fleckenreihen, die hinter dem Kopf beginnen und vor der Schwanzspitze enden. Die Flecken sind hell gerandet. Das konisch abgerundete Schwanzende zeigt einen schwarzgrauen Farbton.
Länge: 70–90 cm.
Herkunft und Lebensweise: Tropidophis canus ist auf den Westindischen Inseln beheimatet. Die Nominatrasse lebt auf Great Inagua Island, *Tropidophis canus androsi* auf Andros Island, *Tropidophis canus barbouri* auf Long Island, Eleuthera Island, South Eleuthera Island, Warderick Wells Cay und Cat Island und *Tropodophis canus curtus* auf New Providence Island und auf den Bimini-Islands. Bahama-Zwergboas führen eine weitgehend nächtliche Lebensweise. Während des Tages halten sie sich unter Steinen, unter umgefallenen Baumstämmen, unter Baumrinde, unter Blätteransammlungen und unter allerlei Müll wie Brettern, Pappdeckeln und Blechen auf. Der Verfasser suchte mit einem amerikanischen Freund *Tropidophis canus curtus* am 6. und 7. Juli 1973 auf den Bimini-Islands. Diese Schlange lebt hier unmittelbar hinter dem Flugplatz in dem niedrigen, von Steinhäufen durchsetzten Buschwald, wo sie vornehmlich an den Rändern und auf Lichtungen, oft in der Nähe von Wasser anzutreffen ist. Sie dringt auch in verfallende Häuser ein und man findet sie auch gelegentlich unter dem überall umherliegenden Gerümpel. Ihren Lebensraum teilt *Tropidophis canus curtus* sympatrisch mit der Westindischen Peitschennatter *(Alsophis vudii picticeps)*. Die Nahrung der Bahama-Zwergboa besteht aus Fröschen und Eidechsen – besonders Anolis und Geckos –, die sie vor dem Verzehren umschlingt und erdrosselt. Wenn Zwergboas stark erschreckt werden und sich bedroht fühlen, demonstrieren sie ein eigenartiges Defensivverhalten. Sie rollen sich zu einem Knäuel zusammen und scheiden aus ihren Postanaldrüsen ein stinkendes Sekret aus. Fühlen sie sich weiter behelligt, nehmen die Augen durch aufgestautes Blut eine rote Färbung an, während Blutgefäße in der Mundschleimhaut reißen und Bluttröpfchen aus dem Maul austreten. Dieses Verhalten erinnert an das Verhalten einiger Krötenechsen der Gattung *Phrynosoma*, die bei Gefahr Bluttröpfchen aus den Augenlidern spritzen. *Tropidophis canus* ist eine ovovivipare Boide, die gelegentlich über 20 lebende Junge bekommt, die bei der Geburt ungefähr 15 cm lang sind und recht bald schon Jagd auf Eidechsen und Frösche machen.
Haltung und Zucht: Die Bahama-Zwergboa nimmt mit einem mittelgroßen Behälter vorlieb, der eine Bodenfläche von ungefähr 70 × 40 cm aufweist. Zur Haltung genügt Tageslicht, da sich die Schlange meistens in ihrem Versteck aufhält. Die Lufttemperatur sollte während des Tages zwischen 26 und 29 °C betragen, in der Nacht kann sie um wenige Grade absinken. Notwendig ist ein Wassergefäß. Als Bodengrund – dieser sollte an einer Stelle

leicht feucht sein – hat sich ein Gemisch aus Lauberde und Sand bewährt, das von einer Schicht Kiefernrindenstückchen überdeckt ist. Die Schlangen benötigen unbedingt Versteckplätze, am besten in Form von flachen Steinen oder Korkrindenröhren, in denen sie sich verbergen und knäuelartig zusammenrollen können. Bietet man den lichtscheuen Geschöpfen keinen Unterschlupf, so nehmen sie keine Nahrung auf und gehen nach einiger Zeit ein. Die meisten Exemplare bevorzugen Eidechsen und Frösche als Beutetiere, und nur wenige lassen sich auf nestjunge Mäuse umstellen. Die Nachzucht ist in den USA schon mehrfach gelungen. Die Jungschlangen nehmen recht bald nach der Geburt junge Frösche als Nahrung an.

Tropidophis melanurus
Kubanische Zwergboa
4 Unterarten

Kennzeichen: Der Kopf setzt sich deutlich vom Hals ab. Der Körper ist untersetzt und kräftig. Die Schuppen sind gekielt. Die Körperoberseite ist graubraun mit einem Stich ins Rötliche. Auf der Rückenmitte verlaufen 2 Reihen gegeneinander gestellter, grauer Flecken. Die Oberlippenschilde sind gelb gefärbt. Die Bauchseite ist gelblich. Hinter dem Auge verläuft eine dunkelbraune Schläfenbinde. Die Schwanzspitze ist bei jungen Exemplaren gelblich. Bei erwachsenen Tieren ist sie auf der Oberseite schwarz und unten grün.
Länge: Bis zu 1 m.
Herkunft und Lebensweise: Die Kubanische Erdboa kommt auf Kuba, der Navassa-Insel und den Großen Antillen vor. Sie lebt unter Laubansammlungen, in Steinhäufen und in den Fugen von Steinmauern und in vermodernden Holzhäufen, stets in der Nähe von Wasser. Über ihr Leben im Freiland ist nur wenig bekannt. In der Natur frißt sie Frösche, Eidechsen und Vögel. Sie bekommt bis zu 21 lebende Junge, die bei der Geburt ungefähr 15–17 cm lang sind. Die Trächtigkeit dauert etwa 70 Tage.
Haltung und Zucht: Ein mittelgroßes Terrarium mit einer Bodenfläche von 70 × 40 cm genügt für die Kubanische Erdboa. Als Bodenfüllung verwendet man eine Mischung aus Sand, Torf und Lauberde. Den Bodengrund hält man an einer Stelle stets leicht feucht. Ein Wasserbehälter darf nicht fehlen. Als Unterschlupf eignen sich einige flache Steine und Korkeichenrinde. Die Kubanischen Erdboas sind nachts aktiv; am Tage liegen sie in ihrem Versteck. Nur während der Dunkelheit kriechen sie umher. Im Terrarium fressen sie Frösche, Salamander und Echsen, die sie oft noch lebend herunterschlingen. Nur wenige Exemplare wagen sich an Mäuse, die sie durch Umschlingen ersticken. Auf eine eigenartige Schreckreaktion sei hingewiesen. Wird die Schlange erschreckt und in die Hand genommen, so tropft Blut aus ihrem Maul, oder sie verknäuelt sich in der Abwehr wie der Königspython *(Python regius)* zu einem „Ball“. Die Nachzucht gelang im Basler Zoo.

Familie Acrochordidae Warzenschlangen

Gattung Acrochordus
Javanische Warzenschlangen
1 Art

Acrochordus javanicus
Javanische Warzenschlange

Kennzeichen: Die Javanische Warzenschlange hat einen muskulösen Rumpf mit einem kurzen, beweglichen Greifschwanz und einen flachen, breitschnauzigen Kopf, der sich kaum vom Hals absetzt. Die Nasenlöcher liegen auf der Oberseite der Schnauze. Die Schuppen sind klein und hornartig, mit einem höckrigen, dreiseitigen Kiel. Der Körper dieser Schlange erinnert an einen Beutel, da er sich nach der Nahrungsaufnahme nicht streckt; die Haut sieht immer schlaff aus. Die gleichmäßig braun

gefärbte Körperoberseite geht an den Flanken und auf der Bauchseite in ein helles Gelb über. Die Jungen zeigen auf braunem Grund unregelmäßige, dunkle Längsflecken, die mit zunehmendem Alter undeutlicher werden und schließlich gänzlich verschwinden. Die Weibchen sind stets etwas länger und kräftiger gebaut als die Männchen.
Länge: Bis zu 250 cm.
Herkunft und Lebensweise: Acrochordus javanicus kommt in Indien, auf dem Malayischen Archipel, in Hinterindien, auf der indoaustralischen Inselwelt bis westlich von Australien vor. Diese rauhschuppige Schlange, die einige Systematiker zu den Nattern stellen und andere sogar in den Rang einer eigenen Familie erheben, bewohnt hauptsächlich das Brackwasser. Vom Küstenbereich dringt sie in Flußniederungen und Brackwasserseen und -sümpfe ein. Mit Vorliebe siedelt sie sich unter ausgewaschenen Ufern an. Sie lebt ausschließlich im Wasser, das sie freiwillig nie verlassen soll. Im Wasser ist die Javanische Warzenschlange sehr beweglich, auf dem Lande dagegen ziemlich hilflos. Sie vermag lange Zeit – mehr als 40 Minuten – unter Wasser zu bleiben, ohne Luft zu holen. Die Luftaufnahme an der Wasseroberfläche dauert in der Regel zwischen 15–50 Sekunden. Dem Menschen gegenüber verhält sie sich reizbar. Mit ihren scharfen, zurückgebogenen Zähnen, die teilweise abbrechen und steckenbleiben, verursacht sie unangenehme Wunden. Sie ernährt sich fast ausschließlich von Fischen. Nur selten frißt sie Frösche. Die Javanische Warzenschlange bringt im allgemeinen in einem Wurf 20–30 Junge zur Welt.
Haltung und Zucht: Acrochordus javanicus benötigt ein geräumiges Aquarium, das mindestens 80–100 cm tief sein sollte. Ist der Wasserstand zu niedrig, so gehen die Schlangen nur schlecht oder gar nicht an die dargebotene Nahrung, und man muß sie zwangsweise füttern. Als Bodengrund verwendet man Kies. Einige festzementierte Steine bieten den notwendigen Unterschlupf. Das Aquarium muß sehr gut abgedeckt sein, damit die Schlange nicht entweichen kann. Die Aquarienheizung sollte man so anbringen, daß die Schlange sie nicht beschädigen kann. Die Wassertemperatur hält man Tag und Nacht zwischen 25–28 °C. Am Tage verweilt *Acrochordus javanicus* in ihrem Versteck. Erst nachts wird sie munter und bewegt sich kriechend am Boden. In der Gefangenschaft frißt sie ausschließlich Fische, die sie blitzschnell ergreift, umschlingt und in kürzester Zeit oft lebend herunterwürgt. Im Handel wird diese sehr bemerkenswerte Art nur noch gelegentlich angeboten. Vielleicht hängt diese Tatsache damit zusammen, daß sie in der Vergangenheit hauptsächlich ihrer Haut wegen – diese wird zu sogenanntem „Wasserschlangenleder" verarbeitet – in größter Anzahl gefangen wurde. Die Javanische Warzenschlange wurde noch nicht in der Gefangenschaft nachgezüchtet.

Familie Colubridae
Nattern

Unterfamilie Natricinae
Wassernattern

Gattung Natrix
Kielrückennattern

Natrix (Nerodia) cyclopion
Grüne Wasserschlange
2 Unterarten

Kennzeichen: Der Kopf ist länglich und setzt sich nur mäßig vom Hals ab. Der Körper erscheint plump. Die Grüne Wasserschlange unterscheidet sich von den anderen amerikanischen Vertretern der Gattung *Natrix* durch eine Schuppenreihe zwischen dem Auge und den Oberlippenschilden. Die Schuppen auf dem Rumpf und Schwanz sind deutlich gekielt. Der Rücken und die Körperseiten sind braun bis olivgrün gefärbt mit ungefähr 50 undeutlichen Querstrichen. Die bräunliche, weißgraue,

porzellanfarbene oder gelbliche Bauchseite zeigt helle Flecken oder Halbmonde. Die Unterseite des Schwanzes ist dunkel gefleckt.
Länge: Bis 188 cm.
Herkunft und Lebensweise: Natrix cyclopion ist im Südosten der USA in Südcarolina, Georgia, Florida, Alabama, Mississippi, Arkansas, Texas, Missouri, Tennessee und Kentucky beheimatet. Sie bevorzugt verkrautete Gewässer und kommt an den Rändern von Sümpfen, Seen, Teichen, Bayous, Reisfeldern, Kanälen und langsam fließenden Wasserläufen vor. Mit Vorliebe sonnt sie sich am Ufer, auf überhängenden Büschen, umgefallenen Baumstämmen und auf Wasserpflanzen, die an der Oberfläche treiben. Bei der geringsten Störung sucht sie sofort das Wasser auf. Sie schwimmt und taucht gleich gut. Wird sie gefangen, so beißt sie sofort zu. In ihrem Verhalten ist sie sowohl tagsüber wie nachts aktiv. Häufig trifft man sie nachts auf den Straßen und an deren Rändern, wo sie die von den Autos totgefahrenen Frösche verzehren und ihren Körper auf dem noch warmen Asphalt aufheizen. Ihre Nahrung besteht aus Fröschen, Kröten, Molchen, Salamandern und Fischen. Im Norden ihres Verbreitungsgebietes hält sie ungefähr 5 Monate Winterruhe. Die Grüne Wasserschlange gebärt voll entwickelte Jungtiere und zählt zu den fruchtbarsten Schlangenarten. Die Paarung findet meist in den ersten drei Aprilwochen statt. Bis zu 101 Junge hat man bei einer Geburt gezählt. Die Jungschlangen, die von Juni bis August geboren werden, messen 22–25 cm.
Haltung und Zucht: In der Gefangenschaft ist die Grüne Wasserschlange lange Zeit zu halten und wird mit der Zeit handzahm. Sie benötigt ein geräumiges Terrarium mit einem großen Wasserbehälter, dessen Größe etwa ein Drittel bis die Hälfte des Landteils einnehmen sollte. Als Bodengrund hat sich ein Gemisch von Sand und Kies bewährt. Einige flache Steine und eine Baumwurzel eignen sich als Unterschlupf. Auf eine Bodenheizung kann verzichtet werden. Eine Beleuchtungsdauer von 5–8 Stunden während des Tages genügt. Falls das Terrarium in Fensternähe steht und Morgen- oder Nachmittagssonne erhält, kann man auf eine künstliche Beleuchtung verzichten. Die Lufttemperatur sollte am Tage zwischen 20–28 °C liegen, nachts um etwa 5 °C tiefer. *Natrix cyclopion* frißt willig tote und lebende Fische wie auch Fischstücke, die man ihr von der Pinzette anbieten kann. Eine mindestens 3monatige Überwinterung bei herabgesetzten Temperaturen zwischen 5–12 °C ist angezeigt, besonders dann, wenn man nachzüchten möchte. Die Nachzucht ist schon mehrfach in der Gefangenschaft gelungen. Man entfernt die Jungen sofort nach der Geburt vom Muttertier; mitunter haben Weibchen ihre Nachkommenschaft kurz nach der Geburt teilweise gefressen.

Natrix (Nerodia) fasciata
Gebänderte Wassernatter
6 Unterarten
(Bild Seite 51)

Kennzeichen: Die Gebänderte Wassernatter und ihre Unterarten wurden früher als Unterarten der Siegelringelnatter *(Natrix sipedon)* aufgeführt, mit der sie tatsächlich sehr nahe verwandt sind. Der längliche Kopf setzt sich kaum vom Hals ab. Der Körper ist mäßig schlank. Die Körperschuppen sind stark gekielt. Nur wenige Schlangenarten variieren derartig in der Färbung wie die Gebänderte Wassernatter. Ein dunkles Band verläuft vom Auge zum Mundwinkel. Der Körper ist grau, graubraun, dunkelbraun, schwarzbraun, rotbraun bis kupferfarben mit breiten, gelbbraunen, schwarzbraunen oder rotbraunen Querbändern, die hell umrandet sein können. Die Bauchseite weist rotbraune, braune und

---

Oben: Abb. 37: Lampropeltis mexicana blairi (Transpecos-Königsnatter) s. Seite 154
Unten: Abb. 38: Lampropeltis pyromelana pyromelana (Arizona-Königsnatter) s. Seite 155

schwarzbraune Flecken auf. Die meisten Exemplare werden im Alter dunkler. Die schwarzen Pigmente durchsetzen die Zeichnung derartig, daß damit schließlich die Schlange einfarbig schwarzbraun wirkt.
Länge: In Ausnahmefällen bis 160 cm.
Herkunft und Lebensweise: Natrix fasciata kommt in Nordcarolina, Südcarolina, Georgia, Florida, Alabama, Mississippi, Arkansas, Louisiana, Texas, Oklahoma, Missouri, Kentucky, Illinois und Indiana vor. Sie lebt überall dort, wo es Wasser und feuchte Gebiete gibt. Man findet sie aber auch in offenen Wäldern, fast immer jedoch in der Nähe von Wasser. Sie hält sich oft in Erdlöchern, unter Ansammlungen von Blättern und Ästen wie umgestürzten Baumstämmen auf. Im Wasser ist sie sehr behende und schwimmt und taucht gut. Sie ist sowohl am Tag wie in der Nacht aktiv. Besonders abends fing ich in Texas, Südkarolina und Florida in von Sümpfen durchgezogenen Kiefernwäldern zahlreiche Exemplare. Beim Fang setzt sie sich beißend zur Wehr; im Terrarium wird sie bei aufmerksamer Pflege recht zahm. Von September bis März überwintert die Gebänderte Wassernatter. Ihre Nahrung besteht aus Fischen, Fröschen, Kröten, Molchen, Salamandern und Würmern. Die Paarung findet von März bis Mai, stets jedoch auf dem Land statt. Von Mai bis August werden bis zu 57 Junge, die durchschnittlich 20 cm lang sind, geboren. Dort, wo sich die Verbreitungsgebiete der einzelnen Unterarten überlappen, treten Bastardformen auf.
Haltung und Zucht: Als ausgesprochene Wasserschlange benötigt *Natrix fasciata* ein geräumiges Terrarium mit einem großen Wasserteil. Auch auf einen Kletterbaum sollte man nicht verzichten, da die Schlangen stundenlang in der Sonne auf einem Ast oder erhöhten Platz ruhen. Mit Vorliebe liegen sie im Wasser. Nur den Kopf strecken sie ein wenig über die Wasseroberfläche heraus, um Luft zu holen. Als Bodengrund eignen sich Sand und Kies, als Unterschlupf einige flache Steine. Die Beleuchtung sollte 5–8 Stunden täglich in Betrieb sein. Auf eine Beleuchtung kann man verzichten, falls der Behälter am Tage mehrstündig Sonne erhält. Zum Wohlbefinden benötigt die Gebänderte Wassernatter am Tage 20–28 °C, nachts etwa 5 °C tiefer. Als Nahrung bietet man lebende und tote Fische wie Frösche. Eine Überwinterung von 3 Monaten ist notwendig. *Natrix fasciata* wurde schon mehrfach in der Gefangenschaft zur Nachzucht gebracht. Die Jungschlangen sind mit kleinen Fischen, Fischstückchen und Kaulquappen leicht aufzuziehen.

Natrix (Nerodia) erythrogaster
Rotbauch-Wassernatter
4 Unterarten

Kennzeichen: Der Kopf setzt sich kaum vom Hals ab. Die Schuppen sind stark gekielt. Die Nominatform wird in den USA „Copperbelly" genannt. Der Rücken und der Kopf sind hell- bis schokoladenbraun und an den Körperseiten zuweilen etwas grau oder grün. Die Bauchseite ist einfarbig rot oder orangerot. Die Unterart *flavigaster* besitzt einen grauen bis graugrünen Rücken mit undeutlichen Querbinden. Der gelbe Bauch hat einen orangefarbigen Anflug. Die Unterart *transversa* besitzt auf dem Rücken dunkelbraune Sattelflecken und auf den Körperseiten ovale Flecken. Die Bauchseite ist hellgelb mit einem orangefarbigen Anflug.

Oben links: Abb. 39: Pituophis melanoleucus mugitus (Kiefernnatter) s. Seite 150
Oben rechts: Abb. 40: Lampropeltis getulus floridana (Kettennatter, Jungtier) s. Seite 153
Mitte links: Abb 41: Rhabdophis subminiatus (Rothals-Kielrückennatter) s. Seite 118
Mitte rechts: Abb. 42: Lampropeltis zonata zonata (Korallen-Königsnatter) s. Seite 162
Unten links: Abb. 43: Spilotes pullatus (Hühnerfresser) s. Seite 164
Unten rechts: Abb. 44: Pseudaspis cana (Maulwurfsnatter) s. Seite 167

Länge: Bis zu 150 cm.
Herkunft und Lebensweise: Die Rotbauch-Wassernatter kommt entlang der Ostküste der USA von Delaware bis nach Nordflorida und Alabama und von hier aus über Louisiana, Mississippi, Texas und die angrenzenden Bundesstaaten bis ins nordöstliche Mexiko vor. Sie entspricht dem Typ der Wasserschlange und hält sich in verschiedenartigen Gewässern und an deren Rand auf. Sie lebt hauptsächlich in Sümpfen und Überschwemmungsgebieten großer Flüsse, kommt jedoch nicht so häufig vor wie andere nordamerikanische *Natrix*-Arten. In einem flachen See im Stone Mountain Park in Südgeorgia sah ich mehrere Rotbauch-Wassernattern. Die Schlangen lagen auf dem Grund im seichten Wasser und schienen auf Fische zu lauern. Beim Fang hatte ich kein Glück. Sie waren sehr schnell und entwischten mir zwischen den Beinen. Bei feucht-schwüler Witterung unternimmt die Rotbauch-Wassernatter Wanderungen und wird oft weit entfernt von ihren Heimatgewässern angetroffen. Ergreift man sie, so ist sie recht bissig. Sie ernährt sich von Fischen, Fröschen, Kröten, Salamandern und Krebsen. Je nach Witterung überwintert die Rotbauch-Wassernatter 6–8 Monate und damit länger als die meisten anderen Wassernattern Nordamerikas. Die Paarung findet von Mai bis Juni statt. Im September oder Oktober werden bis zu 27 Junge geboren, die bei der Geburt 28–30 cm lang sind.
Haltung und Zucht: Natrix erythrogaster verlangt ein geräumiges Aqua-Terrarium mit einem großen Wasserteil und einem Kletterast. Die Licht- und Temperaturbedürfnisse der Rotbauch-Wassernatter entsprechen denen der beiden vorher beschriebenen Arten. Die Rotbauch-Wassernatter hält sich jahrelang in der Gefangenschaft. Willig nimmt sie Fische und Frösche an. Eine 5–6monatige Überwinterung bei niedrigen Temperaturen ist angebracht. Diese Art wurde in der Gefangenschaft nachgezüchtet; auch bereits trächtig gefangene Weibchen brachten im Terrarium Junge zur Welt.

Natrix mairii
Kielrücken-Wassernatter

Kennzeichen: Einige Herpetologen stellen die Kielrücken-Wassernatter zur Gattung *Natrix*, andere zur Gattung *Amphiesma*. Der Kopf setzt sich nur wenig vom Hals ab. Die Schuppen sind stark gekielt. Die Körperoberseite ist grau, braun, olivfarben, rötlich oder schwarz mit schmalen, unregelmäßigen Querbinden oder Flecken. Die Bauchseite ist olivgrün, braun oder lachsfarben.
Länge: 50–100 cm.
Herkunft und Lebensweise: Die Kielrücken-Wassernatter ist auf den Molukken, auf Neuguinea und in den Küstengebieten von Nord- und Nordost-Australien heimisch. Stets lebt sie in der Nähe von Gewässern und hält sich sowohl auf dem Lande wie im Wasser auf. Häufig liegt sie auf Zweigen, die über dem Wasser hängen. Sei ist am Tag, stärker jedoch in der Nacht aktiv und geht meist am späten Nachmittag oder Abend auf Beutefang. Ihre Nahrung besteht fast ausschließlich aus Fröschen, die sie mit den Hinterbeinen voran verschlingt. Wenn sie gestört wird, läßt sie sich sofort ins Wasser fallen. Sie ist völlig harmlos und versucht selbst dann nicht zu beißen, wenn man sie reizt.
Haltung und Zucht: Die Kielrücken-Wassernatter wird nur sehr selten importiert. Sie verlangt ein Aqua-Terrarium mit einem großen Wasserteil und ihren Kletterbedürfnissen entsprechend einen weit verzweigten Ast. Während des Tages bietet man ihr eine 12–14stündige Beleuchtung und Temperaturen zwischen 24–30 °C. Als Nahrung kommen nur Frösche in Betracht. Die Kielrücken-Natter ist sehr scheu. Mit den Eidechsen hat sie eine Besonderheit gemeinsam, auf die man achten muß. Sie stößt ihren Schwanz ab, wenn man sie daran festhält; die Trennungsstelle kann bis zu 1,3 cm von der Aftermündung entfernt liegen. Diese Art hat sich auch in der Gefangenschaft fortgepflanzt. Die Kielrückennatter legt von Januar bis April 5–12 Eier. Die Jungen schlüpfen nach 2–3 Monaten; sie sind etwa 18

cm lang. Als erstes Futter sind Kaulquappen und kleinste Frösche geeignet.

Natrix maura
Vipernatter
(Bild Seite 52)

Kennzeichen: Der Kopf setzt sich deutlich vom Hals ab. Der Körper ist bei den Männchen schlank, bei den Weibchen stämmiger. Die Körperschuppen sind stark gekielt. Das Auge ist groß, die Pupille rund. Die Färbung und Zeichnung dieser Schlange ist sehr unterschiedlich. Die Rückenseite ist merklich dunkler als die Flanken und variiert in den verschiedensten Grau-, Gelb- und Grüntönen. Das Rückenband besteht aus rautenförmigen bis runden Flecken, die zu einem oft unterbrochenen, dem der Kreuzotter ähnlichen, Zickzackband verschmolzen sein können. Auf beiden Körperseiten finden sich ovale Tupfen, die in der Mitte oft gelblich oder weiß sind. Am Hinterkopf und im Nacken verschmelzen zwei schwärzliche Flecken. Die gelblichen Kopfseiten sind mehr oder weniger schwarz gestrichelt und getupft. Ein dunkler Streifen verläuft vom Auge zum Mundwinkel. Der olivfarbene, gelbliche oder bräunliche Bauch ist unregelmäßig gesprenkelt.
Länge: Nur selten über 1 m.
Herkunft und Lebensweise: Die Vipernatter ist in der südwestlichen Schweiz, im nordwestlichen Italien, in Südfrankreich, auf Sardinien, den Balearen, den Iles-d'Hyères, auf der Pyrenäen-Halbinsel und in Nordwestafrika heimisch. Von allen europäischen Natrixarten ist die Vipernatter am besten dem Leben im Wasser angepaßt. Sie liebt besonders Gewässer mit üppigem Pflanzenwuchs. Die Vipernatter ist am Tage aktiv. Sie hält sich in den Steinfugen der Uferbefestigungen, unter angeschwemmtem Treibgut, unter Uferböschungen und dem oftmals bartartig wachsenden Wurzelwerk auf. Zum Sonnen verläßt sie ihre Schlupfwinkel am Morgen und am Nachmittag. Sie ist scheu und flieht bei der geringsten Störung ins Wasser. Wird sie ergriffen, zischt sie laut. In ihrer Erregung verspritzt sie aus den Afterdrüsen eine stinkende Flüssigkeit, versucht aber niemals zu beißen. Die Vipernatter schwimmt hervorragend. Im Wasser ist sie viel flinker als auf dem Land. Am Grunde der Gewässer lauert sie auf Fische und Amphibien, die sie plötzlich packt und noch lebend hinunterwürgt. Sie verzehrt kleine Beutetiere im Wasser, größere Frösche und Fische zerrt sie erst ans Ufer. Zur Mittagszeit halten sich Vipernattern oft in großer Anzahl im flachen Wasser auf, wo sie Kaulquappen und kleinen Fischen nachstellen. Junge Vipernattern fressen auch Regenwürmer. Je nach Witterungsverhältnissen und geographischer Lage dauert die Überwinterung von Oktober bis März oder April. *Natrix maura* paart sich von März bis April. Sie legt 4–20 Eier im Juni oder Juli in lockeren Boden, unter Steinen oder unter Pflanzenansammlungen in Wassernähe. Die 15–20 cm langen Jungen schlüpfen im August oder zu Anfang September.
Haltung und Zucht: Die Vipernatter kann jahrelang in Gefangenschaft gehalten werden. Mit der Zeit wird sie so zahm, daß sie das Futter aus der Hand nimmt. Angesichts dieser Eigenschaften kann man die Vipernatter dem Anfänger wärmsten empfehlen. Ich halte diese Schlangen im Garten in einem eingeglasten Freiland-Terrarium. Aber auch kleinere bis mittelgroße Terrarien mit einem großen Wasserteil sind ausreichend. Besonders vor der Häutung liegen die Vipernattern stunden- oder gar tagelang im Wasser. Da diese Schlangen nur selten klettern, kann man auf griffiges Geäst verzichten. Als Bodenfüllung verwendet man ein Gemisch aus Walderde, Sand und Kies und einige flache Steine oder einen Baumstubben als Unterschlupf. *Natrix maura* bevorzugt am Tage Temperaturen zwischen 25–30 °C. In der Nacht darf die Temperatur um 10 °C absinken. Auf eine besondere Beleuchtung kann man verzichten, falls das Terrarium 6–8 Stunden Sonne erhält. Frisch gefangene Vipernattern sind anfangs scheu, zischen heftig, ziehen den Hals s-förmig zusammen und verteilen Scheinbisse. Wenn man sie zu sehr reizt, fallen sie in eine Art Schreckstarre. Später werden sie

dann bald handzahm. Als Nahrung bietet man lebende Fische, die die Schlangen im Wasserbehälter bald wahrnehmen, rasch und geschickt fangen und eiligst verschlingen. Sie fressen auch tote Fische und Fischstücke. Frösche, Kröten und Molche werden weniger gern genommen. Man sollte jedoch auf die Verfütterung dieser immer seltener werdenden Amphibien verzichten. Zudem werden Molche wegen ihres Hautgiftes zuweilen erbrochen. Den natürlichen Bedingungen entsprechend wird man die Vipernatter jeweils 3–5 Monate bei Temperaturen zwischen 4–8 °C in feuchter, humushaltiger Walderde und Laub überwintern. Überwinterte Vipernattern fressen auch besser. Außerdem ist die Überwinterung die Voraussetzung für eine erfolgreiche Nachzucht. Vipernattern hat man durch mehrere Generationen in der Gefangenschaft nachgezüchtet. Die Tiere paaren sich meist im Frühjahr, obwohl die Männchen über das ganze Jahr paarungslustig bleiben. Die Eier werden im Juni abgelegt, 10–15 Stück (gelegentlich sogar bis 32 Stück). Man bettet die Eier in ein Gemisch aus Torf und Sand und hält sie leicht feucht. Die Jungen schlüpfen bei 25–30 °C nach 40–45 Tagen. Die erste Häutung findet nach 10–12 Tagen statt. Die jungen Vipernattern fressen bald kleine Fische, Fischstückchen und Regenwürmer. Die Vipernatter ist die einzige Schlange Westeuropas, die man über Monate mit Regenwürmern ernähren kann. Nach 3–4 Jahren ist *Natrix maura* bereits geschlechtsreif.

Natrix natrix
Ringelnatter
10 Unterarten
(Bild Seite 52)

Kennzeichen: Besonders die Weibchen haben einen flachen und breiten Kopf, der sich deutlich vom Hals absetzt. Der Kopf der Männchen ist länger und weniger vom Körper abgesetzt. Das große Auge besitzt eine runde Pupille. Die Körperschuppen sind stark gekielt. Die Grundfärbung der Oberseite ist einfarbig graugrün oder weist schwarze, in 4–6 Längsreihen angeordnete Flecken auf. Bei der Unterart *persa* verlaufen über den Rücken weiße, parallele Längsbinden. Die gelblich-weiße Bauchseite ist mehr oder weniger schwarz gesprenkelt oder auch gänzlich schwarz. Manche Exemplare zeigen am Hinterkopf weiße, dottergelbe oder orangefarbene Mondflecken, die schwarz gesäumt sind. Melanistische Ringelnattern kommen selten vor.

Länge: In Ausnahmefällen über 150 cm.

Herkunft und Lebensweise: Die Ringelnatter ist in Europa, Nordwestafrika und Westasien heimisch. Sie hält sich mit Vorliebe an den schilfbewachsenen und verkrauteten Ufern stehender oder langsam fließender Gewässer auf. Auch abseits vom Wasser kommt sie vor. Sie besiedelt häufig verlassene Steinbrüche und Kiesgruben; man trifft sie aber auch an Berghängen, Waldrändern, in Weinbergen und selbst in unmittelbarer Nähe von Ansiedlungen an. Bei Gefahr fällt die Ringelnatter in einen kurzzeitigen Starrezustand. Sie bietet dem Feind die Bauchseite dar, öffnet das Maul, aus dem Schleim und zuweilen sogar ein wenig Blut austreten, und läßt die Zunge schlaff heraushängen. Oft zeigt sie aber auch ein ganz anderes Verhalten. Sie plattet die Halsregion ab, bläht sich auf, zischt laut, rollt sich ein und führt Scheinbisse aus. Meist entleert sie dabei eine übelriechende Flüssigkeit aus ihren Afterdrüsen. Die Ringelnatter hat zahlreiche Feinde unter Säugetieren und Greifvögeln. Ihr Hauptfeind ist der Mensch, der sie in seiner Unvernunft und Unwissenheit auch heute noch tötet. Die Ringelnatter frißt Frösche, Kröten, Molche, Salamander, Fische, seltener Mäuse und Eidechsen. Die Beute spürt sie mit den Augen und dem Geruchsinn auf. Im Herbst sucht die Ringelnatter ihre Winterquartiere unter Felsen, Baumstümpfen, in Erdlöchern, selbst unter Misthäufen und in ähnlichen frostfreien Verstecken. Im März oder April ist die Winterruhe beendet. Im Frühjahr setzt sie sich fast ganztätig der Sonne aus. Nach der ersten Häutung paaren sich die Tiere. Das Männchen kriecht mit zuckenden

Körper- und eigenartig nickenden Kopfbewegungen über den Rücken des Weibchens oder neben ihm her. Dann umschlingen sie sich mit den Schwänzen, und das Männchen stülpt seine in der Schwanzwurzel gelegenen, paarigen Begattungsorgane aus und führt eines davon in die Kloake des Weibchens ein. Die länglichen Eier, selten mehr als 50, werden meist in verrottetes Pflanzenmaterial gelegt und haften zu Klumpen zusammen. Nach ungefähr 6–10 Wochen schlüpfen die jungen Ringelnattern. Sie messen 15–19 cm. In der ersten Zeit ihres Lebens fressen sie Kaulquappen, kleine Frösche, Kröten, Molche und deren Larven.

Haltung und Zucht: Die Ringelnatter ist ein besonders geeignetes Terrarientier, das bei einiger Pflege viele Jahre in der Gefangenschaft ausdauert. Die Einrichtung des Behälters und die tägliche Beleuchtungsdauer entsprechen den Angaben wie bei der Vipernatter. Temperaturen zwischen 20–25 °C genügen am Tage. Nachts sollte die Temperatur um einige °C abfallen. Gesunde Ringelnattern gehen stets willig ans Futter. Sie fressen Frösche, Fische und Fischstücke. Kröten, Molche und Salamander sollte man nicht verfüttern, zumal sie geschützt sind und unbekömmliche Giftstoffe enthalten. Eine Überwinterung von Oktober bis März in einer Kiste mit leicht feuchter Walderde, Moos und Laub ist notwendig. Die Schlangen gedeihen besser, wenn sie kalt überwintern. Sie paaren sich im kommenden Frühjahr, meist im März oder April, zuweilen aber auch im Herbst. Die Eier werden meist im Juni oder Juli abgesetzt. Man legt sie in ein Einmachglas, in dem sich ein Gemisch von Sand und Torfmull befindet. Das Gelege muß man stets leicht feucht halten. Die Aufzucht der kleinen Ringelnattern mit kleinen Fischen, Kaulquappen und Fröschchen ist kein Problem. Die Ringelnatter wurde schon mehrfach in der Gefangenschaft nachgezüchtet. Selbst *Natrix natrix natrix und Natrix natrix persa* haben sich im Terrarium fortgepflanzt und lebensfähige Bastarde hervorgebracht.

Natrix (Xenochrophis) piscator
Fischernatter
4 Unterarten
(Bild Seite 177)

Kennzeichen: Der Kopf setzt sich kaum vom Hals ab. Der Körper erscheint schlank. Die Schuppen des Rückens sind stark, die der Körperseiten schwach oder nicht gekielt. Das große Auge besitzt eine runde Pupille. Der Rücken und die Körperseiten sind gelb, olivfarben, braun oder rötlich und schwarz gefleckt. Die schwarzen Flecken sind in 5 parallel verlaufenden Reihen angeordnet. Es gibt auch einfarbige Exemplare. Der Kopf ist auf der Oberseite olivenfarben bis braun. Zwei Linien, von denen eine unter dem Auge, die andere hinter dem Auge beginnt, verlaufen zum Mundrand. Die Bauchseite ist einfarbig gelblich-weiß.

Länge: Bis zu 120 cm.

Herkunft und Lebensweise: Natrix piscator, die von verschiedenen Autoren in die Gattung *Xenochrophis* eingeordnet wird, findet sich in einem riesigen Verbreitungsgebiet von Pakistan bis nach China und Südostasien, einschließlich der malayischen Inselwelt. Die Fischernatter kommt ihrem Namen entsprechend stets in der Nähe von Gewässern vor, oft in großer Anzahl. Sie ist sowohl in der Ebene als auch im Hügelland anzutreffen. In Thailand ist sie in den Reisfeldern eine der häufigsten Schlangen. Sie wandert viel und entfernt sich dabei oft weit von ihren Heimatgewässern. Die Fischernatter ist tagsüber und nachts aktiv. Ihre Bewegungen sind schnell und gewandt, und sie ist auch eine ausgezeichnete Schwimmerin. Wenn die Fischernatter sich bedroht fühlt, richtet sie den Vorderkörper auf und flacht die Halsregion wie eine Kobra ab. Blitzartig beißt sie zu. In den kühlen Teilen ihres Verbreitungsgebietes hält sie eine Winterruhe, in den warmen legt sie eine Sommerpause ein. Ihre Nahrung besteht hauptsächlich aus Fischen und Fröschen; zuweilen frißt sie auch Mäuse. Entsprechend dem riesigen Verbreitungsgebiet sind auch die Paarungszeiten un-

terschiedlich über das ganze Jahr verteilt. Die Fischernatter legt 8–87 Eier, deren Zeitigungsdauer ungefähr 3 Monate beträgt. Die Jungen messen beim Schlüpfen 17–21 cm.
Haltung und Zucht: Die Fischernatter benötigt ein Terrarium mit großem Wasserteil. Für den Landteil verwendet man als Bodenfüllung ein Gemisch aus Sand, Walderde oder Torf. Einige flache Steine und ein Baumstubben dienen als Unterschlupf. Eine örtliche Bodenheizung, die milde Wärme spendet, ist notwendig. Am Tage beträgt die Lufttemperatur zwischen 24–30 °C. Auf eine 10–12stündige Beleuchtung kann man verzichten, wenn das Terrarium vor- und nachmittags Sonne erhält. Frisch eingeführte Fischernattern sind bissig. Sie gewöhnen sich schnell ein und werden umgänglich. Die Fischernatter ist langlebig im Terrarium. Lebend und tot angebotene Fische und Frösche frißt sie gleich gern. Zum Verschlingen der Beute zieht sie sich fast immer auf den Landteil zurück. Die Fischernatter hat sich in der Gefangenschaft fortgepflanzt. Die Eier bettet man in ein Gemisch von leicht feuchtem Sand und Torf. Bei 25–30 °C beträgt die Zeitigungsdauer knapp 3 Monate. Die jungen Schlangen häuten sich einige Tage nach dem Schlüpfen und fressen bald junge Fische, Kaulquappen und kleine Frösche. Die Fischernatter benötigt keine Überwinterung.

Natrix (Nerodia) rhombifera
Diamant-Wassernatter
3 Unterarten
(Bild Seite 52)

Kennzeichen: Der längliche Kopf setzt sich mäßig deutlich vom Hals ab. Der Körper wirkt kräftig. Das große Auge hat eine runde Pupille. Die Schuppen sind stark gekielt. Das Männchen trägt auf der Unterseite des Kinns zahlreiche warzenähnliche Höckerchen, eine Besonderheit, die sich nur bei dieser Art findet. Die Körperoberseite ist hellbraun oder gelbbraun. Zahlreiche schwarze Flecken auf dem Rücken und auf den Körperseiten verschmelzen zu einem ausgeprägten Kettenmuster. Der gelbe Bauch ist dunkel oder schwarz gefleckt. Die Flecken können die Form von Halbmonden haben.
Länge: Bis zu 160 cm.
Herkunft und Lebensweise: Das Verbreitungsgebiet dieser Wassernatter reicht vom mittleren Indiana den Ohio und Mississippi entlang durch die angrenzenden Bundesstaaten über Texas bis nach Mexiko. In Mexiko verbastardieren die drei Unterarten *(rhombifera, blanchardi* und *werleri)* an solchen Stellen, wo sich ihre Verbreitungsgebiete überlappen. *Natrix rhombifera* kommt besonders in der Ebene vor. Sie steigt die Flußläufe empor und ist bis in Höhen von ungefähr 670 m verbreitet. Ihr Vorkommen ist hauptsächlich an die Nähe der verschiedenartigsten Gewässer gebunden. Sie wird jedoch auch anderenorts gefunden und tritt zuweilen sogar an ziemlich trockenen Stellen auf. Im allgemeinen kommt sie recht häufig vor, in Louisiana beispielsweise fast in jedem Tümpel. Die Diamant-Wassernatter schwimmt und klettert gut. Oft sonnt sie sich auf kleinen Bäumen und auf Ästen, die über dem Wasser hängen. Bei der geringsten Störung läßt sie sich ins Wasser fallen. Sie ist am Tag und nachts aktiv. Bei heißem Wetter ist sie nur nachts unterwegs; am Tage hält sie sich dann in ihren Schlupfwinkeln unter Baumstämmen, Steinen, Holz- und Laubansammlungen oder Brettern auf. Bei ihrer sehr angriffslustigen Art beißt sie sofort zu, wenn sie in die Enge getrieben wird. Ihre Nahrung besteht aus Fröschen, Kröten, Fischen und Krebsen, sogar aus jungen Schildkröten. Je nach Witterung sucht die Diamant-Wassernatter ihr Winterquartier im Oktober oder November auf, und verläßt es erst wieder Ende März. Die Paarung findet von April bis Juni statt. *Natrix rhombifera* ist recht fruchtbar und bringt bis zu 62 lebende Junge in einem Wurf zur Welt. Die jungen Schlangen, die von August bis November geboren werden, haben bei der Geburt eine Länge von ungefähr 28–32 cm.
Haltung und Zucht: Natrix rhombifera fühlt sich in einem Aqua-Terrarium mit einem gro-

ßen Wasserteil und einem verzweigten Kletterbaum wohl. Sie braucht eine örtliche lokale Bodenheizung und eine 6–10stündige Beleuchtung, falls ihr Behälter am Morgen und am Nachmittag keine Sonne erhält. Während des Tages sollte die Lufttemperatur zwischen 22–30 °C betragen und nachts um einige Grade absinken. Während des Tages ruht sie häufig im Geäst. Vor der Häutung legt sie sich oft ins Wasser. Fische im Wasserbecken fängt sie mit großem Geschick. In Gefangenschaft ist sie ziemlich gefräßig. Dem Pfleger gegenüber verhält sie sich recht bissig und wird erst mit der Zeit zahm. Eine 4monatige Überwinterung zwischen 6–10 °C ist notwendig. *Natrix rhombifera* ist mehrfach in der Gefangenschaft nachgezüchtet worden.

Natrix (Nerodia) septemvittata
Königinnennatter

Kennzeichen: Der Kopf setzt sich kaum vom Hals ab. Der Körper wirkt schlank. Die Körperschuppen sind gekielt. Der Rücken und die Körperseiten sind braun. Auf jeder Körperseite verläuft ein gelbes Band von der Schnauzenspitze zum Schwanz. Den Rücken überziehen 3 schwarze, zuweilen nur undeutlich hervortretende Längslinien. Der Bauch ist gelb und von 4 braunen Streifen überzogen, von denen die äußeren breiter als die inneren sind. Im Süden ihres Verbreitungsgebietes findet man fast einfarbige Königinnennattern, deren Zeichnungsmuster andeutungsweise nur im Halsbereich zu erkennen ist.
Länge: Bis zu 92 cm.
Herkunft und Lebensweise: Die Königinnennatter ist von Südkanada (Ontario) und den östlichen USA südlich der Großen Seen bis zur Golfküste verbreitet. Sie bevorzugt Bäche und kleine Flüsse mit steinigem Untergrund, die auch Krebsen einen günstigen Lebensraum bieten. Sie ist aber nicht nur an derartige Lebensbereiche gebunden, sondern kommt auch an Tümpeln, Teichen, Seen, Bayous und Kanälen vor. Ihr Leben spielt sich fast immer in unmittelbarer Nähe des Wassers ab. Mit Vorliebe liegt sie auf über dem Wasser hängenden Weidenästen – daher auch die Bezeichnung „willow snake" –, Büschen, umgestürzten Bäumen und Anhäufungen von Zweigen, Ästen und Laub. Bei der geringsten Störung läßt sie sich ins Wasser fallen. Sie ist überaus flink und oft schwierig zu fangen. Die einzelnen Exemplare verhalten sich sehr unterschiedlich. Einige sind friedfertig, andere angriffslustig. Bei warmem Wetter halten sich Königinnennattern zuweilen in beträchtlicher Anzahl im flachen Wasser auf; nur der Kopf ragt dann über die Oberfläche hinaus. Sonst findet man sie unter Steinen, altem Treibholz oder im Ufergebüsch. Die Nahrung der Königinnennatter besteht hauptsächlich aus frisch gehäuteten Krebsen, aber auch aus kleinen Weißfischen, Fröschen und Molchen. *Natrix septemvittata* ist die Schlangenart, die ihr Winterquartier in der Regel am spätesten aufsucht, d. h. im Oktober oder November und es bereits im März kurz nach dem Schmelzen des Schnees wieder verläßt. Oft überwintern zahlreiche Exemplare gemeinsam an der gleichen Stelle. Kurz nach der Überwinterung paaren sich die Königinnennattern. Die Jungen werden von Juli bis September geboren. Sie haben eine Länge zwischen 18–23 cm.
Haltung und Zucht: Natrix septemvittata wird nur selten eingeführt. Sie benötigt ein Aquaterrarium mit einem großen Wasserteil. Auch einige Kletteräste dürfen nicht fehlen. Als Bodengrund verwendet man für den Landteil ein Gemisch aus Sand, Lauberde und Torf, als Versteck einige Steine, flache Rindenstücke und eine Baumwurzel. Falls das Terrarium vom Vormittag bis zum Nachmittag Sonne erhält, kann man auf eine 5- bis 8stündige Beleuchtung verzichten. Die Lufttemperatur sollte am Tage 20–26 °C betragen und nachts um einige Grade sinken. Die Königinnennatter wird in der Gefangenschaft recht zahm. Sie liegt manchmal stundenlang am Grunde des Wasserbehälters und kommt nur an die Oberfläche, um Luft zu schöpfen. *Natrix septemvittata* ist im Gegensatz zu anderen Wassernat-

tern schwer in der Gefangenschaft zu halten, da sie hauptsächlich Krebse frißt. Man muß sie daher auf Elritzen und kleine Frösche umgewöhnen. Entsprechend den natürlichen Umweltverhältnissen ist besonders bei Exemplaren, die aus dem Norden stammen, eine Überwinterung in feuchtem Laub und Moos bei Temperaturen zwischen 4–10 °C notwendig. Die Überwinterung sollte ungefähr 4 Monate betragen. Über eine Nachzucht im Terrarium ist nichts bekannt. Trächtig gefangene Weibchen haben jedoch schon mehrfach Junge geboren.

Natrix (Nerodia) sipedon
Siegel-Ringelnatter
4 Unterarten

Kennzeichen: Die Siegel-Ringelnatter ist mit der Gebänderten Wassernatter *(Natrix fasciata)* sehr nahe verwandt und stimmt auch im Körperbau mit ihr überein. Die Färbung jedoch ist ganz anders. Sie ist die einzige große Wassernatternart in den nördlichen USA. In den südlichen USA überlappt sich ihre Verbreitung jedoch mit anderen großen Wassernattern, die ihr weitgehend ähneln. Die Hauptmerkmale der Siegel-Ringelnatter sind dunkle Querbänder auf dem Hals und dem vorderen Teil des Rückens. Auf dem mittleren und hinteren Teil des Rückens wie auf den Körperseiten stehen Flecken in gegeneinander versetzten Reihen. Die dunklen Flecken sind breiter als die zwischen ihnen liegenden Zwischenräume. Die Bauchseite ist von schwarzen oder rötlichen Halbmondflecken bedeckt. Die Schwanzunterseite zeigt ein zusammenhängendes dunkles Muster. Die Grundfärbung wechselt zwischen einem blassen Grau und dunklem Braun. Die Flecken sind hell rotbraun bis schwarz. Die halbmondförmigen Tupfen auf der Bauchseite können verstreut sein, dunkle Bezirke oder ein regelmäßiges Muster bilden oder auch gänzlich fehlen. Eine ganz besonders hübsche Unterart ist die rötlich gefärbte *Natrix sipedon pleuralis. Natrix sipedon insularum* ist blaß gefärbt. Das Fleckenmuster hat sich stark zurückgebildet oder kann völlig fehlen. *Natrix sipedon williamengelsi* ist sehr dunkel oder fast völlig schwarz gefärbt.
Länge: Bis zu 135 cm.
Herkunft und Lebensweise: Natrix sipedon ist von Südkanada (Quebec), vom südlichen und östlichen Maine über die östlichen und mittleren USA bis nach Florida, Alabama und Mississippi verbreitet. Ihr Biotop und ihr Verhalten stimmt weitgehend mit *Natrix fasciata* überein. Nur wenige Schlangen sind so scheu wie die Siegel-Ringelnatter. Wenn sie auf der Flucht gestellt wird, plattet sie den Körper ab und beißt wütend nach ihrem Feind. Ergreift man sie, so windet sie sich in der Hand hin und her und scheidet aus den Kloakendrüsen ein stinkendes Sekret ab. Ihre Nahrung besteht aus Fischen und Amphibien. Die Siegel-Ringelnatter bringt bis zu 46 Junge zur Welt.
Haltung und Zucht: Die Haltung und Pflege der Siegel-Ringelnatter ist genau wie bei der Gebänderten Wassernatter. Nachzucht ist schon mehrfach in der Gefangenschaft gelungen. Die nachzüchtenden Exemplare wurden stets kalt überwintert. Nachzuchten von Bastarden zwischen *Natrix sipedon* und *Natrix fasciata* sowie von sogenannten „Intergrades" zwischen verschiedenen Unterarten von *Natrix sipedon* sind bekannt worden. Die Aufzucht der jungen Schlangen mit kleinen Fischen und Fröschen ist nicht schwierig. Eine Bodenheizung, die örtlich milde Wärme spendet, ist angebracht, da die Jungen unter dem Einfluß der Bodenwärme mehr fressen und schneller verdauen. Bei guter Fütterung können junge Siegel-Ringelnattern in einem halben Jahr von 18 auf 65 cm heranwachsen.

Natrix (Rhabdophis) stolata
Gelbband-Wassernatter

Kennzeichen: Der Kopf setzt sich kaum vom Hals ab. Das große Auge hat eine runde Pupille. Der Körper wirkt schlank. Die Schuppen sind gekielt. Die Grundfärbung kann sehr unterschiedlich sein. Gewöhnlich ist die Schlange hellgrau bis mittelbraun mit 60–75 dunklen Querbinden auf der Rückenmitte. Jede einzelne Querbinde des Halses und des vorderen Rückenteils endet in einem hellen Fleck. Auf beiden Rückenseiten verläuft eine helle Rükkenlinie, die hinter dem Kopf beginnt und am Schwanz endet. Ungefähr bis zur halben Körperlänge sind diese beiden Rückenlinien unterbrochen. Von der Körpermitte setzen sie sich dann ohne Unterbrechung bis zum Schwanzende fort. Die Bauchseite ist weiß, die Kehlregion gelblich.

Länge: Etwas über 70 cm.

Herkunft und Lebensweise: Natrix stolata kommt in einem weiten Verbreitungsgebiet von Vorderindien über Ceylon bis nach Hinterindien und bis in die Küstenprovinzen Südchinas vor. Die Gelbband-Wassernatter ist eine recht häufig auftretende Schlange, die in der Ebene, im Hügelland und im Gebirge lebt. Sie ist bis in Höhenlagen von ungefähr 1700 m anzutreffen. Im Gegensatz zu anderen Natrix-Arten ist diese Schlange nicht so sehr an Gewässer gebunden, sondern kommt auch in waldigen Gebieten und grasigem Gelände vor. Häufig trifft man sie in feuchten Tälern an. Sie lebt in kultiviertem wie unkultiviertem Gelände. Oft kommt sie an den Rändern von Reisfeldern vor, die vom Dschungel umgeben sind. Ihre Nahrung besteht aus Fröschen, Kröten und Echsen. In der Regel ist *Natrix stolata* friedfertig und beißt so gut wie nie. In großer Erregung flacht sie den Hals jedoch ein wenig ab. Die Gelbband-Wassernatter ist während des Tages munter. Gern ruht sie auf Ästen über dem Wasser. Hin und wieder hält sie sich auch im Wasser auf. Oft verbirgt sie sich unter Baumstämmen und Anhäufungen von Laub und morschem Holz. Nicht selten trifft man sie an trockenen Uferrändern an; sie ruht mit Vorliebe auf warmen Untergrund. In gewissen Gebieten Indiens legt sie während der Trokkenzeit eine Ruhepause ein, während sie im kühleren Norden überwintert. Die Paarung findet in der Trockenzeit statt. Die Eier, bis zu 14, legen die Schlangen von Mai bis September ab. Die Zeitigungsdauer beträgt ungefähr 50 Tage. Die Jungen haben beim Schlüpfen ein Länge zwischen 14–18 cm.

Haltung und Zucht: Die Gelbband-Wassernatter wurde mehrfach eingeführt. Neben einem geräumigen Wasserbecken braucht sie einen Landteil mit völlig trockenem Untergrund und eine örtliche Bodenheizung. Die Beleuchtung soll ganztätig in Betrieb sein. Da *Natrix stolata* gern auf Ästen ruht, darf ein weit verzweigter Kletterbaum nicht fehlen. Die Gelbband-Wassernatter benötigt möglichst gleichbleibende Lufttemperaturen zwischen 25–28 °C. Als Futter bietet man Frösche. Diese Natternart ist sehr gefräßig. Nach Wall soll ein gefangenes Exemplar innerhalb eines Jahres 131 Kröten gefressen haben. Nach Stettler hat *Natrix stolata* im Terrarium ein sehr breites Nahrungsspektrum und nimmt neben Fröschen und Fischen sogar Jungmäuse und Regenwürmer an. In Streifen geschnittenes Fischfilet und vitaminisiertes Rinderherz werden bald von der Pinzette gefressen. Freilebende Fische wurden bei Stettler nur gejagt, wenn keine anderen Beutetiere vorhanden waren. Die Männchen haben eine dickere Schwanzwurzel und bleiben kleiner als die Weibchen. Besonders bei Sonneneinstrahlung zeigen sich die Männchen sehr paarungsbereit und verfolgen die Weibchen. Die Begattung, die von Dezember bis April stattfindet, kann 3–4 Stunden, aber auch weniger lang dauern. *Natrix stolata* legt 4–14 Eier von 20 × 10 mm Größe ab. Nach Stettler werden die Eier bei Temperaturen zwischen 25–30 °C in feuchtem Torfmoos inkubiert. Die Entwicklungsdauer der jungen Schlangen in den Eiern schwankt zwischen 50 und 62 Tagen. Die Jungschlangen sind nach dem Schlupf 20–24 cm lang. Die Aufzucht mit Fischfiletstreifen, Rinderherz, kleinen Fischen, Fröschen und selbst nestjungen Mäusen ist nicht schwierig. Die Jungschlangen können in einem Jahr ihre Körperlänge verdoppeln.

Natrix (Nerodia) taxispilota
Braune Wassernatter
(Bild Seite 70)

Kennzeichen: Natrix taxispilota kommt in den südöstlichen Vereinigten Staaten vor und entspricht in geographischer Hinsicht der mehr westlich vorkommenden *Natrix rhombifera*. Diese beiden Nattern könnten vielleicht als geographische Rasse zu einer Art vereinigt werden. Auf jeden Fall sind ihre Biotope einander weitgehend ähnlich. Wie bei kaum einer anderen Wassernatter ist der Kopf herzförmig und erinnert damit an die Kopfform bestimmter Giftschlangen. Er setzt sich deutlich vom Hals ab. Der Körper dieser größten nordamerikanischen Natrixart kann die Stärke eines Kinderarms erreichen. Die Schuppen sind stark gekielt. Die Grundfärbung ist nuß- bis schokoladenbraun. Es gibt zahlreiche, ungewöhnlich dunkle Exemplare. Auf der Rükkenmitte finden sich in gleichmäßigen Abständen große, viereckige, dunkelbraune Flecken. In einer dazu versetzt angeordneten Reihe stehen diesen Rückenflecken gleich große und gleichfarbige Flecken auf jeder Körperseite gegenüber. Die gelbliche bis braune Bauchseite ist von viereckigen Flecken bedeckt. Von allen nordamerikanischen Wasserschlangen wird die Braune Wassernatter wegen ihres plumpen Körperbaus und ihrer braunen Färbung am ehesten mit der giftigen Wasser-Mokassinotter *(Agkistrodon piscivorus)* verwechselt.
Länge: Bis zu 175 cm.
Herkunft und Lebensweise: Die Braune Wassernatter ist in Virginia, Nordkarolina, Südkarolina, Georgia, Florida, Alabama und Louisiana beheimatet. Ihr Vorkommen ist in erster Linie an klare und ruhige Gewässer gebunden. Sie ist weitgehend am Tage aktiv und sonnt sich oft im am Ufer wachsendem Gestrüpp, hoch oben im Geäst der Bäume, auf einem über dem Wasser hängenden Ast oder auf kleinen Inseln. Bei der geringsten Gefahr läßt sie sich ins Wasser fallen, taucht unter oder schwimmt fort. Die Indianer glauben, daß die Braune Wassernatter giftig wie eine Klapperschlange sei. *Natarix taxispilota* beißt wild zu, wenn sie in die Enge getrieben oder ergriffen wird. Ihre Nahrung besteht hauptsächlich aus Fischen und Fröschen. Die Braune Wassernatter überwintert in Höhlungen und Löchern in unmitterbarer Ufernähe. Unabhängig von der Temperatur treibt sie ein Ansteigen des Wasserspiegels aus ihrem Winterquartier. Die zahlreichen Schlangen, die vor dem Hochwasser aus ihren Verstecken flüchten, hängen oft stundenlang im Gestrüpp und sonnen sich. Wenn sie hinreichend aufgewärmt sind, verkriechen sie sich wieder und suchen einen anderen Unterschlupf. In der Regel findet die Paarung in der zweiten Maihälfte statt. Die 14–58 Jungen werden von Juni–November geboren. Sie sind zwischen 18–26 cm lang. Bei der Geburt sind die Männchen im allgemeinen größer als die Weibchen, während es bei den erwachsenen Exemplaren umgekehrt ist.
Haltung und Zucht: Für die Braune Wassernatter gilt im Bezug auf Haltung und Pflege dasselbe wie für die Diamant-Wassernatter. *Natrix taxispilota* gewöhnt sich weniger gut an das Leben in der Gefangenschaft, ist teilweise heikel und frißt schlecht. Hat sie sich jedoch eingewöhnt, so ist sie eine gierige Fresserin, die Frösche, hauptsächlich jedoch Fische blitzschnell packt und oft noch unter Wasser verschlingt. Gerne frißt sie in Streifen geschnittenes Seefischfleisch. Von einer eigentlichen Nachzucht liegen keine Berichte vor; die im Terrarium geborenen Schlangen stammten von trächtig gefangenen Weibchen.

Natrix tessellata
Würfelnatter
2 Unterarten
(Bild Seite 70)

Kennzeichen: Der längliche Kopf setzt sich nur mäßig vom Hals ab. Der Körper wirkt schlanker als bei der Ringelnatter. Das Auge ist groß, mit runder Pupille. Die Schuppen sind stark gekielt. Die Grundfärbung variiert in den verschiedensten Grau- und Braunstufen. Der Rücken und die Körperseiten sind von 4–5

Reihen unregelmäßiger, dunkler abwechselnd gestellter Flecken bedeckt, die zu Querbinden verschmelzen können. Die Bauchseite ist gelblich bis rötlich und schwarz gefleckt. Auf dem Hals befindet sich zuweilen ein dunkler Winkelfleck, dessen Spitze nach vorn gerichtet ist. Die Unterart *Natrix tessellata heinrothi,* die auf der Insel Serpilor im Schwarzen Meer lebt, weicht von der Nominatform bedeutend ab; sie ist blauschwarz. Die Unterseite des Halses ist bei ihr gelblich und rötlich, der Vorderkörper in den gleichen Farben getupft. Auch in der Nominatform gelegentlich Schwärzlinge.
Länge: Bis zu 150 cm.
Herkunft und Lebensweise: Die Würfelnatter ist in einem großen Gebiet, von Mittel- und Südeuropa bis nach Nordwestindien und Westchina verbreitet. Sie kommt in Westdeutschland, in Österreich, in der Tschechoslowakei, in der Schweiz, in Italien, auf dem Balkan, in Südrußland und in West- und Zentralasien stellenweise vor. Sie lebt an den verschiedensten Gewässern, bevorzugt aber Ufer, die mit Bäumen und Buschwerk bewachsen sind. Oft sonnt sie sich stundenlang auf überhängenden Ästen. Die Würfelnatter hat sich dem Leben im und am Wasser hervorragend angepaßt. Sie schwimmt und taucht ausgezeichnet. Auch auf dem Lande ist sie recht flink. Im Wasser stellt sie Amphibien und Fischen nach. Sie lauert auf ihre Beutetiere oder erjagt sie schwimmend. Kleine Fische schlingt sie sofort hinunter, große zerrt sie erst ans Land und frißt sie dort. Die Paarung findet im Frühjahr kurz nach dem Erwachen aus der Winterruhe statt. Von Juni–August legt sie 5–25 ovale, oftmals in Klumpen zusammenhängende Eier in Laubhäufen, loser Erde, unter Steinen und in Wurzelstöcken ab. Die Jungen, die nach ungefähr 8–10 Wochen schlüpfen, ernähren sich in der ersten Zeit ihres Lebens von Kaulquappen und kleinen Fischen.
Haltung und Zucht: Als echte Wassernatter (mit seitlich nach oben gestellten Augen und Nasenöffnungen) benötigt die Würfelnatter ein geräumiges Terrarium mit einem großen Wasserteil. Als Bodenfüllung für den Landteil eignet sich ein Gemisch aus Sand, Kies, Walderde oder Torf. Flache Steine und ein kleiner Baumstubben dienen als Unterschlupf. Die Würfelnatter sonnt sich gerne im Geäst. Daher gehört ein Kletterast in das Terrarium. Diese Wassernatter gewöhnt sich in kurzer Zeit an das Leben in der Gefangenschaft und wird bald handzahm. Sie ist sehr gut zu halten und kann jahrelang im Terrarium überdauern. In der Regel beißt sie nicht. Wird sie ergriffen, so gibt sie einen unangenehmen Geruch von sich. Ihre Ansprüche an die Temperatur sind bescheiden; 20–26°C Lufttemperatur genügen am Tage. Wenn das Terrarium mehrere Stunden Sonne erhält, kann auf eine besondere Beleuchtung verzichtet werden. Als Nahrung bevorzugt die Würfelnatter kleine Fische, die sie mit großem Geschick aus dem Wasserbehälter fängt. Frösche frißt sie weniger gern. Man überwintert die Würfelnatter in einer mit feuchter Erde, Laub und Moos gefüllten Kiste bei 4–10°C von Oktober bis März. Nachzuchten im Terrarium wurden bei Wolk erzielt. Kopulationen fanden am 25.5.1980 und am 24.2.1982 statt. 46 und 59 Tage später wurden die Eier abgelegt. Die Eier wurden bei Temperaturen zwischen 25 und 38°C inkubiert. Die Inkubationsdauer nahm 40–42 Tage in Anspruch. Die Jungtiere maßen beim Schlupf 18–20 cm. 8–18 Tage nach dem Schlupf häuteten sie sich zum ersten Mal. Danach nahmen sie als erste Nahrung Fische zu sich.

Natrix (Rhabdophis) tigrina
Tiger-Wassernatter
3 Unterarten

Kennzeichen: Der Kopf setzt sich kaum vom Hals ab. Das große Auge besitzt eine runde Pupille. Der Körper wirkt schlank, der Schwanz lang ausgezogen. Die gekielten Schuppen sind beim Männchen in der Afterregion bedeutend verbreitert. Die Grundfärbung ist grünlich bis hellgrau. Den Rücken bedekken schwarze und orangefarbige Flecken. Die Halsseiten sind hellrot und schwarz getupft.

Der Nacken weist ein schwarzes Querband auf. Die Oberseite des Kopfes ist grünlich. Ein dunkles Band verläuft vom Auge zum Mundwinkel. Die schiefergraue Bauchseite ist zum Kopf hin dunkel gefleckt und wird nach hinten zu einfarbig schwarz.
Länge: 60–70 cm, nur selten über 1 m.
Herkunft und Lebensweise: Natrix tigrina ist in der Mandschurei, in Korea, in Japan und in China beheimatet. Sie kommt in der Ebene vor. Im Gebirge, wo man sie häufiger antrifft, steigt sie bis zu 2000 m empor. Man findet diese Schlange sowohl an und in Gewässern als auch in trockenem Gelände. In trockenen Gebieten sucht sie die unmittelbare Nähe von Wasser auf. In feuchten Regionen besiedelt sie mit Vorliebe grasbewachsenes Hügelland, das von Gewässern weit entfernt liegt. Die Tiger-Wassernatter ernährt sich vorwiegend von Fröschen, Kröten und Fischen. Sie frißt aber auch Mäuse, Ratten, Vögel und sogar Heuschrecken. Ihre Bewegungen sind sehr schnell. Dem Menschen gegenüber zeigt sie sich nicht als bissig. Im taxonomischen Sinne ist *Natrix tigrina* keine Giftschlange. Trotzdem hüte man sich vor dieser Art, da es bei einem Biß zu Vergiftungserscheinungen kommen kann. Der Speichel besitzt giftige Eigenschaften. Nach einem Biß von *Natrix tigrina* soll es in Japan sogar zu einem tödlichen Ausgang gekommen sein. Bei Gefahr flacht sie ihren Körper, besonders aber den Hals ab. Ihr Aussehen erinnert dann an eine Kobra. *Natrix tigrina* legt von Juli bis August ungefähr 14 Eier, die etwa 36 × 20 mm messen.
Haltung und Zucht: Die Tiger-Wassernatter ist bisher nur selten eingeführt worden. Wie bei anderen Wassernattern gestaltet man den Behälter als Aquaterrarium mit gleich großem Wasser- und Landteil. Eine lokale Bodenheizung ist angezeigt. Am Tage hält man die Lufttemperaturen zwischen 20–30 °C. Auf eine Beleuchtung kann verzichtet werden, wenn das Terrarium mehrstündig Sonne erhält. *Natrix tigrina* ist im Terrarium gut haltbar, unempfindlich gegen Kälte und recht gefräßig. Entsprechend den natürlichen Witterungsverhältnissen ist eine Überwinterung von November – März notwendig. Von einer planmäßigen Nachzucht in der Gefangenschaft ist bisher nichts bekannt. Emilianov berichtet jedoch über die Eiablage im Terrarium. Die Zeitigungsdauer betrug 46–47 Tage. Die Jungen maßen beim Schlüpfen 15–17 cm.

Gattung Rhabdophis
Asiatische Kielrückennattern

Rhabdophis subminiatus
Rothals-Kielrückennatter
3 Unterarten
(Bild Seite 106)

Kennzeichen: Der kurze Kopf setzt sich deutlich vom Hals ab. Das mittelgroße oder große Auge besitzt eine runde Pupille. Der zylinderförmige Körper ist mäßig schlank. Von den 8 Oberlippenschilden berühren 3 das Auge. Das Schnauzenschild ist breiter als hoch und von oben her deutlich sichtbar. Die äußeren Flankenschuppen sind ungekielt, die Rückenschuppen gekielt. Der Rumpf wird von 17–19 in schrägen Reihen stehenden Schuppen umgeben. Die Körperoberseite ist bräunlich bis olivfarben, einfarbig oder dunkel gefleckt. Die Halsoberseite ist orangefarben bis rot. Die Halsseiten sind hellgelb bis dottergelb. Der gelbe Bauch weist am Ende eines jeden Schildes einen dunklen Fleck auf. Die Kopfseiten sind gelb. Ein kommaähnlicher Strich verbindet das Auge mit dem Mundwinkel.
Länge: 50–70 cm.
Herkunft und Lebensweise: Rhabdophis subminiatus ist auf der Insel Hainan, in Süd-China, in Vietnam, in Laos, in Burma, in Thailand, in Kambodscha und auf der Malayischen Halbinsel beheimatet. Der Verfasser kennt die Rothals-Kielrückennatter aus West-Thailand aus der Umgebung des Mae Nam Kwae Noi bei Ban Ong Ka und Ban Phu Mut, wie aus dem Khao Yai Nationalpark und aus der Umgebung von Pak Chong. Hier lebt die weitgehend tagaktive und bodenbewohnende Natter in nicht geringer Anzahl im hohen Gras, in

von Gebüschen und von Bambusbeständen durchsetztem Gelände meist in der Nähe von Tümpeln, Bächen und vom Mae Nam Kwae Noi. Diese Art wird aber auch an Waldrändern, in Wäldern und als Kulturfolger nicht selten an und in Gummiplantagen ebenso wie in Ortschaften angetroffen. *Rhabdophis subminiatus* ernährt sich weitgehend von Fröschen und Kröten, weniger von Fischen. Im Zustande der Erregung spreizt diese Natter die Halsregion horizontal ab wodurch die rote und gelbe Halsfärbung besonders deutlich sichtbar wird. Die Rothals-Kielrückennatter legt Eier. Die Jungen schlüpfen im März und im April. Die Paarung findet nach dem üblichen Verhaltensmuster statt. Die jungen Rothalskielrückennattern haben beim Schlupf eine Körperlänge von 80 mm. Sie wachsen ungemein schnell und erreichen im männlichen Geschlecht nach gut einem Jahr und im weiblichen Geschlecht nach knapp 18 Monaten die Geschlechtsreife.
Haltung und Zucht: Wegen ihrer geringen Größe benötigt die Rothals-Kielrückennatter zu ihrem Wohlbefinden kein großes Terrarium. Es ist nach den gleichen Richtlinien einzurichten wie ich es für *Natrix piscator* beschrieben habe. In den Pflegeansprüchen unterscheidet sich *Rhabdophis subminatus* nicht von *Natrix piscator.* Die Rothals-Kielrückennatter ist ein leicht zu haltender Terrarieninsasse, der jahrelang im Terrarium ausdauert und bereitwillig lebende und tote Frösche und Kröten verzehrt. *Rhabdophis subminiatus* wurde bisher in der Gefangenschaft nicht nachgezüchtet.

Gattung Thamnophis
Strumpfbandnattern
23 Arten

Thamnophis butleri
Butlers Strumpfbandnatter

Kennzeichen: Diese kleine Art zeigt einen schmalen, länglichen Kopf, der sich kaum oder gar nicht vom Hals absetzt. Das große Auge hat eine runde Pupille. Der Körper ist schlank, der Schwanz lang gestreckt. Das Rückenband ist weißlichgelb, die Seitenstreifen buttergelb bis orangefarbig. Die Grundfärbung des Rükkens schwankt zwischen olivbraun bis schwarz. Zwischen den Streifen tritt oft eine Doppelreihe schwarzer Flecken auf. Unter den Seitenstreifen findet sich ein kaffeebraunes Band. Die Bauchseite ist graugrün und gefleckt.
Länge: Bis zu 69 cm.
Herkunft und Lebensweise: Thamnophis butleri ist im Norden der Vereinigten Staaten und im südlichen Kanada heimisch. Sie kommt in Südwest-Ontario, Indiana, Michigan, Ohio, Wisconsin und vielleicht in Illinois vor. Man findet sie in der Ebene und im Hügelland bis zu 500 m Höhe. Vorzugsweise lebt sie in feuchten Wiesen, Sümpfen und an Seeufern. Sie kommt aber auch in trockenem Gelände auf Waldlichtungen vor. In für sie günstigem Gelände ist sie in dichten Populationen anzutreffen. In vielen Teilen ihres Verbreitungsgebietes tritt sie aber nur selten auf oder fehlt ganz. Am Tage hält sie sich unter Baumstämmen, altem Holz und zwischen dichten Grasbüscheln versteckt. In der heißen Jahreszeit kommt sie erst in der Dämmerung aus ihren Unterschlüpfen. Ihre Bewegungen sind langsam. Sie verteidigt sich kaum, wenn man sie fängt. In Erregung und auf der Flucht führt sie eigenartige Bewegungen aus, die man bei keiner anderen *Thamnophis-Art* kennt. Ihr Körper windet sie sich dann in heftigen Wellenlinien von einer Seite zur anderen. Der Energieverbrauch dieser Vorwärtsbewegungen steht in keinem Verhältnis zur zurückgelegten Strecke. An diesem Verhaltensmerkmal ist sie im Freien leicht zu erkennen. Butlers Strumpfbandnatter ernährt sich von Fröschen, Salamandern, Fischen, Mäusen, Regenwürmern und Insekten. Ihre Winterquartiere sucht sie gegen Ende September auf. Im März oder Anfang April kommt sie wieder zum Vorschein. *Thamnophis butleri* paart sich im April. 4–16 Junge werden von Juni – September geboren. Die Jungen sind 13–18 cm lang.

Haltung und Zucht: Angesichts ihrer geringen Größe genügt für diese Art ein kleines Terrarium mit einem großen Wasserteil. Die Einrichtung des Behälters und auch die Pflege der Schlangen ist weitgehend ähnlich wie bei der Strumpfbandnatter. Als Futter bietet man kleine Frösche und Fische oder Streifen von Fisch. Entsprechend den natürlichen Verhältnissen ist eine 5monatige Überwinterung in einer Kiste mit feuchter Walderde, Laub und Moos bei niedrigen Temperaturen zwischen 6–10 °C notwendig. *Thamnophis butleri* wurde in der Gefangenschaft mehrfach nachgezüchtet. Im Zoo von Toledo (Ohio) paarten sich die Schlangen am 23. März und 4. April, wie man verschiedene Jahre hindurch feststellte. Die Jungen wurden am 2. und am 3. Juli geboren. Die Jungschlangen sind im zweiten, meist jedoch im dritten Jahr geschlechtsreif.

Thamnophis cyrtopsis
Gefleckte Strumpfbandnatter
6 Unterarten
(Bild Seite 70)

Kennzeichen: Der Kopf setzt sich deutlich vom Hals ab. Das große Auge besitzt eine runde Pupille. Der Körper wirkt gestreckt, der Schwanz lang ausgezogen. Die Schuppen sind gekielt. Die Oberseite des Kopfes ist blaugrau bis schwarz. Zu beiden Seiten des Halses findet sich ein großer, schwarzer Fleck. Über die Rückenmitte zieht sich eine breite, orangefarbige Linie, die am Kopfende ihren Anfang nimmt und auf der Schwanzmitte endet. Zwei weniger deutliche, helle bis buttergelbe Seitenstreifen verlaufen unten an jeder Körperseite parallel zur Rückenlinie. Zwischen der Rükkenlinie und dem Seitenstreifen stehen auf gelblichem Untergund große, blauschwarze Flecken, die bei der Unterart *Thamnophis cyrtopsis ocellata* miteinander zu einem breiten schwarzen Band verschmelzen. Die Bauchseite ist einfarbig weißgrau, bräunlich oder grünlich.
Länge: Etwas über 1 m.

Herkunft und Lebensweise: Der Lebensraum der Gefleckten Strumpfbandnatter reicht vom südwestlichen Utah, Arizona und Texas durch Mexiko bis ins westliche Honduras. Sie kommt gewöhnlich in Wassernähe, an Quellen, Viehtränken und in zum Teil ausgetrockneten Flußbetten vor, aber auch im Mesquite-Gestrüpp im Wüstengelände, an Berghängen und in offenen, von Geröllhalden durchsetzten Kiefernwäldern. In Arizona ist sie in vielen Canyons und auch an Bergflüssen die bei weitem häufigste Schlange. Bei Regenwetter wandert sie oft meilenweit umher. Sie ernährt sich hauptsächlich von Amphibien wie Fröschen, Kröten und Kaulquappen. Nur selten frißt sie Fische. Frisch gefangene Exemplare beißen nur ausnahmsweise, scheiden aber aus den Kloakendrüsen ein stinkendes Sekret ab. *Thamnophis cyrtopsis* zieht sich in der Regel im September zur Winterruhe zurück und kommt im März wieder zum Vorschein. Die Paarung findet im März oder April statt. 10–25 Junge werden von Juni–August geboren. Sie haben eine Länge von knapp 20 cm.
Haltung und Zucht: Wie die vorige Art ist auch *Thamnophis cyrtopsis* ein sehr haltbarer und angenehmer Pflegling, der nur geringe Ansprüche an Temperatur und Feuchtigkeit stellt. Ein mittelgroßes Terrarium von 100 × 60 cm Bodenfläche mit einem Wassergefäß aus Plastik genügt vollauf. Als Bodenfüllung eignen sich Walderde, Sand- oder Lehmboden vermischt mit Walderde oder Torf. Als Versteckmöglichkeit genügen einige flache Steine, Rindenstücke oder ein kleiner Baumstubben. Eine örtliche Bodenheizung ist vorteilhaft, aber nicht unbedingt notwendig. Wenn das Terrarium am Vor- und Nachmittag Sonne erhält, kann man auf die 10–12stündige Beleuchtung verzichten. *Thamnophis cyrtopsis* fühlt sich bei Tagestemperaturen zwischen 20–30 °C wohl, am angenehmsten sind ihr 26 °C. Die Nachttemperaturen sollten um wenige Grade tiefer liegen. Eine 4- bis 5monatige Winterruhe ist empfehlenswert. Mein Exemplar fraß zu Anfang Frösche und Kröten, später verabreichte ich nur noch zu Streifen geschnittenen Fisch.

Thamnophis cyrtopsis wurde von Toni Calmonte nachgezüchtet, der darüber in der Zeitschrift „Aquaria“ berichtete. Die Gefleckte Strumpfbandnatter dürfte sich jedoch nicht schwieriger nachzüchten lassen als die Berg-Strumpfbandnatter.

Thamnophis elegans
Berg-Strumpfbandnatter
4 Unterarten
(Bild Seite 177)

Kennzeichen: Der Kopf setzt sich nur mäßig vom Hals ab. Das große Auge besitzt eine runde Pupille. Der Körper ist gestreckt. Die Rückenschuppen sind gekielt. Im Gegensatz zu den Kielrückennattern der Gattung *Natrix,* die alle ein geteiltes Afterschild haben, besitzen alle *Thamnophis*-Arten nur ein einziges, ungeteiltes Afterschild. Eine sehr deutlich ausgeprägte weißgelbe Rückenlinie zieht sich von der Nackenmitte bis zum Schwanzende. Zwei weniger deutliche Seitenstreifen verlaufen unten an den Körperseiten parallel zur Rückenlinie. Die Grundfärbung des Körpers ist braun. Der Zwischenraum zwischen den Streifen ist schwarz oder dunkel gefleckt und teilweise hell gesprenkelt. Die Unterart *Thamnophis elegans terrestris* weist auf den Flanken und dem Bauch hellrote bis orangefarbige Tupfen auf. Die Bauchseite ist einfarbig grauweiß oder ein wenig gesprenkelt.
Länge: Etwas über 1 m.
Herkunft und Lebensweise: Die Berg-Strumpfbandnatter ist in einem großen Gebiet von Südkanada über den Westen der Vereinigten Staaten bis ins nordwestliche Mexiko verbreitet. Die Schlange bewohnt verschiedenartige Biotope in der Ebene und kommt in Höhen über 2800 m vor. Sie ist in savannenartigem Grasland, in mit niedrigem Gebüsch bewachsenem Gelände, in offenen, lichtdurchfluteten Wäldern, in Feuchtgebieten und an den Rändern von Gewässern ebenso zu finden wie auf völlig trockenem Gelände. Mit Vorliebe hält sich *Thamnophis elegans* oft in großer Zahl in Flußbetten auf, die jährlich völlig oder teilweise austrocknen. Daraus läßt sich schließen, daß dauernde Feuchtigkeit für diese Natter keine unbedingte Lebensnotwendigkeit ist. Je nach der betreffenden Unterart lebt die Berg-Strumpfbandnatter stärker an Land oder im Wasser. Bei Gefahr fliehen die stärker bodenbewohnenden Formen sofort ins Pflanzendickicht oder in ein anderes Versteck, während die ans Wasser gebundenenUnterarten sofort im Wasser verschwinden. Die Nahrung von *Thamnophis elegans* ist sehr vielseitig. Sie verzehrt Frösche, Kröten, Molche, Salamander, Eidechsen, Fische, Spitzmäuse, Mäuse, kleine Vögel, Schnecken, Spinnen, Ameisen, Heuschrecken und allerlei andere Insekten. Je nach Witterungsverhältnissen beginnt die Überwinterung im September oder Oktober und endet im März, April oder Mai. Die Strumpfbandnattern überdauern die kalte Jahreszeit oft gemeinsam und in großer Anzahl im gleichen Winterquartier. Die Überwinterungsplätze sind meist Löcher und Höhlungen unter der Erde. Die Paarung findet im Frühjahr von März–Mai statt. Von Ende Juli–September werden im Durchschnitt 10 Junge geboren, die eine Länge zwischen 12–19 cm aufweisen.
Haltung und Zucht: Thamnophis elegans ist ein empfehlenswerter Terrarienpflegling, der sich gut hält, lange in der Gefangenschaft ausdauert, leicht nachzuzüchten ist und bemerkenswert zahm wird. Ein handzahmes Exemplar des Verfassers ließ sich ohne Anzeichen von Furcht aus dem Terrarium nehmen und fraß tote Mäuse und Fische aus der Hand. Je nach der Größe der Terrariums sollte der Wasserbehälter ein Viertel bis ein Sechstel der Bodenfläche ausmachen. Die Schlangen liegen besonders vor der Häutung stundenlang im Wasser. Als Bodenfüllung verwendet man ein Gemisch aus grobem Sand und Walderde. Übereinandergeschichtete Steine, Korkrinde oder ein Baumstubben bieten hinreichend Unterschlupf. Angesichts des zierlichen Körperbaus dieser Schlangen kann man einige derbe Pflanzen im Terrarium dauerhaft zum Wachstum bringen. Eine örtliche Bodenheizung ist ange-

bracht. Die Lufttemperatur sollte am Tage zwischen 20–26°C, betragen. nachts etwas weniger. Die Beleuchtung sollte 10–12 Stunden in Betrieb sein. Auf eine künstliche Beleuchtung kann man verzichten, wenn der Schlangenbehälter am Vor- und Nachmittag Sonne erhält. Als Nahrung bietet man Fische, Fischstückchen, Frösche und kleine Mäuse. Eine 4- bis 5monatige Überwinterung in einer Kiste mit feuchter Erde, Laub und Moos bei 6–10°C empfiehlt sich. Die Kiste sollte im Dunkeln stehen. Nachzuchten im Terrarium sind schon mehrfach geglückt. Vor und während der Paarung kriecht das Männchen mit wellenförmigen Bewegungen über den Rükken des Weibchens. Manche Männchen paaren sich zuweilen nacheinander mit verschiedenen Weibchen. Die Paarung findet meist nach der ersten Frühjahrshäutung der Weibchen statt. Das feuchte Hautsekret der Weibchen scheint die Männchen anzuregen. Die Trächtigkeitsdauer der Weibchen beträgt ungefähr 120–150 Tage. Bei richtiger Pflege und ausreichender Fütterung mit kleinen Fröschen, Fischen und Fischstückchen wachsen die Jungen sehr schnell heran. Vitaminzugaben beschleunigen das Wachstum. In der Freiheit werden die Männchen gewöhnlich erst im dritten Lebensjahr geschlechtsreif. In einem Fall wuchs ein Männchen sehr schnell heran. Kaum 12 Monate alt, war es bereits geschlechtsreif und kopulierte erfolgreich.

Thamnophis marcianus
Karierte Strumpfbandnatter
2 Unterarten

Kennzeichen: Der Kopf setzt sich kaum vom Hals ab. Das Auge ist groß und die Pupille rund. Es sind 8 Oberlippen- und 10 Unterlippenschilde vorhanden. Die gekielten Rückenschuppen umgeben die Rumpfmitte in 21 schrägen Reihen. *Thamnophis marcianus* hat ein braunes, olivfarbenes oder graues Körperkolorit mit einem Muster von großen, viereckigen Flecken zu beiden Seiten des hellen Dorsalstreifens, der vom Hinterkopf bis zur Schwanzspitze verläuft. Auf jeder Körperseite verläuft ein weiterer heller Streifen von den Halsseiten zum Schwanz. Zwei dunkle Flecken mit hellem Kern befinden sich am Hinterkopf. Dunkle kommaähnliche Striche zieren die Oberlippenschilde. Die Bauchseite ist stumpf olivfarben.

Länge: Bis 108 cm.

Herkunft und Lebensweise: Das Verbreitungsgebiet der Karierten Strumpfbandnatter reicht vom äußersten Südost-Kalifornien über Süd-Arizona, Neu-Mexiko bis nach Ost-Texas und nach Südwest-Kansas und im Süden über Mexiko bis nach Costa Rica. Die vertikale Verbreitung von *Thamnophis marcianus* erstreckt sich vom Meeresspiegel an bis in Höhenlagen von 1500 m. Diese Strumpfbandnatter bevorzugt trockenes bis semiarides Gelände und ist stets in der Nähe von Gewässern, an Flüssen, an Bächen, an Quellen, an Teichen und an den Rändern von Irrigationskanälen, zu finden. In den nördlichen Teilen ihres Verbreitungsgebietes ist die Karierte Strumpfbandnatter während des Tages munter. In warmen Sommernächten ist sie auch nachts aktiv. Ihre Nahrung besteht aus Fröschen, Kröten, Fischen, Würmern und kleinen Krebsen. Gegen Ende Oktober zieht sich *Thamnophis marcianus* zur Winterruhe zurück und erscheint erst wieder im März und im April. Die Paarung findet von März bis Mai statt. Diese Art bringt zwischen Juni und August 6–18 lebende Junge zur Welt, die bei ihrer Geburt 20,3 bis 23,5 cm lang sind.

Haltung und Zucht: Thamnophis marcianus ist ein empfehlenswerter und ausdauernder Terrarienpflegling, der zu seinem Wohlbefinden einen mittelgroßen Behälter mit einer Bodenfüllung aus einem Gemisch von Sand und

---

Oben: Abb. 45: Coluber hippocrepis (Hufeisennatter) s. Seite 170
Unten: Abb. 46: Elaphe moellendorffi (Moellendorffs' Kletternatter) s. Seite 186

Walderde benötigt. Baumrinde, einige übereinandergeschichtete Steine und einige Kletteräste dienen als Versteck- und Klettermöglichkeiten. Wegen der geringen Größe dieser Art braucht man nicht auf Pflanzen zu verzichten. Ein größerer Wasserbehälter ist notwendig. Eine Beleuchtung erübrigt sich, wenn das Terrarium Morgensonne und Tageslicht erhält. Andernfalls sollte die Licht und Wärme spendende Lampe 10–12 Stunden in Betrieb sein. *Thamnophis marcianus* benötigt zu seinem Wohlbefinden Tagestemperaturen zwischen 25 und 30 °C, die in der Nacht auf 18–20 °C absinken sollen. Eine mäßige Bodenheizung ist von Vorteil. Als Futter bietet man tote und lebende Fische an, die immer gerne genommen werden. Die Exemplare des Verfassers waren stets gierige Fresser, die mit der Zeit so zahm wurden, daß sie das Futter aus der Hand nahmen. Für das Wohlbefinden und die erwünschte Nachzucht dieser Schlangen ist eine viermonatige Überwinterung bei Temperaturen zwischen 10 und 15 °C notwendig. Die Nachzucht, die nicht sonderlich schwierig ist, gelang schon mehrfach in den USA.

Thamnophis ordinoides
Nordwestliche Strumpfbandnatter

Kennzeichen: Diese kleine Strumpfbandnatter hat einen kurzen Kopf, der sich kaum vom Hals absetzt, ein mäßig großes Auge mit runder Pupille und einen schlanken Körper. Es sind 7–9 Oberlippen- und 8–9 Unterlippenschilde vorhanden. Die Schuppen sind gekielt. Sie umgeben die Rumpfmitte in 15–17 Reihen. Das Afterschild ist ungeteilt. *Thamnophis ordinoides* hat eine braune, grünliche, bläuliche oder schwarze Körpergrundfärbung. Die Rückenmitte ist von einem roten, orangefarbigen oder gelben Strich überzogen. Die 2. und 3. Schuppenreihe auf den Körperseiten kann von einem hellen Streifen bedeckt sein, der aber auch fehlen kann. Die Bauchseite ist gelblich, olivfarben oder grau und oft rot und schwarz gefleckt.
Länge: 40–66 cm.
Herkunft und Lebensweise: Thamnophis ordinoides bewohnt den Westen Nordamerikas von Vancouver Island und dem küstennahen Britisch Columbien, West-Washington, West-Oregon und das extreme nordwestliche Kalifornien. Die Nordwestliche Strumpfbandnatter, die vom Meeresspiegel bis zu Höhenlagen von 1200 m emporsteigt, bevorzugt feuchte Wiesen und Lichtungen in Wäldern mit niedriger Vegetation. Oft liegt sie an den Rändern von Gebüschen. Wenn sie überrascht wird, sucht sie eher in dichter Vegetation Schutz als im Wasser. Diese Strumpfbandnatter ist tagaktiv und an sonnigen Tagen besonders munter. Ihre Nahrung besteht aus Fröschen, Salamandern, Nacktschnecken und Würmern. Je nach Witterung zieht sich *Thamnophis ordinoides* zwischen Oktober und Dezember in ihre Winterquartiere zurück, aus denen sie von März bis Mai wieder hervorkommt. Die Paarung findet im Frühjahr und im Herbst statt. 3–15 Junge, die bei der Geburt 15–18 cm lang sind, werden zwischen Juni und August geboren.
Haltung und Zucht: Wie alle *Thamnophis*-Arten ist auch die Nordwestliche Strumpfbandnatter ein ausdauernder und angenehmer Pflegling, der bald sehr zahm wird. Ich hielt diese Schlangen in einem Freilandterrarium, in dem ich sie auch überwinterte. Als Bodenfüllung verwendet man ein Gemisch aus Sand und

---

Oben links: Abb. 47: Coluber ravergieri cernovi (Ravergiers Zornnatter) s. Seite 172
Oben rechts: Abb. 48: Ptyas mucosus (Albino einer Rattennatter) s. Seite 174
Mitte links: Abb. 49: Elaphe carinata (Stinknatter) s. Seite 176
Mitte rechts: Abb. 50: Elaphe dione (Dione-Natter) s. Seite 181
Unten links: Abb. 51: Elaphe obsoleta lindheimeri (Erdnatter) s. Seite 187
Unten rechts: Abb. 52: Elaphe schrencki schrencki (Amurnatter) s. Seite 194

Waldhumus. Als Versteck eignen sich einige Rindenstücke und übereinandergeschichtete Steine. Ein Wassergefäß darf nicht fehlen. Wegen der geringen Größe dieser Schlange braucht man auf Pflanzen nicht zu verzichten. Gut geeignet ist Efeu, den man in ein Plastikgefäß einpflanzt; das Plastikgefäß hält die Feuchtigkeit besonders gut. Als Futter bietet man Frösche, am besten als Verkehrsleichen nach einem Regen von der Straße eingesammelt. Auch Nacktschnecken und Regenwürmer werden gefressen. Über eine Nachzucht ist nichts bekannt. Sie dürfte jedoch nicht schwieriger sein als bei anderen *Thamnophis*-Arten. Als Voraussetzung für die Nachzucht dürfte sich auch hier eine kalte Überwinterung bei Dämmerlicht oder Dunkelheit empfehlen.

Thamnophis radix
Prärie-Strumpfbandnatter
2 Unterarten

Kennzeichen: Der kurze Kopf setzt sich deutlich vom Hals ab. Das Auge ist groß mit runder Pupille. Es sind 7 Oberlippenschilde vorhanden. Die gekielten Rückenschuppen umgeben die Rumpfmitte in 21 schrägen Reihen. Das Afterschild ist ungeteilt. Die Körperoberseite und der Kopf sind dunkelolivgrün. Die Flanken und die Bauchseite sind gelblichweiß. Über die Rückenmitte zieht sich ein gelber oder orangefarbiger Streifen, der in Richtung auf den Schwanz hin blasser wird. Die 3. oder 4. Schuppenreihe auf den Körperseiten sind vorne von einem cremefarbenen, grünlichen oder bläulichen Band überzogen, das zum Schwanzende hin einen weißlichen Farbton annimmt. Die Körperseiten sind schwarz gefleckt. Schwarze Flecken befinden sich auch zwischen den Oberlippenschilden.
Länge: 50–102 cm.
Herkunft und Lebensweise: Thamnophis radix hat ein weites Verbreitungsgebiet, das sich im Norden von West-Kanada bis nach New Mexiko im Süden und im Osten über Nord-Ohio, Nordwest-Arkansas, Südwest-Illinois bis zum südlichen Missouri hin erstreckt. Diese Art, die feuchte Wiesen und Sumpfgelände bevorzugt, kommt auch in Parks und auf lichten Prärien entlang der Ränder von Seen, Flüssen und Sümpfen vor. Zuweilen wird *Thamnophix radix* auch in Städten angetroffen. Die vertikale Verbreitung von *Thamnophix radix* erstreckt sich von 150 m bis zu Höhenlagen von 2000 m. In ihren Biotopen ist die Prärie-Strumpfbandnatter zuweilen sehr häufig. Ihren ständigen Unterschlupf hat sie unter Steinen, in Erdlöchern, unter Baumstämmen, unter Grasbüscheln usw. Während warmer Tage setzt sie sich den Sonnenstrahlen aus. Ihre Nahrung besteht aus Fischen, Fröschen, Kröten, Regenwürmern, Insekten, wie sie gelegentlich auch Mäuse verzehrt. Die Paarung findet im Anschluß an die Überwinterung von April bis Mai und auch im Herbst statt. Zwischen Juli und September werden 5–60 Jungschlangen geboren, die eine Länge von 16–19 cm haben.
Haltung und Zucht: Mit der Behältereinrichtung und der Unterhaltung des Terrariums, in dem *Thamnophis radix* gepflegt werden soll, ist so wie bei den anderen *Thamnophis*-Arten zu verfahren. Gefüttert wird mit lebenden und toten Fischen und Fröschen. Man verfüttere möglichst keine der Natur entnommenen Frösche. Man kann sich einen Froschvorrat anlegen, indem man die Frösche auf der Straße aufsammelt und einfriert, die oft nach einem Regen in großer Anzahl überfahren wurden. *Thamnophis radix* ist von Quartero nachgezüchtet worden. Bei diesem Pfleger paarten sich am 7. September 1980 ein vierjähriges Männchen und ein acht Jahre altes Weibchen. Am 21. Dezember 1980 wurden 2 unbefruchtete Eier abgelegt und 9 Junge geboren, von denen nach der Geburt 5 überlebten. Die überlebenden Jungschlangen waren zwischen 15 und 22 cm lang. Acht Tage nach der Geburt nahmen alle jungen Prärie-Strumpfbandnattern selbständig Nahrung zu sich.

Thamnophis sauritus
Bändernatter
4 Unterarten
(Bild Seite 69)

Kennzeichen: Die Bändernatter unterscheidet sich von den anderen *Thamnophis*-Arten durch ihren überaus schlanken Körperbau, den sehr langen Schwanz und die zeichnungslose Bauchseite. Der Kopf setzt sich kaum vom Hals ab. Das Auge ist überaus groß mit runder Pupille. Ein gelblicher Rückenstreifen, der in Richtung auf den Schwanz zu leicht orangefarbig oder grünlich wird, zieht sich von der Nakkenmitte zum Schwanzende. Zwei Seitenstreifen verlaufen parallel zur Rückenlinie. Bei *Thamnophis sauritus nitae* ist die Rückenlinie nur schwach ausgebildet oder fehlt gänzlich. Bei dieser blauschwarzen Unterart sind die Seitenstreifen himmelblau.
Länge: Bis zu 1 m.
Herkunft und Lebensweise: Die Bändernatter kommt in den östlichen USA von Maine, New York, Michigan, Ohio bis nach Florida, Alabama und Mississippi vor. Stärker als die anderen Strumpfbandnattern der östlichen und mittleren USA ist sie an die unmittelbare Nähe des Wassers gebunden. Nie entfernt sie sich weit von Bächern, Flüssen, Kanälen, Teichen, Tümpeln, Wasserlöchern oder Sümpfen, die ihren ausschließlichen Lebensbereich bilden. Der Verfasser sammelte in Sümpfen und überschwemmten Kiefernwäldern in Okeetee in Südkarolina einige Exemplare. Die Bändernatter ist am Tage aktiv und sonnt sich gerne auf im Wasser liegenden Baumstämmen, auf niederem Gestrüpp und trockenem Schilfrohr. Wenn sie sich verfolgt fühlt, saust sie blitzartig ins Wasser und schwimmt mit bemerkenswerter Leichtigkeit davon. Im Gegensatz zu den *Natrix*-Arten taucht sie nicht. Einige Exemplare beißen, wenn sie gefangen werden. Andere entleeren eine stinkende Flüssigkeit aus den Kloakendrüsen. Gewöhnlich frißt sie keine Regenwürmer, sondern lebt von Fröschen, Kröten und Salamandern. Fische, Mäuse und Insekten werden nur gelegentlich verzehrt. Zur Winterruhe verschwindet sie je nach Witterung im Oktober oder November und erscheint im Frühjahr als erste Schlange im März, manchmal im Februar und ausnahmsweise sogar schon im Januar. Die Paarung findet im Frühjahr statt. Die Jungen, bis zu 20 an der Zahl, werden von Juli bis November geboren.
Haltung und Zucht: Die Bändernatter benötigt ein Aquaterrarium mit einem großen Wasserteil. Für den Landteil verwendet man als Bodenfüllung ein Gemisch aus Walderde und Sand. Rinde, Steine und ein kleiner Baumstubben dienen als Unterschlupf. Einige verzweigte Äste bieten Klettermöglichkeiten. Die Bändernatter hat nur ein geringes Körpergewicht. In das Terrarium eingesetzte Pflanzen kann sie daher kaum zerdrücken. Eine besondere Beleuchtung ist nicht notwendig, wenn der Behälter am Vor- und Nachmittag Sonne erhält. Andernfalls sollte die Beleuchtung während des Tages 10–12 Stunden in Betrieb sein. Eine örtliche Bodenheizung ist empfehlenswert. *Thamnophis sauritus* fühlt sich während des Tages bei Lufttemperaturen zwischen 20–30 °C wohl. Nachts läßt man die Temperatur um einige Grad absinken. Als Nahrung verabreicht man Frösche. Nicht alle Exemplare gewöhnen sich sofort an Fisch. Eine 3- bis 4monatige Winterruhe ist für das Wohlbefinden der Schlangen notwendig. Über eine gelungene Nachzucht in der Gefangenschaft ist nichts bekannt. Allerdings dürfte die Fortpflanzung im Terrarium bei dieser Art auch nicht schwieriger sein als bei *Thamnophis elegans*.

Thamnophis sirtalis
Strumpfbandnatter
13 Unterarten
(Bild Seite 69)

Kennzeichen: Bei der Strumpfbandnatter sind Farbe wie Zeichnungsmuster sehr unterschiedlich. Es können Streifen oder Flecken vorherrschen. In ihrem äußeren Erscheinungsbild ähnelt diese Schlange der Ringelnatter. Der Kopf setzt sich nur geringfügig vom

Hals ab. Das große Auge hat eine runde Pupille. Der Körper wirkt schlank, der Schwanz lang ausgezogen. Die Schuppen sind gekielt. Die Kopfoberseite ist schwarz oder sehr dunkel. Die Grundfärbung des Rückens und der Körperseiten kann schwarz, dunkelbraun, grün, olivfarben oder gelb sein. Eine Rückenlinie und 2 Seitenstreifen, die den Körper vom Kopf bis zum Schwanz überziehen, sind deutlich ausgebildet. Die Streifen können gelblich, bräunlich, grünlich oder bläulich sein. Bei *Thamnophis sirtalis annectens* ist die Rückenlinie ziegelrot. Zwischen den Streifen findet sich gewöhnlich eine Doppelreihe gegeneinander versetzter schwarzer oder sehr dunkler Flecken. Die Flecken treten manchmal besonders deutlich hervor und verschmelzen mit den Streifen. Es gibt Exemplare ohne Seitenstreifung. Die Unterart *Thamnophis sirtalis parietalis* ist auf den Flanken rot getupft. Die Bauchseite ist grün oder gelb mit 2 Reihen undeutlicher schwarzer Flecken, die teilweise von den sich dachziegelartig überlappenden Bauchschilden verdeckt werden. Die wohl schönste und seltenste Unterart von *Thamnophis sirtalis* ist *Thamnophis sirtalis tetrataenia.* Der Kopf dieser Strumpfbandnatter ist rot. Neben einem gelblichgrünen Dorsalband verläuft parallel ein schwarzes, ein rotes, ein schwarzes und wieder ein gelblichgrünes Band. Die genannte Unterart wird in der Umgebung von San Francisco (Kalifornien) gefunden.
Länge: Bis zu 125 cm.
Herkunft und Lebensweise: Die Strumpfbandnatter ist die verbreitetste und häufigste *Thamnophis*-Art. Ihr Vorkommen erstreckt sich von Südkanada durch den größten Teil der Vereinigten Staaten bis nach Nordmexiko. Neben den Klapperschlangen sind die Strumpfbandnattern die bekanntesten Schlangen in Nordamerika. Sie sind fast überall anzutreffen. Alle Unterarten der Strumpfbandnattern zeigen eine Vorliebe für Feuchtgebiete und sind daher an Tümpeln, Teichen, Seen, Sümpfen, Bayous, Bächen, Flüssen und Kanälen zu finden. Sie kommen aber auch an Feldrändern, in offenen Wäldern und in kultiviertem wie unkultiviertem Gelände vor. *Thamnophis sirtalis* ist hauptsächlich am Tage, weniger in der Dämmerung aktiv. In Südflorida fand ich zahlreiche Schlangen der Nominatform gegen Abend immer auf einer bestimmten Straße und an Wegrändern, die von Wassergräben gesäumt waren. Die Nahrung der Strumpfbandnatter ist sehr vielseitig. Sie frißt Frösche, Kröten, Salamander, Fische, Mäuse, Schnecken, Regenwürmer und Insekten. Strumpfbandnattern findet man häufig in größerer Zahl beisammen. Sie zählen zu den Schlangen, die im März kurz nach der Schneeschmelze zuerst zum Vorschein kommen. Im Herbst ziehen sie sich spät, oft erst im November oder Dezember, zur Winterruhe zurück. An günstigen Plätzen überwintern oft viele Schlangen gemeinsam. Strumpfbandnattern häuten sich im allgemeinen in kurzen Zeitabständen von 6 Wochen. *Thamnophis sirtalis* ist bissiger als andere *Thamnophis*-Arten. Gefangene Exemplare verteidigen sich aktiv durch Beißen und entleeren aus ihren Kloakendrüsen ein charakteristisch und stark riechendes Sekret. Die Paarung findet im April und Mai statt. Die Jungen kommen im Juli und frühen August zur Welt. Die Strumpfbandnatter ist sehr fruchtbar. Im allgemeinen werden zwischen 14–40 Junge geboren, teilweise bis zu 80. Bei der Geburt messen sie etwa 18 cm.
Haltung und Zucht: Die Strumpfbandnatter ist in der Gefangenschaft leicht zu halten. Sie lebt bei entsprechender Pflege jahrelang, ist ansprechend und läßt sich ohne Schwierigkeiten nachzüchten. Dem Anfänger kann man diese Schlange wärmstens empfehlen. Ihre Ansprüche an die Einrichtung der Behälter, an Luft- und Bodentemperaturen entsprechen denen von *Thamnophis sauritus.* Die Strumpfbandnatter wird handzahm. Sie ist sehr gefräßig, nimmt Fische, Fischstreifen, Frösche und Regenwürmer aus der Hand. Regenwürmer sollte man allerdings nur gelegentlich verfüttern, da sie zu Vergiftungserscheinungen führen können. Eine 2- bis 3monatige Überwinterung ist angebracht. *Thamnophis sirtalis* ist schon mehrfach in der Gefangenschaft nachgezüch-

tet worden. Die schnell wachsenden Jungen sind mit kleinen Fröschen, Fischen und Fischstreifen leicht aufzuziehen. Bei günstigen Haltungsbedingungen können sie in 2 Jahren auf 74 cm heranwachsen und schon im zweiten Lebensjahr geschlechtsreif werden.

Gattung Helicops
Scheelaugennattern
19 Arten

Helicops carinicaudus
Kielschwanznatter
2 Unterarten

Kennzeichen: Die Kielschwanznatter zeichnet sich durch ein unpaares Zwischennasenschild, einen breiten flachgedrückten Kopf und kleine, weit nach oben und nach vorne gerückte Augen mit runder Pupille aus, die nahe an den nach oben gerückten Nasenlöchern stehen. Der Schnauzenteil ist stark verkürzt. Der Leib wirkt kurz und kräftig. Die Schuppen sind gekielt und besitzen keine Endporen. Die Grundfärbung ist schmutzig-grau bis ockergelb mit 3 dunkleren Längsstreifen. Die Bauchseite trägt auf gelbem Grunde Reihen regelmäßig gestellter schwarzer Würfelflekken. Die Färbung der Bauchseite variiert in allen Altersstufen sehr stark. Neben Exemplaren mit nur wenigen schwarzen Flecken auf den Bauch- und Schwanzschilden gibt es Tiere, bei denen sie fast ganz schwarz sind. Neben den schwarzen Flecken treten vereinzelt weiße abgesetzte Flecken auf.
Länge: Etwa 1 m.
Herkunft und Lebensweise: Helicops carinicaudus ist in Südbrasilien, Uruguay und Argentinien beheimatet. Sie kommt häufig vor und ist überall im Flachland anzutreffen, wo sich Wasseransammlungen mit genügend Futtertieren finden. Als echte Wasserschlange geht sie nur selten ans Land. Ihre Lebensbereiche sind Feuchtgebiete. Sie hält sich mit Vorliebe in Flüssen und im seichten Wasser stiller Buchten zwischen Wasserpflanzen auf. Ihr Verhalten ist weitgehend tagaktiv und sie führt eine ähnliche Lebensweise wie die anderen Wassernattern. Hauptsächlich frißt sie Fische, seltener Frösche. Ohne Giftzähne und einen ausgeprägten Giftapparat zu besitzen, wirkt ihr Biß dennoch wie giftig auf ihre Beutetiere. Die Kielschwanznatter ist von scheuer Wesensart. Bei Gefahr taucht sie sofort auf den Grund des Gewässers, nie flüchtet sie aufs Land. Das Weibchen bringt voll entwickelte Junge zur Welt.
Haltung und Zucht: Für die Kielschwanznatter benötigt man ein Aquaterrarium mit einem geräumigen Wasserteil. Ein Kletterbaum ist notwendig, da die Schlange gern auf einem überhängenden Ast in der Sonne ruht. Eine örtliche lokale Bodenheizung ist empfehlenswert. Der Behälter sollte 12–14 Stunden täglich beleuchtet sein. *Helicops carinicaudus* stellt keine besonderen Ansprüche an die Temperatur. Temperaturen zwischen 20–30 °C genügen während des Tages. In kühlem Wasser wird sie ganz fahl, frißt aber noch bei 12 °C. Als Futter bietet man Fische an, die die Schlange zum Teil umringelt. Die Kielschwanznatter zeigt ein eigenartiges Verhalten, wenn man sie anfaßt. Sie stellt die Rippen waagerecht und zieht die Bauchwand halbmondförmig ein. Über eine Nachzucht in der Gefangenschaft ist nichts bekannt.

Gattung Liophis
Goldbauchnattern
26 Arten

Liophis anomalus
Parana-Goldbauchnatter
(Bild Seite 70)

Kennzeichen: Der Kopf setzt sich kaum vom Hals ab. Das große Auge besitzt eine runde Pupille. Der Körper wirkt schlank. Die Schuppen sind ungekielt. Die Kopfoberseite ist olivgrün bis schwarzgrau, der Nacken schwarz. Der Rücken und die Körperseiten sind olivgrün bis gelblich mit zahlreichen schwarzen

Flecken, die auf der Körpermitte und auf dem Schwanz zu parallel verlaufenden Längsstreifen verschmelzen können. Färbung und Zeichnung wechseln stark. Die dunklen Rükkenflecken erscheinen bei manchen Exemplaren sattelförmig und stehen in gleichen Abständen zueinander. Die Zwischenräume zwischen den Sattelflecken sind gelbgrün. Die Bauchseite ist schwarz und gelb gefleckt.
Länge: Ungefähr 75 cm.
Herkunft und Lebensweise: Liophis anomalus ist in Südbrasilien, Nordargentinien, Uruguay und Paraguay beheimatet. Sie lebt an Bächen, Flüssen, Tümpeln, Teichen und Seen und kommt wohl häufig vor. Ihr Verhalten erinnert sehr an die europäischen Wassernattern. Über ihre Lebensweise in freier Natur ist kaum etwas bekannt. Die Parana-Goldbauchnatter pflanzt sich durch Eier fort.
Haltung und Zucht: Diese Art ist im Handel kaum zu erhalten. Der Verfasser führte diese recht hübsche Wasserschlange zweimal aus Argentinien ein. Die Tiere stammten aus der Umgebung von Buenos Aires. Die Parana-Goldbauchnatter verlangt ein Aquaterrarium und einige trockene Stellen auf dem Landteil mit flachen Steinen und Rindenstücken, unter denen sie sich verkriechen kann. Im Terrarium ist sie bei Tagestemperaturen zwischen 25–27 °C und Nachttemperaturen zwischen 18–20 °C gut zu halten. Die Beleuchtung sollte 12–14 Stunden in Betrieb sein. Die Schlangen halten sich oft im Wasser auf. Sie gehen gern an die dargebotene Nahrung und fressen lebende und tote Fische und Frösche ebenso wie Fischstreifen. *Liophis anomalus* wurde in der Gefangenschaft noch nicht nachgezüchtet. Die sehr nahe verwandte Goldbauchnatter *Liophis miliaris* (Bild Seite 178), die in der Gefangenschaft die gleichen Ansprüche an die Einrichtung des Behälters, an Temperaturen, Licht und Futter stellt, paarte sich jedoch schon mehrfach im Terrarium und legte auch Eier, von denen 3 zum Schlüpfen gebracht wurden. Die Jungen waren überaus schnellwüchsig. Bereits nach 7 Monaten hatten sie die Größe ihrer Eltern erreicht.

Gattung Natriciteres
Sumpfnattern
3 Arten

Natriciteres olivacea
Olivfarbige Sumpfnatter
2 Unterarten

Kennzeichen: Der ovale Kopf setzt sich nur wenig vom Hals ab. Die Augen sind nicht so groß wie bei den verwandten *Natrix*-Arten. Die Pupille ist rund, die Iris goldbraun. Der Körper wirkt schlank. Sie besitzt glatte Schuppen. Das Afterschild ist geteilt. Die Grundfärbung der Körperoberseite schwankt zwischen olivgrün und blauschwarz. Vom Hals ausgehend verläuft auf der Rückenmitte ein breites, dunkles Band bis zum Schwanzende. Neben der Rückenlinie können helle Flecken stehen. Die Körperseiten können olivgrün, rotbraun oder blaugrau gefärbt sein. Die Bauchseite ist einfarbig gelb bis orangerot.
Länge: Bis zu 60 cm.
Herkunft und Lebensweise: Natriciteres olivacea kommt in einem weiten Verbreitungsgebiet von West-, über Mittel-, Ost- bis nach Südafrika vor. Sie hat sich an das Leben im Wasser angepaßt. Meist findet sie sich in der Ebene; im Gebirge ist sie noch in 2100 m Höhe gefunden worden. Hauptsächlich kommt sie in der Savanne in der unmittelbaren Nähe verschiedenartiger Gewässer vor. Ebenso bewohnt sie den äquatorial-afrikanischen Regenwald. Ihr Leben spielt sich auf dem Land und im Wasser ab. Auf festem Boden sind ihre Bewegungen eher langsam. Sie ist eine hervorragende Schwimmerin und verbirgt sich nicht selten zwischen Wasserpflanzen. Bei der Suche nach Beute, die sich aus Fröschen, Kröten, Kaulquappen und Fischen zusammensetzt, taucht sie oft am Grund der Gewässer. Zuweilen frißt sie auch Raupen und Heuschrecken. Sie ist weitgehend bei Nacht aktiv. Während des Tages verkriecht sie sich in unmittelbarer Wassernähe unter Steine, Felsbrocken und trockene Grasbüschel. Ihr Wesen ist friedfertig und sie beißt nie, wenn man sie fängt. Wird sie

am Schwanz ergriffen, windet sie sich wild hin und her. Wie man es bei Eidechsen gewohnt ist, reißt dabei oft das Schwanzende ab. An vielen Olivfarbigen Sumpfnattern sieht man einen regenerierten Schwanz. Während der Regenzeit im April unternimmt diese Natter häufig lange Wanderungen. In der Regel legt sie 6–8 Eier, die sie je nach der geographischen Lage ihres Biotops zu verschiedenen Monaten absetzt.
Haltung und Zucht: Als ausgeprägte Wasserschlange benötigt *Natriciteres olivacea* ein Aquaterrarium mit einem geräumigen Wasserteil. Als Bodengrund für den Landteil verwendet man ein Gemisch aus Sand, Kies und ein wenig Walderde und einige Rindenstücke und flache Steine als Unterschlupf. Die Lufttemperatur sollte während des Tages zwischen 20–30 °C und in der Nacht etwas tiefer liegen. Eine örtliche Bodenheizung ist empfehlenswert. Die Beleuchtung sollte während des Tages 8–12 Stunden in Betrieb sein. Auf eine künstliche Beleuchtung kann man verzichten, wenn das Terrarium vor- und nachmittags Sonne erhält oder an einem hellen Fenster steht. Die Olivfarbige Sumpfnatter gewöhnt sich schnell an das Leben im Terrarium, wird handzahm und ist lange in der Gefangenschaft zu halten. Als Futter bietet man Frösche, Fische und Fischstreifen an. Eine Winterruhe erübrigt sich. Von einer Fortpflanzung in der Gefangenschaft ist bisher noch nichts bekannt geworden.

Unterfamilie Xenodontinae Ungleichzähnige Nattern

Gattung Xenodon
Haubennattern
7 Arten

Xenodon (Waglerophis) merremi
Merrem's Haubennatter
(Bild Seite 70)

Kennzeichen: Der recht kurze und breite Kopf setzt sich deutlich vom Hals ab. Das große Auge mit der runden Pupille liegt sehr hoch und verleiht dieser dickleibigen Natter einen giftschlangenähnlichen Ausdruck. Die Schuppen sind nicht gekielt. *Xenodon merremi* hat ein bemerkenswertes Gebiß mit 8–9 Zähnen im Oberkiefer, der verkürzt und nach hinten verdickt ist. Diese ersten 7 Maxillarzähne sind kurz, der letzte jedoch stark verlängert, aber nicht hohl wie bei einer Viper oder mit einer Längsrinne versehen wie bei einer Giftnatter. Durch Drehung des beweglichen Oberkiefers lassen sich die verlängerten Zähne weit nach vorn stellen. Boulenger wie auch Madame Phisalix sprechen *Xenodon merremi* dennoch als Gilftschlange an. Für den Menschen ist der Biß dieser Natter jedoch nicht gefährlich, wie es der Verfasser aus eigener Erfahrung bestätigen kann. Bei Fröschen und Kröten jedoch läßt sich die Giftwirkung ohne weiteres feststellen; Vorsicht ist darum auf alle Fälle empfehlenswert.
Die Körperfärbung schwankt sehr. Vor Jahren bezog ich mehrmals Merrem's Haubennatter aus Argentinien. Die Tiere, die aus der gleichen Gegend stammen, wiesen zum Teil ein sehr ausgeprägtes Zeichnungsmuster in verschiedenen Färbungen auf, zum Teil waren sie auch einfarbig. Die Grundfärbung der Körperoberseite wechselt in allen Abstufungen von grau und braun. Helle und dunkle Querbänder, die schwarz umrandet sein können, sind mehr oder weniger verbreitert, unterbrochen oder verschmelzen auf dem Rücken zu

einem Zickzackband. In der Zeichnung erinnert diese Natter an die giftigen Lanzenottern der Gattung *Bothrops* oder an Klapperschlangen der Gattung *Crotalus*. Tatsächlich sehen Einheimische diese Schlange auch als giftig an und bezeichnen sie als „falsche Klapperschlange". Der Kopf und die Schläfen sind völlig unregelmäßig hell und dunkel gefleckt oder einfarbig. Die Bauchseite kann einfarbig oder gefleckt sein. Einfarbig braune oder schwarze Exemplare kommen vor.

Länge: Bis zu 2 m.

Herkunft und Lebensweise: Xenodon merremi ist in Guayana, Brasilien, Bolivien, Paraguay und Zentral- und Nordargentinien beheimatet. Diese Natter ist in ihrer Heimat anscheinend häufig. Sie kommt vorwiegend in Wäldern und auf Waldlichtungen in der Nähe von Gewässern vor. Über ihr Verhalten in freier Natur ist nicht viel bekannt. In ihren Bewegungen ist *Xenodon merremi* langsam. Ihre Nahrung besteht aus Fröschen und Kröten. Bei Gefahr und in Erregung zeigt sie ein eindrucksvolles Verhalten. Sie bläht den Körper auf und flacht dabei den Hals und den vorderen Körperteil sehr weit ab. Dabei drückt sie den Körper gegen den Boden und zittert erregt mit dem Schwanz. Wird sie zu sehr gereizt, dann beißt sie allerdings heftig zu. Merrem's Haubennatter pflanzt sich durch Eier fort. Die Jungen sind beim Schlüpfen ungefähr 17–20 cm lang.

Haltung und Zucht: Im Terrarium erweist sich *Xenodon merremi* als interessanter und ausdauernder Pflegling. Leider wird diese Schlange nur selten eingeführt. Zur Pflege dieser Art benötigt man ein Terrarium mit großem Wasserteil. Obwohl Merrem's Haubennatter so gut wie nie das Wasser aufsucht, verlangt sie doch sehr hohe Luftfeuchtigkeit bis zu 100%. Als Bodenfüllung eignen sich Sand oder besonders gut Walderde, die die Feuchtigkeit am besten hält. Steine müssen festzementiert werden, damit die kräftige Schlange sie nicht zur Seite drückt. Ein Kletterbaum erübrigt sich, da das Tier sich auf dem Boden aufhält. Während des Tages ist ständig eine hohe Temperatur zwischen 25–30 °C notwendig. Die Beleuchtung sollte am Tage 12–14 Stunden in Betrieb sein. Eine örtliche Bodenheizung ist empfehlenswert. In ihrer Heimat trifft man diese Natter oft beim Sonnenbad an. In der Nacht sollte die Lufttemperatur nur geringfügig absinken. Merrem's Haubennatter ist ungemein gefräßig, sie frißt aber leider nur Frösche und Kröten, an Fische ist sie nicht zu gewöhnen. Wenn es an geeignetem Futter mangelt, muß man sie mit Fischen stopfen, die sie auch gut verdaut. Man kann sich auch dadurch helfen, daß man an einen toten Frosch einen Fisch bindet, den die Natter dann gleichzeitig mitverschlingt. *Xenodon merremi* ist im Terrarium noch nicht nachgezüchtet worden. Doch haben trächtig importierte Weibchen in der Gefangenschaft schon befruchtete Eier abgelegt, die zu ihrer Entwicklung ungefähr 110 Tage benötigen.

Xenodon merremi wurde 1972 von Romano & Hoge zu *Waglerophis merremi* umbenannt. Wie *Waglerophis merremi* sind auch *Xenodon neuwiedi* und *Xenodon rhabdocephalus* zu pflegen. Beide Arten, die im tropischen Südamerika beheimatet sind, kommen im und am Regenwald vor und ernähren sich von Kröten und Fröschen.

Gattung Alsophis
Westindische Peitschennattern
Über 10 Arten

Alsophis vudii
Bahamas-Peitschennatter
5 Unterarten

Kennzeichen: Der längliche Kopf setzt sich nur geringfügig vom Hals ab. Die Schnauze läuft länglich aus. Der Supraciliarrand ragt ein wenig über das große Auge hinweg. Vorne grenzen ein Prae- und hinten 2 Postokularia an das Auge. Der langgestreckte Rumpf ist ziemlich muskulös. 17 Längsreihen von ungekielten Schuppen umgeben die Rumpfmitte. Das Afterschild ist in der Regel geteilt. *Alsophis vudii*

zeigt auf der Körperoberseite ein olivfarbenes bis dunkelbraunes Kolorit, das einfarbig oder von kleinen, dunklen oder gelblichen Flecken übersät sein kann. Die Körperunterseite ist gelblich oder blaß olivfarben getönt. Ein dunkelbraunes Band beginnt an der Schnauzenspitze, zieht sich durch das Auge und endet seitlich am Hinterrand des Kopfes.
Länge: Bis 120 cm.
Herkunft und Lebensweise: Alsophis vudii ist auf den Bahama-Inseln beheimatet. Der Verfasser fing im Juli 1973 2 Exemplare von *Alsophis vudii picticeps* auf den Bimini-Islands, von denen eines im Leinenbeutelchen einen *Tropidophis canus curtus* erbrach. Eine *Alsophis vudii picticeps* lag unter einem Brett, während ich das andere Exemplar freiliegend erbeutete. Die genannte Unterart der Bahamas-Peitschennatter lebt auf Waldlichtungen, an Waldrändern, auf Sanddünen in unmittelbarer Meeresnähe, auf offenen Feldern wie auf von Geröll, lichtem Buschwerk und lichtem Wald durchsetztem Gelände. Das Nahrungsspektrum dieser zu den Xenodontinae zählenden Natter umfaßt allerlei Kleinsäuger, Vögel, Eidechsen, Schlangen und Frösche, die aktiv verfolgt werden. Die toxischen Eigenschaften des Speichels wirken auf die Beutetiere ein und vergiften sie. In ihren Bewegungen ist die dämmerungs- bis tagaktive Natter flink und wendig. Bei Bedrohung hebt *Alsophis vudii picticeps* ihren Vorderkörper an, flacht die Halsregion ab und beißt zu. Man hüte sich vor dem Biß dieser Schlangen, da es beim Menschen zu ernsthaften Vergiftungserscheinungen kommen kann. *Alsophis vudii* ist eine ovipare Art, die sich durch die Ablage von Eiern vermehrt.
Haltung und Zucht: Die Bahamas-Peitschennatter verlangt zu ihrem Wohlbefinden ein geräumiges Terrarium mit einem Bodengrund aus einem Gemisch von Sand und Lehm, einen Unterschlupf in Form einer Zierkorkröhre oder einigen flachen Steinen und ein Wassergefäß mit stets frischem Wasser. Einige Kletteräste sollten nicht fehlen. Eine örtliche Bodenheizung ist von Vorteil, und die Beleuchtung sollte während des Tages 10–12 Stunden in Betrieb sein, wenn Tageslicht fehlt. *Alsophis vudii* benötigt Tagestemperaturen zwischen 26 und 30 °C, die in der Nacht auf 20–22 °C absinken können. Nach einiger Zeit legt sich das ungestüme Wesen und die Schlange geht an die dargebotenen Mäuse und Hühnerküken. Bei artgerechter Pflege ist *Alsophis vudii* recht ausdauernd. Über eine Nachzucht der Bahamas-Peitschennatter ist bisher nichts bekannt geworden. Die genannte Art wird nur selten importiert und nur gelegentlich gepflegt. Ähnlich unkompliziert in der Haltung ist auch die nahe verwandte *Alsophis portoricensis*, die in einem Exemplar im Zoo von Philadelphia mehr als 20 Jahre überdauert hat.

Gattung Heterodon
Hakennattern
3 Arten

Heterodon nasicus
Westliche Hakennatter
3 Unterarten
(Bild Seite 70)

Kennzeichen: Der breite und sehr kurze Kopf dieser dickleibigen Schlange setzt sich deutlich vom Hals ab. Die schweinsrüsselartig aufgeworfene Schnauze besitzt eine schaufelförmige Kante. Die Körperschuppen sind stark gekielt. Die Grundfärbung der Körperoberseite ist hellgrau. Den Rücken bedeckt eine Reihe dunkler, breiter Flecken, während auf den Körperseiten 2 Reihen gegeneinander versetzte Tupfen verlaufen. 2 dunkle parallel laufende Linien ziehen sich über die Stirn von einem Auge zum anderen. Ein dunkles Band verbindet das Auge mit dem Mundwinkel. Auf dem Nacken finden sich 2 breite Flecken, die auf dem Hinterkopf einen spitzen Winkel bilden. Zwischen diesen Flecken zieht sich ein schmales längliches Band hindurch. Die Bauchseite der Westlichen Hakennatter ist schwarz gefärbt.
Länge: Bis 89 cm.

Herkunft und Lebensweise: Die Westliche Hakennatter ist vom mittleren Südkanada durch die zentralgelegenen Staaten der USA bis nach Nordost-Mexiko verbreitet. Sie lebt hauptsächlich in trockenen Präriegegenden, wo sie sandiges Gelände bevorzugt. Mit Hilfe der aufgeworfenen Schnauze und der kräftigen Nackenmuskulatur vermag die Schlange im Boden zu wühlen. Bemerkenswert schnell kann sie im losen Sand verschwinden. Sie lebt in der Ebene, kommt aber auch im Gebirge bis in etwa 2600 m vor. Ihre Nahrung besteht in erster Linie aus Amphibien, namentlich aus Fröschen und Kröten. Sie verzehrt aber auch Mäuse und Eidechsen. Wenn die Westliche Hakennatter überrascht wird und nicht mehr fliehen kann, zeigt sie ein eigenartiges Verhalten. Sie spreizt Kopf und Hals, zischt laut und führt Scheinbisse aus. Wird die Schlange in diesem Zustand noch weiter erregt, so dreht sie sich auf den Rücken, öffnet das Maul, wobei die Zunge heraushängt, und stellt sich tot. Nimmt man sie in die Hand, so hat man den Eindruck, ein schlaffes, totes Tier vor sich zu haben. Für den Menschen ist die Westliche Hakennatter ein völlig harmloses Geschöpf. Sie überwintert 5–6 Monate. Die Paarung findet gegen Ende März, im April oder Mai statt. *Heterodon nasicus* legt im Juni oder Juli 7–39 Eier, die 2–3 Monate zu ihrer Entwicklung benötigen. Die Jungen sind beim Schlüpfen ungefähr 17 cm lang.
Haltung und Zucht: Die Westliche Hakennatter hält sich gut in der Gefangenschaft. Wegen ihrer geringen Größe genügt ein kleines bis mittleres Terrarium. Als Bodengrund verwendet man ein Gemisch aus Sand und Lehm. Als Unterschlupf genügen einige flache Steine oder Baumrinde. Ein kleines Wassergefäß aus Glas, Porzellan oder Plastik vervollständigt die Einrichtung. Eine Bodenheizung ist nicht notwendig. Ich verwende mit gutem Erfolg für zwei dieser Schlangen, die in einem Behälter mit der Bodenfläche von 53 × 45 cm leben, als Licht- und Wärmequelle eine Patentleuchte von 25 Watt. Während des Tages erzeuge ich damit Lufttemperaturen zwischen 23–27 °C. Die Schlangen liegen oft und lange im Lichtschein dieser Lampe. In der Nacht fällt das Thermometer auf 18–20 °C. Die Westlichen Hakennattern wühlen viel im Boden und bohren sich regelrecht Gänge. Da Frösche und Kröten meist unter Naturschutz stehen, sollte man sie nicht verfüttern. Die Schlangen fressen ebenso gern nackte oder eben behaarte Mäuse, die sie beliebig am Körper packen und von vorn oder hinten noch lebend verschlingen. Eine 4- bis 5monatige Winterruhe ist angezeigt. Meines Wissens wurde diese Natter in Gefangenschaft bisher nur in Kansas nachgezüchtet. Die jungen Schlangen der Westlichen Hakennatter werden im Alter von 2 Jahren geschlechtsreif.

Heterodon platyrhinos
Östliche Hakennatter
(Bild Seite 88)

Kennzeichen: Die Östliche Hakennatter erinnert im Körperbau und Verhalten sehr an eine Viper. Ihr breiter Kopf setzt sich deutlich vom Hals ab. Der Körper ist dick, der Schwanz kurz. Das Schnauzenschild ist abgeflacht, die Schnauze stark aufgeworfen. Die Körperfärbung schwankt stark. Die Grundfärbung der Oberseite kann grün, grau, braun oder rötlich sein. Rücken und Flanken sind von zahlreichen schwarzen, grauen, braunen und rötlichen Flecken bedeckt. Ein dunkles Schläfenband zieht sich vom Auge zum Mundwinkel. Eine lyraähnliche Zeichnung bedeckt den Hinterkopf und den Hals. Die Bauchseite ist gefleckt. Es kommen auch einfarbig rote und schwarze Populationen vor. Albinos sind dagegen sehr selten.
Länge: 80–90 cm, selten bis 120 cm.
Herkunft und Lebensweise: Die Östliche Hakennatter ist von Südkanada über die mittleren USA bis nach Südflorida verbreitet. Sie bevorzugt trockenes Gelände auf sandigen Anhöhen und kommt in offenen Wäldern, an Feld- und Wiesenrändern sowohl in Meereshöhe als auch bis in 800 m Höhe vor. Ich sah diese Art mehr-

fach in den sehr sonnigen Kiefernwäldern in Südkarolina. Die Schlangen lagen völlig frei und ungeschützt auf dem Waldboden, stets neben dem Loch eines Baumwollratten-Baus, in dem sie bei einer Störung sofort verschwanden. Kann *Heterodon platyrhinos* nicht mehr fliehen, so zeigt sie das gleiche Verhalten wie bei *Heterodon nasicus* schon beschriebene, sogar in verstärktem Maße. Die Paarung findet im Frühjahr nach einer 4- bis 6monatigen Überwinterung statt. Die 6–42 Eier sind länglich und werden meist im Juni, seltener im Juli oder August abgelegt. Die Jungen schlüpfen nach 39–60 Tagen. Sie haben ungefähr eine Länge zwischen 15–20 cm. *Heterodon platyrhinos* frißt hauptsächlich Kröten, Frösche und Salamander, seltener Fische, Schlangen, Eidechsen, Insekten und Würmer.

Haltung und Zucht: Heterodon platyrhinos stellt die gleichen Ansprüche wie *Heterodon nasicus* an den Behälter und seine Einrichtung, an die Haltung wie an Temperatur und Beleuchtung. Allerdings läßt sich die Östliche Hakennatter überhaupt nicht an Mäuse gewöhnen. Sie frißt nur tote oder lebende Frösche und Kröten. Man kann sich daher nur mit im Straßenverkehr totgefahrenen Amphibien behelfen, die sich tiefgekühlt jahrelang frisch halten lassen. Bei Bedarf bindet man ein Stück Froschfleisch an einen Fisch oder an ein Stück Fleisch. Auf diese Weise kann man seinen Vorrat an Fröschen und Kröten strecken, denn diese Natter ist sehr gefräßig. Über eine Nachzucht im Terrarium ist nichts bekannt.

Gattung Oxyrhopus
Mondnattern
11 Arten

Oxyrhopus trigeminus
Mondnatter
2 Unterarten

Kennzeichen: Diese prachtvolle Trugnatter hat einen länglichen Kopf, der sich nur geringfügig vom Hals absetzt. Das bräunliche Auge ist mäßig groß. Die Pupille verläuft als vertikaler Strich von der Augenmitte zum unteren Augenrand. Die Anzahl der Oberlippenschilde beträgt 8, die der Unterlippenschilde 9. Das 4. und 5. Oberlippenschild berühren den Augenrand. Die Rumpfmitte wird von 19–21 in schrägen Reihen stehenden glatten Schuppen umgeben. Das Afterschild ist ungeteilt. An die schwarze Kopfspitze dieser falschen Korallenschlange schließt sich ein orangerotes Nackenband an, das sich in Form von schwarzen, gelben, gelegentlich aus weißen, schwarzen, roten und gelben Bändern usw. in Triaden bis zum Schwanz fortsetzt. Die roten Körperbinden sind besonders breit. Die roten Schuppen weisen einen endständigen schwarzen Fleck auf. Der Bauch ist schwarz und gelb. Gelegentlich werden völlig rote Exemplare gefunden.

Länge: Etwas über 100 cm.

Herkunft und Lebensweise: Die Mondnatter, die in der Nominatform und in der Unterart *Oxyrhopus trigeminus guibei* in fast ganz Brasilien verbreitet ist und auch in Paraguay vorkommt, wird in Brasilien Boicorá oder Bacora genannt. Die terrestrisch lebende Schlange wird in Amazonien in sekundären Regenwäldern und am Rande von Wäldern gefunden, besiedelt aber auch andere Lebensräume. *Oxyrhopus trigeminus* – nicht *Pseudoboa trigemina* – ist mehr nacht- als tagaktiv. Ihre Nahrung setzt sich hauptsächlich aus Echsen und aus kleinen Säugetieren zusammen. So fanden sich im Magen eines frisch gefangenen Exemplares die Rückstände eines Kleinsäugers. Die Mondnatter ergreift ihr Beutetier blitzartig, umschlingt und erwürgt es, bevor sie es verzehrt. Die Vermehrung findet über das ganze Jahr statt. Es werden 9–12 subelliptische Eier abgelegt. Frisch geschlüpfte Jungtiere wurden in der Natur im Januar und im August gefangen.

Haltung und Zucht: Der Verfasser hielt diese Schlange in einem kleineren Glasterrarium, dessen beide Seiten eine viereckige Öffnung aufwiesen, die von Plastikgaze überklebt waren. Der Bodengrund bestand aus Waldhumus und war an der Oberfläche von trockenem

Laub überdeckt. Die Bodenschicht wurde ständig feucht gehalten. Ein morscher Ast, ein Wassergefäß aus Glas und eine Beleuchtung vervollständigten die Einrichtung. Die Lufttemperaturen betrugen am Tage 28–32 °C und sanken nachts auf 24–25 °C. Die Beleuchtung war 10–12 Stunden in Betrieb. Am Tage lag die Mondnatter hinter oder unter dem Ast. Erst am Abend und in der Nacht wurde sie aktiv und kroch dann pausenlos umher. Hin und wieder versprühte ich lauwarmes Wasser, was der Schlange offensichtlich sehr angenehm war. Bereitwillig nahm sie tote und lebende Mäuse von der Pinzette an, wobei die letzteren blitzartig gepackt und durch Umschlingung getötet wurden. Die Verdauung war nach 3–4 Tagen beendet. *Oxyrhopus trigeminus* wurde von Jauch nachgezüchtet. Die Paarung fand Mitte November statt. Das Weibchen legte am 1. 12. 1977 11 Eier unter einer Pflanzenschale ab. Nach 73 Bruttagen schlüpften aus den Eiern 3 ungefähr 20 cm lange Jungschlangen, die jedoch nicht selbständig an Futter in Form von Regenwürmern, Guppies und jungen Mäusen gingen und nach 9 Wochen verstarben . Aus einem weiteren Gelege schlüpften 4 Jungtiere, die sich ungefähr 14 Tage nach der Geburt häuteten und mit Rinderherzstreifen zwangsgefüttert wurden.

Gattung Thamnodynastes
Laubnattern
Mindestens 5 Arten

Thamnodynastes strigilis
Graue Laubnatter

Ein deutscher oder ein englischer Name existieren bisher für diese Schlangen noch nicht. Ich verleihe dieser Trugnatter den Namen „Graue Laubnatter", den ich von der griechischen Gattungsbezeichnung *Thamnodynastes* herleite (thamnos = Laub, Busch, Gebüsch, dynastes = mächtig, stark, beherrschend).
Kennzeichen: Der eiförmige Kopf, der sich vom Hals absetzt, läuft an der Schnauze bogenförmig aus. Das Auge ist groß, die Pupille rund. Der Körper ist mäßig schlank, der Schwanz lang ausgezogen. Die Anzahl der Oberlippenschilde beträgt 8, die der Unterlippenschilde 9. Die Rückenschuppen sind gekielt und umgeben die Rumpfmitte in 19 schrägen Reihen. Die hier beschriebene Art ist dem südbrasilianischen *Thamnodynastes strigatus*, mit dem sie im übrigen sympatrisch vorkommt, sehr ähnlich, unterscheidet sich aber von *T. strigatus* durch die gekielten Rückenschuppen und eine höhere Anzahl von Bauchschilden. Die gelbliche bis grau gefärbte Körperoberseite ist nahe der Rückenmitte und oberhalb der Bauchschilde von braunen Flekken durchsetzt. Die Kopfoberseite und der Nacken sind nußbraun. Ein aus weißen Flekken bestehendes Dorsalband beginnt hinter dem Kopf. Ein dunkelbrauner Strich verbindet das Auge mit dem Mundwinkel, ein anderer Strich gleicher Färbung verläuft vom Auge zum Mundrand. Die Bauchseite ist cremefarben bis grau.
Länge: 40–60 cm.
Herkunft und Lebensweise: Das Verbreitungsgebiet von *Thamnodynastes strigilis*, der 1787 von Thunberg beschrieben wurde, umfaßt Gebiete Kolumbiens, Venezuelas, Guayanas, Brasiliens, Uruguays, Paraguays und Argentiniens. Die Graue Laubnatter bewohnt trokkene wie feuchte Lebensräume. M. Raber fing ein Exemplar der genannten Art auf trockenem Untergrund im brasilianischen Pantanal 30 m oberhalb des Rio Paraguay in einer Mauer. Das Gelände ist hier von Kakteen und anderen an die Trockenheit angepaßten Pflanzen durchsetzt. Ich erbeutete ein Jungtier von *Thamnodynastes strigilis* am Morgen des 24. Oktober 1986 bei Santo Antonio de Baiano (Staat Rio de Janeiro) in den Bergen von Petropolis. Die Trugnatter lag am Fuße eines mächtigen Felshanges neben hohen Grasbüscheln, das Gelände hatte einen feuchten Untergrund. Ein erwachsenes, sich sonnendes Tier fing ich am Nachmittag des 8. April 1988 auf einem Strauch am Rande eines Sumpfes bei Porto Esperança am Rio Paraguay (Staat

Mato Grosso do Sul). Die tag- wie nachtaktive und terrestrisch lebende Schlange ist nicht aggressiv, wehrt sich aber durch Beißen. Ihr Biß ist nicht gefährlich, kann jedoch kurzzeitig Schmerzen verursachen. *Thamnodynastes strigilis* ernährt sich von Fröschen, Kröten und Kleinsäugern. Über die Fortpflanzung der genannten Art in freier Natur ist nichts bekannt.
Haltung und Zucht: Thamnodynastes strigilis verlangt zu seinem Wohlbefinden ein mittelgroßes Terrarium mit einem beliebigen Bodengrund, ein Wassergefäß und einen passenden Unterschlupf. Tageslicht genügt, andernfalls sollte die Beleuchtung am Tage 10–12 Stunden in Betrieb sein. Auf eine Bepflanzung des Behälters – besonders geeignet ist *Scindapsus*, den man in ein Plastikgefäß, das das Wasser hält, einpflanzen kann – braucht man wegen der geringen Größe und des geringen Gewichtes der Schlange nicht verzichten. M. Raber pflegte seine *Thamnodynastes strigilis* in einem Behälter mit trocken gehaltenem Bodengrund bei Tagestemperaturen zwischen 24 und 25 °C. Nachts fiel die Temperatur auf 22 °C. Eine Bodenheizung war nicht vorhanden. Da das Tier zu Beginn selbständig keine Nahrung zu sich nahm, mußte es zwangsgefüttert werden. Nach einer gewissen Zeit fraß die Schlange, die in keiner Weise aggressiv war, selbständig Mäuse. Die Graue Laubnatter ist in der Gefangenschaft noch nicht nachgezüchtet worden.

Unterfamilie Colubrinae
Land- und Baumnattern

Gattung Coronella
Glattnattern
2 Arten

Coronella austriaca
Glattnatter
2 Unterarten
(Bild Seite 88)

Kennzeichen: Coronella austriaca, die Glatt- oder Schlingnatter, hat einen flachen Kopf, der sich nur wenig vom Hals absetzt. Das große Auge hat eine runde Pupille. Die Schuppen sind völlig glatt. Je nach Alter und Standort sind Färbung und Zeichnung unterschiedlich. Die Grundfärbung der Männchen ist meist braun oder rotbraun, die der Weibchen grau oder braunschwarz. Die Männchen haben einen bräunlichroten, die Weibchen einen graubraunen Bauch. Auf dem Rücken finden sich 2 oder 4 Reihen von Flecken, die mehr oder weniger ineinander übergehen können. Eine dunkle Binde zieht sich vom Nasenloch durch das Auge zur Halsseite. Hinterkopf und Nakken tragen einen dunklen nach hinten ausgebuchteten Flecken.
Länge: 75 cm, selten mehr.
Herkunft und Lebensweise: Die Schlingnatter kommt in Nord- und Mitteleuropa, von Schweden und Norwegen bis nach Nordspanien und Nordportugal, im Osten bis nach Kleinasien und auch im Kaukasus vor. Sie bevorzugt sonniges und trockenes, von niedrigem Buschwerk durchsetztes Gelände, meist mit steinigem Untergrund. Die Schlange hält sich in Stein- und Geröllhäufen, an Felsen, an Wald- und Wiesenrändern, an Legesteinmauern und an ähnlichen Schlupfwinkeln verborgen. *Coronella austriaca* ist am Tage munter. Dank ihrer guten Farbanpassung an den Untergrund und ihrer versteckten Lebensweise fällt sie nur wenig auf. Sie ernährt sich von Eidechsen und Blindschleichen, frißt aber zuweilen auch junge Schlangen und Mäuse, die sie

vor dem Verzehren durch Umschlingen tötet. Ihre Bewegungen sind langsam, aber sehr geschmeidig. In der Regel dauert die Winterruhe 5 Monate. Zeitig im Frühjahr kommt sie zum Vorschein, und paart sich bereits im April. Das Männchen beißt sich dabei am Kopf oder Hals des Weibchens fest und umschlingt es. Die Jungen werden im August oder September geboren. Unmittelbar nach der Geburt durchstoßen die 12–15 cm langen Jungtiere mit der Schnauzenspitze und durch windende Bewegungen die überaus zarte und durchsichtige Eihaut. Nach wenigen Tagen erfolgt die erste Häutung. Die jungen Schlingnattern fressen in der ersten Zeit ihres Lebens junge Eidechsen und manchmal auch Heuschrecken oder andere Insekten. Schlingnattern beißen sofort zu, wenn sie gefangen werden. Unter kauenden Bewegungen drückt sie ihre kurzen Zähnchen in den Finger und scheidet gleichzeitig aus ihren Kloakendrüsen eine stinkende Flüssigkeit aus. Leider wird diese völlig harmlose und in der Natur geschützte Natter immer wieder totgeschlagen.

Haltung und Zucht: Schlingnattern lassen sich gut und jahrelang in kleinen bis mittelgroßen Terrarien mit einer Bodenfüllung aus Sand und Lehm halten. Über den Bodengrund streut man ein wenig Walderde und Fichtennadeln. Als Unterschlupf verwendet man Steine und trockene Rindenstücke. Ein bemooster Baumstumpf sieht besonders gut aus. Ein eingetopfter Efeu, eine Brombeerpflanze sowie einige Moospolster (die von Zeit zu Zeit immer wieder ausgewechselt werden müssen) verleihen der Einrichtung ein natürliches Aussehen. Ein kleines Wassergefäß darf nicht fehlen. *Coronella austriaca* hat keine besonderen Temperaturansprüche. Eine örtliche Bodenheizung ist jedoch notwendig. Die Schlingnatter liegt oft stundenlang auf der wärmenden Unterlage. Eine künstliche Lichtquelle ist nur notwendig, wenn das Terrarium keine Sonne erhält. Die Lufttemperatur sollte am Tag zwischen 20–25 °C betragen. Eine nächtliche Abkühlung ist notwendig. Als Futter bietet man Eidechsen an, die stets gern gefressen werden. Die meisten Exemplare lassen sich jedoch auch auf Mäuse umgewöhnen. Wenn eine Schlingnatter zu Anfang keine Mäuse als Nahrung annehmen will, läßt man sie eine Zeitlang hungern, jedoch keinesfalls bis zur Abmagerung fasten. Vor allem behaarte Mäuse werden dann meist sofort umschlungen und gefressen. Über eine echte Nachzucht dieser Schlangen in Gefangenschaft ist mir nichts bekannt. Dagegen haben trächtig gefangene Weibchen schon sehr häufig Junge im Terrarium abgesetzt. Die jungen Schlingnattern sind schwierig aufzuziehen, da sie neugeborene Eidechsen und Eidechsenschwänze fressen. Eine kalte Überwinterung sowohl der erwachsenen wie der jungen Schlingnattern ist erforderlich.

Coronella girondica
Girondische Glattnatter
(Bild Seite 88)

Kennzeichen: Die Girondische Glattnatter stimmt im Körperbau mit der Schlingnatter überein. Sie ist gelblich, grau, braun oder rosa gefärbt. Der Rücken ist vom Hals bis zur Schwanzwurzel mit dunklen Querflecken bedeckt, die teilweise bandartig miteinander verschmelzen. Der Nacken trägt einen hufeisenförmigen Scheitelfleck, der mit seinen Enden nach vorn gerichtet ist. Auf beiden Kopfseiten zieht sich ein schwarzer Streifen vom Hinterrand des Auges über den Mundwinkel hinweg zu den Halsseiten. Auf der Bauchseite befinden sich 2 Reihen viereckiger Flecken bzw. 2 dunkle Längsstreifen.

Länge: Nur selten über 70 cm.

Herkunft und Lebensweise: Das Verbreitungsgebiet von *Coronella girondica* erstreckt sich von Südtirol über Italien, Südfrankreich, die Pyrenäenhalbinsel bis nach Nordwest-Afrika. Der Lebensraum der Girondischen Glattnatter entspricht weitgehend dem der Schlingnatter. Anders als ihre nördliche Verwandte, die oft in der Sonne liegt, ist sie ausgesprochen in der Dämmerung aktiv und meidet intensive Sonnenbestrahlung. Sie hält sich mit Vorliebe in Steinhäufen, Legesteinmauern, unter Felsen

und in Felsspalten auf. Ihre Nahrung besteht fast nur aus Eidechsen. Die Girondische Glattnatter ist nicht so bissig wie die Schlingnatter. Wird sie ergriffen, so setzt sie sich nur selten zur Wehr. In ihren anderen Lebensgewohnheiten und ihrem Verhalten unterscheidet sie sich kaum von *Coronella austriaca*.
Haltung und Zucht: Das Terrarium der Girondischen Glattnatter richtet man wie das der Schlingnatter ein. Auch die Pflege ist weitgehend dieselbe, jedoch verlangt die Girondische Glattnatter eine geringfügig um 2–3 °C erhöhte Tagestemperatur. Als Futter dienen Eidechsen und nur ganz vereinzelt Mäuse. Für die Nachzucht gilt das gleiche wie für *Coronella austriaca*.

Gattung Cemophora
Scharlachnattern
1 Art

Cemophora coccinea
Scharlachnatter
3 Unterarten

Kennzeichen: Der Kopf setzt sich kaum vom Hals ab. Die rote Schnauze ist zugespitzt, das Auge klein. Der Körper wirkt schlank. Die Schuppen sind ungekielt. Die Scharlachnatter ähnelt sehr der Roten Königsnatter *(Lampropeltis triangulum elapsoides)* in Färbung und Körperbau. *Cemophora coccinea* weist auf dem Rücken und den Körperseiten ziegelrote, schwarz gerandete Sattelflecken auf. Die Zwischenräume zwischen diesen Sattelflecken sind gelblich. Die Bauchseite ist einfarbig weiß oder gelblich.
Länge: 40–60 cm, in Ausnahmefällen bis zu 82 cm.
Herkunft und Lebensweise: Die Scharlachnatter ist von New Jersey bis nach Texas und Florida verbreitet. Ihr Lebensraum ist ein hauptsächlich aus Eichen und Kiefern zusammengesetzter Mischwald. Sie kommt auch auf Feldern und Wiesen vor, jedoch immer in unmittelbarer Nähe von Wäldern. Fast immer lebt sie auf Sandboden und lebt sehr verborgen unter Holzansammlungen, Baumstämmen, Rinde, Steinen oder in ähnlichen Schlupfwinkeln. Da sie während des Tages nicht oder doch nur gelegentlich aus ihren Schlupfwinkeln hervorkommt, galt sie früher als selten; dies trifft aber nicht zu. Nachts findet man sie oft auf Straßen. Nahezu alle diese Schlangen kann man nach Sonnenuntergang und vor Sonnenaufgang fangen. *Cemophora coccinea* ernährt sich von Eidechsen, Schlangen, Mäusen, Salamandern, Fröschen, Insekten und vor allem von Reptilieneiern. Über die Fortpflanzung ist nicht viel bekannt. Die Weibchen legen im Frühsommer 3–8 längliche, weichschalige Eier. Die 4- bis 6monatige Überwinterung findet im Boden in einer Tiefe von ungefähr 1,2 m statt.
Haltung und Zucht: Diese recht farbige Natter wird nur bei Gelegenheit eingeführt. An die Behältergröße stellt sie keine besonderen Ansprüche. Wegen der bei Nacht aktiven Lebensweise erübrigt sich eine künstliche Beleuchtung. Auch eine Bodenheizung ist nicht nötig. Am Tage sollte die Lufttemperatur zwischen 20–27 °C betragen. Als Bodengrund verwendet man Sand, der ein wenig mit Waldhumus durchsetzt wird. Auf den Bodengrund legt man einige Rindenstücke. Während des Tages halten sich die Schlangen unter der Rinde und im Boden auf, den sie ständig durchwühlen. *Cemophora coccinea* gewöhnt sich nur schwer an eine Nahrung, die aus Eidechsen, Schlangen und nackten Mäusen besteht. Dagegen verzehrt sie ohne weiteres Schlangeneier, sowohl die eigenen wie die fremder Arten, die sie der Länge nach hinunterwürgt. Die weiche Eischale durchstößt sie dabei mit den Zähnen. Da man aber nur in den seltensten Fällen über Schlangeneier verfügt, diese aber auch nicht verfüttern möchte, hat sich eine Ernährungsmethode bewährt, wie sie die River Ecological Laboratories der Universität von Georgia Savannah anwenden. Dort hält man die Scharlachnattern ohne Wasserbehälter. Der Eidotter eines Hühnereis wird deshalb mit so viel Wasser vermischt, daß die Flüssigkeit eben noch trinkbar ist. Damit die Schlange über Nacht von der Eiflüssigkeit

trinkt, bringt man sie zusammen mit dem Futternäpfchen in einem separaten Kästchen unter. Anschließend kommt sie sofort wieder in ihr normales Terrarium zurück, in dem sie keine Möglichkeit hat Flüssigkeit zu sich zu nehmen. Die Scharlachnatter ist in der Gefangenschaft noch nicht nachgezüchtet worden.

Gattung Chionactis
Schaufelnasen-Wühlnattern
2 Arten

Chionactis occipitalis
Westliche Schaufelnasen-Wühlnatter
4 Unterarten

Kennzeichen: Der Kopf setzt sich kaum vom Hals ab. Der Oberkiefer ist bedeutend länger als der Unterkiefer, den er schaufelartig überdeckt. Der Körper wirkt langgestreckt, aber kräftig. Die Schuppen sind ungekielt. Die Grundfärbung des Rückens und der Flanken ist grauweiß, grünlichweiß bis strohgelb und die Bauchseite einfarbig grau- bis grünlichweiß. 21 oder mehr dunkle bis schwarze Flekken von sattelartigem Aussehen bedecken den Rücken und die halben Körperseiten. Zwischen den schwarzen Flecken befinden sich oft, jedoch nicht immer orangefarbige bis rote Sattelflecken. Ein dunkles Querband überzieht die Oberseite des Kopfes und berührt auf beiden Schläfenseiten die Augen.
Länge: Etwas über 35 cm.
Herkunft und Lebensweise: Die Schaufelnasen-Wühlnatter ist von Südwest-Nevada bis nach Nordwest-Mexiko verbreitet. Sie bewohnt wüstenartige Landstriche und hält sich nicht selten an besonders trockenen Stellen auf. Sie lebt vornehmlich in sandigen Ebenen, deren kärgliche Vegetation sich aus Kakteen, Mesquite-, Kreosotbüschen und Wüstengräsern zusammensetzt. Vor allen Dingen kommt sie in Sanddünen und an Felsen vor, die von Flugsand umgeben sind. Sie hat sich ganz an das Wüstenleben im lockeren Sand angepaßt. Der stromlinienförmige Kopf und der vorstehende Oberkiefer sind hervorragend zum Wühlen geeignet. Mit ihren glatten Schuppen kriecht die Schlange mühelos im lockeren Sand, wobei die gewinkelten Bauchschilde dennoch den notwendigen Halt geben. So wühlt sich diese kleine Wüstennatter bei Gefahr mit großer Geschwindigkeit im Sand ein und verbirgt sich dort auch tagsüber. Nachts kommt sie an die Oberfläche und hinterläßt charakteristische Spuren. Bei ihrer geringen Größe frißt sie nur kleine Tiere wie Insekten, Spinnen, Skorpione und Tausendfüßler, hin und wieder aber auch kleinere Echsen. Die Winterruhe dauert 4–5 Monate. Die Fortpflanzung findet von März–Mai statt. Aus den 2–9 abgelegten Eiern schlüpfen die 10–12 cm großen Jungen.
Haltung und Zucht: Chionactis occipitalis kann man in kleinen Terrarien mit sandigem Bodengrund und einigen Steinen halten. Während des Tages sollte die Temperatur zwischen 25–30 °C und in der Nacht zwischen 18–20 °C liegen. Erwünscht ist eine unter dem Terrarium angebrachte Bodenheizung, die den Sand örtlich auf 30 °C oder etwas mehr erwärmt. Im Wassergefäß sollte stets frisches Wasser sein. Da die Schaufelnasen-Wühlnatter nachts aktiv ist, bekommt man sie tagsüber höchst selten zu Gesicht. Am Abend, in der Nacht und am frühen Morgen kommt sie aus ihrem Versteck. In Gefangenschaft geht sie regelmäßig ans Futter und ist auch recht ausdauernd. Man kann sie mit Mehlwürmern, Heuschrecken, Grillen und frischgeschlüpften Echsen ernähren. Eine 3- bis 4monatige Winterruhe bei 10–15 °C ist angezeigt. *Chionactis occipitalis* wurde meines Wissens bisher in der Gefangenschaft noch nicht nachgezüchtet.
Recht ähnlich der Westlichen Schaufelnasen-Wühlnatter ist die in 2 Unterarten auf-

---

Abb. 53: Elaphe guttata guttata (Kornnatter) s. Seite 182

tretende Sonora-Schaufelnasen-Wühlnatter *Chionactis palarostris* (Bild Seite 178). Die ungefähr 39 cm lang werdende, gelbe Schlange mit den alternierenden schwarzen und roten, sattelförmigen Querbinden ist von Südwest-Arizona bis in das westliche Sonora in Mexiko verbreitet.

Der Lebensraum von *Chionactis palarostris* ist das Wüstengelände des Organ Pipe Cactus National Parks in Südwest-Arizona, dessen Vegetationsbilder von Charakterpflanzen wie den riesigen Sahuarokakteen, Paloverdebäumen, Mesquite- und Kreosotbüschen repräsentiert werden. Das nächtlich lebende Geschöpf, das sich von allerlei wirbellosen Tieren ernährt, bevorzugt felsiges Gelände. Wie *Chionactis occipitalis* wühlt sich auch *Chionactis palarostris* in den Sandboden ein. Über die Fortpflanzung dieser Natter in der Natur ist nichts bekannt. In einem mit feinem Sand als Bodengrund ausgestatteten Wüstenterrarium ist die genannte Art in gleicher Weise zu pflegen wie die bereits erwähnte *Chionactis occipitalis.* Die Schlange wühlt sich in den feinen Sand ein und kommt nur gelegentlich zur Oberfläche hervor. Als Futter biete man Grillen und Mehlwürmer an, die gerne gefressen werden, sowie einen Wassernapf und eine leicht feuchte Stelle im Terrarium, die für das Wohlbefinden der Sonora-Schaufelnasen-Wühlnatter notwendig sind.

Oben links: Abb. 54: Elaphe hohenackeri taurica (Transkaukasische Kletternatter) s. Seite 203
Oben rechts: Abb. 55: Drymobius margaritiferus margaritiferus (Perlnatter) s. Seite 207
Mitte links: Abb. 56: Ahaetulla nasuta (Baumschnüffler) s. Seite 218
Mitte rechts: Abb. 57: Farancia abacura abacura (Schlammnatter) s. Seite 210
Unten links: Abb. 58: Boiga dendrophila (Mangroven-Nachtbaumnatter) s. Seite 219
Unten rechts: Abb. 59: Philodryas olfersii (Grüne Strauchnatter) s. Seite 237

Gattung Eirenis
Zwergnattern
10 Arten

Eirenis modestus
Kopfbinden-Zwergnatter
2 Unterarten
(Bild Seite 88)

Kennzeichen: Der Kopf setzt sich kaum vom Hals ab. Das große Auge besitzt eine runde Pupille. Der Körper und der Schwanz wirken langgestreckt. Die Kopfbinden-Zwergnatter ist auf dem Rücken und den Körperseiten einfarbig grau, braun oder isabellfarben, auf der Bauchseite porzellanfarben bis schmutzigweiß. Die Kopfoberseite trägt zwei deutlich abgesetzte, dunkelbraune Querbinden. Die Halsregion umgibt ringförmig ein graues, braunes oder schwarzes Band, das sehr undeutlich ausgebildet sein kann. Die ungekielten Schuppen haben eine helle Mittelzone und dunkle Ränder.

Länge: Selten über 50 cm.

Herkunft und Lebensweise: Die Kopfbinden-Zwergnatter ist im extremen Südosteuropa und in Westasien beheimatet. Sie kommt hauptsächlich im Gebirge vor, wo sie sonnige Hänge mit schütterer Vegetation und steinigem Untergrund bevorzugt. Während der heißen Tageszeit hält sie sich unter Steinen, in Geröllhäufen und in Felsspalten auf. Zuweilen sonnt sie sich am frühen Morgen oder Abend. *Eirenis modestus* verläßt ihre Winterquartiere je nach Höhenlage und Witterungsverhältnissen im März oder April. Die Schlangen paaren sich nach der ersten Frühjahrshäutung. Im Juni oder Juli werden 4–8 Eier gelegt. Die Jungen sind beim Schlüpfen ungefähr 10 cm lang. Die Kopfbinden-Zwergnatter frißt Heuschrecken, Käfer, Spinnen und gelegentlich Eidechsen.

Haltung und Zucht: Für die Kopfbinden-Zwergnatter genügt ein kleines Terrarium. Als Bodengrund empfiehlt sich Lehm oder Gartenerde mit einem Zusatz von Sand. Einige Steine und Rindenstücke schichtet man zu einem Versteck oder künstlichen Geröllhaufen auf. Mit eingetopften Pflanzen gewinnt die Einrichtung an Natürlichkeit. Ein kleiner Wasserbehälter mit stets frischem Wasser darf nicht fehlen. Hin und wieder sollte man auch ein wenig sprühen, da die kleine Schlange gern die Wassertropfen aufleckt. Das Terrarium beleuchtet man tagsüber 8–10 Stunden lang, wenn es keine Vor- und Nachmittagssonne erhält. Eine örtliche Bodenheizung ist notwendig. Am Tage sollte die Lufttemperatur 25–30 °C und in der Nacht 18–20 °C betragen. *Eirenis modestus* hält sich leicht in der Gefangenschaft und ist nicht heikel bei der Nahrungsaufnahme. Als Futter bietet man Heuschrecken, Grillen und kleine Eidechsen, die die Schlange vor dem Verschlingen zuweilen fest umschlungen hält. Im Sommer kommt die Kopfbinden-Zwergnatter meist erst gegen Abend aus ihrem Versteck. Je nach dem Fundort des betreffenden Tieres, ist eine 4- bis 6monatige Überwinterung notwendig. Über eine Nachzucht in der Gefangenschaft ist nichts bekannt.

Gattung Diadophis
Halsbandnattern

Diadophis punctatus
Halsbandnatter
12 Unterarten
(Bild Seite 88)

Kennzeichen: Der Kopf setzt sich kaum vom Hals ab. Das große Auge hat eine runde Pupille. Der Körper wirkt schlank. Die Schuppen sind ungekielt. Der Rücken und die Körperseiten sind graugrün oder grau bis schwarz. Das Halsband ist weißlich, hellgelb oder orangefarbig und zuweilen auf der Halsmitte von einer dunklen Schuppenreihe unterbrochen. Der Bauch ist gelb oder orange gefärbt. Zum Schwanz hin geht die gelbe Bauchfärbung oft in ein Lachsrot über. Die Bauchschilde können unregelmäßig gefleckt sein. Die Fleckung kann insgesamt aber auch deutliche Linien bilden. Schwärzlinge oder Albinos sind selten.
Länge: Bis zu 63 cm.

Herkunft und Lebensweise: Diadophis punctatus ist von Südost-Kanada fast über das gesamte Territorium der USA bis nach Nordmexiko verbreitet. Die kleine Schlange hält sich vor allem an feuchten Plätzen, in der Nähe von Sümpfen, Bächen, Flüssen, in feuchten Wäldern, in Steinbrüchen und an Feld- und Waldrändern auf. Ich fand sie mehrfach unter verrottenden Baumstämmen, unter Rinde und Steinen. Stets verhielten sich die kleinen Tiere friedfertig. Die meisten Exemplare rollten sich ein und verbargen den Kopf zwischen den Körperwindungen. Auch den Schwanz rollten sie ein. Dabei drehten sie sich so, daß die rote Warnfärbung auf der Unterseite nicht zu übersehen war. Die Halsbandnatter kommt häufig vor, lebt aber sehr verborgen. Ihre Nahrung besteht aus Regenwürmern, Insekten, kleinen Fröschen, Salamandern und gelegentlich auch aus Reptilien. Oft überwintern zahlreiche Exemplare gemeinsam unter einem Baumstumpf oder in einem Erdloch. Im Juni oder Juli legt die Halsbandnatter 1–8 Eier an einer feuchten Stelle ab, die außerdem aber meist von der Sonne erwärmt wird. Die Jungen, die nach ungefähr 50–60 Tagen schlüpfen, haben eine Länge von 10–14 cm. Paarungen finden im Frühjahr und im Herbst statt. Die meisten Weibchen legen in einer Aktivitätsperiode ein Eigelege ab, wenige jedoch zwei.
Haltung und Zucht: Die Halsbandnatter wird nur gelegentlich im Terrarium gepflegt. Man benötigt für sie einen kleinen Behälter. Als Bodengrund eignet sich Waldboden, der mit morschen Holz- und Rindenstückchen durchsetzt ist. Einige Rindenstücke dienen als Versteck. Ein etwas größeres Wassergefäß ist notwendig. Die Halsbandnatter ist am Tage nur selten sichtbar. Sie wird erst am Abend oder in der Nacht aktiv. Mit anderen kleinen Schlangen sollte man sie nicht vergesellschaften, da sie sich sonst an diesen vergreift. *Diadophis punctatus* verlangt eine hohe Luft- und Bodenfeuchtigkeit und Tagestemperaturen zwischen 22–26 °C. Als Futter bietet man Regenwürmer, Kaulquappen und kleine Frösche an. Ihre Beute jagt sie auf dem Land. Die Halsbandnat-

ter sollte 3–4 Monate in feuchter, humushaltiger Erde bei niedrigen Temperaturen zwischen 6–10 °C überwintern. Obwohl trächtig gefangene Weibchen schon häufig Eier im Terrarium abgelegt haben, ist von einer echten Nachzucht in Gefangenschaft nichts bekannt.

Gattung Storeria
Braunnattern
4 Arten

Storeria dekayi
Nördliche Braunnatter
8 Unterarten

Kennzeichen: Storeria dekayi und *Storeria occipitomaculata* sind nahe mit der Gattung *Natrix* und *Thamnophis* verwandt. Die Nördliche Braunnatter hat einen länglichen Kopf, der sich kaum merklich vom Hals absetzt. Der Körper wirkt schlank. Die Schuppen sind gekielt, das Afterschild ist geteilt. Der Grund des Rückens und der Körperseiten schwankt zwischen Hellgelb, Braun, Grau, Graubraun oder tiefem Rotbraun. Auf der Rückenmitte verläuft vom Hals bis zum Schwanzende ein Längsband, das auf jeder Seite von 2 Reihen dunkler Flecken umgeben ist. Am Hinterkopf findet sich beidseitig ein dunkler Fleck. Die Bauchseite kann gelblich, bräunlich oder rosa sein.
Länge: Bis zu 49 cm.
Herkunft und Lebensweise: Die Nördliche Braunnatter ist von Nordost-Kanada über die östlichen USA, Mexiko und Guatemala bis nach Honduras verbreitet. Man findet sie in den verschiedenartigsten Biotopen, sowohl an feuchten wie trockenen Örtlichkeiten. Sie kommt im Hügelgelände, in Felsspalten, an Bahndämmen, in Kiefernwaldungen, an Tümpeln, Teichen, Seen, in feuchten Wiesen und Sümpfen vor. Gar nicht so selten entdeckt man diese Schlange auch in Parks, auf Friedhöfen und in den Anlagen großer Städte wie auch in unmittelbarer Nähe von Gebäuden, dort wo sonst alle anderen Schlangen bereits verdrängt sind. *Storeria dekayi* lebt versteckt und ist weitgehend nachts aktiv. Während des Tages hält sie sich unter Baumstämmen, altem Holz, Steinen, Brettern, zerfallendem Pappkarton, im Erdboden oder in anderen Verstecken auf. Gegen Abend wird sie munter und kriecht umher und man trifft sie dann oft auf den Straßen an. Im Zustand der Erregung oder bei Gefahr flacht sie ihren Körper ab. Ergreift man sie, so scheidet sie aus ihren Kloakendrüsen ein Sekret ab, das jedoch nicht sehr stark riecht. Zu ihrer Nahrung gehören Würmer, Schnecken, Insekten, kleine Frösche und Fische. Nördliche Braunnattern überwintern in der Regel von Oktober – März oft gemeinsam an einem Platz. In ihren Winterquartieren trifft man auch häufig noch andere Schlangen an, wie *Thamnophis sirtalis* und *Natrix sipedon*. Die Paarung findet meist im März oder April statt, jedoch auch in jedem anderen Monat. Die Trächtigkeitsdauer beträgt meist 105–113 Tage. *Storeria dekayi* gebiert voll entwickelte Junge, die bei der Geburt zwischen 7–10 cm lang sind. Die Jungen sind ziemlich dunkel mit einer weißen Halsbinde und ähneln sehr der Halsbandnatter, von der sie sich durch die gekielten Schuppen unterscheiden.
Haltung und Zucht: Für diese Natter genügt ein kleines Terrarium. Als Bodenfüllung verwendet man ein Gemisch aus Sand und Walderde, das man leicht mit Wasser übersprüht, um es feucht zu halten. Einige Steine, Rindenstücke und Moospolster sind als Verstecke geeignet. Die Moospolster wechselt man von Zeit zu Zeit aus. Ein Gefäß mit stets frischem Wasser darf nie fehlen. *Storeria dekayi* benötigt keine künstliche Beleuchtung und keine Bodenheizung. Tagestemperaturen zwischen 20–25 °C genügen vollständig. Ein guter Platz für ein derartiges Kleinterrarium ist die Fensterbank. Hier ist auch hinreichend Tageslicht. Die Nördliche Braunnatter kommt am Abend aus ihrem Versteck hervor. Zu dieser Zeit bietet man als Futter Regenwürmer, Insekten und Schnecken an. Eine Winterruhe ist notwendig. Über eine Nachzucht in Gefangenschaft ist nichts bekannt. Trächtig gefangene Weibchen

haben jedoch schon mehrfach im Terrarium Junge zur Welt gebracht. Die winzigen jungen Schlangen ernährt man mit kleinen Regenwürmern und Taufliegen *(Drosophila)*.
Die kleine, 30 cm lange Rotbauchnatter *Storeria occipitomaculata* ist mit *Storeria dekayi* nahe verwandt. Sie ähnelt ihr sehr in Körperbau und Färbung, man kann sie jedoch durch den hellroten Bauch und durch das Fehlen der Seitenflecken unterscheiden. *Storeria occipitomaculata* findet sich ungefähr in den gleichen Biotopen wie *Storeria dekayi*. Im Terrarium gelten für sie die gleichen Haltungsbedingungen.

Gattung Opheodrys
Grasnattern
3 Arten

Opheodrys aestivus
Rauhe Grasnatter
(Bild Seite 87)

Kennzeichen: Opheodrys aestivus ist eine sehr lang gestreckte, dünne Schlange mit einem schmalen Kopf, der sich nur andeutungsweise vom Hals absetzt. Das große Auge besitzt eine runde Pupille. Die Schuppen sind gekielt, das Afterschild geteilt. Der Rücken ist laubgrün. An den Körperseiten wird die Färbung heller. Die Bauchseite ist porzellanweiß, gelblich oder blaßgrün.
Länge: Bis zu 116 cm.
Die Rauhe Grasnatter lebt in einem geschlossenen Verbreitungsgebiet von Connecticut bis nach Florida, von Ohio, Illinois und Indiana bis nach Kansas und Texas und im Süden bis nach Tampico in Mexiko. Sie ist eine ausgesprochen baumbewohnende Form, die sich vorwiegend auf niederen Bäumen, Büschen und im hohen Gras aufhält. In ihrer Körperfärbung hat sie sich so gut an ihre Umwelt angepaßt, daß man sie übersieht, wenn sie sich nicht bewegt. Mit Vorliebe bewohnt sie die dicht bewachsenen Ufer stehender und fließender Gewässer. Zeitweilig sucht sie das Wasser auf und führt dann sogar eine, halb dem Wasser angepaßte Lebensweise. *Opheodrys aestivus* ist keine seltene Art. Besonders häufig kommt diese Schlange auf den dicht bewachsenen Inseln (Hammocks) in den Everglades in Florida vor. Lang ausgestreckt liegt sie auf den Zweigen von Büschen und Bäumen und gleitet mit überraschender Leichtigkeit von einem Baum zum anderen. Die Rauhe Grasnatter streckt ihre Zunge zuweilen starr aus dem Maul heraus, ohne zu züngeln. Sie ernährt sich von allerlei Insekten, Spinnen und sogar von Schnecken und Fröschen. Nach der Überwinterung beginnt die Aktivitätsperiode im März oder April und endet je nach den klimatisch-geographischen Bedingungen im Oktober oder November. Die Paarung findet im Frühjahr, zuweilen aber auch im Herbst statt. Bis zu 12 Eier, die zu einem Gelege zusammenkleben, werden von Juni bis August gelegt. Die 15–20 cm langen jungen Schlangen schlüpfen nach eineinhalb bis drei Monaten.
Haltung und Zucht: Die Rauhe Grasnatter benötigt ein mittelgroßes Aquaterrarium mit viel griffigem Klettergeäst, zahlreichen Rankenpflanzen, Steinen und Rindenstücken. Als Bodengrund verwendet man ein Gemisch aus Sand und Walderde. Der Wasserteil sollte ungefähr ein Drittel der Bodenfläche umfassen. Eine Bodenheizung ist nicht notwendig. Die Beleuchtung sollte täglich 12–14 Stunden in Betrieb sein. Die Lufttemperatur beträgt am Tage zwischen 25–30 °C. In der Nacht soll sie um etwa 5 °C tiefer liegen. *Opheodrys aestivus* hält sich in der Gefangenschaft viel besser als *Opheodrys vernalis*. Als Futter bietet man allerlei Insekten an wie Laubheuschrecken, Schaben, Schwebefliegen, Heimchen, Libellen, Grillen und Spinnen. Das Sehvermögen dieser kleinen Natter ist überaus gut entwickelt. Geschickt fängt sie fliegende Beutetiere. Sie ist hauptsächlich am Tage munter. Oft liegt sie im Geäst und macht mit dem Vorderkörper wellenartige Bewegungen ohne dabei vorwärtszukriechen. Ist sie erregt, so erscheinen auf dem Körper blaue Flecken. Eine 3- bis 4monatige Überwinterung ist notwendig.

Ein trächtig gefangenes Weibchen von Ben Dial legte am 27. Juni 1962 10 Eier, die in Moos eingebettet und täglich angefeuchtet und einer Temperatur zwischen 27 und 32 °C ausgesetzt wurden. Die jungen Schlangen schlüpften am 2. August des gleichen Jahres.
Nachgezüchtet wurde die Rauhe Grasnatter von Paulduro. Die Paarungsaktivität dauerte bis ungefähr Juni 1980 an. Die Kopula selbst konnte nicht beobachtet werden. In den folgenden Wochen nahm das Weibchen außerordentlich viel Nahrung zu sich, um in der ersten Juliwoche jegliche Nahrungsaufnahme einzustellen. Der Leibesumfang der Natter nahm zu. Nach 42 Tagen legte das Weibchen seine Eier in den reich bepflanzten Behälter ab, in dem sie auch verblieben. Die Eier lagen so versteckt, daß sie nicht gefunden und daher auch nicht gezählt werden konnten. Nach einer Zeitigungsdauer von 51 Tagen kroch das erste Jungtier im Terrarium umher und bald erschienen vier weitere junge *Opheodrys aestivus*, die zwischen 172 und 212 mm lang waren. Die erste Häutung fand 4–5 Tage nach dem Schlupf statt. Die jungen Schlangen fraßen danach alle selbständig Heimchen und Grillen und hatten nach ungefähr einem Jahr eine durchschnittliche Länge von 47 cm und ein durchschnittliches Gewicht von 7,7 g erreicht.

Opheodrys vernalis
Glatte Grasnatter
2 Unterarten

Kennzeichen: Diese Schlange wirkt nicht so schlank wie die vorige Art. Der etwas kürzere Kopf setzt sich jedoch kaum vom Hals ab. Ihr Auge mit der runden Pupille ist besonders groß. Der Schwanz ist kürzer, die Schuppen sind glatt. Das Afterschild ist geteilt. Die Körperoberseite dunkelgrün gefärbt. Die Bauchfärbung schwankt zwischen porzellanweiß und gelblich.
Länge: Bis 66 cm.
Herkunft und Lebensweise: Die Glatte Grasnatter kommt von Südkanada bis nach Texas vor. Das Verbreitungsgebiet ist jedoch nur im Nordosten zusammenhängend. Inselartige Vorkommen bestehen in Nordkarolina, Tennessee, Oklahoma, Texas, Neumexiko, Colorado, Nebraska und Kansas. *Opheodrys vernalis* lebt in der Ebene, mehr jedoch im Hügelland, und kommt im Gebirge bis über 3000 m vor. Im Gegensatz zur Rauhen Grasnatter ist die Glatte Grasnatter ein bodenbewohnendes Tier, das nur wenig Neigung zum Klettern zeigt. Die Schlange lebt an trockenen und feuchten Plätzen. Man findet sie in trockenen Wiesen, in offenen Wäldern, auf Lichtungen, in alten, unbebauten Feldern, auf feuchten Wiesen und Sümpfen. Während des Tages versteckt sie sich oft unter Steinen, altem Holz, Brettern, Pappkartons, altem Linoleum oder ähnlichem. Im April oder Mai kommt sie aus ihren Winterquartieren zum Vorschein, die sie im Oktober wieder aufsucht. Sie ernährt sich in erster Linie von Insekten, namentlich von Raupen, frißt aber auch Spinnen, Tausendfüßler, Schnecken und selbst Salamander. Farblich hat sie sich hervorragend an ihre Umgebung angepaßt. Ihre Körperbewegungen sind bei weitem nicht so flink wie die der Rauhen Grasnatter. Die Paarung findet sowohl im Frühjahr als auch im Sommer statt. Die Glatte Grasnatter legt im Juni oder Juli 3–11 Eier, aus denen im August oder September die 12 cm langen Jungen schlüpfen.
Haltung und Zucht: Diese hübsche Natter hält sich nicht so gut im Terrarium wie *Opheodrys aestivus*. Gewöhnlich verweigert sie die Nahrung und siecht dahin. Als Bodengrund verwendet man ein Gemisch aus Sand und Walderde, als Versteck Steine und Rindenstücke. Den Behälter sollte man am Tage 10–12 Stunden beleuchten. Eine Lufttemperatur zwischen 25–27 °C ist günstig. Nachts sollte die Temperatur um einige Grad sinken. Die Glatte Grasnatter zerdrückt keine Pflanzen. Daher braucht man auf eingetopfte Rankenpflanzen nicht zu verzichten. Als Futter bietet man vor allem Raupen, Spinnen und Heimchen an. Falls die Schlange nach kurzer Eingewöhnungszeit nicht an die dargebotene Nahrung

gehen will, sollte man sie zwangsweise zu ernähren versuchen. Man stopft sie mit kleinen Fischen und Fleischstreifen. Das entspricht zwar nicht der natürlichen Nahrungsaufnahme, aber dennoch verdaut die Schlange dabei gut und man verhindert, daß sie verhungert. Eine Überwinterung ist notwendig. Die Glatte Grasnatter ist in der Gefangenschaft noch nicht nachgezüchtet worden. Trächtig gefangene Weibchen legten gelegentlich jedoch schon Eier, die man dann künstlich zum Schlüpfen brachte.

Gattung Arizona
Arizonanattern

Arizona elegans
Arizona-Natter
9 Unterarten
(Bild Seite 88)

Kennzeichen: Der längliche Kopf, der sich nicht vom Hals absetzt, läuft zur Schnauze hin spitz zu. Das Schnauzenschild ist vergrößert. Die fast runde Pupille zieht sich bei hellem Licht bis zu einem kleinen Punkt zusammen. Der Körper wirkt mäßig schlank, aber dennoch sehr kräftig. Die Schuppen sind nicht gekielt. Das Afterschild ist ungeteilt. Die hellbraune bis rötlichgelbe Rückenseite trägt Querflecken, deren brauner Kern schwarz umrandet ist. Die Körperseiten werden von 2 Reihen gegeneinandergestellter kleiner Tupfen bedeckt. Eine dunkle Schläfenlinie verbindet das Auge mit dem Mundwinkel. Die Bauchseite ist einfarbig weißlichgelb.
Länge: Bis 125 cm.
Herkunft und Lebensweise: Arizona elegans ist vom Mittleren Westen von Nebraska, Oklahoma und Texas bis nach Kalifornien und Nordwest-Mexiko verbreitet. Die Arizona-Natter lebt in verschiedenartigen Biotopen. Sie kommt an geröllübersäten Hängen bis in 2000 m Höhe, auf trockenem Grasland, in offenen, sonnigen Wäldern, auf trockenem Ödland und in der Kaktuswüste vor. Stets bevorzugt sie offenes Gelände. Die Arizona-Natter ist hauptsächlich während der Nacht aktiv. Tagsüber wühlt sie sich in den Erdboden ein oder hält sich unter Steinen verborgen. Oft fördert man sie beim Roden und Umpflügen ans Tageslicht. In den östlichen Teilen ihres Verbreitungsgebietes hält sie sich während des Tages häufig außerhalb ihrer Schlupfwinkel auf. Sie ist sehr friedlich und beißt nicht, wenn sie gefangen wird. Die Arizona-Natter ernährt sich von Eidechsen, Schlangen und kleinen Nagetieren, die sie vor dem Verzehren erwürgt. Sie paart sich im Frühjahr und legt 3–23 längliche Eier, aus denen nach einer Zeitigungsdauer von etwa 68 Tagen im August oder September die 24–29 cm langen jungen Schlangen schlüpfen.
Haltung und Zucht: Diese Art verlangt ein trockenes Terrarium mit einem Bodengrund aus Sand und Lehm, in den sie sich am Tage eingräbt. Als weitere Verstecke bietet man zu einem Haufen zusammengeschichtete Steine oder Rindenstücke. Ein Wasserbehälter ist notwendig. Die Temperatur beträgt tagsüber zwischen 25–30 °C und fällt in der Nacht auf 18–20 °C. *Arizona elegans* wird erst gegen Abend munter. In der Gefangenschaft ist sie gut zu halten und auch ausdauernd. Als Futter bietet man ihr Mäuse an, die sie sowohl lebend als auch tot annimmt. Eine 4monatige Überwinterung ist angezeigt. Die Arizona-Natter wurde in der Gefangenschaft bisher noch nicht nachgezüchtet. Trächtig gefangene Weibchen legten im Terrarium jedoch schon Eier ab, aus denen die jungen Schlangen nach 68 Tagen schlüpften.

Gattung Drymarchon
Indigonattern
1 Art

Drymarchon corais
Indigonatter
8 Unterarten

Kennzeichen: Der Kopf setzt sich nur wenig vom Hals ab. Der Körper wirkt sehr kräftig, und ist nach den Seiten hin abgeflacht. Die

Rückenmitte weist eine schwache Kante auf. Die Schuppen sind ungekielt. Das Afterschild ist ungeteilt. In der Erregung bläht die Schlange Hals und Kopf auf, die dadurch durch Aufblähen senkrecht abgeflacht und abgeplattet erscheinen. Die braune, dunkelbraune bis blauschwarze Körperoberseite zeigt besonders nach der Häutung einen wundervollen Metallglanz. Die Bauchseite ist olivgrau, dunkelgrün bis blaugrau gefärbt. Der Hals und der Unterkiefer können orangefarbig bis korallenrot sein.

Länge: Bis 270 cm.

Herkunft und Lebensweise: Die Indigonatter ist vom Südosten der Vereinigten Staaten bis nach Argentinien verbreitet. *Drymarchon corais couperi,* die am meisten in der Gefangenschaft gepflegt wird, kommt in Südkarolina, Georgia, Florida, Alabama und Louisiana vor. Die Indigonatter ist eine Flachlandform, die sowohl an trockenen als auch an feuchten Plätzen lebt. Mit Vorliebe bewohnt sie flache Kiefern- und Eichenwälder wie auch sandige Anhöhen, die mit niedrigen Palmettopalmen bewachsen sind. Weniger häufig trifft man sie an den Rändern von Sümpfen. Zuweilen sucht sie auch das Wasser auf. In ihrem Verhalten ist sie weitgehend am Tag aktiv. Sie liegt besonders am Morgen stundenlang in der Sonne. Wie die Östliche Diamantklapperschlange *(Crotalus adamanteus)* sucht sie oft in den Erdbauten der Gopherschildkröten *(Gopherus polyphemus)* Zuflucht. Aus diesem Grunde wird sie in Florida als „Gopher Snake“ bezeichnet. Ihre schnellen Bewegungen zeugen von Stärke und Aktivität. *Drymarchon corais* lebt hauptsächlich am Boden und klettert nur gelegentlich auf Büsche und niedere Bäume. Oft liegt sie in voller Länge ausgestreckt auf den Ästen. Dem Menschen gegenüber verhält sie sich sehr friedfertig und wird daher in Florida bevorzugt von Schaustellern und Kindern gehalten. Ihre Beute ist erstaunlich vielseitig. Sie frißt kleinere Säugetiere, Vögel, ungiftige und giftige Schlangen, Echsen, Schildkröten, Frösche, Fische und Eier. Die Beutetiere packt sie mit den Kiefern, hält sie fest und drückt sie kraftvoll zu Boden. Über die Fortpflanzung der Indigonatter in der Natur ist nur wenig bekannt. Die Indigonatter paart sich im Frühjahr, manchmal auch im Winter. Die Eier sind ungefähr 6–7 cm lang und 4 cm breit, die geschlüpften Jungtiere 35–50 cm lang.

Haltung und Zucht: Für die große Schlange benötigt man ein geräumiges Terrarium mit einer Bodenfüllung aus grobem Sand und Torf. Eine örtliche Bodenheizung ist angebracht, da die Schlangen milde Wärme von unten sehr lieben. Meine Exemplare lagen meist zusammen auf der Stelle im Behälter, die sehr milde erwärmt wurde. Eine 8- bis 10stündige Beleuchtungsdauer genügt während des Tages. Tagsüber verlangt die Indigonatter Lufttemperaturen zwischen 25–28 °C, in der Nacht zwischen 20–22 °C. Ein Wasserbehälter darf nicht fehlen. Pflanzen gehören hier auf keinen Fall ins Terrarium, da die Indigonattern sie stets innerhalb von kurzer Zeit zerdrücken. Notwendig ist allerdings eine Versteckmöglichkeit. Als Unterschlupf bietet man einen zementierten Aufbau aus Steinen, ein hohles Stück Korkeichenrinde entsprechender Größe oder ein Holzkästchen. Die richtigen Temperaturen und die Möglichkeit sich zu verstecken sind für die Haltung von Indigonattern in der Gefangenschaft am wichtigsten. Frisch importierte Tiere gewöhnen sich dann schnell ein. Zu Anfang fauchen sie und zittern erregt mit dem Schwanz. Dieses Verhalten läßt jedoch nach wenigen Wochen nach. Indigonattern sind unglaublich gefräßig. Sie zeigen jedoch gewisse Vorliebe für bestimmte Futtertiere. Während einzelne Tiere nur Mäuse und Ratten vertilgen, bevorzugen andere wieder nur Küken, Frösche oder Fische. Jedes meiner Exemplare fraß zu einer Mahlzeit bis zu 10 Hühnerküken oder ausgewachsene Mäuse, die sie tot oder lebend aus der Hand oder von der Pinzette nahmen. Einzelhaltung ist dringend anzuraten, da die Tiere zum Kannibalismus neigen. Weibliche Indigonattern erholen sich nach der Gravidität und Eiablage besser, wenn sie in Einzelhaltung gepflegt werden. Die Indigonatter häutet sich in kurzen Zeitabständen von 4–6

Wochen. Eine Besonderheit der Häutung besteht darin, daß die Zungenspitze mitgehäutet wird. Auf eine ausgedehnte Überwinterung kann man bei dieser Schlange verzichten, doch sollte man aber die Temperatur im Dezember und Januar auf 18–20 °C herabsetzen. *Drymarchon corais couperi* wurde schon mehrfach in der Gefangenschaft nachgezüchtet. Die Tiere des Verfassers paarten sich am 26. November 1974. Das Männchen kroch unter zukkenden Bewegungen über den Rücken des Weibchens, den es mit dem Unterkiefer rieb, bis es sich schließlich am Hals festbiß. Leider starb das Weibchen vor der Eiablage. Die Eier werden in ein mäßig feuchtes Substrat bei Temperaturen zwischen 20–26 °C gebracht. Die Entwicklungsdauer beträgt 12–14 Wochen. Bei höheren Temperaturen entwickeln sich die Keimlinge im Ei schneller. Beim Schlüpfen sind sie allerdings zu klein, weisen Mißbildungen auf oder sind nicht lebensfähig. Mehrfache Nachzuchten dieser größten nordamerikanischen Natter gelangen in den USA. In Deutschland wurden zwei Nachzuchten von *Drymarchon corais couperi* von Stirnberg und Broer beschrieben. Die Tiere paarten sich am 4. November 1980 zum ersten Mal. Eine Eiablage erfolgte am 2. April 1981. Der Eiablage ging eine vierwöchige Futterverweigerung des Weibchens voraus. Eine zweite Kopulation, die fast 6 Stunden andauerte, fand am 26. Oktober 1981 statt, sowie eine weitere am 8. Dezember des gleichen Jahres. Ungefähr 5 Monate nach der Kopulation wurden drei Gelege abgesetzt. Die Gelegegröße lag bei 9–10 Eiern. Die Eier, die Längen zwischen 5,4 und 6,5 cm bei einer Breite von 3,8 × 4 cm aufwiesen, wurden in einem Inkubator bei Temperaturen zwischen 27 und 29 °C untergebracht. Die Zeitigungsdauer der Gelege betrug 73–88 Tage. Die jungen Indigonattern hatten beim Schlupf unterschiedliche Körperlängen zwischen 34 und 48 cm. Die erste Häutung fand 10–12 Tage nach dem Schlupf statt. Nach anfänglicher Futterverweigerung nahmen die jungen *Drymarchon corais couperi* nackte Mäuse, nackte Ratten und Kükenteile an.

Gattung Pituophis
Kiefernnattern
2 Arten

Pituophis melanoleucus
Kiefernnatter
10 Unterarten
(Bild Seite 106)

Kennzeichen: Die große, kräftig gebaute Schlange besitzt einen länglichen Kopf, der sich nur wenig vom Hals absetzt. Das große Auge hat eine runde Pupille. Die Schuppen sind gekielt. Das Afterschild ist ungeteilt. Die Rückenfärbung schwankt zwischen grauweiß, gelblich bis rötlichbraun. Die Körperseiten erscheinen heller. Auf der Rückenmitte verläuft eine Reihe dunkler Flecken, die auf dem vorderen Teil des Körpers schwarz und zum Schwanz hin bräunlich werden. Die Bauchseite ist weißlich, gelblich, bräunlich oder schwarz, einfarbig oder gefleckt. Die Körperfärbung schwankt sehr stark. *Pituophis melanoleucus mugitus* ist isabellfarben bis rostbraun und fast zeichnungslos. *Pituophis melanoleucus lodingi* ist eine melanistisch gefärbte Unterart. Ein sehr kontrastreiches Zeichnungsmuster weisen *Pituophis melanoleucus catenifer* und *Pituophis melanoleucus sayi* auf, die die Amerikaner als Bullennatter bezeichnen. *Pituophis catenifer* galt früher als eigene Art. Seit einiger Zeit stellt man sie als Unterart zu *melanoleucus*.
Länge: 180 cm, in Ausnahmefällen über 250 cm.
Herkunft und Lebensweise: Die Kiefernnatter hat ein weites Verbreitungsgebiet von Südkanada bis nach Mexiko. Mit Ausnahme einiger östlicher, mittlerer und südlicher Staaten ist sie fast über die gesamten USA verbreitet. Sie kommt in der Ebene und im Gebirge vor. In urtümlichen Lebensbereichen ist sie ebenso heimisch wie in Kulturland. Sie lebt auf der Prärie, auf verwilderten Feldern wie in offenen, gut durchsonnten Kiefern- und Eichenwäldern. In Feuchtwäldern findet man diese Natter fast immer auf leicht ansteigenden Sandhügeln, deren Untergrund meist trocken

ist. Im Westen ihres Verbreitungsgebietes dringt die Kiefernnatter sogar in die Wüste und bis hoch ins Gebirge vor. *Pituophis melanoleucus* ist hauptsächlich am Tage munter, bei heißem Wetter jedoch auch in der Nacht. Sie ist eine bodenbewohnende Schlange, die nur selten auf Bäume und im Gebüsch klettert. Mit Vorliebe wühlt sie im lockeren Untergrund und besiedelt die Bauten der Taschenratten, die sie auch als Beutetier bevorzugt. Ihre Nahrung besteht aus allerlei Kleinsäugern, Vögeln, Eidechsen und Vogeleiern. Dem Menschen gegenüber verhält sie sich unterschiedlich. In Südkarolina sah ich ein frisch gefangenes Exemplar, das sich völlig friedlich verhielt, während sich andere beim Fang ausgesprochen aggressiv zeigten. Sie blasen den Hals auf, zischen laut und beißen kräftig und mehrmals hintereinander zu. In der Erregung zittern Kiefernnattern mit dem Schwanz. Je nach geographischer Lage hält die Kiefernnatter einen Winterschlaf von 4–7 Monaten. Meist kommt sie im März oder April zum Vorschein und verschwindet im Oktober oder November. Die Paarung findet im April oder Mai, zuweilen auch später statt. Die Eier werden im Mai, Juni oder Juli gelegt. Die Jungen, die nach 2–3 Monaten schlüpfen, haben eine Länge zwischen 32–40 cm.

Haltung und Zucht: Die Kiefernnatter ist ein stattliches und auffallendes, zuweilen etwas heikles Terrarientier, das allerdings eine sorgsame Pflege verlangt. Ihrer Größe entsprechend braucht man für diese Schlange ein geräumiges Terrarium. Als Bodenfüllung verwendet man ein Gemisch aus Sand und humushaltiger Walderde. Auf die Bodenoberfläche streut man Kiefern- und Fichtennadeln. Ein kleinerer Wasserbehälter ist nicht unbedingt notwendig, wenn man 2mal wöchentlich Wasser versprüht. Die Schlange nimmt das Wasser gern in Tropfenform auf. Im übrigen wird die Kiefernnatter trocken gehalten. Ganztägige Beleuchtung oder Sonnenlicht von 12–14 Stunden Dauer ist erforderlich und außerdem eine Bodenheizung, die örtlich milde Wärme erzeugt. Die Lufttemperatur soll am Tage zwischen 25–30 °C und in der Nacht um einige Grad niedriger liegen. Auf ein gutes Versteck wie etwa einen hohlen Zierkork, eine Steinröhre, festzementierte schwere Steine, einen hohlen Baumstamm oder ein Holzkästchen kann man nicht verzichten. *Pituophis melanoleucus* reagiert sehr empfindlich auf Störungen. Daher hält man am besten jedes Tier einzeln. Wird die Schlange häufiger gestört, so verweigert sie nicht selten die Nahrung. Auch ein Kletterast sollte nicht fehlen. Meine Exemplare lagen oft in einer Astgabel unter der Heizlampe. Frisch gefangene Kiefernnattern zeigen oft in den ersten Wochen nach dem Fang ihr wildes Temperament. Mit der Zeit werden die meisten Tiere gänzlich zahm und fressen im und außerhalb des Behälters. Als Futter bietet man Mäuse und Ratten, aber auch Küken und Hühnereier. Die Schlange würgt die Eier der Länge nach hinunter und zerdrückt sie im Körper durch die enorme Muskelkraft. Lebende Beutetiere erdrosselt sie. Eine 3- bis 4monatige Überwinterung bei niedrigen Temperaturen ist notwendig. Die Nachzucht ist schon mehrfach im Terrarium gelungen. Besonders hervorzuheben sind die zahlreichen jährlichen Nachzuchten von Kiefernnattern, die dem viel zu früh verstorbenen Charles E. Shaw vom San-Diego-Zoo gelangen. Von einzelnen Weibchen erhielt dieser hervorragende Herpetologe in einem Jahr sogar zwei Gelege.

Gattung Masticophis
Peitschennattern
7 Arten

Masticophis flagellum
Peitschennatter
7 Unterarten
(Bild Seite 87)

Kennzeichen: Der lange und schmale Kopf setzt sich kaum vom Hals ab. Das große Auge weist eine runde Pupille auf. Der Körper und der Schwanz wirken schlank und lang gestreckt. Die Schuppen sind ungekielt, das Afterschild ist geteilt. Der Kopf und der Vorderkörper der im Osten und Südosten vorkommenden Nominatform *(Masticophis flagellum flagellum)* sind mehr oder weniger braun bis schwarz. Diese Färbung geht auf der Körpermitte allmählich in ein Dunkelbraun über, das auf dem Schwanz zusehends heller wird. Die Bauchfärbung entspricht der Färbung des Rückens und der Körperseiten. Zuweilen kommen Schwärzlinge vor oder auch Exemplare, deren Körper schwarz und deren Schwanz rot ist. Die Westliche Peitschennatter *(Masticophis flagellum testaceus)* ist hell gelbbraun, dunkelbraun oder rötlichbraun. Es gibt einfarbige Tiere und solche mit enger und breiter Querbänderung.

Länge: Bis zu 260 cm.

Herkunft und Lebensweise: Masticophis flagellum ist von Nordkarolina über die östlichen, mittleren, westlichen und südlichen USA bis weit nach Mexiko verbreitet. Sie bewohnt trockene und feuchte Lebensräume und kommt in Wäldern mit sandigem Untergrund, auf der Prärie, im Buschgelände und im Gebirge bis 2600 m Höhe ebenso vor wie in der Kaktuswüste oder an den Rändern von Sümpfen. Die Peitschennatter ist eine lebhafte und äußerst schnelle Schlange, die oft mit erhobenem Kopf dahinkriecht. Sie läßt sich nur schwer fangen. Wird sie im Gelände aufgeschreckt, so saust sie pfeilartig ins Gebüsch oder Kaktusgestrüpp. Kann sie nicht entfliehen, so setzt sie sich aktiv zur Wehr und geht direkt auf den Angreifer zu. In der Erregung zittert sie mit dem Schwanz und erzeugt so im trockenen Laub oder Gras ein Geräusch, das an das Rasseln der Klapperschlangen erinnert. Wird sie gefangen, so zeigt sie sich sehr angriffslustig und beißt kräftig zu. Sie gräbt ihre Zähne tief in das Muskelfleisch ein, schleudert den Kopf und den Vorderleib hin und her und erzeugt so unangenehm tiefe Wunden. Peitschennattern sind am Tag aktiv und nicht nur bodenbewohnend, sondern kriechen auch häufig auf Büsche und Bäume. Gegen Trokkenheit sind sie sehr widerstandsfähig, so daß sie heiße und trockene Witterung, wie sie im Sommer oft während des Tages herrscht, besser ertragen als die meisten anderen Reptilien. Ihre Nahrung besteht aus Kleinsäugern, jungen Vögeln, Schlangen, Eidechsen und in seltenen Fällen sogar aus jungen Schildkröten und Fröschen. Peitschennattern überwintern von September oder Oktober bis März oder April oft gemeinsam mit Klapperschlangen. Die Paarung findet meist im April oder Mai statt. 10–20 ellipsenförmige Eier, die kleine tuberkelartige Auswüchse haben, werden in der Regel von Juni bis August gelegt. Die Jungen schlüpfen im allgemeinen nach 50–60 Tagen. Beim Schlüpfen haben sie eine Länge von 30–41 cm.

Haltung und Zucht: Im Terrarium ist *Masticophis* in der ersten Zeit ein nervöser Pflegling, der zuweilen nach allen zu beißen versucht, die am Behälter vorbeigehen. Dieses Verhalten ändert sich jedoch mit der Zeit. Ein geräumiger Behälter mit Versteckmöglichkeiten, Kletterästen und einem kleinen Wassergefäß ist für diese Schlange lebensnotwendig. Die Peitschennatter trinkt häufig aus dem Wassergefäß. Sonst aber verträgt sie keinerlei Feuchtigkeit und verlangt absolut trockene Haltung zu ihrem Wohlbefinden. Auf eine örtliche Bodenheizung kann man nicht verzichten. Außerdem sollte die Beleuchtung täglich 12–14 Stunden in Betrieb sein. Während des Tages beträgt die Lufttemperatur zwischen 25–30 °C, nachts kann sie um einige Grade darunter liegen. *Masticophis flagellum* ist sehr gefräßig. Als Nahrung bietet man Mäuse, kleine Ratten und Hühnerküken. Zur Nachzucht ist eine 3- bis 4monatige Überwinterung bei herabgesetzter Temperatur erforderlich. Die Nachzucht ist in der Gefangenschaft wiederholt schon gelungen. Unter künstlichen Bedingungen benötigen die Eier zur Zeitigung 76–79 Tage.

Gattung Lampropeltis
Königsnattern
13 Arten

Lampropeltis getulus
Kettennatter
11 Unterarten
(Bild Seite 106)

Kennzeichen: Der ovale Kopf setzt sich kaum vom Hals ab. Das große Auge hat eine runde Pupille. Die Grundfärbung des Körpers ist schwarz. Rücken und Flanken weisen bei der Nominatform ein Kettenmuster aus weißen bis gelblichen Querbinden auf. Dieses Zeichnungsmuster kann bei den einzelnen Unterarten so sehr abgewandelt sein, daß es kaum noch zu erkennen ist. Die Bauchseite ist gefleckt oder gebändert. Es ist nicht immer leicht die einzelnen Unterarten zu unterscheiden. In Färbung und Zeichnung gibt es zahlreiche individuelle Übergänge. Darüber hinaus verbastardieren einzelne Unterarten dort, wo sich die Verbreitungsgebiete überschneiden. Auch scheinen die Vertreter aller Arten der Gattung *Lampropeltis* in der Evolution begriffen zu sein. Von *Lampropeltis getulus californiae* gibt es zwei Zeichnungsvarianten. Die eine ist schwarz oder tief dunkelbraun mit weißen bis gelben Querbinden. Die andere besitzt bei gleicher Grundfärbung ein weißes bis gelbes Längsband auf der Rückenmitte. Es handelt sich hierbei durchaus nicht um verschiedene Unterarten, da Exemplare beider Zeichnungsvarianten in ein und dem selben Gelege vorkommen können. Wie bereits angedeutet, haben nicht alle Unterarten von *L. getulus* eine kettenartige Bänderung. *Lampropeltis getulus niger* ist fast ganz schwarz mit gelblichen Flekken auf den einzelnen Schuppen. Bei *Lampropeltis getulus floridana* wird die Bänderung vor allem im Alter undeutlich. Die einzelnen Schuppen sind im Zentrum hell. Bei *Lampropeltis getulus holbrooki* fehlt die Bänderung oder ist nur noch andeutungsweise vorhanden. Jede einzelne Schuppe ist weißlich bis gelblichgrün gefleckt.

Länge: 150 cm, vereinzelt sogar über 180 cm.
Herkunft und Lebensweise: Die Kettennatter kommt von Südoregon und Kalifornien bis in die östlichen Vereinigten Staaten vor, wo ihr eigentliches Verbreitungsgebiet liegt. In Mexiko lebt sie in Baja California, in Chihuahua, in Sonora, in San Luis Potosí und in Tamaulipas. Sie kommt hauptsächlich in der Ebene vor, im Gebirge selten über 800 m. Ihre bevorzugten Lebensbereiche sind feuchte Kiefernwälder mit sandigen Anhöhen, das Gestrüpp der Palmettopalmen, die Ränder von Flüssen und Sümpfen, Wiesen, Weg- und Straßenränder und Berghänge, die von Geröllhalden, niedrigem Gebüsch und vereinzelt stehenden Bäumen durchsetzt sind. *Lampropeltis getulus* kommt an gewissen Stellen häufig oder sehr häufig vor. Der Verfasser und sein Sohn fingen an einem Straßenrand östlich von Savannah im Laufe einer Stunde 7 erwachsene Exemplare, die alle unter altem Holz, Blechen und Pappdeckeln lagen. Andere Kettennattern sonnten sich auf morschen Baumstümpfen, die in der Mitte ausgefault waren. Überaus erfolgreich war ein amerikanischer Freund, der in Nordflorida am Lake Okeechobee 86 *Lampropeltis getulus floridana* in einigen Stunden fing. Die Kettennatter lebt versteckt. Sie sonnt sich meist nur am frühen Morgen. Sie entfernt sich nie weit von ihrem Schlupfwinkel, in dem sie bei Störung sofort verschwindet. Wird sie ergriffen, so beißt sie nicht immer zu, sondern windet sich um die Hand und verspritzt eine übelriechende Flüssigkeit. Ihre Nahrung besteht aus Kleinsäugern, Vögeln, Schlangen, Eidechsen und Eiern. Vor dem Verzehren erdrosselt sie ihre Beutetiere. Je nach dem Klima ihres Vorkommens überwintert sie 3–6 Monate. Die Paarung findet im Frühjahr im Anschluß an die Überwinterung statt. 3–30 längliche Eier werden im Juni, Juli oder August abelegt. Die Jungen schlüpfen nach einer Entwicklungsdauer von 60–120 Tagen. Sie haben eine Länge von 25–30 cm.
Haltung und Zucht: Die Kettennatter ist ein anspruchsloser Pflegling. Ein Terrarium von 80 × 40 × 40 cm reicht vollauf. Als Boden-

grund hat sich ein Gemisch von Sand und Walderde bewährt. Ein Wasserbehälter ist erforderlich, da die Kettennatter häufig trinkt. Als Versteck genügen einige große Rindenstücke, ein hohler Zierkork oder Steine, die zu einer Höhle zusammenzementiert sind. Eine örtliche Bodenheizung ist vorteilhaft für die Schlangen, aber nicht unbedingt erforderlich. Die Beleuchtung sollte etwa 10 Stunden täglich in Betrieb sein. Am Tage hält man die Temperatur im Terrarium zwischen 24–30 °C, in der Nacht bei 20 °C. Als Futter bietet man Mäuse und kleine Ratten, die die Schlangen sowohl mit Hilfe ihres hervorragenden Witterungsvermögens als auch mit dem Auge schnell ausmachen. Man kann die Königsnatter in kurzer Zeit daran gewöhnen Futtertiere tot oder lebend aus der Hand zu nehmen. Da sich die Kettennatter in der Natur zum Teil von Schlangen, auch von Artgenossen ernährt, ist Einzelhaltung auf jeden Fall zu empfehlen. So vermeidet man Verluste. Bei mir tötete eine kleine *Lampropeltis getulus splendida* eine doppelt so lange *Lampropeltis triangulum* und versuchte sie zu fressen. Je nach dem Fundort der Kettennattern ist eine 2- bis 5monatige Überwinterung bei Temperaturen zwischen 5–15 °C erforderlich. Die keineswegs sonderlich schwierige Nachzucht ist schon mehrfach im Terrarium gelungen. Beim Verfasser kopulierte ein Männchen von *Lampropeltis getulus getulus* mit einem Weibchen von *Lampropeltis getulus floridana* am 19. 4. 1978. Es wurden am 4. 6. 1978 6 längliche Eier abgelegt, aus denen am 24. 8.–26. 8. 78 6 kräftige Unterartbastarde schlüpften. Die Eier werden in ein Gemisch von grobem Sand und Torfmull (besser ist grober Lavaboden) eingelegt und durch sehr mäßiges Sprühen bei Temperaturen zwischen 22–30 °C ein wenig feucht gehalten. Unter künstlichen Bedingungen schlüpfen die Jungen meist nach 60–70 Tagen. Nach dem Schlüpfen werden die jungen Schlangen von starkem Wandertrieb ergriffen und suchen sofort Versteckplätze auf. Die erste Häutung findet nach 10–14 Tagen statt. Danach werden junge Mäuse und Eidechsen gefressen.

Lampropeltis mexicana
Transpecos-Königsnatter
4 Unterarten
(Bild Seite 105)

Kennzeichen: Der flache Kopf setzt sich deutlich vom Hals ab. Das große, etwas vorstehende Auge besitzt eine punktförmige Pupille. Der nur mäßig gestreckte Körper wirkt sehr muskulös. Die Schuppen sind ungekielt. Das Afterschild ist ungeteilt. Bei *Lumpropeltis mexicana blairi*, einer der farbigsten nordamerikanischen Schlangen, werden grob betrachtet 3 Farbvarianten unterschieden. Im allgemeinen durchläuft die Grundfärbung des Rückens und der Körperseiten alle Grautöne von hell bis dunkel. Die Oberseite des Kopfes kann einfarbig schwarz sein oder ein hufeisenförmiges Muster aus Tupfen und Strichen aufweisen. Eine schwarze Binde verläuft vom unteren Augenrand bis zum Mundwinkel. Die Zeichnung des Rückens und der Flanken besteht aus 14 sehr auffälligen hell- bis dunkelroten Sattelflecken, die schwarz und weiß eingefaßt sind. Die Bauchseite ist in regelmäßigen Abständen hell und dunkel gefleckt. Von der Kloake ausgehend ist der Schwanz von 4–5 schwarzen, im Kern oft rötlich getönten Ringen umgeben. Die Unterarten von *Lampropeltis mexicana* sind: *Lampropeltis mexicana alterna, Lampropeltis mexicana blairi, Lampropeltis mexicana mexicana* und *Lampropeltis mexicana thayeri.*
Länge: 80–90 cm, bis zu 120 cm.
Herkunft und Lebensweise: Die Transpecos-Königsnatter hat ein sehr eng umgrenztes Verbreitungsgebiet. Sie kommt in Südwest-Texas im Transpecos-Gebiet westlich von Del Rio bis zum Big-Bend-Nationalpark vor. Nach Süden hin überschreitet sie den Rio Grande und ist von zwei Fundstellen im angrenzenden mexikanischen Staat Coahuila bekannt. *Lampropeltis mexicana* ist eine typische Vertreterin der Chihuahua-Wüste, wo sie in trockenen bis mäßig feuchten Biotopen vorkommt. Sie lebt sowohl in der Ebene als auch im Gebirge. Sie hält sich unter Felsblöcken, am Rande von Geröll-

halden und besonders gern in steinigen, ausgetrockneten Bachbetten auf, wo Opuntien, verschiedene Echinocereusarten, Ocotillos, Mesquite, Creosotbüsche und Yuccas wachsen. *Lampropeltis mexicana* galt früher als seltene Art. Örtlich kommt sie aber dennoch häufig vor. Wegen ihrer versteckten und nächtlichen Lebensweise bekommt man sie allerdings während des Tages kaum zu Gesicht. Erst in der Nacht wird sie munter und kriecht dann pausenlos umher. Ihre Nahrung besteht aus Eidechsen und Kleinsäugern. Selten frißt sie Schlangen und Frösche. Das Beutetier erdrosselt sie vor dem Verschlingen mit einigen kräftigen Körperumwindungen. Wenn man die Transpecos-Königsnatter fängt, windet sie sich kräftig um die Hand, beißt jedoch nicht immer zu, sondern scheidet aus den Kloakendrüsen ein übelriechendes, salbenartiges Sekret ab. Die Paarung findet im Frühjahr nach einer 4- bis 5monatigen Überwinterung statt.

Haltung und Zucht: Lampropeltis mexicana ist ein idealer Terrarienpflegling, eine Schlange, die auch in ihrer Färbung und in ihrem Körperbau besonders auffällt. Darüber hinaus hält sie sich sehr gut in der Gefangenschaft und ist ohne Schwierigkeiten nachzuzüchten. Sie verlangt jedoch peinliche Sauberkeit. Leider ist die Transpecos-Königsnatter sehr begehrt und daher teuer (300–500 Dollar pro Tier). Man benötigt für diese Schlangen keinen sehr großen Behälter. Terrarien von 50 × 40 × 40 cm sind für 2 erwachsene Exemplare ausreichend. Mit bestem Erfolg verwende ich als Bodengrund sandigen Lehm oder tonähnliche Braunerde. Ein kleines Wassergefäß darf nicht fehlen. Eine örtliche Bodenheizung, die sehr milde Wärme abstrahlt, trägt sehr dazu bei, daß sich die Schlangen wohlfühlen und sollte keinesfalls fehlen. Boden- und Lufttemperaturen hält man während des Tages zwischen 25–30 °C, am besten sind 27 °C. Die Beleuchtung muß 10–12 Stunden täglich in Betrieb sein. *Lampropeltis mexicana* frißt viel; man sollte sie wöchentlich füttern. Die Schlangen nehmen lebende und tote Mäuse und Eidechsen. Die Verdauung ist nach 2–3 Tagen beendet. Häutungen erfolgen innerhalb von 5–8 Wochen in einem Stück. Die Nachzucht ist schon mehrfach in der Gefangenschaft geglückt. Voraussetzung für eine erfolgreiche Nachzucht ist allerdings immer eine 3- bis 4monatige Überwinterung bei 5–15 °C. Die angegebenen Temperaturen dürfen vorübergehend tiefer sinken, ohne daß die Schlangen den geringsten Schaden davontragen. Paarungen fanden bei meinen Tieren im April, Mai und Juni statt. Ungefähr 4–5 Wochen danach werden 4–6 längliche Eier abgelegt. Vor der Eiablage scharrt das Weibchen den Bodengrund tagelang an der feuchtesten Stelle muldenartig auf, um hier die Eier abzulegen. Ich bette die Eier in feuchte, luftdurchlässige Lavaerde in einer Plastikbox ein. Über das Gelege decke ich Fließpapier und halte alles durch wöchentliches Sprühen etwas feucht. Bei Temperaturen zwischen 22–28 °C brachte ich 11 Gelege in den letzten drei Jahren zum Schlüpfen. Die Jungen benötigen zu ihrer Entwicklung 10–13 Wochen. Die 41 jungen Schlangen waren beim Schlüpfen zwischen 21–23 cm lang. Die erste Häutung fand nach 10–12 Tagen statt. Nach der Häutung nehmen die jungen *Lampropeltis mexicana* kleine Eidechsen als Futter an; nur wenige gehen an Mäuse. Da die jungen Schlangen nackte Mäuse meist als Erstfutter verschmähen und junge Eidechsen nur selten zur Hand sind, wird man sich zur Zwangsfütterung entschließen müssen. Eine nackte Maus wird abgetötet und mit einer Pinzette sehr sorgfältig in das Maul eingeführt. Die Schlange befördert die Maus durch Schluckbewegungen in den Magen. Die meisten Exemplare entschließen sich dann bald zu selbständiger Nahrungsaufnahme.

Lampropeltis pyromelana
Arizona-Königsnatter
4 Unterarten
(Bild Seite 105)

Kennzeichen: Der Kopf setzt sich kaum vom Hals ab. Der Körper wirkt gestreckt, aber sehr kräftig. Das große Auge besitzt eine runde Pupille. Die Schuppen sind ungekielt. Das Afterschild ist ungeteilt. *Lampropeltis pyromelana* ist eine der schönsten, dreifarbigen Königsnattern. Ihr Körper ist von ziegel- bis leuchtendroten und schwefelgelben bis weißen Ringen umgeben. Die roten und weißen Ringe werden durch breite, schwarze Ränder voneinander getrennt. Die Schnauzenspitze ist weiß oder gelb. Die Oberseite des Kopfes und die Schläfen sind schwarz. Der Unterkiefer ist weiß oder gelb. Die gelbliche Bauchseite wird von rechteckigen Flecken bedeckt.

Länge: Bis 107 cm.

Herkunft und Lebensweise: Diese Art ist im nördlichen Zentralutah, Südost-Nevada, Arizona, Südwest-Neumexiko und in Mexiko in Ostsonora und Zentralchihuahua verbreitet. *Lampropeltis pyromelana* kommt im Gebirge in Höhenlagen zwischen 900–2300 m vor. Sie lebt in offenen Kiefernwäldern, in Felsschluchten, unter Felsen, in Geröllhalden und unter Steinen und an Bachrändern, wo Farne und vereinzelte Eichen wachsen. Ein Freund berichtete mir, daß er beim Umwälzen von Steinen die Arizona-Königsnatter in 2000 m Höhe fand. *Lampropeltis pyromelana* ist weitgehend in der Nacht aktiv. Über ihr Verhalten in freier Natur ist nur wenig bekannt. Sie ernährt sich von Echsen und Kleinsäugern, die sie vor dem Verzehren erdrosselt. Die Winterruhe dauert 4–6 Monate. *Lampropeltis pyromelana* pflanzt sich durch Eier fort.

Haltung und Zucht: Die Arizona-Königsnatter läßt sich leicht im Terrarium pflegen. Leider wird sie nur sehr selten und dann zu hohen Preisen angeboten. Sie nimmt mit einem kleinerem Behälter vorlieb, benötigt aber stets frisches Wasser und als Schlupfwinkel einige hohl liegende Steine oder Rindenstücke. Als Bodengrund eignet sich ein Gemisch aus Sand und Lehm. Die Beleuchtung sollte ungefähr 10 Stunden täglich in Betrieb sein. Eine örtliche Bodenheizung ist erforderlich. Während des Tages sollte die Lufttemperatur zwischen 25–30 °C betragen, nachts aber nicht unter 18 °C absinken. Meine *Lampropeltis pyromelana* hält sich am Tage in einem röhrenförmigen Zierkork oder unter einem flachen Stein verborgen. Erst in der Dämmerung wird die Schlange munter und kriecht dann fortwährend umher. Alle 2–3 Monate findet eine Häutung statt. Jede Woche verzehrt sie 1–2 kleinere Mäuse. Die Verdauung ist nach 2–3 Tagen beendet. Sie überwintert in jedem Jahr von Mitte November bis Anfang oder Mitte März bei herabgesetzten Temperaturen zwischen 5–15 °C. *Lampropeltis pyromelana* wurde häufig in den USA und in Europa zur Nachtzucht gebracht. Paarungen fanden am 16. 5., 17. 5., 20. 5. und am 1. 6. 1975 statt. Das Weibchen legte am 9. 7. 1975 ein Gelege, das aus 3 miteinander verklebten Eiern bestand. Die Eier hatten eine Größe von 15 × 50 mm und 17 × 60 mm. Man legte sie in ein Gefäß mit feuchtem Moos, bei einer Temperatur von 20–33 °C. Die jungen Schlangen schlüpften am 28. und 29. September des gleichen Jahres. Sie wogen 4,94, 5,53 und 5,88 g und waren 225, 255 und 240 mm lang. Die Färbung und das Zeichnungsmuster war bei den Jungen dasselbe wie bei den erwachsenen Exemplaren. Einige Wochen nach dem Schlüpfen fraßen zwei der kleinen *Lampropeltis* bereits junge Eidechsen *(Urosaurus)*. Das dritte Exemplar nahm ausschließlich frisch getötete nackte Mäuse an, eine Nahrung, die die beiden anderen Tiere verschmähten.

Meine eigenen Erfahrungen mit der Nachzucht von *Lampropeltis pyromelana* seien an dieser Stelle kurz wiedergegeben. Die Voraussetzung für eine erfolgreiche Nachzucht ist eine Überwinterung bei herabgesetzten Temperaturen und bei Dämmerlicht. Während der Überwinterung verbleiben meine Arizona-Königsnattern in ihren Terrarien. Ich warte ab bis der Darm vollständig entleert ist. Anschließend reduziere ich innerhalb von 3 Tagen stufenweise die Zentralheizung, die Bodenheizung und die Beleuchtungsdauer und schalte schließlich gänzlich ab. Um das so notwendige Dämmerlicht zu erreichen, decke ich die Behälter mit Zeitungspapier ab und lasse die Rolläden herunter. Je nach den jeweiligen Außentemperaturen variieren die Luft- und

Bodentemperaturen während des Winters zwischen 5 und 15 °C. Durch das Absinken der Temperatur wie durch das fehlende Licht kommen die Schlangen bald zur Ruhe und halten sich mehr oder weniger zusammengeringelt unter den Steinen auf oder verkriechen sich in den hohlen Zierkork. Die Überwinterungsdauer beschränke ich auf 100–110 Tage. Ich beobachtete die Paarung an einem meiner Pärchen der Nominatrasse *(Lampropeltis pyromelana pyromelana)* am 24. April 1983 und am 6. Mai 1984. Mit ruckenden Kopfbewegungen und aufgeregt züngelnd kroch das Männchen stundenlang über den Rücken und an den Körperseiten des Weibchens entlang. Vor der Kopulation drückte das Männchen mit seinem Schwanz den Schwanz des Weibchens in die Höhe und führte einen der beiden Hemipenisse in die Kloake ein. Die sexuelle Vereinigung dauerte ungefähr 30 Minuten. Im Laufe der nächsten Wochen wurde das Weibchen in der Körpermitte und im hinteren Rumpfbereich zusehends fülliger. Ich brachte in das Terrarium eine mit feuchtem Moos gefüllte Dose ein, in die das Weibchen am 24. Juni 1983 4 weiße, längliche Eier absetzte, die zu einem Gelege verklebt waren. Die Eier wiesen eine Länge von 50–60 mm auf. Ich brachte das Gelege in leicht feuchtem Waldhumus bei Temperaturen zwischen 22 und 32 °C unter. Am 31. 8. und am 1. 9. 1983 schlüpften aus den 4 Eiern 4 gesunde Jungschlangen. Am 17. 8. 1984 fand der Schlupf von 3 jungen *Lampropeltis pyromelana pyromelana* statt. Die Jungschlangen des Geleges von 1983 wiesen Körperlängen zwischen 22 und 24 cm auf. Die Färbung und das Zeichnungsmuster waren bei den Jungtieren nicht anders als bei den Erwachsenen. Ich beließ die jungen Schlangen in dem Plastikgefäß in dem sie geschlüpft waren. Die erste Häutung fand 9–10 Tage nach dem Schlüpfen statt. Zusammen mit 6 frisch geschlüpften und bereits gehäuteten *Lampropeltis zonata parvirubra* brachte ich die zarten Geschöpfe in einem Terrarium (40 × 30 × 30 cm) mit Lehmboden von 5 cm Höhe unter. Der Behälter wurde von unten her milde beheizt. Die jungen *Lampropeltis pyromelana pyromelana*, die eine auffällige Bewegungsaktivität zeigten, verkrochen sich bald unter einigen Steinen. Zwei *Lampropeltis pyromelana pyromelana* wie 4 *Lampropeltis zonata parvirubra* nahmen die zu Anfang angebotenen, neu geborenen Mäuse nicht an und mußten daher mit Rinderherzstreifen und zerschnittenen nackten Mäusen gestopft werden. Nach einiger Zeit fraßen die jungen *Lampropeltis pyromelana pyromelana* wie die *Lampropeltis zonata parvirubra* selbständig.

Lampropeltis triangulum
Rote Königsnatter
23 Unterarten
(Bild Seite 122)

Kennzeichen: Die Unterarten der Roten Königsnatter unterscheiden sich sehr in Färbung und Zeichnungsmuster wie auch in der Körperlänge. Im Körperbau stimmen sie jedoch weitgehend überein. Die schlank gebauten Tiere haben einen kleinen, ovalen bis länglichen Kopf, der sich vom Hals nicht oder kaum absetzt. Verschiedene Unterarten der Roten Königsnatter weisen eine Zeichnung wie die Korallenschlangen auf mit der Farbreihenfolge rot, schwarz, gelb oder rot, schwarz, weiß. Die Nominatform besitzt auf dem Rükken dunkelrote bis kastanienbraune Sattelflecken, die schwarz gerandet sind. Die Sattelflecken sind durch weiße bis gelbe Querbinden voneinander getrennt. Die Körperseiten sind braun oder schwarz gefleckt, der Kopf braun oder schwarz gefärbt. Am Hinterrande des Kopfes befindet sich eine V-förmige, weiße Zeichnung, die schwarz gerandet ist. Auf der Kopfoberseite verläuft eine dunkle Querbinde von Auge zu Auge und setzt sich als Schläfenbinde bis zum Mundwinkel fort. Die Unterseite des Kopfes und der Hals sind weiß bis gelb. Der Bauch ist schwarz gefleckt oder weist dunkle Binden auf. *Lampropeltis triangulum elapsoides* besitzt auf dem Rücken, den Körperseiten und dem Bauch scharlachrote, schwarze und weiße oder gelbliche Querbinden. Der Kopfteil vor den Augen ist rot. *Lampropeltis triangulum annulata* und *Lampropeltis triangulum arcifera* haben schwarze Köpfe. Bei *Lampropeltis triangulum amaura* und *Lampropeltis triangulum gentilis* ist der Kopf schwarz und die Schnauzenspitze weiß bis gelblich. Eine der schönsten Unterarten der *triangulum*-Gruppe ist *Lampropeltis triangulum nelsoni*, die ebenfalls einen schwarzen Kopf und breite, dunkelrote und enge schwarze und weiße bis gelbliche Körperbinden hat. Im allgemeinen sind junge Rote Königsnattern bunter gefärbt als erwachsene Tiere, die im Alter nachdunkeln.

Länge: 60–130 cm.

Herkunft und Lebensweise: Die Rote Königsnatter kommt in einem sehr ausgedehnten Verbreitungsgebiet vor, das sich fast über die gesamten Vereinigten Staaten bis nach Mittelamerika erstreckt. Die einzelnen Unterarten stellen unterschiedliche Ansprüche an ihr Biotop und leben sowohl in feuchtem als auch trockenem Gelände. *Lampropeltis triangulum elapsoides* (früher *Lampropeltis triangulum doliata*) findet man in offenen Kiefernwäldern. Sie hält sich am Boden auf und verbirgt sich mit Vorliebe in morschen, von Termiten zerfressenen Baumstümpfen, unter umgefallenen Bäumen, loser Rinde, weniger gern in Erdlöchern und unter Steinen. Nach starken Regenfällen und bei Überschwemmungen kriechen die Schlangen unter die sich abhebende Rinde senkrecht stehender, abgestorbener Kiefern. Hier finden die Schlangen Schutz vor dem Wasser und vor Feinden. Die von der Sonne beschienene Rinde bietet ihnen zudem günstige Lebensbedingungen, nämlich Wärme, Feuchtigkeit, Dämmerlicht und außerdem lebt dort der kleine Skink *Lygosoma laterale*; er ist das bevorzugte Beutetier dieser Unterart. Beim Umpflügen von Brachland findet man oft zahlreiche Rote Königsnattern, wenn man hinter dem Pflug hergeht. Im Gegensatz zu *Lampropeltis triangulum elapsoides*, *Lampropeltis triangulum syspila*, *Lampropeltis triangulum amaura* und *Lampropeltis triangulum triangulum*, die sich in der Ebene aufhalten und die gleichen Ansprüche an ihr Biotop stellen, sind *Lampropeltis triangulum arcifera* und *Lampropeltis triangulum nelsoni* Bergformen, die sehr versteckt in den mexikanischen Sierras leben. *Lampropeltis triangulum gentilis* bevorzugt trockenes Gelände und hält sich unter Felsen und flachen Steinen auf. Die Rote Königsnatter frißt kleine Säugetiere, Eidechsen, kleine Schlangen und zuweilen Insekten. Alle Unterarten dieser Natter sind weitgehend in der Nacht aktiv und nur sehr gelegentlich (nach schweren Regenfällen) außerhalb ihrer Schlupfwinkel anzutreffen. Die Paarung findet nach einer 3- bis 6monatigen Überwinterung statt. 6–24 längliche Eier werden von Juni bis August unter Baumstämmen, unter Rinde und im losen Boden abgelegt. Die Jungen schlüpfen meist nach 40–60 Tagen.

Haltung und Zucht: Man hält diese Schlange je nach Unterart in kleinen bis mittelgroßen Terrarien. Als Bodengrund hat sich ein Gemisch aus Sand und mit Rinden- und Holzstückchen durchsetzte Lauberde bewährt. Einige große Rindenstücke, flache Steine oder ein Zierkork dienen als zusätzliches Versteck, da sich die Schlangen während des Tages in den lockeren Bodengrund eingraben. Meine Exemplare halten sich oft unter der Rinde auf, die von oben von einer Heizlampe erwärmt wird. Man bietet Tagestemperaturen zwischen 25–30 °C. Eine Bodenheizung ist nicht unbedingt notwendig. Die Roten Königsnattern werden in der Dämmerung munter und kriechen dann oft pausenlos umher. Während des Tages sieht man diese prachtvollen Tiere nur gelegentlich. Eine Einzelhaltung ist empfehlenswert, da *Lampropeltis triangulum* sehr futterneidisch ist

---

Oben: Abb. 60: Elaphe subocularis (Transpecos-Rattennatter) s. Seite 198
Unten: Abb. 61: Elaphe oxycephala (Spitzkopfnatter) s. Seite 188

und zuweilen sogar kannibalische Gelüste zeigt. Nicht selten raufen sich zwei Schlangen um das gleiche Beutetier, wobei die stärkere Schlange die schwächere gleich mitfrißt. Als Futter bietet man nackte bis mittelgroße Mäuse an. Zuweilen gibt es bei *Lampropeltis triangulum elapsoides* Schwierigkeiten mit dem Futter, da manche Exemplare nur Eidechsen annehmen und Mäuse hartnäckig verweigern. Eine 3- bis 4monatige Überwinterung bei Temperaturen zwischen 10–15 °C ist notwendig. Die Rote Königsnatter ist mehrfach in der Gefangenschaft nachgezüchtet worden. Die Eier bringt man in einen Bodengrund aus feuchtem Torf oder Walderde bei Temperaturen zwischen 24–28 °C. Die Jungen schlüpfen in der Regel nach 7–9 Wochen. Nach der ersten Häutung nehmen sie als Nahrung junge Eidechsen, Eidechsenschwänze und zuweilen nackte Mäuse auf.

In Kurzem seien meine eigenen Erfahrungen bei *Lampropeltis triangulum sinaloae, Lampropeltis triangulum annulata* und *Lampropeltis triangulum gentilis* geschildert.

Nach vorausgegangenen Kopulationen legte ein Weibchen von *Lampropeltis triangulum sinaloae* (Bild Seite 195) am 26. 6. 1982 6 Eier ab. Die Eier wiesen eine Länge von 3,8–4,1 cm und eine Breite von 1,7–1,9 cm auf. Ein Ei verpilzte. Am 10. und am 11. 9. 1982 schlüpfte je ein Tier. Eine weitere, etwas zurückgebliebene Rote Königsnatter der gerade erwähnten geographischen Rasse durchbrach die Eischale und konnte nicht schlüpfen, da sich die Nabelschnur nicht vom Eiinneren löste. Als Folge dieses Unfalls ging die Jungschlange leider ein. Zwei weitere Exemplare waren am Schwanz verkrüppelt und verstarben schnell. Die beiden intakten Jungtiere häuteten sich und nahmen schon nach kurzer Zeit unbehaarte Mäuse als erste Nahrung zu sich. Am 11. Juli 1983 erhielt ich ein weiteres Gelege von 4 Eiern. Nach der Eiablage ringelte sich das nun recht faltig aussehende Weibchen wie zur Brutpflege um das Gelege. Am 14. September schlüpften aus diesem Gelege 4 gesunde Rote Königsnattern. Wie ich es bei den meisten Eiern zu tun pflege, zeitigte ich auch die Eier von *Lampropeltis triangulum sinaloae* in einer Plastikdose mit durchlöchertem Dekkel, in der sich leicht feuchte Lavaerde als Substrat befand. Die Eier deckte ich stets mit Fließpapier ab. Nach der ersten Häutung, ungefähr eine Woche nach dem Schlupf, gingen die Jungschlangen – ich hielt diese einzeln in Plastikdosen auf weißem Fließpapier mit einer Korkrinde als Unterschlupf und einem kleinen Wassernapf – an nackte Mäuse. Obwohl ich keine Längenmessungen vornahm, war das Wachstum überaus schnell.

Am 19. 4., 20. 4. und 23. 4. 1982 beobachtete ich Kopulationen meines *Lampropeltis triangulum annulata*-Pärchens. Die Kopulationen fanden stets am Abend statt und zogen sich über mehrere Stunden hin. Am 19. 6. legte das Weibchen 5 Eier ab. Am 26. 6. entfernte ich ein zusammengefallenes und unbefruchtetes Ei. Die 4 anderen Eier waren befruchtet. Die Jungtiere starben aus mir unerklärlichen Gründen leider im Ei ab. Mein *Lampropeltis triangulum annulata*-Weibchen legte am 25. 6. 1983 wieder 2 Eier in eine mit feuchtem Moos gefüllte Kakaodose, aus denen am 24. 8. des gleichen Jahres 2 gesunde Jungtiere schlüpften, die ich auf Plastikdosen einzeln verteilte. Über die Aufzucht dieser Tiere kann ich nichts sagen, da ich sie bald abgab.

Lampropeltis triangulum gentilis beobachtete ich am Abend des 22. 4. 1982 gegen 20 Uhr über mehrere Stunden bei der Paarung. Es erfolgten noch weitere Kopulationen, die ich jedoch zeitlich nicht erfaßt habe. Vor der Paarung verbiß sich das Männchen im Hals des Weibchens und hielt es auf diese Weise fest.

Oben: Abb. 62: Psammophylax rhombeatus (Gefleckter Shaapsteker) s. Seite 233
Unten: Abb. 63: Rhinocheilus lecontei tessellatus (Nasennatter) s. Seite 207

Am 4.6.1982 legte das Weibchen 3 Eier folgender Ausmaße ab: 4,7 × 1,6 cm, 4,8 × 1,7 cm und 4,9 × 1,6 cm. Am 30. Juli des gleichen Jahres schlüpften 3 kräftige und gesunde Jungtiere, die mir leider verloren gingen, da ich nach einer Besichtigung vergaß, den Behälter zu schließen. Von einer gemeinsamen Aufzucht frisch geschlüpfter Lampropelten möchte ich jedoch dringend abraten, da alle Königsnattern mehr oder weniger Schlangenfresser sind und auch vor Artgenossen nicht zurückschrecken. Derartige kannibalistische Unfälle habe ich bei jungen *Lampropeltis getulus splendida*, bei jungen *Lampropeltis mexicana blairi* und bei jungen *Lampropeltis pyromelana pyromelana* erlebt.

Lampropeltis zonata
Korallen-Königsnatter
7 Unterarten
(Bild Seite 106)

Kennzeichen: Lampropeltis zonata ähnelt *Lampropeltis pyromelana* im Körperbau, in der Färbung und im Zeichnungsmuster sehr. Das Farbmuster setzt sich aus etwa 40 ziegelbis grenadineroten, schwarzen und weißen bis gelblichen Dreiergruppen zusammen, die den Rücken und die Körperseiten in dieser Dreierfolge ringförmig umgeben. Die weißen Binden sind überall gleich breit, die schwarzen Binden jedoch auf den Körperseiten schmäler als auf der Rückenmitte, wo sie teilweise ineinander übergehen. Die roten Binden sind auf den Körperseiten breiter als auf der Rückenmitte. Die Kopfoberseite und die Schläfen sind schwarz. Den hinteren Teil des Kopfes umgibt ein weißes Band. Die Bauchseite ist schwarz gesprenkelt.
Länge: Selten über 95 cm.
Herkunft und Lebensweise: Die Korallen-Königsnatter ist in Südwashington, Oregon, Kalifornien und in Mexiko im nördlichen Baja California beheimatet. Sie lebt im Gebirge in Höhenlagen zwischen 1300–2600 m. Hier hält sie sich in offenen Kiefern- und Eichenwäldern auf, die von Felsen und Geröllhalden durchsetzt sind. Am Tage liegt sie meist unter Steinen verborgen und wird erst in der Dämmerung munter. Ihre Nahrung besteht aus Mäusen, Eidechsen und kleinen Schlangen. In Kalifornien wird sie oft mit der giftigen Korallenschlange *(Micruroides euryxanthus)* verwechselt, die jedoch in Kalifornien nicht vorkommt, ihr aber in der Färbung sehr ähnelt. Im September, Oktober oder November zieht sie sich zur Überwinterung zurück und kommt im März oder April wieder zum Vorschein. Die Korallen-Königsnatter paart sich im Frühjahr. Die Eier werden meist im Juni oder Juli gelegt. Die Jungen schlüpfen nach 2–3 Monaten.
Haltung und Zucht: Lampropeltis zonata verlangt in der Gefangenschaft die gleichen Haltungsbedingungen wie *Lampropeltis pyromelana*. Obwohl die Korallen-Königsnatter hauptsächlich in der Dämmerung aktiv wird, zeigt sie sich im Gegensatz zur Arizona-Königsnatter zuweilen auch am Tage außerhalb ihrer Schlupfwinkel. Auch bei dieser prachtvollen Schlange ist eine 3- bis 4monatige Überwinterung bei 5–15 °C notwendig, wenn man Nachzucht erhalten will. Seit ungefähr 4 Jahren pflege ich ein Pärchen dieser Art. Im Frühjahr 1977 zeigte das Männchen Paarungsbereitschaft, die sich darin äußerte, daß es mit zuckenden Bewegungen über den Rükken des Weibchens glitt. Die Paarung konnte ich nicht beobachten. Am 6. Juni legte das Weibchen 3 längliche Eier, die nicht zu einem Gelege verklebt waren. Die Eier brachte ich in einem Plastikgefäß in einem Gemisch von Sand und Waldboden unter, deckte sie mit Fließpapier ab, versprühte alle 3–4 Tage ein wenig Wasser von 25–30 °C und hielt auch den Bodengrund leicht feucht. Die Temperatur im Plastikgefäß lag zwischen 23–28 °C. Das Plastikgefäß wurde stets mit einem mit zahlreichen kleinen Löchern versehenen Deckel zugedeckt. Zwei Eier verpilzten 3 Wochen nach der Eiablage. Aus dem dritten Ei schlüpfte am 11. 8. 1977 ein kräftiges Jungtier, das ungefähr 23 cm lang war. Nach dem Schlüpfen bohrte sich die kleine Schlange in den feuchten Bo-

dengrund des Brutbehälters ein. Mehrmals kroch sie während des Tages aus ihrem selbst gegrabenen Röhrensystem im Bodengrund an die Oberfläche. Die erste Häutung fand am 18. 8. statt. Bald fraß sie junge Eidechsen und nackte Mäuse, die sie vor dem Verzehren erdrosselte. Nach kühler Überwinterung legte das gleiche Weibchen am 29. 5. 1978 wieder 4 Eier ab, von denen eines verpilzte. Aus den 3 restlichen Eiern schlüpften am 14. 8. (2) und am 23. 8. 78 (1) die ca. 23 cm langen Jungschlangen. Die Entwicklungsdauer betrug 77 und 86 Tage. Die erste Häutung der beiden zuerst geschlüpften Jungtiere fand am 26. August statt. Am 4. Juni 1982 legte ein weiteres Weibchen 2 längliche Eier von 4 cm Länge und knapp 2 cm Breite ab. Die Jungschlangen schlüpften am 1. August nach einer Inkubationsdauer von 57 Tagen. Ein anderes Weibchen legte am Abend des 18. Juni 1983 4 Eier, aus denen 4 gesunde Jungschlangen während meiner Abwesenheit zwischen dem 8. und dem 24. August schlüpften. Sämtliche Eier habe ich in eher trockene als feuchte Lavaerde bei Tempteraturen zwischen 23 und 28 °C eingebettet. Die bröckelige Lavaerde, die ich aus der Eifel hole, hat sich bei mir besser bewährt als Vermiculite, humushaltige Walderde oder ein Torf-Sandgemisch. Die Lavaerde ist antibakteriell, hält die Feuchtigkeit gut und lange und ist ausgesprochen luftdurchlässig. Ungefähr ein bis zwei Wochen nach der ersten Häutung fressen die jungen, etwas mehr als 20 cm messenden *Lampropeltis zonata* junge Mauereidechsen und zarte Geckos. Vereinzelte Exemplare gehen nach 4–6 Wochen Einzelhaft selbständig an nackte Mäuse. Da Eidechsen aus Gründen des Naturschutzes jedoch nicht verfüttert werden sollten und aus eigener Zucht so gut wie nie zur Hand sind, muß man sich zur Zwangsfütterung am besten mit ungefähr 3–4 cm langen Rinderherzstreifen entschließen. Die meisten jungen *Lampropeltis zonata* entschließen sich über kurz oder lang zur selbständigen Nahrungsaufnahme von nackten Mäusen. Die weitere Aufzucht der kleinen Geschöpfe ist völlig problemlos.

Gattung Cyclagras
Brasilianische Glattnattern
1 Art

Cyclagras (Hydrodynastes) gigas
Brasilianische Glattnatter
(Bild Seite 196)

Kennzeichen: Diese kräftige und dicke Natter besitzt einen länglichen Kopf, der sich kaum vom Hals absetzt. Das schwarze Auge ist nicht sehr groß. Die Schuppen sind auf dem vorderen und mittleren Teil des Körpers glatt, hinten nur wenig gekielt. Männchen und Weibchen haben eine unterschiedliche Färbung. Die Männchen sind gelblich mit schwarzen oder schwarzbraunen, unregelmäßigen Querstreifen und Querflecken. Die Weibchen zeigen eine hellbraune Körperfärbung mit undeutlichen dunklen Querflecken, die manchmal auch fehlen. Beide Geschlechter weisen eine gleichartige Kopfzeichnung auf. Ein breiter dunkler Streifen zieht sich vom Auge über die Schläfen bis zu den Halsseiten. Der Vorderkörper ist heller als Rumpf und Schwanz, die gelbliche Bauchseite ist schwarz gefleckt.
Länge: Über 2 m.
Herkunft und Lebensweise: Cyclagras gigas ist in Südbrasilien, Ostbolivien, Paraguay und Nordargentinien beheimatet. Über ihr Leben in der Natur ist nicht viel bekannt. In Brasilien kommt diese Schlange in den sogenannten Caatingas vor, einer Landschaft, die aus undurchdringlichen Dickichten von Mimosensträuchern, Kakteen und Barrigudabäumen besteht. Sie hält sich hauptsächlich im Gestrüpp auf und lebt als am Boden lebende Schlange sehr versteckt. Ihre Nahrung besteht aus kleinen Säugetieren, Vögeln, Fröschen, Kröten und Fischen. Gegenüber dem Menschen verhält sich die Brasilianische Glattnatter friedlich. Wird sie erschreckt, so breitet sie die Halsrippen waagerecht aus und hebt den Vorderkörper ein wenig an. Wegen dieser Eigenart bezeichnet man sie auch als Falsche Wasserkobra. In Brasilien ist sie auch unter dem Namen Surucucu do Pantanal bekannt.

Cyclagras gigas pflanzt sich durch Eier fort.
Haltung und Zucht: Nur gelegentlich wird die Brasilianische Glattnatter eingeführt. In einem geräumigen Terrarium mit einem großen Wasserteil und Temperaturen zwischen 20–28 °C hält sie sich jahrelang. Die Beleuchtung muß 10–12 Stunden täglich in Betrieb sein. Da diese Schlangen mit Vorliebe dunkle Stellen aufsuchen, brauchen sie ein Versteck. Die Brasilianische Glattnatter klettert nur gelegentlich, liegt aber bei besonders hohen Temperaturen oft tagelang im Wasser. Als Futter bietet man Ratten, Mäuse, Meerschweinchen, Hamster, Hühnerküken und Tauben an. Die Schlange verfolgt die Beute, erwürgt sie und verschlingt sie nicht selten bereits in halb betäubtem Zustand. *Cyclagras gigas* hat man in der Gefangenschaft mehrmals zur Nachzucht gebracht. Die Exemplare Vogels paarten sich mehrfach im August. Die Weibchen legten ihre Eier – in einem Fall 36 – im Oktober. Leider blieben sie dann jedoch unentwickelt. *Cyclagras gigas* neigt zum Kannibalismus.

Gattung Spilotes
Hühnerfresser
1 Art

Spilotes pullatus
Hühnerfresser
5 Unterarten
(Bild Seite 106)

Kennzeichen: Spilotes pullatus ist eine der größten und auffallendsten Nattern Südamerikas. Der konisch zugespitzte Kopf setzt sich wenig vom Hals ab. Die schwarzen Augen mit den runden Pupillen heben sich deutlich von den gelben bis orangefarbigen Schläfenseiten ab. Der Körper ist seitlich zusammengedrückt, wodurch die Rückenmitte ein firstartiges Aussehen erhält. Der Körper ist schlank, der Schwanz lang ausgezogen. Auf der gelben bis gelblichgrünen Grundfärbung des Körpers heben sich schräg nach hinten verlaufende, blauschwarze bis schwarze Querbinden deutlich ab. Die gelben Körperschuppen sind schwarz gerändert. Den Schwanz umgeben breite schwarze und schmale orangefarbige Querringe. Die Schläfen, die Unterseite des Kopfes und die Unterseite des Vorderkörpers sind gelblich bis orangefarbig. Die Bauchseite ist gelb. Die Bauchschilder weisen teilweise einen schwarzen Rand auf.
Länge: 3 m, in Ausnahmefällen bis 4 m.
Herkunft und Lebensweise: Der Hühnerfresser kommt in einem riesigen Verbreitungsgebiet vor, das sich von Südmexiko durch Mittel- und Südamerika bis nach Argentinien erstreckt. Er lebt in Regenwäldern und in Gegenden mit viel Gebüsch und Gestrüpp und entfernt sich nie weit vom Gewässer. Oft trifft man ihn im Gebälk verfallener Hütten und Häuser an. Sein Verhalten ist weitgehend am Tag aktiv. Tagsüber ruht er mit Vorliebe im Geäst von Bäumen und Sträuchern. Seine Nahrung besteht aus allerlei Kleinsäugern, Vögeln, Echsen und Schlangen. Er packt die Beutetiere mit dem Maul und erdrosselt sie mit einer Körperwindung oder erdrückt sie auf einer Unterlage zu Tode. Dem Menschen gegenüber erweist sich der Hühnerfresser als leicht reizbar. Er bläst den Kopf und den Hals in vertikaler Richtung auf. Stark erregt führt er schnelle und geräuschvolle Schwanzbewegungen aus, die an das Schwanzrasseln der Klapperschlangen erinnern. *Spilotes pullatus* legt Eier, die zu einem Gelege verklebt sind.
Haltung und Zucht: Der Hühnerfresser ist zuweilen ein schwieriger Terrarienpflegling. Man benötigt für ihn ein hohes und wegen seiner enormen Körperlänge sehr geräumiges Terrarium, das mit einem großen Wasserbehälter und zahlreichen Kletterästen ausgestattet ist. Als Bodenbelag verwendet man Sand, Lauberde und einige große Steine. Die Beleuchtung sollte 12–14 Stunden täglich in Betrieb sein. Die Luft- und Bodentemperaturen hält man am Tage zwischen 25–30 °C und läßt sie in der Nacht nur wenig absinken. Am Tage hält sich der Hühnerfresser meist im Geäst auf. Wer das Terrarium bepflanzen möchte, sollte nur sehr starke und derbe Pflanzen verwenden,

die nicht so schnell zerdrückt werden. Es eignen sich große Gummibäume und Philodendronarten. Als Bewohner des Regenwalds liebt der Hühnerfresser hohe Luftfeuchtigkeit und zuweilen ein Übersprühen mit lauwarmem Wasser. Als Futter bietet man Mäuse, Ratten und Hühnerküken. Am besten füttert man gegen Abend. Der Hühnerfresser legt sein wildes Verhalten im Terrarium oft erst nach langer Zeit, manchmal aber auch gar nicht ab. Man sollte darauf achten, daß sich frisch erworbene Exemplare nicht an der Frontscheibe des Behälters wund stoßen. *Spilotes pullatus* wurde im Zoo von Moskau zur Nachzucht gebracht.

Gattung Leimadophis
Buntnattern
40 Arten

Leimadophis poecilogyrus
Argentinische Buntnatter
12 Unterarten

Kennzeichen: Diese schöne Natter trägt ihren Namen nicht zu Unrecht. Der Kopf ist länglich oval und setzt sich nur wenig vom Hals ab. Der Körper wirkt verhältnismäßig schlank. Die Körperfärbung kann stark schwanken. Der gelblichgrüne bis graublaue Körper ist von schwarzen Farbelementen durchsetzt. Auf den Flanken verlaufen links und rechts abwechselnd dunkelrote halbkreisförmige Ringe, die jedoch bei Jungtieren fehlen können. Zuweilen flacht sie ihren Körper so weit ab, daß sich die Schuppen auseinanderspreizen und die leuchtend rote Farbe der Haut hervortritt. Die Bauchseite ist graublau oder ziegelrot. Melanistische Exemplare kommen vor. Besonders hübsch ist die Nominatform *Leimadophis poecilogyrus peocilogyrus.* Aus der Umgebung von Rio de Janeiro brachte ich im Frühjahr 1983 2 solcher Tiere mit nach Deutschland. Ein Tier behielt ich, das andere gab ich ab.
Länge: 100–120 cm.
Herkunft und Lebensweise: Leimadophis poecilogyrus kommt in Argentinien, Uruguay, Brasilien und Ecuador vor. In den Ansprüchen an ihr Biotop und in ihrem Verhalten ähnelt sie den nordamerikanischen Wassernattern. Sie lebt in Feuchtgebieten, an und in verschiedenartigen Gewässern. Ihre Nahrung besteht hauptsächlich aus Amphibien, Fischen, Eidechsen und gelegentlich kleinen Säugetieren. Die Argentinische Buntnatter pflanzt sich durch Eier fort.
Haltung und Zucht: Diese Art verlangt im Terrarium fast die gleichen Pflegebedingungen wie die Wassernattern der Gattung *Natrix*. Ein großer Wasserbehälter ist eine der Voraussetzungen damit diese Schlange sich wohlfühlt, da sie oft stunden- oder gar tagelang im Wasser liegt. Das Terrarium sollte auch einiges Geäst aufweisen, da *Leimadophis poecilogyrus* häufig klettert. Als Bodengrund eignet sich Sand oder Sand mit Kies. Einige Steine, Rindenstücke und Moospolster dienen als Versteck. Die Moospolster sollte man hin und wieder zeitweilig auswechseln. Die Argentinische Buntnatter bevorzugt Tagestemperaturen zwischen 25–30°C. In der Nacht sollte die Temperatur um einige Grade absinken. *Leimadophis poecilogyrus* ist am Tag und in der Dämmerung aktiv. Sie geht sehr leicht an die dargebotene Nahrung und frißt Fische, Frösche, Kröten und zuweilen sogar Mäuse. Die Fische fängt sich diese Natter mit großer Geschicklichkeit aus dem Wasserbecken. Mit der Zeit wird die Argentinische Buntnatter sehr zutraulich und gewöhnt sich daran, ihre Futtertiere von der Pinzette zu nehmen. Sie häutet sich drei- bis viermal jährlich. Eine Überwinterung erübrigt sich. *Leimadophis poecilogyrus* hat sich in Gefangenschaft schon mehrfach gepaart. Es gelang auch die Eier zum Schlüpfen zu bringen. Schweizer bettete 7 Eier in feuchten Torfmull ein. Die Temperatur betrug zwischen 28–29°C. Die Jungen schlüpften nach 43 Tagen.
Meinen brasilianischen Neuankömmling brachte ich in einem Aquaterrarium mit den Maßen 59 × 28 × 30 cm auf einer Fensterbank in meinem Tropenzimmer unter. Beleuchtet wurde der Behälter nur mit dem von der Fen-

sterseite her einfallenden Tageslicht. Die Luft- und Wassertemperaturen variieren in dem Aquaterrarium zwischen 20 und 32 °C. Meist liegen sie zwischen 25 und 27 °C. Der rechte Teil des Terrariums ist mit nasser Lavaerde bedeckt. Eine eingeklebte Trennscheibe teilt diese Region vom linken, etwa 80 cm tiefen Wasserteil ab. Die hohe Luftfeuchtigkeit von 70–100% und die hohe Bodenfeuchtigkeit lassen den breitblättrigen *Scindapsus* üppig wuchern. Die Schlange wird zeitweilig so verdeckt, daß man sie nicht mehr zu Gesicht bekommen kann. Dann muß ich Teile des Pflanzen- und Wurzelgewirrs entfernen, um das Tier wieder beobachten zu können. Welch geringe Ansprüche diese tropische Buntnatter an die Umgebung stellt, zeigt die Tatsache, daß sie sich auch im Freilandterrarium bestens hält. So pflegte Mertens *Leimadophis poecilogyrus poecilogyrus* im Sommer unter freiem Himmel in einem reich bepflanzten Terrarium mit großem Wasserteil. Meine Buntnatter, die mir viel Freude bereitet, liegt während des Tages an der dunkelsten Stelle in der rechten Hälfte des Behälters. Zuweilen macht das Tier von seinen Kletterfähigkeiten Gebrauch und liegt eingeringelt auf einem der zahlreichen *Scindapsus*-Stengel. Da *Leimadophis poecilogyrus poecilogyrus* dem Sonnen- und Tageslicht gezielt aus dem Weg geht, nehme ich an, daß die Schlange in freier Natur eher in der Dämmerung und in der Nacht munter ist. Auch der Wasserteil wird fast ausschließlich gegen Abend und in der Nacht aufgesucht. Auch bei der Fütterung und im Hinblick auf die Auswahl der Futtertiere ist die Buntnatter gleichermaßen problemlos. Als Nahrung biete ich Frösche und Erdkröten an, die ich nach schweren Regenfällen tot von den hiesigen Straßen aufsammele und einfriere. Gerne genehmigt sich die Buntnatter auch kleine Seelachs- und Kabeljaufilet. Der Geruchssinn ist bei der Buntnatter äußerst gut entwickelt. Sobald das tote Futtertier auf einen Stein im Behälter gelegt wird, züngelt die Schlange und setzt sich vorsichtig in Richtung auf die Beute in Bewegung. Sacht züngelnd wird die Nahrung überprüft, mit dem Maul ergriffen und dann ins Körperinnere befördert, wie es auch unsere heimischen *Natrix*-Arten machen. Nach Amaral ist *Leimadophis poecilogyrus poecilogyrus* omnicarnivor und soll auch Kleinsäuger, Vögel und Eidechsen verzehren. Nach meinen Beobachtungen bleiben lebende und tote nackte Mäuse jedoch stets unbeachtet, was der ausgeschiedene Kot deutlich macht. Mein Buntnatterweibchen legte mehrfach schneeweiße Eier. Sie waren ungefähr 40 × 13 mm groß und nicht zu einem Gelege verklebt. Ich brachte die Eier in leicht feuchter Lavaerde unter, bei Temperaturen zwischen 25 und 30 °C. Leider bekamen die Eier dunkle Flecken, verpilzten und schrumpften ein. Weitere 5 Eier, die am 9. 6. 83 abgelegt wurden, inkubierte ich nach dem gleichen Modus. Am 10. 9. 83 schlüpften nach 93 Tagen vier ungefähr 18–19 cm lange Jungschlangen, die eine völlig andere Färbung zeigten als das Muttertier. Der Rücken und die Körperseiten wiesen bereits schwarze und enge weiße bis gelbgrüne Querbänder auf. Die leicht rötlich getönte Bauchseite war dunkel gefleckt. Leider konnte ich die schmucken Geschöpfe nicht aufziehen, sie entwischten mir durch eine Öffnung am Behälter. Von dieser Flucht in die Freiheit sind sie nicht zurückgekehrt. Über die Aufzucht junger *Leimadophis poecilogyrus poecilogyrus* schreibt Rehacek folgendes: „In der ersten Woche hielten sich die Neugeborenen noch vorwiegend unter dem Moospolster versteckt, später kamen sie des öfteren, besonders abends hervor, um den Behälter nach Futter suchend zu durchstreifen. Da in dieser späten Jahreszeit ganz junge Frösche nicht mehr zu haben waren, wurden versuchsweise Guppy-Kärpflinge *(Lebistes reticulatus)* abgetötet und auf das Moos gelegt. Diese wurden von den jungen Buntnattern dann auch bestens angenommen und verdaut. Nach etwa 8 bis 9 Tagen vollzog sich auch die erste Häutung. Jetzt kam die schöne Zeichnung erst recht zur Geltung: auf der Oberseite auf gelblich weißem Grunde schwarze, unregelmäßige Querbänderung, die Unterseite schwach rötlich gefärbt. Später ändert sich dann die Färbung allmählich, die gelblichweiße Grundfarbe wird dunkelgelb und die schwarze Fleckenzeichnung rot.

Gattung Pseudaspis
Maulwurfsnattern
1 Art

Pseudaspis cana
Maulwurfsnatter
2 Unterarten
(Bild Seite 106)

Kennzeichen: Der Kopf dieser ziemlich dicken und muskulösen Schlange ist verhältnismäßig schmal und setzt sich kaum vom Hals ab. Die kleinen Augen haben runde Pupillen. Die ungekielten Schuppen glänzen im hellen Licht. Die Körperfärbung schwankt von hellgrau, braun, rotbraun bis nach lackschwarz. In jugendlichem und erwachsenem Zustand unterscheiden sich die Tiere in ihrer Färbung außerdem deutlich. Erwachsene Tiere sind in der Regel einfarbig. Jungtiere weisen auf den Körperseiten und auf dem Rücken dunkelbraune bis schwarze Flecken auf, die mehr oder weniger symmetrisch in vier Längsreihen angeordnet sind. Auf der Rückenmitte kann aber auch ein unregelmäßiges Zickzackband erscheinen. Die Flecken zeigen oft einen hellen Kern oder haben helle Ränder. Die Bauchseite ist gelblich und spärlich gefleckt.
Länge: 1,5 m, ausnahmsweise auch über 2 m.
Herkunft und Lebensweise: Pseudaspis cana ist von Angola und Kenya aus über ganz Südafrika verbreitet und dort überall bekannt. Sie kommt häufig im trockenen Buschgelände mit sandigem Untergrund vor, man trifft sie aber auch in der Wüste und im Gebirge an. Ihr Verhalten ist am Tag wie in der Nacht aktiv. Meist hält sie sich unter der Erde in den Löchern und Bauten von Kleinsäugern auf. Mit Hilfe ihrer keilförmigen Schnauze, dem schmalen Kopf, der kräftigen Nackenmuskulatur und den glatten Schuppen vermag sie hervorragend durch lockeren Sand zu wühlen. Die Maulwurfsnatter ernährt sich von kleinen Säugetieren, namentlich von Ratten, Mäusen, Wüstenspringmäusen und, wie ihr Name sagt, mit Vorliebe von Maulwürfen, die sie unter der Erde verfolgt. Sie frißt aber auch Vogeleier und verdaut sie mitsamt der Schale. Sogar die Eier der Gelbkobra *(Naja nivea)* soll sie verzehren. Wird die Maulwurfsnatter bedroht, so erweisen besonders jugendliche Tiere sich als angriffslustig und beißen mit offenem Maul wie wild nach dem Angreifer. Erwachsene Exemplare sind in der Regel friedlicher. Die Paarung findet im Oktober statt. Im März oder April werden 30–50 lebende Junge geboren, die eine Länge von ungefähr 20 cm haben und sich in der ersten Zeit von Eidechsen ernähren.
Haltung und Zucht: Die Maulwurfsnatter gewöhnt sich schnell an die Gefangenschaft und wird ein interessanter und zahmer Pflegling. Sie benötigt ein mittelgroßes Terrarium mit einem sandigen Untergrund, in den sie sich oft eingräbt. Die Einrichtung des Terrariums vervollständigt man durch einige große Steine, einen fest eingelassenen Wasserbehälter, der nicht umgedrückt werden kann und eine einzementierte Bodenheizung. Am Tage sollte das Terrarium 8–10 Stunden beleuchtet werden oder Vor- und Nachmittagssonne erhalten. Damit sich die Maulwurfsnatter wohlfühlt, wählt man tagsüber Temperaturen zwischen 20–30 °C und in der Nacht zwischen 18–22 °C. Bereitwillig nimmt sie tote und lebende Mäuse und Ratten als Futter an und ist bei trockener Haltung sehr ausdauernd. Eine Überwinterung ist nicht erforderlich, jedoch empfiehlt es sich in Angleichung an natürliche Verhältnisse die Temperatur von Juni bis August leicht herabzusetzen. *Pseudaspis cana* ist in Gefangenschaft nachgezüchtet worden. Im Port Elisabeth Snake Park bekam ein Weibchen von ungefähr 210 cm Länge 84 Junge. Dieser Rekord ist im Londoner Zoo mit einem Wurf von 95 Jungen sogar noch überboten worden.

Gattung Lioheterodon
Madagaskar-Hakennattern
3 Arten

Lioheterodon madagascariensis
Madagaskar-Hakennatter

Kennzeichen: Der kurze Kopf setzt sich leicht vom Hals ab. Das verlängerte Schnauzenschild ist ein wenig aufgeworfen und erinnert an die nordamerikanischen Hakennattern der Gattung *Heterodon.* Das Auge ist groß mit runder Pupille. Die Anzahl der Postokularia variiert zwischen 3 und 4. Ein Praeokulare ist vorhanden. 23 glatte Schuppen umgeben in schrägen Reihen die Rückenmitte. Die braune bis schwarze Körperoberseite ist von weißlichen und gelben Flecken durchsetzt. Die bräunlichen bis gelben Flanken sind von 2 alternierenden Reihen schwarzer Flecken bedeckt, von denen die obere ein Zickzackband bilden kann. Die Oberlippenschilde sind gelb und schwarz gerandet.
Länge: Bis zu 150 cm.
Herkunft und Lebensweise: Nach den Angaben von J. Guibé ist die genannte Art über ganz Madagaskar verbreitet und nirgendwo selten. Die dämmerungsaktive Schlange hält sich während des Tages in selbst gegrabenen Erdlöchern, in Felsspalten und unter allerlei Ansammlungen von Laub und Steinen auf, wo sie Kleinsäugern und Amphibien nachstellt wie auch kleinen Vögeln. Die Weibchen legen bis zu einem Dutzend Eier, aus denen nach einer Inkubationsdauer von ungefähr 2 Monaten die Jungen schlüpfen. Die Jungen, die nach dem Schlupf eine Körperlänge von annähernd 30 cm aufweisen, ernähren sich in der ersten Zeit ihres Lebens vorwiegend von Fröschen. Auf Madagaskar leben 2 weitere endemische Arten der Gattung *Lioheterodon.* Es handelt sich um *Lioheterodon geayi* und *Lioheterodon modestus*, die wie *Lioheterodon madagascariensis* im Erregungs-Zustand laut zischen und ihren Hals abflachen, aber selten zubeißen.
Haltung und Zucht: Die Pflege dieser selten importierten Natter ist nicht schwierig. Ein Behälter von 100 × 50 × 40 cm reicht für ein oder zwei Exemplare aus. Als Substrat verwende man ein Gemisch aus Sand und Walderde. Versteckmöglichkeiten und ein Wassergefäß dürfen nicht fehlen. *Lioheterodon* verlangt ein gut gelüftetes Terrarium und Temperaturen zwischen 25 und 27 °C. Vor der Häutung sollen die Schlangen mit leicht angewärmtem Wasser von ungefähr 25 °C übersprüht werden. Als Futter biete man lebende und tote Mäuse und Hühnerküken, die stets angenommen werden. Über eine gelungene Nachzucht ist bisher nichts bekannt geworden.

Gattung Coluber
Zornnattern
19 Arten

Coluber constrictor
Schwarznatter
12 Unterarten

Kennzeichen: Der Kopf dieser schlanken, aber kräftigen Natter ist länglich oval und setzt sich kaum vom Hals ab. Das große Auge hat eine runde Pupille. Die Schuppen sind glatt, das Afterschild ist geteilt. Die Körperfärbung schwankt bei den einzelnen Unterarten stark. Bei der Nominatform sind der Kopf und die Körperoberseite olivfarben bis schwarz. Jungtiere sind grau und tragen auf dem Rücken braune Flecken und auf den Körperseiten schwarze Tupfen. Die Bauchseite ist dunkelgrau bis grünlichgelb. *Coluber constrictor anthicus* zeigt eine schwarze Körperoberseite, die zahlreiche weiße Sprenkel aufweist. *Coluber constrictor foxi* ist blau gefärbt mit einem dunklen Band auf jeder Kopfseite. *Coluber constrictor flaviventris* besitzt eine gelbe Bauchseite und ist auf dem Rücken und den Körperseiten braun gefärbt.
Länge: 120–150 cm, selten bis 2 m.
Herkunft und Lebensweise: Die Schwarznatter findet sich von Südwest- und Südost-Kanada fast im gesamten Gebiet der Vereinigten Staaten, über Mexiko bis nach Guatemala. Sie gilt

als eine der am häufigsten vorkommenden nordamerikanischen Schlangen und bewohnt trockenes wie feuchtes Gelände sowohl in der Ebene als auch im Gebirge, wo man sie bis in Höhenlagen von ungefähr 2000 m antreffen kann. Sie bewohnt mit Büschen bewachsenes Ödland, trockene und feuchte Wälder, Wiesen, Feldränder, Sanddünen, Berghänge, bebautes und unbebautes Land. Ihre Bewegungen sind überaus flink, sowohl auf dem Erdboden als auch im Geäst der Bäume und Sträucher. Die Schwarznatter flieht bei der geringsten Störung. Nicht selten kriecht sie mit größter Geschwindigkeit auf Bäume und Sträucher. Wird sie jedoch in die Enge getrieben, so beißt sie wütend zu und führt mit dem Schwanzende schnelle Bewegungen aus, die in trockenem Laub ähnliche Geräusche erzeugen wie die Hornrasseln der Klapperschlangen. Die Nahrung dieser Schlange besteht aus Kleinsäugern, Vögeln, Eidechsen, Schlangen und zuweilen aus Fröschen und Insekten. Ihre Beutetiere erdrosselt sie nicht mit einigen Körperschlingen, sondern drückt sie mit dem Kopf zu Boden. Die Überwinterung dauert 4–6 Monate. Oft überwintert sie zusammen mit anderen Schlangenarten. *Coluber constrictor* paart sich im Frühjahr. Bei der Paarung beißt sich das Männchen oft am Nacken des Weibchen fest. In der Regel legt das Weibchen im Juni bis zu 42 längliche Eier an geschützten Stellen. Die jungen Schlangen schlüpfen von Juli bis September. Sie haben eine Länge zwischen 20–30 cm.

Haltung und Zucht: Die Schwarznatter ist nicht immer ein einfacher Terrarienpflegling. Manche Exemplare gewöhnen sich schnell an die Gefangenschaft und werden zahm. Andere behalten ihre anfängliche Schreckhaftigkeit und siechen langsam dahin. Für *Coluber constrictor* braucht man einen geräumigen Behälter mit einer Bodenfüllung aus Sand und Walderde und vor allen Dingen mit einem guten Versteck. Ein größerer Wasserbehälter darf nicht fehlen, da die Schlange von Zeit zu Zeit gern badet. Die Beleuchtung muß täglich 8–10 Stunden in Betrieb sein, wenn Sonne am Vor- und Nachmittag fehlt. Eine örtliche Bodenheizung ist angezeigt. Die Temperatur sollte am Tage zwischen 20–28 °C liegen und in der Nacht auf 18–20 °C absinken. Da *Coluber constrictor* gern klettert, vervollständigt man die Inneneinrichtung des Terrariums durch einen Baumstubben oder einige Äste. Die Schwarznatter ist im Terrarium besonders tagsüber munter. Als Futter bietet man Mäuse und Hühnerküken. Eine 3- bis 4monatige Überwinterung bei Temperaturen zwischen 5–15 °C ist notwendig. Die Nachzucht ist anscheinend nicht schwierig und schon mehrfach im Terrarium gelungen. Die Eier benötigen bei 24–28 °C 51–63 Tage zu ihrer Entwicklung. Man füttert die Jungen nach der ersten Häutung mit nackten Mäusen und eventuell mit kleineren Eidechsen.

Coluber gemonensis
Balkanzornnatter
2 Unterarten
(Bild Seite 196)

Kennzeichen: Der längliche Kopf setzt sich nur geringfügig vom Hals ab. Das Auge ist groß, die Pupille rund. Die Balkanzornnatter ist von schlankem Körperbau und besitzt einen lang ausgezogenen Schwanz. Es sind 8 Oberlippenschilde vorhanden. 19 glatte, in schrägen Reihen verlaufende Rückenschuppen umgeben die Rumpfmitte. Die Grundfärbung dieser Natter ist graubraun. Der Vorderkörper ist dunkel quergebändert und weiß gefleckt, das Rumpfende dunkel gestreift. Der schwarzbraune Kopf der jungen Balkanzornnatter trägt eine gelbe, in der Mitte unterbrochene Querbinde zwischen den Augenhinterrändern. Die gelbliche Körperunterseite ist einfarbig.

Länge: Bis 120 cm.

Herkunft und Lebensweise: Coluber gemonensis ist von Istrien aus über die adriatische Balkanküste bis zum Peloponnes einschließlich zahlreicher Inseln der Adria verbreitet. Sie kommt auch auf Kreta, Euboa und Kythera vor. Auf der griechischen Insel Gyaros lebt die

Unterart *Coluber gemonensis gyarosensis.* Die Balkanzornnatter hält sich mit Vorliebe auf sonnigem, trockenem und mit niederem Buschwerk bestandenem Gelände auf, wie sie auch in lichten Eichen- und Nadelwäldern angetroffen wird. In ihren Bewegungen ist sie ungemein flink. Bei Annäherung eines Menschen flüchtet sie wie ein abgeschossener Pfeil in ihr Versteck. Wird sie gefangen, so beißt sie sofort zu und hält die Bißstelle unter kauenden Bewegungen fest. Ihre Nahrung besteht aus Mäusen, Jungvögeln, Eidechsen, jungen Schlangen sowie Heuschrecken und jungen Schmetterlingen. Je nach Größe werden die Beutetiere lebend herabgewürgt oder erst erdrosselt. Die Paarung findet im April und im Mai statt. Die Tiere umschlingen sich. Das Männchen beißt sich am Weibchen fest. Zwischen Juni und September werden 3–9 zu einem Gelege verklebte Eier abgesetzt. Die Inkubationszeit nimmt ungefähr 8 Wochen in Anspruch.
Haltung und Zucht: Coluber gemonensis ist im Terrarium genauso zu halten wie *Coluber jugularis* und *Coluber viridiflavus.* In ihrem Wesen ist diese Natter ungemein scheu. Daher gewöhnt sie sich erst nach längerer Zeit an den Menschen und die künstliche Umwelt. Ansonsten sind die Tiere ausdauernd, und ihre Pflege bereitet keine Schwierigkeiten. Als Futter biete man kleine Mäuse an. Diese Art wurde noch nicht nachgezüchtet.

Coluber hippocrepis
Hufeisennatter
(Bild Seite 123)

Kennzeichen: Der Kopf setzt sich kaum vom Hals ab. Das große Auge hat eine runde Pupille. Der Körper wirkt mäßig schlank und kräftig. Der Schwanz ist lang ausgezogen. Die Schuppen sind ungekielt und das Afterschild ungeteilt. Die Färbung der Hufeisennatter ist je nach Alter graugrün, gelblich oder orangefarben. Quer über die Kopfmitte zieht sich eine dunkle Binde. Die hufeisenförmige Zeichnung auf dem Hinterkopf wird von hellen und dunklen Farbtönen gebildet. Auf der Rückenmitte verlaufen vom Hals bis zum Schwanzende dunkle Rautenflecken, die hell gesäumt sind. Die Körperseiten sind gleichfalls in regelmäßigen Abständen gefleckt. Die Bauchseite ist einfarbig gelblich bis orangefarben und besonders in Richtung auf den Schwanz zu schwarz gefleckt.
Länge: 120–150 cm, selten bis 2 m.
Herkunft und Lebensweise: Die Hufeisennatter ist auf der Pyrenäenhalbinsel, in Nordwest-Afrika und auf Pantellaria heimisch. Sie lebt sowohl in der Ebene als auch im Gebirge, wo sie trockenes und steiniges Gelände bevorzugt, das von viel Buschwerk durchsetzt ist. Sie ist lebhaft und bissig. Bei der geringsten Störung flieht sie, setzt sich aber heftig zur Wehr, wenn sie ergriffen wird. Ihre Neigung zu klettern ist nicht sehr ausgeprägt. Sie ist ein bodenbewohnendes Tier, das sich gern in den Erdlöchern der Nager, unter Steinen und im Gebüsch aufhält. Die Hufeisennatter ist sowohl am Tag wie in der Nacht aktiv. Am Morgen legt sie sich in die Sonne, verschwindet dann gegen Mittag in ihrem Versteck und erscheint oft erst wieder in der Dämmerung. Sie ernährt sich von kleinen Säugetieren, Vögeln und Echsen, die sie vor dem Verzehren erwürgt. *Coluber hippocrepis* paart sich nach einer 4 bis 5monatigen Winterruhe meist im April oder Mai. Im Sommer werden dann 5–10 Eier abgelegt. Die Jungen schlüpfen von Juli bis September.
Haltung und Zucht: Diese prachtvolle Natter ist im Terrarium leicht zu halten, wenn man ihr einen völlig trockenen Bodengrund bietet. Ein Wassergefäß darf jedoch nicht fehlen. Als Bodenfüllung verwendet man ein Gemisch aus Sand und Lehm und als Unterschlupf einige flache Steine oder einen Baumstubben. Die Schlangen liegen gern auf einer Bodenheizung, die auf sehr milde Wärme eingestellt ist. Die Beleuchtung sollte täglich 10–12 Stunden in Betrieb sein, falls das Terrarium keine Vor- und Nachmittagssonne erhält. Die Hufeisennatter fühlt sich tagsüber bei Temperaturen zwischen 22–28 °C wohl. Nachts sollte das Thermometer um einige Grad sinken. *Coluber*

hippocrepis legt in Gefangenschaft ihr scheues Wesen nur langsam ab. Wenn sie gestört wird, zieht sie sich sofort in ihr Versteck zurück. Als Nahrung bietet man Mäuse, Hühnerküken und Sperlinge. Die Beutetiere werden sowohl lebend als auch tot angenommen. Meine beiden Exemplare fressen in 1–2 Wochen 4–6 Mäuse. Eine Überwinterung von November bis März ist notwendig. *Coluber hippocrepis* wurde in der Gefangenschaft bereits nachgezüchtet.

Coluber jugularis
Pfeilnatter
4 Unterarten

Kennzeichen: Der Kopf dieser kräftigen Natter wirkt länglich und setzt sich nur wenig vom Hals ab. Der Schwanz ist lang ausgezogen. Das große Auge hat eine runde Pupille. Die Schuppen sind ungekielt. Die Körperfärbung auf dem Rücken und auf den Körperseiten schwankt stark zwischen olivgrau, hell- bis dunkelbraun oder lackschwarz. Die oben und unten dunkel gerandeten Schuppen tragen gelbe Mittellinien, die parallel verlaufende Längsstreifen bilden. Auf der Kopfoberseite sind regelmäßige dunkle Flecken. Die Bauchseite ist gelblich, braun, rotgelb, ziegelrot oder schwarz.
Länge: 180 cm, gelegentlich bis 3 m.
Herkunft und Lebensweise: Die Pfeilnatter kommt in Südost-Europa und Westasien vor. Sie liebt steppenartiges Ödland und buschreiche Berghänge, wo sie in Felsspalten und dichtem Gestrüpp ihren Unterschlupf hat. Die Pfeilnatter ist am Tag aktiv. Sie sonnt sich meist am Morgen und am Nachmittag. Ihre Bewegungen sind überaus schnell und machen ihrem Namen „Pfeilnatter" alle Ehre. Bei Gefahr gleitet sie blitzartig den Berghang hinab und verschwindet in einer Geröllhalde, einer Felsspalte oder einem anderen Versteck. Wenn man sie in die Enge treibt oder festhält, setzt sie sich wütend zur Wehr und beißt, wobei sie die gebissene Stelle unter kauenden Bewegungen festhält. Der Biß einer großen Pfeilnatter kann tiefe Wunden verursachen. Ihre Beute setzt sich aus verschiedenen Kleinsäugern, Vögeln, Eidechsen und Schlangen zusammen. Kleine Beutetiere frißt sie lebend, große tötet sie, indem sie sie zu Boden drückt. Die Paarung findet meist Anfang Mai statt. In der Regel legt sie 7–10 ovale Eier von Ende Juni bis Anfang August ab.
Haltung und Zucht: Für die Pfeilnatter benötigt man ein geräumiges Terrarium, mit einigen guten Verstecken aus Steinen, einem Baumstubben oder hohlen Zierkork und mit einem weitverzweigten Kletterbaum und ein festeingebautes Wassergefäß. Örtliche Bodenheizung ist auch hier notwendig sowie eine 10–12stündige Beleuchtung am Tage anstelle von Vor- und Nachmittagssonne. Als Bodengrund eignet sich ein Gemisch aus grobem Sand und Lehm- oder Kalksteinboden. *Coluber jugularis* ist im Terrarium während des Tages munter. Gern klettert sie im Geäst und wärmt sich unter der Heizlampe. Am Tage braucht sie Temperaturen zwischen 25–30 °C, in der Nacht zwischen 18–20 °C. An die Gefangenschaft gewöhnt sich die Pfeilnatter nur langsam. Wirklich zahm wird sie nur in Ausnahmefällen. Am besten eignen sich Jungtiere fürs Terrarium. Je nach Größe der Schlange bietet man als Futter Ratten, Mäuse, Spatzen oder Hühnerküken. Da sich *Coluber jugularis* zuweilen an Schlangen vergreift, empfiehlt es sich sie einzeln zu halten. Eine 3- bis 5monatige Überwinterung ist notwendig. Eine echte Nachzucht in der Gefangenschaft scheint bisher noch nicht gelungen zu sein.

Coluber najadum
Schlanknatter
3 Unterarten

Kennzeichen: Der Kopf setzt sich kaum vom Hals ab. Der ungemein schlanke und geschmeidige Körper wird kaum dicker als ein Bleistift. Der Schwanz ist dünn und lang ausgezogen. Das sehr große Auge hat eine runde

Pupille. Die Schuppen sind nicht gekielt, weisen aber an der Spitze Grübchen mit Tastflekken auf. Die Körperoberseite ist rehbraun bis rötlichbraun gefärbt. Kopf und Hals sind hellgrau, die Schwanzregion grünlichgrau und die Bauchseite porzellanfarben bis gelblich. An jeder Halsseite finden sich 3–20 ovale, dunkle Tupfen, die hellgelb bis weiß gesäumt sind und von vorn nach hinten kleiner werden. Vom Nasenloch aus zieht sich eine dunkle Binde durch das Auge zum Mundwinkel.
Länge: Selten über 130 cm.
Herkunft und Lebensweise: Coluber najadum ist auf dem Balkan, in Kleinasien, in Syrien und Nordwest-Persien weit verbreitet. Sie lebt sowohl in der Ebene als auch im Gebirge, wo man sie in buschreichem Gelände mit zerklüftetem steinigen Untergrund antrifft. Die Schlanknatter ist wärmeliebend und am Tage munter. Mit Vorliebe sonnt sie sich an Buschrändern und in Steinhäufen. Bei Störung gleitet sie pfeilschnell davon und ist daher schwierig zu fangen. Zuweilen klettert sie geschickt in niederem Gebüsch. Wird sie ergriffen, so versucht sie, sich durch heftige Körperbewegungen und durch Beißen zu befreien. Wie die Ringelnatter verspritzt sie dabei eine stinkende Flüssigkeit. Die Schlanknatter frißt fast ausschließlich Eidechsen und nur selten Insekten. Ihre Beutetiere erjagt sie mit bemerkenswerter Schnelligkeit und würgt sie noch lebend hinunter. Im Oktober zieht sie sich zur Winterruhe zurück und kommt Ende März oder Anfang April wieder zum Vorschein. Die Paarung findet meist im April oder Mai statt. Von Juni bis August legt sie meist nicht mehr als 3–5 langgestreckte Eier in Löcher, Felsspalten und unter Steine.
Haltung und Zucht: Die Schlanknatter benötigt ein geräumiges Trockenterrarium mit einer schwachen Bodenheizung. Als Bodengrund verwendet man ein Gemisch aus Sand und Lehm und einige flache Steine als Schlupfwinkel. Ein kleines Wassergefäß sollte nicht fehlen. Kletteräste sind nicht unbedingt notwendig, da die Schlanknatter sich hauptsächlich auf dem Boden aufhält. Die Beleuchtung sollte 10–12 Stunden in Betrieb sein, falls das Terrarium keine Vor- und Nachmittagssonne erhält. Manche Exemplare gewöhnen sich nur schlecht an die Gefangenschaft, sind heikel und gehen schlecht ans Futter. Daher hält man die Schlanknatter am besten allein. Als Nahrung bietet man Mauer- und Bergeidechsen oder andere Eidechsen in gleicher Größe. Bei richtiger Haltung ist die Schlanknatter jedoch sehr gefräßig. Eine 3- bis 5monatige Winterruhe bei herabgesetzter Temperatur zwischen 5–15 °C ist notwendig. Über eine Nachzucht in der Gefangenschaft ist bisher nichts bekannt geworden.

Coluber ravergieri
Ravergiers Zornnatter
4 Unterarten
(Bild Seite 124)

Kennzeichen: Der Kopf wirkt länglich, setzt sich aber deutlich vom Hals ab. Das mäßig große Auge hat eine runde Pupille. Der Körper von *Coluber ravergieri* erscheint kräftig. Die Schuppen sind leicht gekielt. Der Rücken und die Körperseiten sind graubraun bis olivgrau gefärbt. Auf der einfarbig grauen Kopfoberseite finden sich zuweilen einzelne dunkle Makel. Von den beiden Augenrändern ausgehend, verläuft eine dunkelbraune, hell eingefaßte Binde quer über die Stirn. Zwei weitere Binden ziehen sich vom Auge zum Schnauzenrand und zur Halsregion. Die Rückenzeichnung besteht aus rautenförmigen Flecken in gleichmäßigem Abstand. Manche Exemplare wirken wie feinkörnig dunkel gepudert. Die dunklen Farbelemente können blaß und kaum erkennbar, aber auch sehr deutlich ausgebildet sein. Die Bauchseite ist grauweiß und braun gefleckt.
Länge: Über 1 m.
Herkunft und Lebensweise: Ravergiers Zornnatter ist von Rhodos bis nach Zentralasien verbreitet. Sie lebt in Halbwüsten und an buschreichen Berghängen. Sie ist ein flinkes, scheues Tagtier, das sich am Morgen und am

Nachmittag im Schutze eines Busches, an einem Steinhaufen oder an einem Felsen sonnt. Ergreift man sie, so beißt sie sofort kräftig zu. Ihre Nahrung besteht aus Kleinsäugern, Vögeln und Eidechsen, die sie erdrosselt und vom Kopf her verschlingt. Die Paarung findet im Frühjahr statt. Im Juli legt sie 5–10 ovale Eier ab. Die Jungen schlüpfen im September und messen bereits bis zu 24 cm.
Haltung und Zucht: Ravergiers Zornnatter hält sich ohne Schwierigkeiten im Terrarium. Man benötigt einen mittelgroßen Behälter mit einem Bodengrund aus Sand und Lehm, mehrere flache Steine sowie Zierkork als Versteck, ein kleines Wassergefäß und eine örtliche Bodenheizung. 8–10stündige Beleuchtung und eine Lufttemperatur zwischen 22–30 °C tagsüber sind notwendig. Ein nächtlicher Temperaturrückgang um einige Grad trägt zum Wohlbefinden der Schlangen bei. Meine Zornnatter war anfangs recht ungestüm, erschrak leicht und war bissig. Bald jedoch wurde sie zahm und fraß willig weiße Mäuse, die sie zwar stets erdrosselte. Entsprechend den natürlichen Verhältnissen ist *Coluber ravergieri* eine 4- bis 5monatige Winterruhe gewohnt. Bisher wurde diese Art noch nicht in der Gefangenschaft nachgezüchtet.

Coluber viridiflavus
Gelbgrüne Zornnatter
2 Unterarten

Kennzeichen: Diese Natter verfügt über einen schlanken Körperbau, einen langausgezogenen Schwanz und einen länglichen Kopf, der sich nur mäßig vom Hals absetzt. Die Schuppen sind glatt. Die Grundfärbung des Körpers ist schwarz. Die Unterart *carbonarius* ist einfarbig schwarz, während die Nominatform ein Netzwerk gelbgrüner Querbinden und Sprenkel auf dem Vorderkörper und auf der Körpermitte aufweist. Im hinteren Drittel geht die schwarzgrüne Färbung in parallel laufende Längslinien über. Die Bauchseite ist gelblichgrau. Jungtiere sind mehr oder weniger einfarbig gelblichgrau. Die Bauchschilde sind seitlich dunkel gefleckt. Der Kopf ist schwarzgelb getupft, wobei die Oberseite mehr schwarze, die Schläfen- und Halsseiten mehr gelbliche Farbtöne aufweisen.
Länge: Bis zu 180 cm.
Herkunft und Lebensweise: Coluber viridiflavus ist in Nordost-Spanien, in Frankreich, in der Südschweiz, in Italien, Nordwest-Jugoslawien sowie auf Sizilien, Malta, Pelagosa, Sardinien, Korsika und Elba heimisch. Diese Natter ist besonders in trockenem und felsigem Gelände mit niederem Buschwerk anzutreffen. Ihre Bewegungen sind überaus schnell und sie ist daher nur sehr schwer zu fangen. Wenn sie ergriffen wird, beißt sie sofort zu und führt an der Bißstelle kauende Bewegungen aus. Oft dreht sie sich dabei um ihre eigene Achse. Sie ist vorwiegend am Tag aktiv. Häufig klettert sie auf niedere Büsche, um sich dort zu sonnen oder Vögeln aufzulauern. Ihre Nahrung besteht aus verschiedenen Kleinsäugern, Eidechsen, Blindschleichen, Schlangen, Fröschen sowie Heuschrecken, Käfern und Schnecken. Die Beutetiere würgt sie je nach Größe entweder lebend hinab oder erdrosselt sie vor dem Verzehren. Die Gelbgrüne Zornnatter paart sich im April oder Mai. Bei der Paarung umschlingen sich die Nattern, das Männchen beißt sich oft am Hals des Weibchens fest. Die Eier werden von Ende Juni bis Anfang September abgelegt. In der Regel sind es 8–15 Eier, manchmal auch mehr. Die Eier benötigen zu ihrer Entwicklung 6–8 Wochen. Die Jungen messen beim Schlüpfen ungefähr 25 cm.
Haltung und Zucht: Coluber viridiflavus ist im Terrarium genauso zu halten wie *Coluber jugularis.* Einzelhaltung ist hier besonders empfehlenswert, da die Gelbgrüne Zornnatter in der Gefangenschaft zuweilen kannibalische Eigenschaften entwickelt. Man sollte sie darum auch nicht mit Schlangen anderer Arten zusammenhalten. Als Futter bietet man hauptsächlich Mäuse und Hühnerküken und verzichtet auf Eidechsen oder Frösche. Die Gelbgrüne Zornnatter spürt ihre Beute hauptsächlich mit Hilfe ihrer Augen auf. Sie packt das

Futtertier blitzartig, erdrosselt es durch Umschlingen oder drückt es mit dem Kopf zu Boden. In der Gefangenschaft verhält sich die Gelbgrüne Zornnatter sehr unterschiedlich. Manche Exemplare gewöhnen sich schnell ein und gehen sofort an die dargebotene Nahrung, während andere sich in der ersten Zeit ungestüm verhalten, nicht fressen wollen und erst nach und nach zugänglicher werden. Trächtig gefangene Weibchen haben schon mehrfach Eier im Terrarium abgelegt. Von einer echten Nachzucht in der Gefangenschaft ist jedoch bisher noch nicht berichtet worden.

Gattung Ptyas
Rattenschlangen
2 Arten

Ptyas mucosus
Rattennatter
2 Unterarten
(Bild Seite 124)

Kennzeichen: Der ovale, kurze Kopf setzt sich kaum vom Hals ab. Die großen Augen haben eine runde Pupille. Der schlanke Körper wirkt an den Seiten zusammengedrückt und im Querschnitt dreieckig. Die Schuppen sind ungekielt. Der Körper ist gelblich bis olivgrau gefärbt. Der vordere einfarbige Körperteil weist nach hinten zu eine dunkle Querbänderung auf. Die Körperfärbung schwankt stark. Es gibt schwarze Exemplare mit gelblichem Hinterleib und Schwanz. Albinotische Rattennattern kommen selten vor.
Länge: 2–3 m, selten bis 3,60 m.
Herkunft und Lebensweise: Das Verbreitungsgebiet der Rattennatter ist riesig, sie kommt von Transkaspien bis nach China und Formosa, in Südasien von Indien bis nach Ceylon und in Südost-Asien in Indochina, auf Java und Sumatra vor. Man findet sie in verschiedenartigen Lebensräumen, hauptsächlich in der Ebene und im Hügelland, seltener jedoch im Gebirge. Meist bevorzugt sie offenes Gelände. Nicht selten hält sie sich in der Nähe menschlicher Ansiedlungen auf. Die weitgehend tagsüber muntere Rattennatter klettert gern auf Bäume und lebt besonders häufig in der Nähe von Gewässern, wo sie Fröschen und Kröten nachstellt, die ihre Hauptnahrung bilden. Sie frißt auch Ratten, Fledermäuse, Vögel, Schlangen und Eidechsen, die sie zu Boden drückt und tötet. Dem Menschen gegenüber zeigt sich die Rattennatter scheu und flieht bei Störung. Wird sie in die Enge getrieben, so hebt sie den Vorderkörper empor, bläst die Kehlregion auf, bringt eigenartige Laute hervor und beißt wild zu. In Indien und Indochina ißt die ärmere Landbevölkerung die Rattennatter. Die Paarungszeit erstreckt sich meist von April bis August. Entsprechend ihrer geographisch-klimatischen Herkunft kann sich die Paarung über das ganze Jahr erstrecken. Einige Weibchen setzen jährlich sogar 2 Eigelege ab. Die Jungen sind beim Schlüpfen 36–47 cm lang.
Haltung und Zucht: Die Rattennatter hält man in einem geräumigen Terrarium mit großem Wasserbehälter. Als Bodenfüllung eignet sich ein Gemisch aus Sand und Lehm, als Unterschlupf ein hohler Zierkork oder einige Steine, die fest einzementiert sind. Eine örtliche Bodenheizung ist notwendig. Die Beleuchtung sollte täglich 12–14 Stunden in Betrieb sein. Vor- und Nachmittagssonne wirken sich günstig auf das Wohlbefinden der Rattennatter aus. Während des Tages hält man die Lufttemperatur zwischen 25–30 °C, nachts einige Grad tiefer. Die Rattennatter läßt sich zuweilen nicht gut halten und bleibt lange Zeit bissig. Als Nahrung bietet man hauptsächlich Frösche. Sie frißt auch Ratten und Mäuse, die sie mit dem Kopf niederdrückt bis sie verendet sind. Oft fällt es ihr schwer Warmblütler zu verdauen, die sie dann wieder auswürgt. Einzelne Exemplare gewöhnen sich auch an tote Fische. Je nach dem Fundort der einzelnen Schlange ist eine kurze Ruhepause bei herabgesetzter Temperatur empfehlenswert. Die Rattennatter wurde bereits in der Gefangenschaft nachgezüchtet. Die jungen Schlangen sind nach 20 Monaten geschlechtsreif.

Gattung Philothamnus
Grüne Wasserschlangen
8 Arten

Philothamnus irregularis
Grüne Sumpfschlange
2 Unterarten

Kennzeichen: Der etwas flache und längliche Kopf setzt sich merklich vom Hals ab. Die Schnauze ist abgerundet. Das große, goldgelbe Auge weist eine runde Pupille auf. Der Körper wirkt schlank, der Schwanz lang ausgezogen. Die Schuppen sind nicht gekielt, das Afterschild geteilt. Der Rücken und die Körperseiten sind einfarbig hell- bis olivgrün oder weisen am Vorderkörper schwarz gerandete Schuppen auf. Zuweilen verläuft über den Rücken ein Streifen.
Länge: 70–90 cm, selten über 1 m.
Herkunft und Lebensweise: Die Grüne Sumpfschlange findet man in West-, Zentral-, Ost- und Südafrika. Sie lebt sowohl in der Ebene als auch im Gebirge bis in 2300 m Höhe. Meist hält sie sich in der Nähe von Gewässern auf, wo sie Fröschen und Kröten nachstellt. Sie frißt aber auch Eidechsen, kleine Vögel und zuweilen Schlangen. Die Grüne Sumpfschlange ist weitgehend am Tag aktiv. Ihre Bewegungen sind überraschend schnell und gewandt. Sie klettert hervorragend und sonnt sich gerne im Gebüsch. Ihr Schwimmvermögen ist gut entwickelt. Beim Schwimmen hebt sie den Kopf und den Hals über die Wasseroberfläche. Auf dem Erdboden ist sie ebenfalls flink. In Erregung bläst die Grüne Sumpfschlange die Kehlregion auf und flacht sie in vertikaler Richtung ab. Von Dezember bis Februar werden 6–16 Eier abgelegt. Die etwa 22–26 cm langen Jungen schlüpfen nach 2 Monaten.
Haltung und Zucht: Philothamnus irregularis verhält sich im Terrarium scheu und nervös. Zur Eingewöhnung benötigt sie einige Zeit, wird dann jedoch ziemlich zugänglich. Zur Haltung empfiehlt sich ein mittelgroßes Terrarium mit einem großflächigen Wasserbehälter und einigen Kletterästen. Als Bodengrund verwendet man Walderde und einen passenden Unterschlupf in Form eines Zierkorks, eines Baumstubbens oder einiger flacher Steine. *Philothamnus irregularis* ist nicht schwer. Daher braucht man auf eine Bepflanzung nicht zu verzichten. Die Beleuchtung sollte am Tage 12–14 Stunden in Betrieb sein. Die Lufttemperatur hält man während des Tages zwischen 24–28 °C, nachts um einige Grad tiefer. Als Futter bietet man Frösche und Eidechsen. Mäuse nimmt die Schlange nur ausnahmsweise an. *Philothamnus irregularis* wurden in der Gefangenschaft bereits nachgezüchtet. Die Eier sind länglich oval und weisen feine Längsrillen auf. Bei einer Durchschnittstemperatur von 24 °C benötigen sie ungefähr 65 Tage zur Entwicklung.

Gattung Elaphe
Kletternattern
36 Arten

Elaphe bimaculata
Zweifleck-Kletternatter

Kennzeichen: In ihrem äußeren Erscheinungsbild ist *Elaphe bimaculata* der *Elaphe dione* sehr ähnlich. Mit Sicherheit sind die beiden Arten nahe miteinander verwandt. Der Kopf der Zweifleckkletternatter ist ungefähr doppelt so lang wie er breit ist. 8 Oberlippen- und 10 Unterlippenschilde sind vorhanden. Der Rumpf wird von 19–25 Schuppen umgeben, die in schrägen Reihen stehen. In Richtung auf den Kopf hin sind die Rückenschuppen glatt und zum Schwanz hin schwach gekielt. Die Körperfärbung und das Zeichnungsmuster dieser Art sind großen Schwankungen unterworfen. In der Grundfärbung variiert *Elaphe bimaculata* zwischen gelbbraun über olivfarben bis nach grau. Ein oft rötlicher und schwarz gerandeter Streifen überzieht die Stirnmitte und verläuft bis zum Mundwinkel. Ein hufeisenförmiges Zeichnungsmuster, das im Kern rot und außen schwarz gerandet ist, verbindet den Hinterkopf mit 2 dunkelbraunen Streifen, die auf dem Rücken parallel zueinander verlaufen. Zwei weitere Streifen gleicher Färbung verlaufen auf den Flanken parallel zu den Rückenstreifen. Die Streifen sind von roten bis braunen Flecken durchsetzt, wovon letztere schwarz gerandet sind. Diese Flecken können auf der Rückenmitte miteinander verschmelzen. Sie stehen in ungefähr gleichmessenden Abständen zueinander. Es gibt auch ungestreifte Exemplare. Die graue Bauchseite ist von zahlreichen kleinen Flecken durchsetzt.

Länge: 70–100 cm, wobei die Männchen deutlich kleiner als die Weibchen sind.

Herkunft und Lebensweise: Elaphe bimaculata kommt in Ost-China diesseits und jenseits des unteren Yangtse Kiang vor. Hier lebt das Tier in höheren Berglagen. Über die Lebensweise dieser Art in freier Natur ist kaum etwas bekannt. Das Beutespektrum von *Elaphe bimaculata* besteht aus Mäusen, Ratten, Echsen, Vögeln und deren Eiern.

Haltung und Zucht: Elaphe bimaculata benötigt zu ihrem Wohlbefinden kein großes Terrarium. Als Bodengrund eignet sich ein Gemisch aus Sand oder Kies mit Torf oder Waldhumus. Notwendig für das Wohlbefinden dieser Art sind ein Unterschlupf, einige Kletteräste und ein Wassergefäß. Die Temperaturen sollen am Tage zwischen 25 und 30 °C liegen und in der Nacht auf 20–22°C oder etwas darunter abfallen. In ihren Körperbewegungen ist *Elaphe bimaculata* wendig und flink. Häufig klettert sie auf Äste. Einen großen Teil der Tageszeit verbringt sie in ihrem Unterschlupf. Wenn sie gereizt wird, versetzt sie ihr Schwanzende in vibrierende Bewegungen. Wird sie in die Hand genommen, so scheidet sie aus ihren Postanaldrüsen ein stinkendes Sekret aus. Manche Exemplare beißen auch, während andere ihren Kopf unter ihren Körperringen verbergen. Als Nahrung bietet man Mäuse und Teile von Hühnerküken an, wie sie auch mit Vorliebe Eier von Kanarienvögeln verzehren. Wie bei anderen Vertretern der Gattung *Elaphe* werden lebende Beutetiere blitzartig gepackt, umschlungen und durch Erdrosseln getötet. Um Nachzucht zu erhalten, muß *Elaphe bimaculata* 3–4 Monate in der Dunkelheit überwintert werden. Die Zweifleckkletternatter wurde von K. Schulz zur Fortpflanzung gebracht. Die Schlangen paarten sich im Herbst im Oktober und im Frühjahr im März des darauffolgenden Jahres. Im Zustande der Erregung kriecht das Männchen mit schlängelden Bewegungen über den Rücken des Weibchens und führt dabei einen seiner Hemipenisse in die Kloake des Weibchens ein. Im Juli wurden von dem einen Weibchen 3 und von dem anderen 4 Eier abgelegt. Die länglichen Eier wurden in mäßig feuchtem Torf bei 25–28 °C am Tage untergebracht. Nachts sanken die Temperaturen um 4–5 °C ab. Nach einer verhältnismäßig kurzen Inkubationsdauer von 30–32 Tagen schlüpften die jungen Schlangen. Die Jungschlangen maßen nach dem Schlüpfen zwischen 20 und 25 cm. Nach der ersten Häutung verzehrten sie unbehaarte Mäuse. Die weitere Aufzucht bereitete keine Probleme.

Elaphe carinata
Stinknatter
2 Unterarten
(Bild Seite 124)

Kennzeichen: Der längliche und ein wenig dreieckige Kopf setzt sich deutlich vom Hals ab. Das Supraocularschild ragt ein wenig seit-

---

Oben links: Abb. 64: Boa constrictor constrictor (Abgottschlange) s. Seite 82
Oben rechts: Abb. 65: Corallus caninus (Grüner Hundskopfschlinger) s. Seite 85
Mitte links: Abb. 66: Epicrates angulifer (Kubanische Schlankboa) s. Seite 89
Mitte rechts: Abb. 67: Lichanura trivirgata trivirgata (Rosenboa) s. Seite 98
Unten links: Abb. 68: Natrix piscator flavipunctata (Fischernatter) s. Seite 111
Unten rechts: Abb 69: Thamnophis elegans vagrans (Berg-Strumpfbandnatter) s. Seite 121

lich über das Auge und verleiht der Schlange ein bösartiges Aussehen. Die leicht elliptisch geformte Pupille steht senkrecht. Die Stinknatter besitzt einen kräftigen Körper mit einem lang gestreckten Schwanz. Im Gegensatz zu anderen Kletternattern sind die Schuppen stark gekielt, worauf auch der lateinische Artname hinweist. Die Grundfärbung des Körpers schwankt zwischen hellbeige und olivgrau. Die Schuppen haben schwarze Ränder. Auch das Körpermuster ist sehr unterschiedlich. Der Vorderkörper ist quergebändert. Die beigefarbigen bis gelblichen Kopfschilde sind von breiten schwarzen Rändern eingefaßt. Die Bauchseite ist porzellanfarben bis gelblichgrau.

Länge: 150–170 cm, selten über 2 m.

Herkunft und Lebenweise: Die Verbreitung der Stinknatter beschränkt sich auf China und Formosa. Sie kommt im Hügelland, hauptsächlich jedoch im Gebirge bis zu einer Höhe von 3000 m vor, wo sie an von Büschen durchsetzten Abhängen, in bewaldetem Gelände, im Bambusdickicht, an Feldrändern und selbst in der Nähe menschlicher Ansiedlungen nicht selten anzutreffen ist. Ihre Bewegungen sind flink. Dem Menschen gegenüber zeigt sie sich angriffslustig und versucht sofort zu beißen, wenn sie gefangen wird. Fühlt sie sich angegriffen, so bläht sie den Rumpf und nicht wie andere Schlangen den Hals auf. In Erregung zittert sie stark mit dem Schwanz, öffnet drohend das Maul und läßt ein lautes Zischen vernehmen. Ihre Kloakendrüsen sind außerordentlich stark entwickelt. Wenn sie ergriffen wird, entleert sie aus ihnen ein übelriechendes Sekret. Der Geruch dieses Sekretes ist so eigenartig, daß man die Schlange schon aus der Entfernung am Geruch erkennen kann. *Elaphe carinata* ernährt sich hauptsächlich von ungiftigen und giftigen Schlangen, von Eidechsen und gelegentlich von Nagetieren. Über ihr Fortpflanzungsverhalten in freier Natur ist nur wenig bekannt. Sie legt weißliche, zu einem Gelege verklebte Eier in Pflanzenmaterial, das in Zersetzung begriffen ist.

Haltung und Zucht: Die Stinknatter wird nur gelegentlich eingeführt. Erwachsene Exemplare benötigen ein geräumiges Terrarium. Verstecke ergeben sich mit hohlen Rindenstücken oder mit einigen Steinen, die man fest einzementiert. Auch das Wasserbecken muß ebenfalls befestigt werden, da die Natter sonst die gesamte Einrichtung des Terrariums umwälzt. Auf Pflanzen muß man leider verzichten, da sie von der Schlange über kurz oder lang fast immer zerdrückt werden. Da die Stinknatter auch andere Schlangen frißt, ist Einzelhaltung erforderlich. Die Temperatur sollte am Tage zwischen 20–28 °C betragen und in der Nacht um einige Grad absinken. Während des Tages hält sich die Stinknatter meist in ihrem Versteck verborgen und kommt erst in der Dämmerung zum Vorschein. Auf eine Beleuchtung kann man verzichten, wenn der Behälter am Vor- und Nachmittag Sonne oder zumindest Tageslicht erhält. Junge Schlangen fressen nur ungern Mäuse. Daher muß man oft zwangsweise füttern, da Schlangen als Futtertiere nur in seltensten Fällen vorhanden sind. Gestopfte Jungmäuse werden fast ausnahmslos gut verdaut. Von einer gewissen Größe ab sucht sich die Stinknatter andere Beute. Wenn sie halbwüchsig ist, frißt sie gierig Mäuse und gelegentlich Eier. In Gefangenschaft ist *Elaphe carinata* nur wenig zugänglich. Sie bleibt schreckhaft und scheu. Wenn sie gestört wird, beißt sie oft schnell zu, ohne jedoch festzuhalten. Eine Überwinterung bei herabgesetzten Temperaturen zwischen 4–15 °C ist von Oktober bis April notwendig. In der Gefangenschaft ist die Nachzucht mehrfach gelungen. Vor der Paarung kriecht das Männchen unter zuckenden Bewegungen über den Rücken des Weibchens. Stemmler legte die Eier, die seine Exemplare absetzten, in feuch-

---

Oben: Abb. 70: Chionactis palarostris organica (Sonora-Schaufelnasen-Wühlnatter) s. Seite 143

Unten: Abb. 71: Liophis miliaris (Goldbauchnatter) s. Seite 130

ten Torf ein. Die Temperatur betrug zwischen 25–28 °C. Nach 44–52 Tagen schlüpften die jungen Schlangen, die zwischen 30–33 cm lang waren.

Elaphe climacophora
Inselkletternatter oder Japanische Rattennatter

Kennzeichen: Der Kopf der Inselkletternatter ist ungefähr zweieinhalbmal so lang wie er breit ist. Er setzt sich nur mäßig vom Hals ab. Der Körper ist schlank und im Querschnitt zylindrisch. Das Schnauzenschild ist breiter als hoch. Es sind 8 Oberlippenschilde vorhanden, von denen das 4. und das 5. das Auge berühren. Die Rückenschuppen, von denen die meisten gekielt sind, umgeben die Körpermitte in 23–25 schrägen Reihen. Das Afterschild ist geteilt. Der auffällig lange Schwanz nimmt ungefähr ein Viertel der Körperlänge ein. Die graugrüne Körpergrundfärbung von *Elaphe climacophora* wird von 4 Streifen überzogen, die aus Flecken bestehen. Die Schuppen sind hell gerandet. Ein dunkler Streifen verläuft vom Auge zum Mundwinkel. Der Kopf ist einfarbig graugrün bis bläulich gefärbt. Die hellgraue Bauchseite ist dunkel gesprenkelt. Jungtieren fehlt die Körperstreifung. Bei ihnen wird der Rumpf alternierend von braunen und hellen Querbinden überzogen, wovon erstere dunkel gerandet sind.
Länge: 120 bis maximal 200 cm.
Herkunft und Lebensweise: Die Inselkletternatter, die von den Japanern „Aodaisha" – das heißt so viel wie blauer Armeegeneral – oder Shirohebi genannt wird, ist in Japan und auf den Kurilen (heute Sowjet-Union) beheimatet. Eine albinotische Population von *Elaphe climacophora*, die von den Japanern als „Naturdenkmal" bezeichnet wird, kommt in der Provinz Yamaguchi bei Iwakuni vor. Hier werden diese Schlangen in einem Institut auch zur Nachzucht gebracht. Der natürliche Lebensraum der Inselkletternatter sind Nadelwälder, Bambusdickichte, Lichtungen und Seeufer. Sie dringt auch in besiedelte Gebiete ein und wird daher zuweilen in Häusern gefunden. *Elaphe climacophora* hält sich in der Regel am Boden auf, wo sie wegen ihrer kryptischen Färbung in der Vegetation oft übersehen wird. Ihre Nahrung besteht aus allerlei Nagetieren, Vögeln, Echsen und Insekten. Sie verzehrt auch Eier und schleicht sich gelegentlich in Hühnerställe ein, um dort Eier zu stehlen. Über ihr Eierfressen berichtete Fukuda. Über ihre Fortpflanzung, die Überwinterung und andere Verhaltensweisen in freier Natur liegen keine Berichte vor.
Haltung und Zucht: Die Inselkletternatter benötigt einen geräumigen Behälter mit einem Bodengrund aus einem Gemisch von Sand, Torf und Waldhumus. Jedoch kann auch jede andere Bodenfüllung Verwendung finden. Ein Wassergefäß und ein passender Unterschlupf dürfen nicht fehlen. *Elaphe climacophora* fühlt sich bei Tagestemperaturen zwischen 25 und 30 °C mit einem nächtlichen Absinken auf 18 °C wohl. Eine 4–5monatige Überwinterung bei herabgesetzten Temperaturen auf 4–8 °C in der Dunkelheit, etwa von November bis Februar oder März, sind angezeigt. *Elaphe climacophora,* die in der Haltung problemlos ist, wurde unter Obhut des Menschen schon mehrfach zur Nachzucht gebracht. Als Futter bietet man hauptsächlich Mäuse an; Ratten werden weniger gerne verzehrt. Auffällig ist der gegenüber anderen großen *Elaphe*-Arten geringe Verbrauch an Futtertieren und die unregelmäßige Nahrungsaufnahme. Inselkletternattern fressen gelegentlich ungemein viel, um anschließend über einen langen Zeitraum zu fasten. In ihrem Verhalten ist diese Art eher dämmerungsaktiv und verläßt ihren Unterschlupf meist erst am Abend. In der Regel sind die Tiere ruhig und umgänglich. Bei Störungen vibrieren sie mit dem Schwanzende. Wenn sie in die Hand genommen werden, beißen sie zuweilen kräftig zu.
Über die Fortpflanzung im Terrarium berichten Orlow, Schmidt und Schulz. Nach der Überwinterung kommt *Elaphe climacophora* im Februar und im März in Paarungsstim-

mung. In der Regel wird die Nahrung vor der Paarung verweigert. Die Inselkletternattern zeigen vor der Paarung, die sich wochenlang hinziehen kann, einen erhöhten Bewegungsdrang. Sie verfolgen sich, teilen Körperbisse aus und liefern sich Kommentkämpfe. Die eigentliche Kopula kann eine bis drei Stunden andauern. Die ungefähr 6 cm langen und 2 cm breiten Eier, deren Anzahl über 10 betragen kann, sind zu einem Gelege verklebt. Die Eier sind bei hoher Luftfeuchtigkeit bis zum Sättigungspunkt und bei Temperaturen zwischen 25 und 30 °C in feuchtem Moos oder in Schaumstoffschnitzeln oder einem ähnlichen Substrat zu inkubieren. Die Jungschlangen schlüpfen nach einer Inkubationsdauer von 65–97 Tagen. Bei der Geburt weisen sie Körperlängen zwischen 27 und 35 cm auf. Die Aufzucht kann problematisch sein. Einzelne Exemplare fressen selbständig nackte Mäuse und verzeichnen dabei ein rasches Wachstum, während andere über lange Zeit bei geringer Längenzunahme zwangsernährt werden müssen.

Elaphe dione
Dione-Natter
(Bild Seite 124)

Kennzeichen: Der längliche Kopf setzt sich nicht oder kaum merklich vom Hals ab. Der Körper und der Schwanz wirken gestreckt. Im Körperbau und in der Kopfzeichnung erinnert die Dione-Natter sehr an die Leopardnatter *(Elaphe situla)*. Die intensiv glänzenden Schuppen sind ungekielt. Der Rücken und die Körperseiten sind hellgrau bis rötlichbraun gefärbt. Über die Körperoberseite verlaufen 4 undeutliche Längsstreifen. Der Rücken und die Körperseiten weisen dunkle Querflecken auf. Kennzeichnend für diese Art ist ein hufeisenförmiges Zeichnungsmuster des Kopfes. Vom Hinterrand des Auges verläuft ein schwarzer Strich zum Mundwinkel. Die Bauchseite ist dunkelgrau und schwarz gesprenkelt. Sehr dunkle Exemplare ohne Zeichnung sind selten.

Länge: Bis 1 m.

Herkunft und Lebensweise: Elaphe dione bewohnt ein riesiges Gebiet vom russischen Südost-Europa bis nach Korea und China. Sie lebt in der Ebene, aber auch im Gebirge bis in 1600 m Höhe. Die Dione-Natter kommt sowohl in feuchten als auch in trockenen Biotopen vor, vorzugsweise in Steppen und in den Oasen von Halbwüsten, aber auch in Wäldern und in der Kulturlandschaft. Die Schlange verbirgt sich in hohlen Bäumen, unter Steinen, in Felsspalten und in den Bauten kleiner Nagetiere. Sogar in bewohnten Häusern hält sie sich verborgen. *Elaphe dione* frißt kleine Nagetiere, Vögel, Eidechsen, Vogeleier und selbst Frösche, Schlangen und Fische. Sie erdrosselt zuvor die Beute oder drückt sie mit dem Kopf gegen den Boden bis sie tot ist. Die Dione-Natter ist weder angriffslustig noch bissig. Bei Gefahr richtet sie den Vorderkörper empor und hält dabei den Kopf und Hals nach unten. Gleichzeitig zittert sie mit dem Schwanz und erzeugt so ein eigenartiges Geräusch. Die Bewegungen dieser Schlange sind langsam. Die Paarung findet im Frühjahr statt. Im Juni, Juli oder August legt sie 5–16 Eier ab. Die Zeitigungsdauer der Eier ist sehr kurz und beträgt zwischen 2–4 Wochen. Da *Elaphe dione* auch Gebiete mit wechselnder Witterung bewohnt, nimmt man an, daß die Weibchen die Eier solange zurückhalten können, bis Temperaturverhältnisse eintreten, die für die Eiablage und die erfolgreiche Entwicklung der Eier außerhalb des Mutterleibes günstig sind. Der Gedanke an eine echte Ovoviviparie der Dione-Nattern, die in großen Höhen leben, ist naheliegend. Junge Dione-Nattern messen beim Schlüpfen ungefähr 20–24 cm.

Haltung und Zucht: Elaphe dione ist ein angenehmes und interessantes Terrarientier, das sich bei sachgemäßer Unterbringung in einem Behälter mit einer trockenen Bodenfüllung aus Sand und Lehm leicht pflegen läßt. Einige flache Steine, ein Baumstubben sowie einige Klletteräste und ein kleines Wassergefäß dürfen nicht fehlen. Tagsüber hält sich die Dione-Natter oft auf den Kletterästen auf. Eine schwache Bodenheizung ist günstig für das Wohlbefinden dieser Schlangen. Am Tage sollte die Lufttemperatur zwischen 22–28 °C, nachts zwischen 18–20 °C liegen. Wenn das Terrarium keine Vor- und Nachmittagssonne erhält, nimmt man die Beleuchtung über Tag 8–12 Stunden in Betrieb. Als Futter bietet man kleinere bis mittelgroße Mäuse an. Eine Überwinterung von 4 bis 5 Monaten bei Temperaturen zwischen 5–15 °C ist notwendig. Die Dione-Natter ist in der Gefangenschaft schon mehrfach nachgezüchtet worden. Die Eier legt man bei Temperaturen zwischen 22–28 °C in schwach feuchten Torf. Die Aufzucht der Jungen ist unproblematisch. Nach der ersten Häutung fressen sie nackte junge Mäuse oder Teile von toten Mäusen.

Elaphe guttata
Kornnatter
3 Unterarten
(Bild Seite 141)

Kennzeichen: Die Kornnatter besitzt einen langen, schlanken Kopf, der sich kaum vom Hals absetzt und einen sehr muskulösen Körper. Das Auge und die Pupille sind groß und rund. Ihre glatten oder schwach gekielten Schuppen glänzen im hellen Licht. Die Färbung der Körperoberseite schwankt zwischen Rostbraun bis Orange- oder Ziegelrot. Auf der Rückenmitte verlaufen in gleichmäßigen Abständen bräunliche bis ziegelrote Flecken mit mehr oder weniger schwarzem Rand. Die Körperseiten sind in den gleichen Farbtönen gefleckt. Auf dem Hinterkopf und Nacken findet sich ein V-förmig gestalteter Fleck. Auf der Kopfoberseite verläuft eine Binde von einem Auge zum anderen und von hier aus zum Mundwinkel. Die weißliche Bauchseite hat schwarze Flecken, die Unterseite des Schwanzes ist gestreift. Bei *Elaphe guttata rosacea* haben sich die schwarzen Farbpigmente stark zurückgebildet. *Elaphe guttata emoryi* ähnelt in der Zeichnung der Nominatform. Ihre Körperfarben sind jedoch grau oder braun.
Länge: Bis 182 cm.

Herkunft und Lebensweise: Die Kornnatter ist in den östlichen, südöstlichen und mittleren Vereinigten Staaten und in Nordost-Mexiko heimisch. Sie lebt mit Vorliebe in offenen, von der Sonne durchfluteten Kiefernwäldern und ist sowohl auf dem Erdboden wie auf Bäumen anzutreffen. Jungtiere halten sich besonders gern unter der Rinde abgestorbener Kiefern auf, wie ich wiederholt feststellen konnte. Die Kornnatter lebt aber auch in Steinhaufen, in verfallenen Blockhäusern, in Scheunen, an Straßenrändern, in und am Rande von Maisfeldern und besonders gern in verwilderten Obstplantagen. Zuweilen kriecht die Kornnatter in die Bauten von Kaninchen und Baumwollratten. *Elaphe guttata* ist im Frühjahr weitgehend tagsüber aktiv, im Sommer dagegen mehr in der Dämmerung. Ihre Nahrung besteht aus allerlei Kleinsäugern und Vögeln, die sie vor dem Verzehren erdrosselt oder mit dem Kopf zu Boden drückt und tötet. Die Kornnatter bewegt sich nicht sonderlich schnell, und kann leicht gefangen werden. Wenn sie ergriffen wird, setzt sie sich zur Wehr, zieht den Vorderkörper S-förmig an und beißt zu. In höchster Erregung bewegt sie den Schwanz kräftig hin und her. Die Paarung findet im Frühjahr statt. Die 12–24 Eier, die zu einem Gelege verklebt sind, setzt sie meist von Mai bis Juli ab. Entsprechend ihrem Vorkommen dauert die Überwinterung 2–6 Monate. In Südflorida kann man Kornnattern bei guter Witterung zu allen Jahreszeiten fangen.
Haltung und Zucht: Elaphe guttata wird häufig und meist zu verhältnismäßig niedrigen Preisen angeboten. Albinos, die gelegentlich in den Handel kommen, sind allerdings sehr teuer. Die Kornnatter ist mit Recht ein beliebter Pflegling. Sie ist sehr auffallend, gedeiht gut bei nur geringen Pflegeansprüchen und läßt sich regelmäßig nachzüchten. Sie braucht auch keinen besonders großen Behälter. In einem kleinen bis mittelgroßen Terrarium fühlt sich die Kornnatter ebenso wohl wie in einem großen Behälter. Als Bodenfüllung eignet sich ein Gemisch aus Sand und Torf oder Sand und Walderde. Ein Wassergefäß, einige Kletter-

äste, einige Steine oder Zierkork als Unterschlupf und eine milde Bodenheizung sind erforderlich. Am Tage hält man die Beleuchtung 8–12 Stunden in Betrieb, falls das Terrarium keine Vor- und Nachmittagssonne oder Tageslicht erhält. Die Kornnatter fühlt sich tagsüber bei Temperaturen zwischen 22–28 °C wohl. Nachts senkt man die Temperatur auf 18–20 °C. Am Tage hält sich die Kornnatter in ihrem Schlupfwinkel und zeitweilig auf der Bodenheizung oder unter der Beleuchtung auf. In der Nacht kriecht sie oft stundenlang umher. Nie sollte man vergessen, die Terrarientür zu schließen; Kornnattern können sich sehr gut verbergen. Sonst könnte es vorkommen, daß eine Schlange wochenlang irgendwo in der Wohnung lebt, bis man sie durch Zufall nachts auf einem ihrer Streifzüge wieder erwischt. Die Kornnatter wird schnell zahm. Mäuse nimmt sie tot oder lebend von der Pinzette an. *Elaphe guttata* wächst schnell und kann bei guter Fütterung bereits nach 2 Jahren, in Ausnahmefällen auch schon etwas früher, geschlechtsreif sein. Eine Winterruhe von etwa 2–3 Monaten bei herabgesetzter Temperatur zwischen 5–15 °C ist einzuhalten. Die Nachzucht bereitet keine Schwierigkeiten. Ich bette die Eier in feuchte Lavaerde oder feuchten Torf ein und decke mit Fließpapier ab. Die Jungen schlüpfen nach 60–75 Tagen und sind dann zwischen 20–24 cm lang. Nach der ersten Häutung fressen sie nackte Mäuse. Die weitere Aufzucht ist problemlos.

Elaphe helena
Indische Schmucknatter

Kennzeichen: Elaphe helena besitzt einen länglichen, eiförmigen Kopf, der sich deutlich vom Hals absetzt. Das Auge ist mittelgroß mit runder oder horizontal elliptischer Pupille. Von den 9 Oberlippenschilden berühren das 5. und das 6. das Auge. Die Indische Schmucknatter ist von stämmigem Körperbau. 25–29 Schuppen umgeben die Rumpfmitte in schrägen Reihen. Das Afterschild ist ungeteilt. Die Körpergrundfärbung ist braun in verschiedenen Abstufungen. Die Lippenränder sind weißlich oder gelblich. Ein dunkler Strich verbindet das Auge mit dem Mundrand. Auf dem Nacken befindet sich in der Regel ein dunkler, V-ähnlicher Fleck. Kurz hinter dem Kopf beginnen 4 schwarze Längsstreifen, die mit zunehmender Entfernung vom Kopf in kräftige Flecken übergehen. In die dunkelbraunen Ozellenflecken, die auf dem Rücken in ungefähr gleichmessenden Abständen stehen, sind weiße Tupfen eingestreut. Diese Musterung verschwindet in Richtung auf das Schwanzende hin und geht dort in ein dunkelbraunes bis schwarzes Band über. Zwei dunkle Streifen verlaufen längs der Seite des letzten Körperdrittels. Die Bauchseite ist weißlich und ungefleckt. Die genannte Färbung und Zeichnung trifft für die meisten Tiere zu. Tiere von den Western Ghats (West-Indien) besitzen keine schwarze Streifung, dafür aber ein weißes Halsband mit schwarzem Saum.

Länge: 100–120 cm, maximal bis 164 cm.

Herkunft und Lebensweise: Elaphe helena bewohnt vom Himalaya aus den gesamten indischen Subkontinent wie auch Sri Lanka. Gewöhnlich wird die Indische Schmucknatter in oder am Rande von Wäldern gefunden. Gelegentlich dringt sie auch in menschliche Siedlungen ein. In Höhenlagen zwischen 500 und 2000 m ist sie eine gewöhnliche Erscheinung. Seltener kommt sie in der Ebene vor. Bei warmem Wetter verbirgt sie sich in Termitenhügeln, in Felsspalten und in Löchern, die sie bei kühler Witterung verläßt, um dann auf Bäume und Büsche zu kriechen. Erwachsene Exemplare ernähren sich hauptsächlich von Nagetieren, die sie blitzartig packen und erdrosseln. Gelegentlich werden Vögel und deren Eier, aber auch Schlangen, Eidechsen und Frösche gefressen. Junge *Elaphe helena* verzehren kleine Eidechsen und Insekten. Indische Schmuckbaumnattern sind sowohl tag- wie nachtaktiv. Frisch gefangene Exemplare zeigen nicht selten ein reizbares Naturell, indem sie eine Angriffsstellung annehmen wie sie für *Elaphe radiata* charakteristisch ist: Sie legen den in senkrechter Richtung aufgeblähten Hals in S-förmige Windungen und fahren blitzartig und wiederholt auf den Störenfried los. Im Terrarium entwickeln sie jedoch bereits schon nach kurzer Zeit eine ruhige Wesensart und zeigen kaum oder kein Drohverhalten mehr. Nach Whitaker scheint die Fortpflanzung an keine Jahreszeit gebunden zu sein. Das Weibchen legt 6–8 längliche Eier. Die jungen Schlangen, die nach knapp 60 Tagen schlüpfen, haben bei der Geburt eine Länge von 26–31 cm.

Haltung und Zucht: Die Indische Schmucknatter ist ein leicht zu haltender und interessanter Pflegling. Der Behälter sollte geräumig sein. Als Bodengrund kann man ein Gemisch aus Sand, Walderde und Torf verwenden. Ein Unterschlupf, ein Wassergefäß und Kletteräste dürfen nicht fehlen. Die Beleuchtung in Form einer Leuchtstoffröhre sollte 10–12 Stunden am Tage in Betrieb sein. Eine Bodenheizung ist nützlich, aber nicht notwendig. Bei Tagestemperaturen zwischen 25 und 32 °C fühlen sich die Tiere wohl. In der Nacht kann das Thermometer auf 20–24 °C fallen. Während des Tages liegen die Schlangen meist in ihrem Unterschlupf, den sie oft tagelang nicht verlassen, oder sie halten sich auf den Kletterästen auf. Als Futter bietet man Mäuse an. Die etwas größeren und robuster gebauten Weibchen sind meist bessere Fresser als die Männchen. Die Nachzucht dieser hübschen Schlangen ist verhältnismäßig einfach und schon mehrfach gelungen. Eiablagen erfolgen über das ganze Jahr. Die Eier werden in Moos, in Schaumstoff oder in Vermiculite, einem Kunststoffgranulat, oder in ein anderes, geeignetes Substrat inkubiert. Die Temperatur soll 28–30 °C bei einer Luftfeuchtigkeit von ungefähr 100 % betragen. Unter Terrarienbedingungen dauert die Zeit von der Eiablage bis zum Schlupf der Jungen ungefähr 60–70 Tage. Die Aufzucht der Jungschlangen bereitet keine Probleme. Die jungen *Elaphe helena* fressen oft noch vor der ersten Häutung junge, unbehaarte Mäuse und wachsen rasch heran.

Elaphe longissima
Äskulapnatter
3 Unterarten
(Bild Seite 213)

Kennzeichen: Die Äskulapnatter hat einen schlanken Körper und Schwanz und einen länglichen Kopf, der sich nur unwesentlich vom Hals absetzt. Die Schuppen sind glatt. Die Körperoberseite glänzt in allen Farbschattierungen, von Strohgelb über Braun bis Schwarz. Vorn und an den Seiten ist die Äskulapnatter heller gefärbt als hinten. Die Schuppen des Rückens und der Körperseiten sind weiß gestrichelt, die Bauchseite einfarbig gelblichweiß. Melanistische Exemplare kommen nur selten vor. Besonders die jungen Äskulapnattern haben am Hinterkopf gelbliche Mondflecken, die teilweise schwarz gesäumt sind. Wegen der Kopfzeichnung werden junge Äskulapnattern zuweilen mit jungen Ringelnattern verwechselt.

Länge: Bis zu 2 m.

Herkunft und Lebensweise: Elaphe longissima ist von Nordost-Spanien über große Teile Mittel- und Südeuropas bis nach Kleinasien und Nordpersien verbreitet. Sie kommt vor allem an sonnigen und windgeschützten Hängen vor, die von Felsgeröll und Strauchwerk durchsetzt sind, findet sich aber ebenso an buschigen Feldrändern und am Rand lichter Laubwälder. Zuweilen stößt man auf die Schlange auch im Mauerwerk zerfallender Ruinen oder in den Zwischenräumen alter Legesteinmauern. Je nach Witterung beendet die Äskulapnatter im April oder Mai ihre Überwinterung. Dann hält sie sich fast ganztägig außerhalb ihrer Schlupfwinkel auf und sonnt sich zwischen Steinen, im niedrigen Gebüsch oder im trockenen Gras. Ihre Bewegungen sind nicht so schnell wie die im gleichen Biotop auftretende Pfeilnatter *(Coluber viridiflavus)*. Die Äskulapnatter klettert gewandt im Gebüsch, dabei erbeutet sie hin und wieder einen Vogel. Hauptsächlich ernährt sie sich aber von Mäusen und Ratten. Ehe sie ihre Beutetiere verschlingt, erdrosselt sie sie mit einigen Windungen ihres kräftigen

Vorderkörpers. Die Äskulapnatter paart sich meistens im Mai. Das Weibchen legt im Juni oder Juli 5–8, manchmal auch 10 längliche Eier. Die Jungen, die im September schlüpfen, erinnern in ihrer Färbung an kleine Ringelnattern *(Natrix natrix)*. In der ersten Zeit ihres Lebens fressen sie Eidechsen und kleine Mäuse. Dem Menschen gegenüber verhält sich die Äskulapnatter friedfertig. Nicht alle Äskulapnattern beißen zu, wenn sie gefangen werden. *Elaphe longissima* sucht ihr Winterquartier bereits Ende September oder Anfang oder Mitte Oktober auf.
Haltung und Zucht: Für *Elaphe longissima* benötigt man ein geräumiges und hohes Trockenterrarium mit einigen Kletterästen und einem etwas größeren Wasserbehälter. Als Bodengrund verwendet man Lehmboden oder ein Gemisch aus Sand, Lehm und Walderde oder Torf. Ein hohler Zierkork, einige flache Rindenstücke oder einige Steine, die man festzementiert, sind der geeignete Unterschlupf. Auf Pflanzen braucht man nicht zu verzichten. Ein großer Efeu eignet sich gut, sollte aber in einem großen Plastikgefäß stehen, da man so die Erde und damit auch das Wurzelsystem der Pflanze besser feucht halten kann. Örtliche Bodenheizung ist notwendig. Die Beleuchtung sollte 10–12 Stunden in Betrieb sein, falls das Terrarium keine Vor- und Nachmittagssonne erhält. Die Äskulapnatter fühlt sich am Tage bei Temperaturen zwischen 20–28 °C wohl. Eine Abkühlung in der Nacht um einige Grad entspricht den natürlichen Verhältnissen und ist daher erwünscht. Am Tage hält sich die Äskulapnatter entweder in ihrem Versteck verborgen oder liegt sie auf den Kletterästen in der Sonne oder ruht unter der Heizlampe. In der Gefangenschaft wird diese Schlange schnell zahm und nimmt tote und lebende Mäuse von der Pinzette. Eine 4- bis 5monatige Überwinterung bei herabgesetzter Temperatur zwischen 5–15 °C sollte unbedingt eingehalten werden. Winterruhe ist auch hier wieder die Voraussetzung für eine erfolgreiche Nachzucht, die mit Äskulapnattern schon mehrfach im Terrarium gelungen ist. Als Bodengrund für die Eier verwendet man Torf oder Lavaerde und feuchtet ihn von Zeit zu Zeit ein wenig an. Im Brutbehälter beträgt die Temperatur 24–26 °C, bei der die Jungen nach ungefähr 60 Tagen schlüpfen. Die Aufzucht der jungen Äskulapnattern mit nackten Mäusen ist unproblematisch.

Elaphe mandarina
Mandarinnatter

Kennzeichen: Der ovale Kopf setzt sich kaum vom Hals ab. Das Auge ist klein und schwarz, so daß man die Pupille kaum sieht. Der Körperbau dieser Schlange erinnert an die Kornnatter *(Elaphe guttata)*. Sie hat glatte Schuppen und ein geteiltes Afterschild. Die Körperfärbung schwankt zwischen grau, hellbraun und lachsrot. Der Kopf ist gelblich mit 3 schwarzen Querbinden, die über die Stirn und durch das Auge verlaufen. Auf dem Rücken findet man 22–30 gelbliche Sattelflecken mit breiten, schwarzen Rändern, die wiederum gelblich eingefaßt sind. Den Schwanz umgeben schwarze Ringe. Auf der gelblichen Bauchseite rechteckige schwarze Flecken.
Länge: Über 1 m.
Herkunft und Lebensweise: Die Mandarinnatter kommt in Oberburma und in den chinesischen Provinzen Chekiang, Fukien, Kwantung, Kweichow und Szechwan vor, wo sie in Bergwäldern bis zu einer Höhe von 2300 m lebt. Ebenso trifft man sie auf trockenen Feldern und in Geröllhalden an. Über ihre Lebensweise in freier Natur ist nur wenig bekannt. Sie ernährt sich von Kleinsäugern, Vögeln und deren Eiern. Wie die anderen *Elaphe*-Arten dürfte sich auch die Mandarinnatter „eierlegend" fortpflanzen.
Haltung und Zucht: Diese Schlange wird nur gelegentlich über Hongkong eingeführt. Sie ist zwar ein sehr schöner, aber heikler Pflegling, der viel Ruhe und einen guten Unterschlupf benötigt. Die Mandarinnatter verläßt ihr Versteck am Tage nur gelegentlich. Im Terrarium verhält sie sich ungestüm und nervös. Bei Störung zittert sie stark mit dem Schwanz. Bei

Fleck rollten sich beide *Elaphe mandarina* bei einer Störung zusammen und blieben, in die Enge getrieben, meist ruhig liegen, ohne zu beißen, oder sie versuchten bei anhaltender Belästigung zu fliehen. Als Bodengrund verwendet man ein Gemisch aus Sand und Walderde, dazu einige flache Rindenstücke und Steine als Versteck. Ein Wasserbehälter darf nicht fehlen. Da diese Art weitgehend während der Dämmerung aktiv ist, kann man auf eine Bodenheizung verzichten. Tagsüber sollte die Temperatur zwischen 20–27 °C liegen. Als Lichtquelle eignet sich eine Leuchtstoffröhre, die über Tag in Betrieb ist, falls das Terrarium keine Sonne und Tageslicht erhält. Als Futter bietet man Mäuse, die die Schlange mit einigen Körperschlingen erdrosselt oder gegen eine Unterlage zu Tode drückt, ehe sie sie verschlingt. Einzelne Exemplare fressen von Anfang an gut. Mit Vorliebe werden nackte, nestjunge Mäuse verzehrt, wobei die Schlange wegen ihrer natürlichen Scheuheit in der Regel nur nachts ans Futter geht.
Elaphe mandarina wurde von J. Münzenmaier zur Nachzucht gebracht. Ein Weibchen wurde am 16.5.1988 in Kopula beobachtet. Das Männchen brachte Paarungsbisse in der Kopfregion und im Nacken an. Es stellte sich heraus, daß 3 Weibchen trächtig waren. Die Eiablagen dieser 3 Weibchen fanden am 16.7. (3 Eier), am 14.7. (7 Eier) und am 8.7. (5 Eier) statt. Die Inkubationstemperatur betrug 26–26,5 °C. Am 31.8. und am 1.9., am 5. und 7.9. und am 30. und 31.8.1988 schlüpften alle 15 jungen *Elaphe mandarina,* die beim Schlupf ungefähr 30 cm lang waren.

Elaphe moellendorffi
Moellendorffs' Kletternatter
(Bild Seite 123)

Kennzeichen: Der sehr lange, lanzenspitzenförmige Kopf setzt sich deutlich vom Hals ab. Das große rotbraune Auge hat eine runde Pupille. Der Körper wirkt lang und kräftig. Die Rückenschuppen sind leicht gekielt, die Seitenschuppen glatt. Die graue bis graugrüne Grundfärbung des Körpers geht auf dem Schwanz in Rotbraun über. Der Rücken wird von etwa 30 nußbraunen Sattelflecken überzogen, die schwarz gerandet sind. Auf den Körperseiten finden sich ebenfalls nußbraune, schwarz gerandete Flecken und schwarze Sprenkel. Auf dem Schwanz stehen längliche, lachsrote Flecken. Der Kopf und der Hals sind glänzend rostbraun. Die porzellanfarbene Bauchseite ist von viereckigen schwarzen Flecken bedeckt.
Länge: Über 2 m.
Herkunft und Lebensweise: Elaphe moellendorffi kommt in den chinesischen Provinzen Kwangsi, Canton, Wuyung und Kwantung sowie in Tongking vor. Östlich von Kanton soll diese Schlange keineswegs selten sein und hier in Höhenlagen zwischen 50–300 m leben. Über ihre Lebensweise in freier Natur liegen so gut wie keine Berichte vor. Ihre Nahrung besteht aus Kleinsäugern und Vögeln.
Haltung und Zucht: Moellendorffs' Kletternatter gelangt nur gelegentlich über Hongkong nach Europa. Diese prachtvolle Natter ist anscheinend heikel und nicht einfach zu halten. Es ist aber durchaus denkbar, daß solche Tiere erst bei verschiedenen Händlern über Wochen oder Monate unter völlig unzureichenden Bedingungen gelebt haben und durch Infektionen ihre Widerstandskraft schon so geschädigt worden ist, daß sie nach kurzer Zeit eingingen. Der Verfasser jedenfalls hatte mit dieser Natter kein Glück. Im Zoo von San Diego wurde *Elaphe moellendorffi* nicht nur erfolgreich gehalten, sondern auch nachgezüchtet. 5 Exemplare dieser Art wurden in zwei Gruppen zu 3 und 2 Tieren aufgeteilt. Drei Schlangen wurden bei 18–21 °C, die anderen bei 24–27 °C untergebracht. Bei der niedrigeren Temperatur gedieh die Gruppe mit den drei Schlangen besser und ging eher an die dargebotene Nahrung als die andere Gruppe. Deshalb brachte man alle 5 Exemplare in das gleiche Terrarium (118 × 77,5 × 80 cm) bei 18–21 °C. Ein Tier starb nach kurzer Zeit. 2 Männchen und 2 Weibchen blieben übrig. Am 18. Mai 1972 beobachtete man ein Männchen bei Paarungs-

spielen. In jenem Jahr kam es jedoch zu keiner Eiablage. Am Morgen des 7. September 1973 legte ein Weibchen 6 elliptische Eier ab, die in einem Tongefäß auf feuchtem Papier untergebracht wurden. Das Tongefäß wurde mit einer Scheibe abgedeckt und die Eier darin feucht gehalten. Die Temperatur im Brutbehälter betrug 27 °C. Die jungen Nattern schlüpften zwischen dem 26. und 29. November 1973 nach 80–83 Tagen. Die Jungen, die ihren Eltern sehr ähnlich sahen, häuteten sich erstmalig eine Woche nach dem Schlüpfen.

Elaphe obsoleta
Erdnatter
8 Unterarten
(Bild Seite 124)

Kennzeichen: Im Körperbau stimmt die Erdnatter mit der Kornnatter überein. Auch die Schuppen sind leicht gekielt und das Afterschild ist geteilt. Die Körperfärbung schwankt stark. Die Nominatform weist eine schwarze Körperfärbung auf. Die Schuppen sind an den Rändern weiß gefleckt und die Haut zwischen den Schuppen erscheint oft ziegelrot. Der Bauch ist weißlichgrau, der Hals und das Kinn sind weiß. *Elaphe obsoleta quadrivittata, Elaphe obsoleta rossalleni* und *Elaphe obsoleta bairdi* tragen auf grauer, gelber, brauner oder rotbrauner Körpergrundfärbung vier mehr oder weniger deutliche Längsstreifen, die hinter dem Kopf beginnen und auf der Schwanzoberseite enden. Andere Unterarten der Erdnatter sind auf dem Rücken und auf den Körperseiten mehr oder weniger dunkel gefleckt. Auch die Bauchseite ist mehr oder weniger gefleckt.
Länge: Bis 256 cm.
Herkunft und Lebensweise: Die Erdnatter ist von Nordost-Kanada über die östlichen, südöstlichen und mittleren USA bis nach Tamaulipas (Nordost-Mexiko) verbreitet. In den USA wird sie auch als Pilotennatter oder Schwarze Bergschlange bezeichnet. Sie kommt nahezu überall in der Ebene und im Gebirge vor, sowohl in feuchten als auch in trockenen Biotopen. Sie lebt auf dem Erdboden und in Bäumen. Am Tage trifft man sie gelegentlich außerhalb ihrer Schlupfwinkel an. Sie hält sich unter Felsen, Steinen, zerfallenden Baumstämmen, in Holzhäufen, in den Bauten von Baumwollratten und in anderen Schlupfwinkeln verborgen. Ich sammelte mehrere Exemplare dieser Art in den offenen Kiefernwäldern in Südkarolina und in Florida. Ein besonders großes Exemplar zog ich aus einem rostenden Kühlschrank hervor. Häufig fand sich diese Schlange unter alten Blechen, die an den Rändern von Maisfeldern lagen, oder auch im Dachgebälk verfallender Holzhäuser. Auch in alten Scheunen trifft man sie zuweilen an. *Elaphe obsoleta* klettert hervorragend und hält sich oft hoch in den Bäumen auf. Ihre Nahrung besteht aus allerlei Kleinsäugern und Vögeln. Gelegentlich frißt sie Amphibien. Sie erdrosselt ihre Beute ehe sie sie verschlingt. Je nach geographischer Lage überwintert die Erdnatter 4–7 Monate lang. Die Paarung findet meist im Mai oder Juni statt. Kommentkämpfe unter Männchen sind häufig. 6–44 Eier werden von Juni bis Juli abgelegt. Die Jungen schlüpfen je nach Temperatur nach 53–109 Tagen. Sie haben eine Länge zwischen 25–39 cm.
Haltung und Zucht: Für *Elaphe obsoleta* benötigt man einen geräumigen Behälter mit einigen griffigen Kletterästen und einem Wasserbehälter, der fest verankert sein muß, da er sonst umgeworfen wird. Die Natter verlangt die gleichen Haltungsbedingungen wie die Kornnatter *(Elaphe guttata)*. Da die Erdnatter im Terrarium sehr ausdauernd ist, kann man sie dem Anfänger besonders empfehlen. Eine Überwinterung bei herabgesetzter Temperatur sollte man einhalten. Die Erdnatter ist schon häufig in der Gefangenschaft nachgezüchtet worden. Man bringt die Eier in einen Brutbehälter mit feuchtem Torf oder einem anderen Bodengrund. Bei 25–27 °C schlüpfen die Jungen nach 2–3 Monaten. Nach der ersten Häutung fressen sie sofort nackte Mäuse. Die weitere Aufzucht bereitet keine Schwierigkeiten.

Elaphe (Gonysoma) oxycephala
Spitzkopfnatter
2 Unterarten
(Bild Seite 159)

Kennzeichen: Die Spitzkopfnatter, die einige Herpetologen zur Gattung *Gonyosoma* stellen, ist eine der schönsten Kletternattern. Sie hat einen langen, zur Schnauze hin zugespitzten Kopf. Das Auge besitzt eine runde Pupille. Der schlanke, muskulöse Körper ist seitlich zusammengedrückt. Von der Schnauzenspitze aus zieht sich eine schwarze Linie durch das Auge und verliert sich auf dem Hals. Die glatten Schuppen sind einfarbig grün oder schwarz gerandet. Der Schwanz ist gelblichbraun. Bei einzelnen Tieren läuft über den Schwanzrükken eine hellrote Linie. Die Bauchseite ist gelblich.
Länge: Bis 2,3 m.
Herkunft und Lebensweise: Die Spitzkopfnatter ist in Südost-Asien vom östlichen Himalaya über Burma, Thailand, Laos, Kambodscha, bis Südvietnam und Malaya, sowie auf dem indomalayischen Archipel und auf den Philippinen verbreitet. Als Lebensraum bevorzugt sie dicht bewaldete Gebiete in feuchten Tälern und an Flußufern. In Südvietnam kommt sie besonders häufig an den Ufern des Mekong vor. Oft hält sie sich auch auf Büschen in der Nähe von Brackwasser auf. Als fast ausschließlich auf Bäumen lebende Art, hat sie sich in ihrer Färbung hervorragend an das Grün der Blätter angepaßt, so daß sie selbst dem aufmerksamen Beobachter entgeht, wenn sie zusammengerollt auf Astgabeln und Zweigen ruht. Jungtiere sollen sich vereinzelt unter Baumstämmen verbergen. Wird sie gestört, so beißt sie sofort zu. Ihre Bewegungen sind bemerkenswert schnell. Vögel erhascht sie sogar im Flug. Sie frißt aber auch Kleinsäuger. *Elaphe oxycephala* pflanzt sich durch Eier fort.
Haltung und Zucht: In der Gefangenschaft gilt die Spitzkopfnatter als heikel und nicht ausdauernd. Dies ist dann der Fall, wenn man Tiere erhält, die bereits krank eingeführt wurden. Gesunde Spitzkopfnattern halten sich jedoch gut. Man benötigt für sie ein recht geräumiges und dicht bepflanztes Terrarium mit viel Klettergeäst, wenn sie sich wohlfühlen sollen. Als Bodengrund verwendet man Walderde, die die Feuchtigkeit gut hält. Ein großes Wasserbecken mit stets frischem Wasser ist notwendig. Die Beleuchtung sollte täglich 12–14 Stunden in Betrieb sein. Da die Schlangen meist auf Ästen liegen, kann man auf eine Bodenheizung verzichten. Die Lufttemperaturen hält man am Tage zwischen 27–32 °C und läßt sie in der Nacht nicht unter 22 °C sinken. Eine hohe Luftfeuchtigkeit zwischen 80–100 % ist wünschenswert. Deshalb übersprüht man Pflanzen und Schlangen täglich mit lauwarmem Wasser. Als Nahrung bietet man Mäuse, Hühnerküken und Sperlinge. Die Spitzkopfnatter ist in der Gefangenschaft schon einige Male nachgezüchtet und auch Gelege von trächtig eingeführten Weibchen sind zum Schlüpfen gebracht worden. Bei ungefähr 28 °C schlüpfen die 45–47 cm langen jungen Schlangen nach 14–17 Wochen.

Elaphe quadrivirgata
Japanische Vierstreifennatter

Kennzeichen: Der längliche Kopf setzt sich nur mäßig vom Hals ab. Das Auge ist mittelgroß mit runder Pupille. Der Körper ist schlank, aber muskulös. Das Schnauzenschild ist breiter als hoch. Von den 8 Oberlippenschilden steht das 4. und 5. mit dem Auge in Verbindung. 19 Reihen von Schuppen umgeben den Rumpf in schrägen Reihen. Die Schuppen, auf der Rükkenmitte sind gekielt, die Schuppen auf den Körperseiten ungekielt. Das Afterschild ist geteilt. Die olivfarbene bis hellbraune Rückenseite ist von 4 schmalen, dunkelbraunen Längsbinden oder auch von Querflecken überzogen. Die Kopfoberseite zeigt ein dunkles, M-förmiges Zeichnungsmuster. Ein dunkles Band verläuft vor den Augen quer über die Kopfoberseite, durchzieht dann das Auge und endet im Bereich der Mundwinkel. Die Bauchseite ist weißlich oder gelblich oder einfarbig schiefergrau, gepudert oder ungefleckt und wird auf jeder Seite von einer weißlichen Linie geziert.

Länge: 90 bis maximal 140 cm.

Herkunft und Lebensweise: Elaphe quadrivirgata ist auf Japan und auf der Yezo-Insel beheimatet. Die genannte Art bewohnt lichte Wälder, wird aber auch auf feuchtem bis sumpfigem Terrain angetroffen. In Anpassung an ihren Lebenraum ernährt sich *Elaphe quadrivirgata* nicht nur von Mäusen, sondern frißt auch Frösche. Über Fortpflanzung, Nahrungsaufnahme, Überwinterung und andere Verhaltensweisen in freier Natur ist bisher nicht berichtet worden.

Haltung und Zucht: Das Terrarium wie die Pflege- und Haltungsbedingungen von *Elaphe quadrivirgata* sind mit denen von *Elaphe climacophora* identisch. Als Futter bietet man Mäuse an, aber auch Frösche werden gefressen. Über eine gelungene Nachzucht der Japanischen Vierstreifennatter berichtet Orlow. Nach seinen Angaben wurden die Tiere bis Dezember tags bei Temperaturen von 28–30 °C, nachts bei 24–25 °C gehalten. Es wurden 12 Stunden Tageslänge geboten. Männchen und Weibchen befanden sich in jeweils getrennten Terrarien mit Bodenflächen von je 120 × 60 cm und großen Wasserbassins. Vom 5.–25. 12. wurde die Tageslänge bis auf 6 Stunden verkürzt, gleichzeitig die Temperatur auf 18 °C gesenkt. Vom 25.–30. 12. wurde die Temperatur weiter auf 12–13 °C gesenkt, und am 1. 1. 1979 wurden die Schlangen schließlich in einen Überwinterungsraum, einen dunklen Raum mit 7–8 °C und einer relativen Luftfeuchtigkeit von 80–86 % gebracht. Dort verblieben sie bis zum 1. 2., und die Tageslänge wurde langsam wieder auf 6–15 Stunden hinaufgesetzt, während die Tagestemperatur auf 29–30 °C erhöht wurde. *Elaphe quadrivirgata* begann umgehend Anuren zu fressen. Am 3. 3. wurde alle zwei Tage eine drei- bis fünfminütige UV-Bestrahlung geboten, und die bisher getrennt gehaltenen Geschlechter wurden zusammengebracht. Die Männchen hatten bereits aufgehört zu fressen. Erst um den 20. 3. herum begannen die *Elaphe quadrivirgata* sexuelle Aktivität zu demonstrieren und Paarungen durchzuführen. Diesen gingen teilweise stürmische Werbungsphasen voraus, in deren Verlauf das Männchen das Weibchen in aggressiv wirkender Weise verfolgte, mit dem Schwanzende im Substrat vibrierte und es mit Bissen traktierte. Das *Elaphe quadrivirgata*-Weibchen produzierte am 2. 6. ein Gelege aus 8 weißen, prallen Eiern mit Maßen von 45 × 23 bis 47 × 26 mm. Das Gelege wurde in Sphagnum bei 29–30 °C am Tage und 27 °C bei Nacht mit einer Luftfeuchtigkeit von 95 - 100 % inkubiert. Die 8 *quadrivirgata*-Jungen schlüpften am 3. 7. Sie hatten eine Länge von 220–245 mm. Die jungen *Elaphe quadrivirgata* nahmen unmittelbar nach ihrer ersten Häutung junge Grasfrösche *(Rana temporaria)* an. Hervorzuheben ist das Vorhandensein von Brutpflege bei *Elaphe quadrivirgata*, was bei Colubriden ein seltenes Phänomen ist, jedoch schon von *Elaphe obsoleta* gemeldet wurde. Während 8 Tagen lag das *quadrivirgata*-Weibchen um seine Eier geringelt und verließ diese nicht. Am 9. Tage jedoch, als wir versuchten das Gelege zu photographieren, benahm sich das Tier zunächst sehr aggressiv, verließ dann aber doch die Eier. Der Verfasser dieses Buches beobachtete das gleiche Verhalten einer Brutpflege auch bei *Lampropeltis triangulum sinaloae.*

Elaphe quatuorlineata
Vierstreifennatter
5 Unterarten

Kennzeichen: Der längliche Kopf setzt sich nur wenig vom Hals ab. Das große Auge hat eine runde Pupille. Der Körper wirkt kräftiger und dicker als der jeder anderen europäischen Kletternatter. Die Rückenschuppen sind leicht gekielt. Die Kopfoberseite ist einfarbig braun. Eine dunkle Schläfenbinde reicht vom Auge bis zum Mundwinkel. Die Grundfärbung des Körpers schwankt zwischen hell- und dunkelbraun. Vier schwarze Längsstreifen oder dunkle Flecken, die den Rücken überziehen, werden nach hinten zu blasser und verschwinden schließlich ganz. Jungtiere besitzen ein dunkelbraunes oder schwarzes Fleckenmuster auf dem Rücken und auf den Flanken, einen dunklen Fleck auf dem Hinterkopf sowie ein schwarzes Querband, das zwischen den Augen verläuft. Die Bauchseite ist dunkel gesprenkelt.

Länge: Selten über 2 m.

Herkunft und Lebensweise: Die Vierstreifennatter ist in Südost-Europa und Westasien weit verbreitet. Sie besiedelt verschiedenartige Biotope. Meist kommt sie an sonnigen, buschbestandenen Hängen, im Karst, in lichten Wäldern sowie an den Ufern stehender Gewässer vor. Die Vierstreifennatter ist am Tag und in der Dämmerung aktiv. Bei bewölktem Himmel und schwülem Gewitterwetter kommt sie eher aus ihrem Schlupfwinkel als bei starker Sonneneinstrahlung. Ihre Verstecke verläßt sie oft erst am Nachmittag. Wenn man sie vom Boden aufhebt, zischt sie laut, beißt jedoch nicht immer. Sie ernährt sich von verschiedenen Kleinsäugern, Vögeln und deren Eiern. Große Beutetiere erdrosselt sie, ehe sie sie verschlingt, kleinere würgt sie oft lebend hinunter. Die Vierstreifennatter paart sich vom Frühling bis zum Herbst. Im Juli oder August legt sie 6–16 längliche Eier unter Steinen und im lokkeren Boden ab. Die Jungen sind 23 cm lang. Sie schlüpfen im September oder frühen Oktober und suchen bald ihr Winterquartier auf, das sie dann im März, April oder Mai wieder verlassen. In manchen Gebieten ist die Vierstreifennatter selten geworden oder ganz verschwunden. In Italien wird diese Schlange aus religiösem Anlaß gefangen und bei den berühmten Schlangenprozessionen herumgereicht.

Haltung und Zucht: Die Vierstreifennatter ist ein ruhiger und dankbarer Pflegling, der nicht empfindlich ist und jahrelang in der Gefangenschaft ausdauert. Das Terrarium sollte geräumig sein, als Bodenfüllung erhält es ein Gemisch aus Sand, Lehm und Torf, als Versteck einige Steine oder einen hohlen Zierkork und einige Kletteräste. Am Tage liegt die Schlange oft stundenlang auf der Bodenheizung, die eine sehr milde Wärme abgibt, oder auf einem Ast unter der Heizlampe. Auf eine Beleuchtung kann man verzichten, wenn das Terrarium am Vor- und Nachmittag Sonne erhält. Am Tage sollte die Lufttemperatur zwischen 25–30 °C betragen und in der Nacht um einige Grad absinken. Die Vierstreifennatter wird bald handzahm. Als Futter bietet man Mäuse, Ratten, Goldhamster, junge Kaninchen, Meerschweinchen, Hühnerküken und Sperlinge, die die Schlange vor dem Verschlingen erdrosselt. Einzelne Exemplare fressen auch Eier, die, sobald sie verschlungen worden sind, durch ein Zusammenziehen der Muskeln zerbrochen werden. Die Eischale bleibt unverdaut und wird mit den Exkrementen wieder ausgeschieden. Das Wasserbecken sollte nicht zu klein sein, da einzelne Tiere vor der Häutung baden. Eine 4- bis 5monatige Überwinterung bei etwa 10 °C ist zwar nicht unbedingt notwendig, entspricht aber dem natürlichen Lebensrhythmus der Schlangen und trägt damit zu ihrem Wohlbefinden bei. Die Vierstreifennatter ist im Terrarium nachgezüchtet worden. Die Eier sind ungefähr 60 × 30 mm groß. In einem Bodengrund von leicht angefeuchtetem Torf und Sand schlüpfen die jungen Schlangen nach 30–60 Tagen, wenn die Durchschnittstemperatur 27 °C beträgt. Die Jungen sind dann ungefähr 35 cm lang. Oft fressen sie schon vor der ersten Häutung junge Mäuse. Sie wachsen bei guter Fütterung schnell und können nach einem Jahr schon 90 cm messen.

Elaphe radiata
Asiatische Kupferkopfnatter

Kennzeichen: Der eiförmige bis längliche Kopf, der ungefähr doppelt so lang wie breit ist, setzt sich nur mäßig vom Hals ab. Das deutlich sichtbare Schnauzenschild ist fast ebenso breit wie hoch. 17, 19 oder gar 21 Schuppenreihen umgeben die Rumpfmitte. Auf dem

Rücken sind die Schuppen gekielt, während sie auf den Flanken ungekielt sind. Mir fiel auf, daß größeren Tieren nicht selten die Schwanzspitzen fehlten. Die gelblich-braune bis beige gefärbte Schlange hat auf der vorderen Körperhälfte oder auf den vorderen Zweidritteln des Vorderkörpers 4 schwarze Binden, die im Halsbereich beginnen und zum Rumpfende hin verblassen. Die zu beiden Seiten der Rükkenmitte hin gelegenen Binden sind breit, die auf den Flanken gelegenen sind schmal und können unterbrochen sein. Die Bauchseite ist einfarbig gelb oder grau gepudert. Der Kopf ist braun bis rötlich gefärbt. Ein schwarzes Band verläuft quer über den Nacken. Zwei schmale schwarze Binden ziehen sich strahlenförmig zu den Ober- und Unterlippenschilden. Eine weitere schwarze Binde verbindet das Auge mit dem Querstrich auf dem Hals.

Länge: 120–150 cm, in seltenen Fällen bis zu 200 cm.

Herkunft und Lebensweise: Elaphe radiata, die auf dem südostasiatischen Subkontinent weit verbreitet ist, bewohnt vom östlichen Himalaya aus weite Teile von Süd-China, Burma, Thailand, Laos, Kambodscha, die gesamte Malayische Halbinsel sowie die dort anliegenden Inseltrabanten und wird auch auf den Sunda-Inseln Sumatra und Java gefunden. Das schmucke Geschöpf kommt sowohl in der Ebene wie im Hügelland vor und steigt auf dem Xieng-Khouang- und Paksong-Plateau in Laos bis zu einer Meereshöhe von 1200 m empor. In Thailand ist diese Natter eine ganz gewöhnliche Erscheinung. Man findet sie daher fast immer und in großer Anzahl bei Tierhändlern und auf Märkten. Der Verfasser kennt diese Art aus West-, aus Ost- und aus Süd-Thailand von der Insel Phuket. In Ost-Thailand in der Umgebung des Mae Nam Mun und des Mae Nam Mae Kong wird *Elaphe radiata* neben den Rattennattern *Ptyas korros* und *Ptyas mucosus* oft gefangen und zu Suppe, der sogenannten „Tom Yam Ngu" – dies bedeutet soviel wie Schlangensuppe – verarbeitet. Nicht selten dringt die Asiatische Kupferkopfnatter, die in den unterschiedlichsten Biotopen angetroffen wird, in menschliche Behausungen ein und ist somit eine ausgesprochene Kulturfolgerin. So fing ich am Mae Nam Kwae Noi, nahe der burmesischen Grenze, eine solche Schlange an einer Straßenböschung und eine andere auf der gekachelten Toilette eines europäisch eingerichteten Hotels. Das Tier war hier durch das geöffnete Fenster eingedrungen. Auf Phuket wurde mir ein Exemplar von einer Siamesin geschenkt, das sie am Rande eines Reisfeldes gefangen hatte. Eine weitere *Elaphe radiata* erwischte ich zwischen Bierkästen, umherliegenden Flaschen, Brettern und dergleichen in einer Lagerhalle hinter einem Restaurant. Ohne eine echte Baumschlange zu sein, vermag *Elaphe radiata* doch sehr gut zu klettern. In die Enge getrieben nimmt diese Natter eine artcharakteristische Verteidigungsstellung ein, indem sie den in senkrechter Richtung aufgeblähten Hals in S-förmige Windungen legt und mit geöffnetem Maul auf den Störenfried losfährt. Nach den Angaben von Saint Girons paart sich *Elaphe radiata* im April und legt zu Beginn der Regenzeit im Mai und ein bis zwei Monate später ein weiteres Gelege von 5–12 Eiern ab. Die Jungschlangen, die beim Schlupf ungefähr 15 cm lang sind und im Verlauf von 2 Monaten eine Länge von 48 cm erreichen können, werden in freier Natur fast ausschließlich im August und im September gefunden.

Haltung und Zucht: Im Terrarium ist die tag- wie nachtaktive *Elaphe radiata* bei Temperaturen zwischen 28 und 32 °C und bei einer Ernährung mit Mäusen ein leicht zu haltender Pflegling. Neben allerlei Kleinsäugern umfaßt das Beutespektrum der Asiatischen Kupferkopfnatter auch Echsen, Vögel und deren Eier sowie Hühnerküken. Größere Beutetiere erwürgt sie durch Umschlingen, während kleinere lebend hinuntergewürgt werden. Auch tote Mäuse und tote Küken aus der Gefriertruhe werden nicht verschmäht, sobald sie aufgetaut und erwärmt worden sind. *Elaphe radiata* fühlt sich in einem geräumigen Behälter mit einem großen Wasserteil und einem Bodengrund aus Sand, Erde und Waldhumus

wohl. Ein Unterschlupf darf nicht fehlen. Dennoch legen manche Exemplare von *Elaphe radiata* nie ihr scheues und ungestümes Wesen ab. In der bereits beschriebenen Warnstellung sind sie stets zur Gegenwehr bereit, wenn sie sich bedroht fühlen. Die Asiatische Kupferkopfnatter lebt sowohl tag- wie nachtaktiv.
D. Schmidt brachte *Elaphe radiata* zur Nachzucht. Ohne eine Paarung beobachten zu können, wurden am 30. 12. 1981 von einem Weibchen 7 Eier in der Nähe der Bodenheizung auf völlig trockenem Untergrund abgelegt. Das zu spät entdeckte, zu einem Klumpen verklebte Gelege war vollkommen eingetrocknet. Das Muttertier, das am 15. 12. zum letzten Mal gefressen hatte, nahm am 15. 1. 1982 wieder Nahrung zu sich. Das Weibchen legte ein weiteres Gelege von 9 locker zusammenklebenden Eiern am 2. 3. 1982 ab. Die Eier wurden in einem Brutbehälter auf Schaumstoffschnitzeln bei einer Luftfeuchtigkeit von 100 % und einer Lufttemperatur von 27–30 °C, nachts kühler, inkubiert. 6 Eier waren nach 4 Wochen eingefallen und verschimmelt. 85 Tage nach der Eiablage schlüpfte ein 24 cm langes Jungtier. Die Föten in den beiden restlichen Eiern waren abgestorben. Das geschlüpfte Jungtier hatte ein mißgebildetes Auge, wobei die äußere Augenkammer prall mit einer wasserklaren Flüssigkeit gefüllt war. Die erste Häutung fand 12 Tage nach dem Schlupf statt. Sie häutete noch 7 mal zwischen Juni und Oktober. Nie nahm sie selbständig Nahrung zu sich. In dem genannten Zeitraum wurde sie 21 mal mit insgesamt 28 nestjungen Mäusen gestopft. Nach ihrem plötzlichen Tode am 28. 10. 1982 wurde eine Körperlänge von 38 cm gemessen.

Elaphe rufodorsata
Rotbauch-Kletternatter
(Bild Seite 214)

Kennzeichen: Der Kopf dieser Natter, der sich kaum vom Hals absetzt, ist doppelt so lang wie er breit ist. Die Anzahl der Oberlippenschilde beträgt 7, selten 8. Die Schuppen sind glatt und umgeben die Rumpfmitte in 17–21 schrägen Reihen. *Elaphe radiata* ist von mäßig schlankem Körperbau. Hinsichtlich der Körperfärbung ist die genannte Art ungemein variabel. Die Körpergrundfärbung schwankt zwischen einem Rotbraun und Grünlichgelb. 4 Längsstreifen zieren die Körperoberseite. Die beiden zur Rückenmitte hin gelegenen Längsstreifen sind auf dem vorderen Körperdrittel zu Flecken aufgelöst. Die Flecken verschmelzen in Richtung auf den Schwanz hin zu zusammenhängenden Längsstreifen. Von den Nasenöffnungen aus verläuft je eine dunkelbraune Linie durch das Auge und geht auf dem Hals in den Flankenstreifen über. Die Bauchseite ist orangefarben und unregelmäßig schwarz gefleckt. Die Männchen sind kleiner als die Weibchen.
Länge: 50 bis maximal 80 cm.
Herkunft und Lebensweise: Das Verbreitungsgebiet von *Elaphe rufodorsata* erstreckt sich im Norden des Ussuri- und Amurgebiets in der Sowjetunion über die Mandschurei und über Ost-China – hier ist sie aus den Provinzen Fukien, Kiangsi, Chekiang, Hupeh, Anhwei, Kiangsu, Shantung, und Hopei bekannt – bis nach Korea. Nach Pope (1935) ist *Elaphe rufodorsata* in China und in Korea ungemein häufig. Überall, wo sie vorkommt, tritt sie in großer Anzahl auf. Die Angaben über das Vorkommen von *Elaphe rufodorsata* auf Hainan und auf Taiwan sind jedoch zweifelhaft und bedürfen der Bestätigung. In ihren Lebensgewohnheiten ist die tagaktive Rotbauchkletternatter semiaquatisch, indem sie Sümpfe, überflutete Felder, die vegetationsumwachsenen Ränder von Teichen, Seen, Kanälen, Bächen und Flüssen bewohnt. Die Körperbewegungen dieser Schlange sind wendig. Sie ist eine anmutige Schwimmerin und geschickte Taucherin. Zuweilen hält sie sich untergetaucht im Wasser auf. Ihre Nahrung besteht aus Fröschen – hauptsächlich *Rana limnocharis* und die Arten der Gattung *Microhyla* –, Fischen und Kleinsäugern. Rotbauchkletternattern zeigen ein sehr unterschiedliches Temperament. Wenn sie gefangen werden, beißen sie

meist heftig zu und verspritzen ein stinkendes Sekret. Es gibt jedoch auch Exemplare, die von sehr mildem Naturell sind und keinesfalls beißen. Je nach geographischer Breite und Klima überwintert *Elaphe rufodorsata* von Oktober oder November bis April. Unter natürlichen Bedingungen findet die Fortpflanzung im Frühjahr statt. *Elaphe rufodorsata* ist eine ovovivipare Art. Das Weibchen bringt im September ungefähr 10–20 Junge zur Welt, die bei der Geburt ungefähr 17–20 cm lang sind. Sie häuten sich unmittelbar nach der Geburt.

Haltung und Zucht: Wegen ihrer geringen Größe sind die Ansprüche der Rotbauchkletternatter an die Behälterausmaße gering. Nach Schulz kann man als Bodengrund jedes beliebige Material verwenden, das jedoch trocken sein muß. Ansonsten darf ein großer Wasserbehälter, aus dem die Schlangen trinken und in dem sie baden können, nicht vergessen werden. Ein geeigneter Unterschlupf in Form von Korkrinde, Steinen usw. muß stets vorhanden sein. Meist liegen die Schlangen ruhig in ihrem Versteck. Als Futter bietet man kleinere Mäuse an. Fische werden zuweilen verschmäht.

Elaphe rufodorsata wurde schon mehrfach zur Nachzucht gebracht. Nach den Angaben von K. Schulz wurden die Schlangen – ein Männchen und zwei Weibchen – bei 24–30 °C und einer 12stündigen Beleuchtung gepflegt. Bei 15 °C wurden die Tiere vom 15. 7. 1983 bis zum 9. 10. 1983 in feuchtem Torf überwintert. Die erste Paarung fand am 10. 10. 1983 statt. Das Weibchen fraß bis zum 2. 1. 1984 fast wöchentlich eine Maus. Nach einer Trächtigkeitsdauer von 109 Tagen wurden am 27. 1. 1984 16 Jungschlangen geboren, die durchschnittliche Kopf-Rumpflängen zwischen 17 und 20 cm aufwiesen und ungefähr 2,4 g wogen. Eine weitere Nachzucht gelang im Herbst 1984. Zwölf Jungschlangen kamen nach einer Trächtigkeitsdauer von 100 Tagen zur Welt. Kurz nach der Geburt häuteten sich die jungen Rotbauchwassernattern zum ersten Mal in ihrem Leben und das zweite Mal nach 4 Wochen. Als erste Nahrung verzehrten die kleinen Schlangen Fische. Mit zunehmendem Wachstum kann man sie an nackte Mäuse umgewöhnen. Als naturübliche Überwinterungsdauer wäre jedoch die Zeit zwischen November und März zu empfehlen.

Elaphe scalaris
Treppennatter
(Bild Seite 214)

Kennzeichen: Der kurze Kopf setzt sich kaum vom Hals ab. Das mittelgroße Auge hat eine runde Pupille. Der Körper wirkt stämmig. Die Schuppen sind ungekielt. Körperfärbung und Zeichnung wechseln je nach Alter. Jungtiere sind gelblich bis graugrün, erwachsene Exemplare dunkelbraun bis rötlich. Die Rückenseite trägt ein gleichmäßig dunkles Fleckenmuster, das auf beiden Seiten von je einer dunklen Längslinie eingefaßt ist. Mit zunehmendem Alter verblassen die Flecken, so daß schließlich nur die beiden Längsbinden auf dem Rükken zurückbleiben. Im Alter verblaßt auch die Kopfzeichnung und verschwindet schließlich ganz. Die Bauchseite ist einfarbig porzellanfarben.

Länge: Selten über 150 cm.

Herkunft und Lebensweise: Die Treppennatter kommt in Südfrankreich, auf den Iles d'Hyères, auf Menorca und auf der Pyrenäenhalbinsel vor. Sie bevorzugt trockene Plätze, die intensiver Sonnenstrahlung ausgesetzt sind und hält sich in den Geröllhalden der Berghänge, in Steinhäufen, in trockenem, von Buschwerk durchsetztem Gelände sowie im Gesteinsschutt verfallener Legesteinmauern auf. Die Treppennatter ist weitgehend am Tag aktiv. Im Frühjahr sonnt sie sich oft den ganzen Tag. Im Sommer verläßt sie bei Tag nur selten ihre Schlupfwinkel und kommt erst gegen Abend oder in der Nacht zum Vorschein. So fing ich an einem heißen Julitag zwischen 23 und 2 Uhr nachts 6 Exemplare auf einer Landstraße in der Nähe von Barcelona. Die Treppennatter ist äußerst flink am Boden und auch im Klettern sehr gewandt. Sie ist sehr scheu und ergreift, wenn sich Menschen nähern, sofort die Flucht. Ergreift man sie, so beißt sie meist zu. Sie ernährt sich hauptsächlich von Feldmäusen, frißt aber auch Vögel und Eidechsen. Ehe sie ihre Beutetiere verschlingt, werden sie umschlungen und erdrosselt. Die Treppennatter paart sich im Mai oder Juni. Sie legt im Juli oder August 5–24 längliche Eier, deren Zeitigungsdauer 5–12 Wochen beträgt.

Haltung und Zucht: In der Gefangenschaft ist die Treppennatter ein dankbarer und ebenso ausdauernder Pflegling. Wie bei der Vierstreifennatter *(Elaphe quatuorlineata)* benötigt man für sie ein trockenes und warmes Terrarium und pflegt und ernährt sie ebenso. Allerdings frißt sie keine Eier. In der ersten Zeit ist die Treppennatter scheu und ungestüm. Nach einer Weile wird sie zahm. Von trächtig gefangenen Weibchen sind Eier im Terrarium schon zur Entwicklung gebracht worden. *Elaphe scalaris* wurde in der Schweiz von Hans Niederhauser zur Nachzucht gebracht. Seine beiden Tiere paarten sich im Februar 1977. Das Männchen verfolgte das Weibchen und setzte schließlich den Paarungsbiß hinter dem Kopf des Weibchens an und kopulierte anschließend. Während der folgenden Tage fanden mehrere Kopulationen statt. Wegen unglücklicher Zwischenfälle kamen das erste und das zweite Gelege nicht zur Entwicklung. Weitere Paarungen fanden zwischen dem 20. und 26. Februar 1980 statt. Ab Mitte März fraß das Weibchen nicht mehr. Nach ungefähr 7 Wochen Tragzeit legte das Weibchen am 13. April 8 Eier ab, von denen 6 Eier ungefähr 50 × 20 mm groß waren. Ein Ei war kugelrund und das andere ganz klein und taub. Diese 6 Eier wurden in einem Blumentopf in Pflanzenerde bei 28 °C in einem selbst hergestellten Brutbehälter inkubiert. Die Luftfeuchtigkeit lag bei 90-100%, ohne daß die Eier naß wurden. Vom 1. bis zum 3. Juni schlüpften alle 6 Jungtiere, deren Körperlängen zwischen 25–27 cm lagen. Die erste Häutung fand am 10. Juni statt. In ihrem Temperament waren die kleinen Treppennattern ungestüm und bissig. Die Jungschlangen gingen recht bald ans Futter, das aus kleinen, unbehaarten Mäusen bestand. Die Aufzucht gestaltete sich nicht schwierig. Nach einem Jahr hatten die kleinen Treppennattern eine Länge von 70 cm erreicht und dabei gleichzeitig ihre Jugendfärbung verloren.

Elaphe schrencki
Amurnatter
2 Unterarten
(Bild Seite 124)

Kennzeichen: Die Amurnatter ähnelt im Körperbau der nordamerikanischen Erdnatter *(Elaphe obsoleta)* weitgehend. Ihr länglicher Kopf setzt sich kaum vom Hals ab. Das schwarze Auge ist mittelgroß. Die Rückenschuppen sind leicht gekielt, die Schuppen auf den Körperseiten glatt. Die einfarbig schwarze Kopfoberseite hat weißliche oder gelbliche Querstriche auf den Ober- und Unterlippenschilden. Der dunkel- bis schwarzbraune oder glänzend lackschwarze Körper weist unregelmäßige schmale, weißliche oder gelbe Querbinden auf, die sich auf den Flanken astgabelförmig aufspalten. Der gelbliche Bauch ist schwarz gefleckt.

Länge: Bis 170 cm.

Herkunft und Lebensweise: Elaphe schrencki kommt im östlichen asiatischen Rußland, in Nordost-China, in der östlichen Mandschurei und in Korea vor. Sie lebt in der Ebene, im Hügelland und im Gebirge bis in 3000 m Höhe. Ihre bevorzugten Lebensbereiche sind Wälder, Buschlandschaften und Lichtungen. Nicht selten hält sie sich in der Nähe von Ansiedlun-

Abb. 72: Lampropeltis triangulum sinaloae (Rote Königsnatter) s. Seite 161

gen auf. Zuweilen trifft man sie in Obstgärten. Gern verkriecht sie sich unter Stroh, Holzansammlungen und in hohlen Bäumen. Die Amurnatter klettert auf Bäume, um sich zu sonnen und auf Vögel und deren Eier Jagd zu machen. Ihre hauptsächliche Nahrung besteht jedoch aus kleinen Nagetieren. Von Juni bis August werden 12–30 Eier gelegt, aus denen die Jungen im September schlüpfen. Die jungen Schlangen sind etwa 30 cm lang.
Haltung und Zucht: Die schöne Amurnatter wird nur gelegentlich eingeführt. Sie benötigt ein geräumiges Terrarium mit mehreren Kletterästen und ein kleines Wasserbecken. Als Bodengrund verwendet man ein Gemisch aus Sand, Torf oder Walderde. Wenn das Terrarium keine Vor- oder Nachmittagssonne und kein Tageslicht erhält, muß die Beleuchtung ganztägig in Betrieb sein. Die Amurnatter fühlt sich bei einer Tagestemperatur zwischen 20–28 °C wohl. In der Nacht ist eine Abkühlung erforderlich. Da die Amurnatter am Tage meist im Geäst liegt, braucht man nicht unbedingt eine Bodenheizung. Bei richtiger Haltung ist die Amurnatter ein ausdauernder und dankbarer Terrarienpflegling. Als Futter bietet man Mäuse, Goldhamster, Hühnerküken und Sperlinge. Damit sich die Schlangen paaren, ist eine 3- bis 4monatige Überwinterung bei herabgesetzter Temperatur notwendig. Nachzucht ist schon einige Male gelungen. Die Inkubationszeit beträgt 48–50 Tage. Bei G. Peels dauerte die Inkubationszeit bei 27 °C 40–41 Tage. Von 14 Eiern waren 6 unbefruchtet. 8 Jungtiere schlüpften. Sie mußten 2–6 Monate mit nackten Mäusen zwangsernährt werden. Danach nahmen sie selbständig Nahrung an.

Elaphe situla
Leopardnatter
(Bild Seite 214)

Kennzeichen: Der längliche Kopf der Leopardnatter setzt sich kaum vom Hals ab. Das große Auge hat eine runde Pupille. Der Körper wirkt schlank. Die Schuppen sind glatt. *Elaphe situla* ist eine der buntesten Schlangen Europas. Die Grundfärbung des Rückens und der Körperseiten schwankt in verschiedenen hellen und dunklen Grautönen. Den Rücken überziehen viereckige bis rundliche, erdbeerrote oder braune Flecken, die auf dem Nacken beginnen. Auf dem Schwanz werden sie kleiner und verblassen schließlich vollständig. Die Rückenflecken haben einen dunklen Rand und heben sich deutlich von der Grundfärbung ab. Die Körperseiten sind ebenfalls dunkel gefleckt. Das vordere Drittel der Körperunterseite ist porzellanfarben. Die Bauchseite und die Unterseite des Schwanzes sind schwarz gesprenkelt. Die Kopfzeichnung besteht aus beidseitigen dunklen Querbinden. Auf dem Nacken findet sich ein winkelförmiger Fleck, dessen Schenkel nach rückwärts zeigen und sich an den Enden oft miteinander verbinden. Die gestreifte Variante der Leopardnatter kommt seltener vor.
Länge: Bis 1 m.
Herkunft und Lebensweise: Die Leopardnatter findet man in Süditalien, auf Sizilien, Malta, der Balkanhalbinsel, den nördlichen Sporaden, den Cycladen, Kreta, im Kaukasus und auf der Halbinsel Krim. Sie lebt in trockenem und steinigem Gelände, das mit niedrigem und dornigem Gestrüpp durchsetzt ist. Die Leopardnatter liebt die Wärme. Am Tage liegt sie meist unter einem Stein oder in den Spalten ei-

Oben links: Abb. 73: Boiga cyanea (Grüne Katzenaugennatter) s. Seite 220
Oben rechts: Abb. 74: Cyclagras gigas (Brasilianische Glattnatter) s. Seite 163
Unten: Abb. 75: Coluber gemonensis (Balkanzornnatter) s. Seite 169

ner Legesteinmauer. Sie bewegt sich nicht sehr flink, vermag jedoch mit großer Geschicklichkeit auf niederes Buschwerk zu klettern, um dort junge Vögel zu jagen oder sich zu sonnen. Hauptsächlich frißt sie Mäuse, die sie zuvor erdrosselt. Eidechsen jagt sie nur gelegentlich. Die Paarung findet im Mai oder Juni statt. Im Juli oder August werden 2–5 recht große Eier unter Steinen oder im trockenen Holz- oder Laubmulm abgelegt. Beim Schlüpfen messen die jungen Schlangen 30–35 cm. *Elaphe situla* zieht sich im Oktober oder November zur Winterruhe zurück und erscheint erst im April oder Mai wieder.

Haltung und Zucht: Die Leopardnatter gilt zwar in der Gefangenschaft als heikel, wenn man sie richtig pflegt ist sie jedoch einfach zu halten. Allerdings bleibt diese Schlange meist scheu und bissig. Sie benötigt ein mittelgroßes Terrarium mit einem Bodengrund aus Sand und Lehm, einige Steine oder Zierkork als Versteck, einen etwas größeren Wasserbehälter und eine örtliche Bodenheizung. Ein Kletterast darf nicht fehlen, da die farbenprächtige Natter zuweilen stundenlang auf einer Astgabel zu ruhen pflegt. Mein Tier verbirgt sich oft tagelang unter einem flachen Stein. Vor der Häutung sucht es hin und wieder das Wasserbecken auf. Dies ist um so bemerkenswerter, da diese Art meist in ausgesprochen trockenen Gebieten lebt. Die Leopardnatter frißt im allgemeinen gut. Allerdings legt sie gelegentlich wochen- oder gar monatelange Fastenpausen ein, die nichts ungewöhnliches sind, wenn das Tier gesund ist. Je nach Größe der Schlange bietet man mittelgroße oder junge, nackte Mäuse als Futter an. Nackte Mäuse werden lebend verzehrt, mittelgroße bis erwachsene zuvor erdrosselt. Die Beleuchtung sollte 12–14 Stunden in Betrieb sein. Die Leopardnatter liebt besonders die Vor- und Nachmittagssonne. Sie legt sich dann oftmals auf einen Ast. *Elaphe situla* fühlt sich während des Tages bei 22–28 °C wohl. In der Nacht sollte man die Temperatur um einige Grad senken. Eine 3- bis 4monatige Winterruhe bei 5–15 °C ist für ihr allgemeines Wohlbefinden und als Voraussetzung für eine Nachzucht erforderlich. Nachzucht ist bereits in der Gefangenschaft gelungen. Die Eier sind ungefähr 4 × 2 cm groß. Man legt sie in ein leicht feuchtes Torf-Sand-Gemisch bei 24–28 °C. Die Entwicklungsdauer bei dieser Temperatur beträgt 60–70 Tage. Die Jungen sind beim Schlüpfen 27–35 cm lang. Nach kurzer Zeit fressen sie nackte Mäuse.

Elaphe subocularis
Transpecos-Rattennatter
(Bild Seite 159)

Kennzeichen: Der spatelähnliche Kopf setzt sich deutlich vom schlanken Hals ab. Die teleskopartig vorstehenden Augen sind überaus groß und haben eine runde Pupille. Der Körper wirkt schlank, aber sehr muskulös. *Elaphe subocularis* bezeichnet man wegen ihres H-förmigen Rückenmusters in den Vereinigten Staaten auch als „H-Schlange“. Die Grundfärbung des Körpers ist gelbbraun, gelb oder olivfarben, der Kopf einfarbig gelb bis gelbbraun. Zwei schwarze, parallel verlaufende Streifen beginnen hinter dem Kopf und enden auf dem vorderen Viertel zu beiden Seiten des Rückens. Zwischen diesen Streifen finden sich dunkle Querbinden in ungefähr gleichen Abständen. Die Rücken- und Schwanzzeichnung besteht außerdem aus H-ähnlichen Flecken mit deutlichem schwarzen Rand. Die Bauchseite ist einfarbig weißlich und fleckenlos. Wegen der deutlich gekielten Schuppen wirkt die Körperoberfläche etwas rauh.

Länge: Bis zu 167 cm.

Herkunft und Lebensweise: Elaphe subocularis kommt im südlichen Neumexiko, im südwestlichen Texas und in dem nordmexikanischen Staat Coahuila vor. In Höhenlagen zwischen 500–1000 m findet man sie häufig. Sie kommt bis in ungefähr 1700 m Höhe vor. Die Transpecos-Rattennatter ist eine typische Schlange der Chihuahua-Wüste. Sie lebt an Hängen, die von Felsen durchsetzt und hauptsächlich mit Yuccas, Mesquite, Creosotbüschen und vor allem mit Opuntien bewachsen sind. *Elaphe subocularis* ist weitgehend in der Nacht aktiv. Während des Tages verbirgt sie sich unter Steinhäufen, in Felsspalten und in den Bauten von Nagetieren. Nachts streift sie auf der Suche nach Beute umher. Ihre hauptsächlichen Beutetiere sind Nagetiere. Sie frißt aber auch Fledermäuse und Vögel. Junge Transpecos-Rattennattern fressen Eidechsen. Die Paarung findet im Frühjahr statt. Die Eier werden von Juni – August abgelegt. Die frisch geschlüpften Jungschlangen sind ungefähr 28 cm lang und entsprechen äußerlich erwachsenen Exemplaren.

Haltung und Zucht: Elaphe subocularis wird nur selten im Terrarium gepflegt. *Elaphe subocularis* ist in keiner Weise heikel, überausdauernd und geht stets willig an lebende und tote Mäuse und Hühnerküken, wenn man gesunde Tiere ersteht und diese auch richtig pflegt. Unbedingte Sauberkeit ist oberstes Gebot, da diese Schlange leicht zu Magen- und Darminfektionen neigt. Für die Transpecos-Rattennatter benötigt man ein Trockenterrarium mit einem kleinen Wassergefäß und einigen flachen Steinen als Unterschlupf. Als Bodengrund verwendet man ein Gemisch aus Sand und Lehm. Auf eine gut funktionierende Bodenheizung, die den Boden örtlich auf 28–30 °C erwärmt, kann man nicht verzichten. Meine Tiere ruhten zuweilen ganztägig auf der Bodenheizung. Die Beleuchtung sollte 10–14 Stunden in Betrieb sein, wenn Tageslicht fehlt. Während des Tages kommt die Transpectos-Rattennatter so gut wie nie zum Vorschein. Erst in der Nacht wird sie munter und kriecht dann stundenlang umher. Als Futter bietet man Mäuse, die zuvor stets erdrosselt werden. Bei richtiger Temperatur ist die Verdauung nach 3–4 Tagen beendet. *Elaphe subocularis* wurde im Terrarium vereinzelt nachgezüchtet. Die Nattern paaren sich in der Nacht. Die gelblichweißen Eier sind ungefähr 5 × 3 cm groß. Man bettet sie in einen leicht feuchten Bodengrund in eine Plastikbox. Bei wechselnder Temperatur zwischen 24–30 °C schlüpfen die Jungen nach 80–90 Tagen. Die erste Häutung findet nach ungefähr 10 Tagen statt. Danach werden die ersten nackten Mäuse gefressen.

Elaphe taeniura
Streifenkletternatter
7 Unterarten
(Bild Seite 214)

Kennzeichen: Elaphe taeniura kommt in mindestens 6, wenn nicht 7 gut definierten geographischen Rassen vor, die auf dem südostasiatischen Subkontinent und einigen Sunda-Inseln eine weite Verbreitung haben. Es handelt sich um *Elaphe taeniura taeniura, Elaphe taeniura frisei, Elaphe taeniura grabowskyi, Elaphe taeniura ridleyi, Elaphe taeniura schmackeri, Elaphe taeniura vaillanti* und *Elaphe taeniura yunnanensis.* Wegen des riesigen Verbreitungsgebietes ist es sehr wohl möglich, daß noch weitere bisher nicht definierte Unterarten existieren. Da die genannte Art in mindestens 4 Unterarten als idealer und stattlicher Terrarieninsasse häufig gepflegt wird und die Nachzucht nicht schwieriger als die der Kornnatter *(Elaphe guttata)* ist, seien diese 4 Unterarten kurz charakterisiert.

Bei der Nominatform *Elaphe taeniura taeniura* setzt sich der dreieckig-längliche Kopf nur mäßig vom Hals ab. Das Auge ist groß mit runder Pupille. Es sind 8 Oberlippenschilde vorhanden. Der Körper ist überaus stämmig gebaut. 24–27 Schuppen umgeben die Körpermitte in schrägen Reihen. Die Rückenschuppen sind schwach gekielt, die Flankenschuppen ungekielt. Die Körpergrundfarbe der Nominatrasse ist olivgrün, olivgrau oder schmutzig gelb. Ein schwarzes Band zieht sich vom Auge zum Mundwinkel. Auf dem vorderen Rumpfteil sind zu beiden Seiten des Rückens Flecken, die auf der Rückenmitte teilweise miteinander verschmelzen. Die Rückenflecken wie die Flecken auf den Körperseiten weisen zum Teil einen hellen Kern auf. Auf der hinteren Körperhälfte sind die Flankenflecken groß und schwarz und verschmelzen auf den Schwanzseiten zu einem schwarzen Band. Ungefähr von der Körpermitte an zieht sich ein gelbes Band über den Rücken bis zum Schwanzende. Die Körperunterseite ist einfarbig gelblich und bei Exemplaren aus Ober-Burma schwarz gefleckt. Die Körperlänge beträgt 150–180 cm und nur selten ein wenig mehr. *Elaphe taeniura frisei* besitzt eine einfarbig gelblich-braune Kopf- und Halsregion. Die Körpergrundfärbung ist olivbraun bis gelblich. Der Rücken ist von schwarzen Flecken bedeckt, die mehr oder weniger paarig miteinander verschmelzen. Ebenfalls schwarz gefleckt sind die vorderen Zweidrittel der Körperflanken. Im letzten Körperdrittel löst sich die Körperzeichnung auf jeder Flanke in eine schwarze und auf dem Rücken in eine gelbe Vertebralbinde auf. Die Körperunterseite ist porzellanfarben und schachbrettartig schwarz gemustert. Ein schwarzer Strich verbindet das Auge mit dem Mundwinkel. *Elaphe taeniura frisei* kann eine Körperlänge von über 250 cm erreichen und ist damit die größte geographische Rasse der genannten Art.

Elaphe taeniura grabowskyi ist auf den ersten Zweidritteln des Körpers einfarbig blaugrau mit unregelmäßigen kleinen, schwarzen und weißen Flecken auf den Schuppenzwischenhäuten. Die Flanken des hinteren Körperdrittels sind schwarz und der Rücken hell. Ein dunkles Band verbindet das Auge mit dem Mundwinkel. *Elaphe taeniura grabowskyi* erreicht eine Körperlänge von 200 cm.

Elaphe taeniura ridleyi ist auf dem Vorderkörper hell bis beige gefärbt. Die helle Färbung geht auf den Flanken in Richtung auf den hinteren Körper und auf dem Schwanz zunächst in ein graues und schließlich in ein schwarzes Flankenband über. Die Rückenpartie des letzten Körperdrittels ist hellbeige bis gelb-gestreift. Die Körperlänge wird von Tweedie mit ein wenig über 2 m angegeben.

Herkunft und Lebensweise: Elaphe taeniura hat in Südost-Asien ausgehend vom östlichen Himalaya über China, Taiwan, Korea (das Vorkommen bedarf hier der Bestätigung!), Japan (Miyakojima, Isigakijima, Iriomotejima), Assam, Burma, Laos, Thailand, Malayische Halbinsel, Sumatra und Borneo eine weite Verbreitung. Die Streifenkletternatter kommt in den unterschiedlichsten Lebensbereichen und in Höhenlagen bis weit über 3000 m vor. Die scheint nicht selten zu sein. Nach Stanley ist sie die häufigste Schlange in der näheren Umgebung von Schanghai. Chang und Fang stellen fest, daß diese Art in Nanking innerhalb der Gebäude lebt und sich hier ausschließlich von Ratten ernährt. Sie lebt ebenso im dichten Wald wie um menschliche Ansiedlungen herum und im Kulturgelände sowie in der Nähe von Gewässern. Im Grasland wie im Gebüsch wurde sie mehrere Meter über dem Erdboden angetroffen. Stejneger berichtet von einem Exemplar, das er bei Tatsienlu in China in einer Höhenlage von 3660 m fing und Barbour von einem anderen Tier aus einer Höhe von 3490 m. Die Unterart *ridleyi*, die in der südthailändischen Provinz Yala, auf der Malayischen Halbinsel und auf Sumatra beheimatet ist, lebt in der Nähe von und in Höhlen und ernährt sich von Nagetieren und Fledermäusen. *Elaphe taeniura grabowskyi* kommt auf Borneo vor, während *Elaphe taeniura frisei* auf Taiwan beheimatet ist. Die Streifenkletternatter ist flink und wendig und bewegt sich geschickt auf dem Erdboden, im Gestrüpp und auf Bäumen. Sie ernährt sich von Mäusen und von Ratten und ist daher für den Menschen nützlich. Wegen ihrer Größe und ihrer Farbigkeit wird ihre Haut in China zu Lederwaren verarbeitet. Ihr Fleisch, das medizinische Heilwirkungen haben soll, ist in China als Delikatesse begehrt. So werden in Hongkong *Elaphe taeniura* wie auch *Elaphe moellendorffi, Elaphe carinata, Elaphe mandarina* und andere Schlangen regelmäßig in großer Anzahl lebend für Speisezwecke angeboten. Der Ostasien-Tourist kann derartige Tiere zu relativ günstigen Preisen erwerben und so vor dem sicheren Tode retten. Über die Fortpflanzung von *Elaphe taeniura* unter natürlichen Bedingungen ist nur wenig bekannt. Nach den Angaben von Pope findet die Eiablage in China im Juni und im Juli statt.

Haltung und Zucht: Die Streifenkletternatter

ist meist von milder Wesensart. Wenn sie gefangen wird, zischt sie zwar laut, beißt aber nicht oder kaum zu. Da sie sich leicht an den Menschen gewöhnt und leicht zu halten ist, ist sie ein idealer Terrarienpflegling, der jahrelang in der Gefangenschaft ausdauert. Wegen der beträchtlichen Körpergröße dieser Natter sollte das Terrarium geräumig sein und mit einer Beleuchtung in Form einer Leuchtstoffröhre sowie einer Bodenheizung ausgestattet sein, wobei letztere eine milde Wärme abstrahlt. Als Bodengrund kann man Sand oder ein Gemisch von Sand und Waldhumus oder Torf verwenden. Ein Unterschlupf in Form eines Zierkorkes, eines Baumstubbens oder eines Schlupfkästchens ist dringend angezeigt. Bei Tagestemperaturen zwischen 25 und 30 °C fühlt sich das Tier bei geringer nächtlicher Abkühlung auf etwa 20–22 °C wohl. Eine ungefähr zweimonatige Überwinterung zwischen 15 und 18 °C ist bei den nördlichen geographischen Rassen zur Aktivierung der Fortpflanzung angezeigt. Bei *Elaphe taeniura ridleyi* und *Elaphe taeniura grabowskyi* entfällt die Überwinterung, da diese beiden Arten in Gebieten mit tropischem Klima leben. Als Futter biete man Mäuse, Ratten und Hühnerküken, die in der für Kletternattern üblichen Weise gepackt und erdrosselt werden. Die Streifenkletternatter ist ein sehr guter Fresser, der ein ungemein rasches Wachstum zeigt. Gut gefütterte Jungtiere legen bereits nach 2 Jahren ihre ersten Eier. *Elaphe taeniura* ist im Terrarium schon häufig zur Nachzucht gebracht worden. Bei W. Frick wurden am 22. Mai 1986 6 Eier abgelegt, die in ein feuchtes Substrat inkubiert wurden. Am 19. und 20. Juli schlüpften 5 Junge. 1987 wurde in etwa der gleichen Zeit wieder ein Gelege, diesmal 8 Eier, abgesetzt. Im Juli schlüpften 6 Jungtiere. Die Aufzucht von *Elaphe taeniura* mit kleinen Mäusen als Futter ist vollständig unproblematisch.
Im äußeren Erscheinungsbild recht ähnlich und auch gleich zu pflegen ist die bis zu 180 cm lang werdende *Elaphe flavolineata.* Diese Schlange hat einen länglichen Kopf, der auf der Oberseite dunkelgrau ist. Eine schwarze Binde zieht sich vom Auge zum Mundwinkel. Ein orangefarbiges bis gelbes Band, das auf jeder Seite von 2 schwarzen Binden gesäumt wird, läuft über die Rückenmitte und verblaßt völlig hinter der ersten Körperhälfte. Die hintere Körperhälfte ist grau und geht zum Schwanz hin zunehmend in ein schwarzes Kolorit über. Die Flanken sind vorne graugrün mit dunklen Flecken, wobei letztere in gleichen Abständen stehen. Über und unter diesen Flecken sind kleine, weiße Tupfen. Die genannte Art hat auf dem indoaustralischen Archipel, auf den Nikobaren, auf den Andamanen und in Burma eine weite Verbreitung. Nach Taylor kommt *Elaphe flavolineata* im südlichen Thailand nur in der Provinz Narathiwat vor. Der Verfasser kennt diese Art jedoch aus Zentral-Thailand aus dem Khao Yai-Nationalpark und besitzt von einem Tier von dort auch Fotos. Hier lebt die stattliche Schlange an Waldrändern wie auch mitten im Wald im Bereich des Flusses Huai Lumta Khlong. In freier Natur ernährt sich *Elaphe flavolineata* von Nagetieren – hauptsächlich von Ratten und Mäusen – und Vögeln. Über das sonstige Verhalten in freier Natur ist nur wenig bekannt. Es dürfte aber dem von *Elaphe taeniura* äußerst ähnlich sein. In der Terrarienhaltung dürfte sich *Elaphe flavolineata* wohl kaum von *Elaphe taeniura* unterscheiden. *Elaphe flavolineata* legt Eier, die 50 mm lang und 20 mm breit sind.

Elaphe triaspis
Grüne Rattennatter
3 Unterarten
(Bild Seite 214)

Kennzeichen: Die Grüne Rattennatter hat einen länglichen Kopf, der sich nur geringfügig vom Hals absetzt. Es sind 8–9 Oberlippenschilde vorhanden. Das sehr große Auge hat eine runde Pupille. Der Körper ist schlank und geschmeidig. 25 oder mehr Schuppen umgeben die Rumpfmitte in schrägen Reihen. Die Schuppen auf der Rumpfmitte sind schwach

gekielt, die auf den Flanken ungekielt. Das Afterschild ist geteilt. Die Körperoberseite ist einfarbig grün, graugrün oder olivgrün. Jungtiere aus Mexiko sind dunkel gefleckt und erinnern in ihrem Zeichnungsmuster auf dem Rücken an *Elaphe guttata.*
Länge: 61–127 cm.
Herkunft und Lebensweise: Elaphe triaspis ist aus dem Süden Arizonas aus den Baboquivari-, den Pajarito-, den Santa Rita- und aus den Chiricahua-Bergen bekannt. Von hier aus erstreckt sich das Verbreitungsgebiet dieser Natter über Mexiko bis nach Costa Rica. Der natürliche Lebensraum sind bewaldete, felsige Canyons in der Nähe von Flüssen und Bächen in Höhenlagen zwischen 450 und 2150 Metern. *Elaphe triaspis* ist sowohl tag- und dämmerungs- als auch nachtaktiv. Bei kühler Witterung hält sie sich am Boden oder in Bodennähe auf. In der Hitze des Tages hält sie sich oft außerhalb ihrer Schlupfwinkel, einige Meter vom Boden entfernt, auf Büschen und Bäumen auf, wo sie auf Vögel und Nagetiere lauert, die ihre bevorzugte Nahrung darstellen. Im Frühjahr, nach der Überwinterung, wird diese Natter besonders oft gesehen. Über das Fortpflanzungsverhalten und andere Verhaltensweisen ist nur wenig bekannt. *Elaphe triaspis* legt 5 oder mehr weiße Eier von ungefähr 51 mm Länge im späten Sommer oder im Herbst.
Haltung und Zucht: Elaphe triaspis wird nur gelegentlich importiert. Mein eigenes Exemplar – eine *Elaphe triaspis intermedia* – aus Arizona pflegte ich in einem kleineren Terrarium mit einem Bodengrund aus Lavaerde und Torf, einem Unterschlupf in Form einer Zierkorkrinde, einem Kletterast und einem Wassergefäß. Die Beleuchtung wie die 15 W starke Bodenheizung waren am Tage 10–12 Stunden in Betrieb. Die Tagestemperatur schwankte zwischen 25 und 30 °C und fiel nachts auf 18–22°C. Die Schlange war ungemein scheu und hielt sich fast ausschließlich unter der Zierkorkrinde auf. Als Nahrung wurden sehr sporadisch kleinere Labormäuse angenommen, die blitzartig gepackt und erdrosselt wurden. Über eine gelungene Nachzucht unter Terrarienbedingungen ist bisher nichts bekannt geworden.

Elaphe vulpina
Fuchsnatter
2 Unterarten
(Bild Seite 214)

Kennzeichen: Der Kopf setzt sich wenig vom Hals ab. Das mittelgroße Auge hat eine runde Pupille. Der Körper wirkt plumper als der anderer amerikanischer *Elaphe*-Arten. Der Schwanz ist kurz und dick. Die Schuppen sind leicht gekielt. Die Grundfärbung des Körpers schwankt zwischen gelblich und hellbraun. Auf der Rückenmitte verläuft eine Reihe rundlicher, schokoladenfarbiger bis schwarzer Flekken. Die Körperseiten sind ebenfalls dunkel gefleckt. Die Kopfoberseite ist braun und ohne ein besonderes Zeichnungsmuster. Ein dunkles Band verläuft mitten über die Stirn, verbindet beide Augen miteinander und zieht sich von jedem Auge zum Mundwinkel. Die Bauchseite ist gelblich und von großen schwarzen Flecken bedeckt.
Länge: Bis 180 cm.
Herkunft und Lebensweise: Die Nominatform dieser Natter kommt in Indiana, Illinois, Iowa, Kentucky, Michigan, Minnesota, Missouri, Nebraska und Süddakota vor, die Unterart *gloydi* in Ontario, Ohio und Michigan. Obwohl *Elaphe vulpina* eine der häufig vorkommenden Schlangen des Mittelwestens ist, weiß man über ihre Lebensgeschichte nicht so gut Bescheid wie bei anderen amerikanischen Kletternattern. In ihrer Heimat wird die Fuchsnatter zuweilen als „Pinesnake“ oder „Spotted Adder“ bezeichnet. Wenn sie überrascht wird, zittert sie stark mit dem Schwanz, so daß man sie dann mit dem Kupferkopf *(Agkistrodon contortrix)* oder mit der Waldklapperschlange *(Crotalus horridus)* verwechselt und leider allzu oft tötet. Ergreift man sie, so scheidet sie aus den Afterdrüsen ein sehr stark riechendes Sekret ab, das dem Geruch in einem Fuchsbau ähnelt. Daher hat sie auch ihren Namen.

Elaphe vulpina, die in Höhenlagen zwischen 170–500 m lebt, kommt auf bebauten Feldern, an Waldrändern, in Wäldern, im Buschgelände, in der Umgebung von Farmen und in Flußtälern vor. Die Unterart *gloydi* lebt in Sümpfen, die den Erie- und Huronensee umgeben. Die Fuchsnatter lebt weitgehend am Boden und ist nur ausnahmsweise auf Büschen und Bäumen anzutreffen. Da sie plumper als andere Natternarten ist, klettert sie auch schlechter. Sie kann jedoch gut schwimmen. *Elaphe vulpina* ernährt sich hauptsächlich von Mäusen, Ratten, jungen Kaninchen, Vögeln und deren Eiern und frißt als Jungtier auch Insekten. Die Paarung findet meist im Mai und Juni statt, dabei beißt sich das Männchen oft am Weibchen fest. Die 7–29 zu einem Gelege zusammenklebenden länglichen Eier setzt die Schlange im Juni und Juli unter morschen Baumstümpfen, im Holzmulm, in Erdlöchern oder an ähnlichen Stellen ab. Die Jungen, die zwischen 25–30 cm lang sind, schlüpfen von August–Oktober.

Haltung und Zucht: Die Fuchsnatter wird nur gelegentlich eingeführt. Sie läßt sich jahrelang im Terrarium halten und wird handzahm. Man pflegt sie wie die Erdnatter *(Elaphe obsoleta)* und die Kornnatter *(Elaphe guttata)*. Als Futter bietet man Mäuse, Ratten und Hühnerküken. Die Beutetiere werden zuvor durch einige Körperschlingen erdrosselt. Eine 4- bis 5monatige Überwinterung bei 5–15 °C ist notwendig. Die Nachzucht ist schon mehrfach in der Gefangenschaft gelungen. Die Aufzucht der jungen Schlangen mit nackten Mäusen ist problemlos.

Elaphe hohenackeri

Transkaukasische Kletternatter
2 Unterarten
(Bild Seite 142)

Kennzeichen: Der längliche Kopf mit der kantigen Schnauze setzt sich kaum vom Hals ab. Das große Auge hat eine runde Pupille. Der Körper wirkt schlank, der Schwanz lang ausgezogen. Die Schuppen sind glatt. Die Grundfärbung des Körpers schwankt zwischen grau, graubraun, braun und hellbraun. Auf der Rükkenmitte verläuft eine Reihe dunkler, unregelmäßiger Flecken, die durch hellere Zwischenräume getrennt sind. Bei *Elaphe hohenackeri taurica* können diese Flecken ein unterbrochenes, nußbraunes Wellenband mit schwarzem Rand bilden. Auf dem Hinterkopf findet sich ein schwarzer Fleck, der sich auf dem Nacken gabelförmig verzweigt. Die Körperseiten weisen in gleichen Abständen dunkle Querflecken auf. Eine schwarze Linie verbindet das Auge mit dem Mundwinkel. Ein schwarzer Fleck unter dem Auge reicht bis zum Mundrand. Die Bauchseite ist gelblich bis rötlich und schwarz gefleckt.

Länge: Selten über 75 cm.

Herkunft und Lebensweise: Elaphe hohenackeri ist im Kaukasus, in Nordwest-Persien und in der Türkei beheimatet. Sie kommt im Gebirge bis über 2500 m vor. Hier ist sie an sonnigen Hängen zu finden, die von Felsblöcken, niedrigem Gras und Gestrüpp und vereinzelten Bäumen durchsetzt sind. Wie der Verfasser feststellte, kommt diese seltene Schlange auch in den verfallenen Legesteinmauern alter, verwilderter Obstgärten vor. Am Tage hält sich die Transkaukasische Kletternatter unter Steinen und Felsblöcken auf. Ihre Nahrung besteht fast ausschließlich aus Mäusen. Im Juni oder Juli werden 3–7 zu einem Gelege verklebte Eier abgelegt.

Haltung und Zucht: Das Verhalten der Transkaukasischen Kletternatter erinnert sehr an die Leopardnatter. Sie benötigt ebenso ein trockenes Terrarium mit einem Bodengrund aus Sand und Lehm, einigen großen Steinen und hohlem Zierkork als Versteck sowie ein kleines Wassergefäß. Einen Kletterast sollte man nicht vergessen, da die Schlange sich tagsüber dort aufhält. Mein Exemplar verbarg sich allerdings meist unter einem flachen Stein oder einem Stück Rinde. Ganztägige Beleuchtung ist notwendig, eine örtliche Bodenheizung für das Wohlbefinden der Schlange von Vorteil. Die Temperatur sollte im Terrarium am Tage zwischen 22–28 °C betragen und nachts um einige Grad absinken. Als Futter bietet man halbwüchsige Mäuse. Die Transkaukasische Kletternatter ist launisch im Fressen. Zeitweilig frißt sie willig, verweigert dann aber plötzlich wieder die Nahrung. Exemplare dieser Art erwiesen sich bei Jiri Rotter als langlebige Tiere, die jedoch jedes Jahr nur zwischen ungefähr dem 15. Mai bis spätestens dem 10. August Nahrung in Form von Mäusen zu sich nahmen. In dem genannten Zeitraum zeigten sie sich sehr gierig. Die Beutetiere werden zuvor stets erdrosselt. Entsprechend dem langen Winter in ihrem hochliegenden Verbreitungsgebiet ist eine 4–5monatige Überwinterung notwendig. Berichte über eine Nachzucht der Transkaukasischen Kletternatter in Gefangenschaft sind bisher noch nicht bekannt geworden.

Gattung Spalerosophis
Stirnschuppenschlangen
2 Arten

Spalerosophis diadema
Diademnatter
4 Unterarten

Kennzeichen: Der längliche, leicht dreieckige Kopf setzt sich merklich vom Hals ab. Die großen Augen haben eine runde Pupille, die sich im grellen Licht punktförmig zusammenzieht. Der Körper wirkt schlank. Die Schuppen sind leicht gekielt. Das Afterschild ist ungeteilt. Die Färbung schwankt sehr. Die Körperoberseite ist grau, ockerfarben, gelblich oder rötlich. Auf der Rückenmitte verlaufen rote oder braune Flecken. Der Kopf trägt ein Zeichnungsmuster aus dunklen, unregelmäßigen Flecken. Die Unterart *atriceps* ist unregelmäßig schwarz gefleckt oder gänzlich schwarz. Diese Unterart besteht aber möglicherweise nur aus einer Altersmutante der Nominatform, da man die Jungtiere beider Rassen kaum oder gar nicht voneinander unterscheiden kann und sie im gleichen Lebensraum vorkommen. Die schwarzen Flecken erscheinen bei *atriceps* erst bei mittelgroßen Exemplaren. Die Bauchseite ist rötlich oder weißlich und teilweise dunkel gefleckt oder einfarbig.
Länge: 1,5 m, selten 2 m.
Herkunft und Lebensweise: Spalerosophis diadema kommt in einem riesigen Verbreitungsgebiet von Nordafrika über Kleinasien, über die arabische Halbinsel bis nach Pakistan und Indien vor. Sie lebt in der Ebene und im Gebirge bis ungefähr 2000 m. Die bevorzugten Lebensräume dieser Schlange sind die verschiedenartigen Wüsten. Ich fing zwei dieser Nattern in einer Sandwüste in Südtunesien und sah Exemplare aus einer Steinwüste in Südmarokko. Die Diademnatter lebt unter Steinen, in Felsspalten und besonders in den Gängen von Nagetierbauten. Im Frühjahr ist sie weitgehend am Tag aktiv, während sie im Sommer bei Nacht unterwegs ist. Sie ernährt sich von Echsen, kleinen Vögeln und Nagetieren, die sie zuvor erdrosselt oder zu Boden drückt. Die Paarung findet gewöhnlich im Frühjahr statt. Danach werden 3–16 zu einem Gelege verklebte Eier abgesetzt, die ungefähr 80 × 30 mm groß sind. Gelegentlich legt eine Schlange in einer Saison auch 2 Eigelege ab.
Haltung und Zucht: Die Diademnatter benötigt, wenn sie sich wohlfühlen soll, ein mittelgroßes bis großes Wüstenterrarium mit einer Bodenfüllung aus Sand, einem kleinen Wassergefäß und einigen flachen Steinen als Unterschlupf. Eine gut funktionierende Bodenheizung ist unerläßlich. Die Lufttemperatur sollte am Tage zwischen 25–30 °C betragen und in der Nacht auf ungefähr 24 °C sinken. Die Beleuchtung hält man am Tage 12–14 Stunden in Betrieb. Die Diademnatter schätzt direktes Sonnenlicht besonders. Als Futter bietet man Mäuse, junge Ratten, Hühnerküken und Sperlinge an. Bei guter Pflege hält sich die Diademnatter lang in der Gefangenschaft. Meist geht sie an das dargebotene Futter, legt aber von Zeit zu Zeit kleine Fastenpausen ein. Während des Winters sollte man die Tiere je nach Fundort 2–3 Monate bei herabgesetzter Temperatur zwischen 10–16 °C ruhen lassen.

Spalerosophis diadema ist in der Gefangenschaft bereits nachgezüchtet worden.

Gattung Leptophis
Schlanknattern
8 Arten

Leptophis ahaetulla
Brasilianische Schlanknatter
12 Unterarten

Kennzeichen: Der lange Kopf setzt sich nur wenig vom Hals ab. Die auffallend großen Augen haben eine runde Pupille und sind für das räumliche Sehen nach vorn gerichtet. Die hinteren Oberkieferzähne sind verlängert. Der Körper wirkt sehr schlank, der Schwanz lang ausgezogen. Ein Zügelschildchen fehlt. Die Rückenschuppen des Männchens sind stärker gekielt als die des Weibchens. Das Afterschild ist geteilt. Die blattgrüne Körperoberseite dieser prachtvoll gefärbten Schlange weist einen metallischen Schimmer auf. Die Rückenmitte kann ein blaugrüner Längsstreifen überziehen. Die Körperseiten können bronzefarben sein. Die Rückenschuppen besitzen einen mehr oder weniger schwarzen Rand. Die Seitenränder der Zunge sind grünlich und die Bauchseite weißlich bis gelbgrün.
Länge: 1,5 m.
Herkunft und Lebensweise: Leptophis ahaetulla ist auf dem zentral- und südamerikanischen Kontinent von Südmexiko bis nach Zentralargentinien verbreitet. Sie bevorzugt vegetationsreiche Gebiete in der Nähe von Gewässern und ist ein Tagtier, das sich hauptsächlich auf niederem Strauchwerk, weniger häufig auf dem Erdboden oder in den Baumwipfeln aufhält. Sehr hübsch ist die Unterart *Leptophis ahaetulla marginatus*, die der Verfasser im brasilianischen Pantanal, vor allem am späten Nachmittag aktiv auf Büschen beobachtete, und die hier wohl von den zahlreichen Ameiven, Hyliden und Fröschen der Gattung *Leptodactylus* lebt. Ihrem zierlichen Körperbau entspricht die bemerkenswert schnelle Beweglichkeit. Wenn sich *Leptophis ahaetulla* angegriffen fühlt, beißt sie meist nicht sofort zu, sondern reißt das Maul weit auf und spreizt dabei den Unterkiefer weit auseinander. So entsteht der Eindruck eines beträchtlich verbreiterten Kopfes. In dieser Drohhaltung verharrt sie oft eine Weile. Ihre Nahrung besteht aus baumbewohnenden Echsen und Fröschen. Seltener frißt sie Vögel. Obwohl *Leptophis ahaetulla* eine aglyphe Natter ist, hat ihr Biß dennoch eine leicht giftige Wirkung und kann schmerzhaft sein. Dies sind jedoch keine sehr gefährlichen Symptome und sie verschwinden meist bald wieder, da das Gift mit Speichel verdünnt in die Wunde kommt. Über ihre Fortpflanzung ist nicht viel bekannt. Die Brasilianische Schlanknatter legt zu einem Gelege verklebte Eier, die ungefähr 29 × 12 mm messen. Im Amazonasgebiet soll diese Natter unabhängig von der Jahreszeit Eier legen. In einem Fall fand man in einer Ansammlung frisch vom Baum gefallener Bromelien Eier. Daraus könnte man schließen, daß *Leptophis ahaetulla* an geeigneten Stellen sogar auf Bäumen ihre Eier ablegt. Die Eier gelangten sogar zur Entwicklung; die jungen Schlangen waren 24 cm groß.
Haltung und Zucht: Die Brasilianische Schlanknatter sieht man häufig auf den Preislisten der Reptilienhändler. Da diese wunderschöne Schlange in ihrer Heimat häufig in Bananenanpflanzungen lebt und sich auch in Bananenstauden verbirgt, kam sie früher in Bananensendungen gelegentlich nach Europa. Als Tropentier benötigt man für die Brasilianische Schlanknatter ein geräumiges, hohes und feuchtwarmes Terrarium mit zahlreichen Klettterästen und entsprechender Bepflanzung, die bei dem geringen Gewicht dieser Natter keinen allzu großen Belastungen ausgesetzt ist. Als Bodengrund verwendet man humushaltige Walderde und einige Rindenstücke. Ein großer Wasserbehälter, den die Schlange zuweilen aufsucht, sollte ebenfalls vorhanden sein. *Leptophis ahaetulla* hält sich meist auf dem Boden auf und versteckt sich recht häufig unter den Rindenstücken. Die Beleuchtung sollte wäh-

rend des ganzen Tages in Betrieb sein. Die direkte einfallende Sonnenstrahlung ist bei den Schlangen nicht sonderlich beliebt und wird von ihnen gemieden. Die Lufttemperatur beträgt tagsüber zwischen 24–30 °C, nachts liegt sie etwas darunter. Als Futter bietet man Echsen und Frösche, die dem giftigen Speichel sehr bald erliegen. Hin und wieder schaltet die Brasilianische Schlanknatter längere Fastenzeiten ein. Bei richtiger Haltung erweist sie sich als ausdauernd. Allerdings sollte man *Leptophis ahaetulla* niemals am Schwanz festhalten, da dieser wie bei einigen anderen Schlangenarten abreißen kann. *Leptophis ahaetulla* wurde bisher in Gefangenschaft noch nicht nachgezüchtet.

Gattung Salvadora
Pflasternasennattern
7 Arten

Salvadora grahamiae
Berg-Pflasternasennatter
2 Unterarten

Kennzeichen: Der Kopf setzt sich kaum vom Hals ab. Das große Schnauzenschild ist pflasterartig aufwärts gebogen und steht an den Seiten ab. Das große Auge hat eine runde Pupille. Wegen ihres langen und dünnen Körpers und Schwanzes erinnert die Schlange an die Peitschennattern der Gattung *Masticophis*. Die Schuppen sind glatt. Das Afterschild ist geteilt. Der weißliche, blaßgraue, gelbliche bis bräunliche Körper wird von 2 ziemlich breiten, dunkelbraunen oder fast schwarzen Binden seitlich vom Rücken überzogen, die zu beiden Seiten der Schnauzenspitze beginnen und an den Schwanzseiten enden. Die Unterart *lineata* weist auf beiden Körperseiten unterhalb des Rückenseitenbandes eine feine schwarze Linie auf. Das Rückenband ist heller als die Körperseiten. Die Bauchseite ist einfarbig grauweiß.
Länge: Bis 95 cm.
Herkunft und Lebensweise: Salvadora grahamiae ist in den Gebirgen von Arizona, Neumexiko, Texas, Oklahoma und Nordost-Mexiko in Höhenlagen zwischen 1300–2500 m zu finden. Sie lebt an felsigen Hängen und auf grasbewachsenen Lichtungen, die von vereinzelt stehenden Kiefern und Zedern durchsetzt sind. Die sehr flinke Natter ist überwiegend am Tag aktiv und meist am Nachmittag außerhalb ihrer Verstecke. Mit ihrem breiten Schnauzenschild kann sie in losem Sand wühlen, gelegentlich klettert sie auch auf niedriges Gebüsch. Wenn sie überrascht wird, saust sie pfeilschnell unter Felsen oder flache Steine. Ihre Hauptnahrung sind Eidechsen. Sie frißt aber auch kleinere Säugetiere und Vögel. Die Berg-Pflasternasennatter beendet bereits im Februar oder März ihre Überwinterung und paart sich dann bald. Die Eier legt sie im April oder Mai. Die Jungen schlüpfen im August. Sie sind 21–25 cm lang.
Haltung und Zucht: Salvadora grahamiae wird nur selten eingeführt. Man sollte sie in einem geräumigen Trockenterrarium mit Sandboden, flachen Steinen und einem kleinen Wassergefäß unterbringen. Bodenheizung und 12- bis 14stündige Beleuchtung während des Tages sind notwendig. Vor- und Nachmittagssonne schätzen diese wärmeliebenden Schlangen sehr. Die Tagestemperatur sollte zwischen 25–30 °C liegen und nachts ein wenig absinken. In der Gefangenschaft wird *Salvadora grahamiae* bald zahm. Obwohl ihre eigentliche Aktivität sich am Tage zeigt, geht sie eigenartigerweise erst in der Dämmerung oder nachts an die dargebotenen Mäuse oder Eidechsen. Oft ist in der Nahrungsaufnahme sie heikel. Eine 3- bis 4monatige Überwinterung bei herabgesetzter Temperatur ist sie von Natur aus gewöhnt, daher ist die Winterruhe auch in Gefangenschaft erforderlich. Berichte über eine Nachzucht in der Gefangenschaft liegen nicht vor. Trächtig gefangene Weibchen haben jedoch schon mehrmals Eier abgelegt. Bei Conant legte ein Weibchen am 1. April 1941 10 Eier ab. Die Jungen schlüpften zwischen dem 4.–10. August des gleichen Jahres. Die jungen Berg-Pflasternasennattern waren sehr aktiv. Sie krochen im Terrarium umher und

bissen zu, wenn sie gestört wurden. Die erste Häutung fand zwischen dem 21.–26. August statt.

Gattung Drymobius
Rennattern
4 Arten

Drymobius margaritiferus
Perlnatter
4 Unterarten
(Bild Seite 142)

Kennzeichen: Der Kopf ist mäßig lang und setzt sich kaum vom Hals ab. Der Körper wirkt schlank, der Schwanz lang ausgezogen. Das große Auge hat eine runde Pupille. Die Rükkenschuppen sind schwach gekielt, das Afterschild geteilt. Die Kopfoberseite weist rehbraune bis dunkelbraune Farbtöne auf. Hinter dem Auge verläuft eine schwarze Binde bis zum Halsrand. Die Ober- und Unterlippenschilder sind gelblich. Die Schuppen des Vorderkörpers und des Schwanzes sind blaugrün, die der Körpermitte weisen gelbliche Farbtöne auf. Alle Schuppen haben einen schwarzen Rand. Die Bauchseite ist weiß bis gelblich. Die Bauchschilder zeigen an der Vorderseite einen schwarzen Rand.
Länge: 70–90 cm, selten über 130 cm.
Herkunft und Lebensweise: Das Verbreitungsgebiet der Perlnatter erstreckt sich von Südtexas entlang der Ostküste Mittelamerikas bis nach dem nördlichen Südamerika, wo man die Schlange sowohl in der Ebene als auch im Gebirge bis in 1500 m Höhe antrifft. Sie bevorzugt Gebiete mit dichter Vegetation in der Nähe von Gewässern. Ich sah im Juli 1973 ein Exemplar dieser schönen Natter im Bergland des mexikanischen Staates San Luis Potosi. Das Tier, das in der Abbildung 55 wiedergegeben ist, kroch gegen Mittag über die Landstraße. Dies erscheint mir deshalb bemerkenswert, als *Drymobius margaritiferus* weitgehend in der Dämmerung und nachts aktiv sein soll. Die Felshänge zu beiden Seiten der Straße waren von dichtem, mit Lianen und Farnen durchsetztem Feuchtwald bedeckt. Die Lebensweise der Perlnatter in freier Natur ist jetzt nur ungenügend erforscht. Ihre Nahrung soll aus Fröschen, Eidechsen, Mäusen und kleinen Vögeln bestehen. *Drymobius margaritiferus* legt Eier, die ungefähr 3,5 × 1,5 cm groß sind. Die Eier, die nicht zu einem Gelege verkleben, werden von April bis August abgelegt.
Haltung und Zucht: Die Perlnatter wird nur gelegentlich eingeführt. Sie ist lebhaft, aber nicht bissig. Während sie in ihrer Heimat am Boden leben soll, klettert sie im Terrarium gern umher. Man bietet ihr einen mittelgroßen Behälter mit trockenem Bodengrund, einigen Steinen, Kletterästen und einem Wasserbehälter. Als nachtaktive Art hält sie sich tagsüber hauptsächlich in ihrem Versteck auf und wird erst in der Dämmerung munter. Falls Tageslicht fehlt, schaltet man die Beleuchtung am Tage ein. Die Tagestemperatur beträgt zwischen 24–30 °C. Als Futter bietet man Frösche, Eidechsen, Mäuse und Hühnerküken. Im Winter sollte man die Temperatur etwa 6 Wochen um einige Grad senken. *Drymobius margaritiferus* ist in der Gefangenschaft noch nicht nachgezüchtet worden. Trächtig gefangene Weibchen haben allerdings schon Eier abgelegt. Die Jungen schlüpften nach ungefähr 50 Tagen.

Gattung Rhinocheilus
Nasennattern
1 Art

Rhinocheilus lecontei
Nasennatter
4 Unterarten
(Bild Seite 160)

Kennzeichen: Der schlanke Körperbau dieser Nattern stimmt weitgehend mit dem der dreifarbigen Königsnattern *(Lampropeltis)* überein. Der Kopf mit dem großen schwarzen Auge setzt sich nicht vom Hals ab. Die Schnauze ist ein wenig zugespitzt. Die Schuppen sind glatt. Das Afterschild ist nicht geteilt. Die Schuppen auf der Schwanzunterseite, von denen nur wenige gekeilt sind, verlaufen in einer Reihe. Der schwarze Kopf und die Nackenregion sind von zahlreichen größeren und kleineren gelblichen Sprenkeln durchsetzt. Die Schnauzenspitze ist weißlich, rosa oder rötlich. Rumpf und Schwanz überziehen sattelförmig breite rote und schwarze Querbinden, die von gelblichen Binden eingefaßt werden. Die roten und gelben Querbinden durchsetzen schwarze Schuppen, die schwarzen Sattelflecken gelbe Schuppen. Die weißliche bis gelbe Bauchseite weist nur wenige schwarze Sprenkel auf.

Länge: 50–80 cm, selten über 1 m.

Herkunft und Lebensweise: Die Nasennatter ist in den südwestlichen Vereinigten Staaten und in Mexiko beheimatet und kommt in der Ebene und im Gebirge bis in 1800 m Höhe vor. Sie ist weitgehend in der Dämmerung und nachts aktiv. Wenn man *Rhinocheilus* am Tage sammeln will, muß man unter Steinen, Brettern und altem Holz suchen. Diese Art bevorzugt Wüstengegenden und trockene Prärien, die von niedrigem Gebüsch durchsetzt sind. Sie kommt aber auch an Berghängen vor, wo sie sich besonders in Geröllhalden ansiedelt. Mit ihrer zugespitzten Schnauze, den glatten Schuppen und ihrem schlanken, aber kräftigen Körper, vermag sie sich gut durch lockeres Erdreich zu wühlen. Bei Umpflügen von Feldern findet man sie oft in großer Anzahl. Gegen Abend verläßt die Nasennatter ihre Schlupfwinkel und stellt Eidechsen, kleinen Schlangen und kleinen Säugetieren nach. Sie ist nicht angriffslustig, beißt aber zu, wenn sie mißhandelt wird. In Erregung verbirgt sie den Kopf zwischen den Körperringen und führt zitternde Schwanzbewegungen aus. In der Hand des Sammlers dreht sie sich um ihre eigene Körperachse und scheidet aus ihren Kloakendrüsen ein übelriechendes Sekret sowie durch den After ein Gemisch von Blut und Kot aus. Eigenartigerweise scheiden aber nur die Weibchen Blut aus. Im Oktober oder November zieht sich die Nasennatter zur Überwinterung zurück, kommt aber zuweilen schon im Februar oder März wieder zum Vorschein. Am häufigsten begegnet man ihr in den Monaten April bis Juni; im Mai ist die Zeit ihrer größten Aktivität. Im Sommer ist sie dann seltener zu beobachten. Die Paarung findet im Frühjahr statt. Im Juni oder Juli werden durchschnittlich 6–7 Eier gelegt. Die Jungen, die meist im Juli oder August schlüpfen, sind ungefähr 25 cm lang.

Haltung und Zucht: Für *Rhinocheilus lecontei* genügt ein kleines oder mittelgroßes Trokkenterrarium. Als Bodenfüllung verwendet man groben Sand, der mit ein wenig Torf oder Walderde durchmischt ist, als Versteck einige Steine und einen kleinen Wasserbehälter. Da die Nasennatter während des Tages fast nie aus ihrem Unterschlupf zum Vorschein kommt, genügt Tageslicht. Eine örtliche Bodenheizung ist notwendig. Am Tage sollte die Lufttemperatur im Behälter 25–30 °C betragen und in der Nacht ein wenig absinken. In Gefangenschaft ist diese Natter ein ausdauernder und interessanter Pflegling. Seit 18 Jahren lebt im Zoo von San Diego ein Exemplar der Nominatform, das schon als erwachsenes Tier gefangen wurde. Im Staten Island Zoo ist eine *Rhinocheilus lecontei tessellatus* seit 16 Jahren in Pflege. Auch dieses Tier ist im erwachsenen Zustand gefangen worden. Als Nahrung bietet man junge Mäuse oder, wenn nicht anders möglich, Eidechsen an. Man sollte stets in der Dämmerung füttern. Eine Winterruhe von 2–3 Monaten bei Temperaturen zwischen 10–15 °C ist erforderlich.

Über die Nachzucht von *Rhinocheilus lecontei* berichtet K. Switak. Danach werden Ende Juni/Anfang Juli 5–8 Eier pro Gelege abgesetzt, die 35 × 15 mm messen. Nach einer Zeitigungsdauer von 60–70 Tagen schlüpften bei einer Brutkastentemperatur zwischen 26 und 30 °C die Jungen. Das Substrat darf nur leicht angefeuchtet sein. Die frisch geschlüpften Jungtiere messen zwischen 18 und 20 cm. In der ersten Zeit ihres Lebens ernähren sie sich fast ausschließlich von Echsen und lassen sich nach einiger Zeit auf Mäuse umstellen.

Gattung Phyllorhynchus
Blattnasennattern
2 Arten

Phyllorhynchus decurtatus
Gefleckte Blattnasennatter
5 Unterarten

Kennzeichen: Der spatelförmig zugespitzte Kopf setzt sich nicht vom Hals ab. Das grotesk vergrößerte Schnauzenschild ist pflasterartig aufwärts gebogen und steht an den Seiten ab. Das Auge ist groß. *Phyllorhynchus decurtatus* gehört zu den wenigen nordamerikanischen Nattern, die eine schlitzförmige Pupille aufweisen. Die Rückenschuppen sind in der Regel glatt. Nur die Männchen haben gelegentlich leicht gekielte Rückenschuppen. Die Grundfärbung des Körpers schwankt zwischen rötlich, gelbbraun, gelblich oder blaßgrau mit bis zu 60 braunen Flecken auf der Rückenmitte und kleineren, auf Lücke stehenden Seitenflecken. Die Bauchseite ist einfarbig weiß.
Länge: Bis zu 50 cm.
Herkunft und Lebensweise: Phyllorhynchus decurtatus kommt in Südnevada, Südost-Kalifornien, West- und Südarizona und in den mexikanischen Staaten Sonora und Sinaloa vor, wo sie die mit Creosot- und Mesquitebüschen und Saguarokakteen bewachsenen Wüstengebiete bis in Höhenlagen von 1000 m bewohnt. Die nur in der Nacht aktive Schlange lebt sehr versteckt in Felsspalten unter Steinen und in den Bauten von Nagetieren. Daher galt sie einst als sehr selten. In Wirklichkeit zählt sie zu den am häufigsten vorkommenden Schlangenarten in ihrem Heimatgebiet und wird in der Nacht oft in großer Zahl auf Fernstraßen totgefahren. Mit Hilfe ihres stark entwickelten Schnauzenschildes vermag die Gefleckte Blattnasennatter gut im Boden zu wühlen. Ihre Nahrung besteht aus Echsen, besonders aus Geckos der Gattung *Coleonyx*. Sie verzehrt aber auch Echseneier und Kerbtiere. Eine ganz besondere Vorliebe hat sie für die zarten Geckoschwänze. Daher sollte der Sammler, der in den südwestlichen USA Reptilien fängt, diese Natter nie mit Geckos gemeinsam in einem Fangsack unterbringen. Über das Fortpflanzungsverhalten der Gefleckten Blattnasennatter ist nur wenig bekannt. Es werden 2–4 Eier abgelegt. Die Jungen sind nach dem Schlüpfen ungefähr 16–18 cm lang.
Haltung und Zucht: Phyllorhynchus decurtatus wird nur selten gehalten. Zu ihrem Wohlbefinden benötigt sie ein kleines Wüstenterrarium. Die Behältereinrichtung und die Haltungsbedingungen sind die gleichen wie bei der Arizona-Natter *(Arizona elegans)*. Da sich diese Schlange ausschließlich von Echsen und Geckos ernährt, dürfte sie nur für wenige Terrarianer als Pflegling in Frage kommen. *Phyllorhynchus decurtatus* wurde in der Gefangenschaft noch nicht nachgezüchtet.

Unterfamilie Lycodontinae
Wolfszahnnattern

Gattung Lamprophis
Hausschlangen
5 Arten

Lamprophis fuliginosus
Braune Hausschlange
2 Unterarten

Kennzeichen: Der flache Kopf setzt sich kaum vom Hals ab. Im großen Auge bildet die Pupille einen senkrechten Schlitz. Der Körper wirkt stämmig, der Schwanz verhältnismäßig kurz. Die Schuppen sind glatt, das Afterschild ungeteilt. Der Kopf, der Rücken und die Körperseiten sind hell- bis dunkelbraun oder gelblich- bis rotbraun und in einigen Fällen fast schwarz. Auf beiden Kopfseiten verläuft eine cremefarbige Binde über den Hals bis zum Vorderkörper. Diese Binde, die auf der Schnauzenspitze beginnt, sieht V-förmig aus. Die Körperseiten bedecken zuweilen kleine rötliche Flecke, die bei jungen Schlangen deut-

licher hervortreten können. Die Bauchseite ist weißlich bis gelblich mit irisierendem Schein.
Länge: 120–130 cm.
Herkunft und Lebensweise: Lamprophis fuliginosus ist in Afrika eine der verbreitetsten Schlangen, von Südmarokko und dem oberen Nil bis nach Südafrika. Die Braune Hausschlange meidet dichte Wälder und bevorzugt die Savanne. In besiedelten Gebieten, wo sich auch viele Ratten und Mäuse finden, ist ihr Vorkommen nichts Ungewöhnliches. Mit Vorliebe frißt sie kleine Nagetiere und wird daher von den Farmern gern gesehen. Sie verzehrt aber auch Spitzmäuse, Vögel und deren Eier, Reptilien und Frösche. Ihre Beutetiere packt sie blitzartig, umschlingt sie und würgt sie dann hinunter. Ihr Verhalten ist weitgehend nachtaktiv. Daher sieht man sie auch am Tage nur selten. Die Braune Hausschlange beißt wütend zu, wenn sie gefangen wird. Ihr Biß ist jedoch völlig ungefährlich. Im späten Frühjahr oder im Frühsommer legt sie 8–10, in Ausnahmefällen sogar bis zu 16 längliche Eier in verrottendes Laub, Termitenhügel, unter Steine oder an anderen geeigneten Stellen ab. Die Jungen, die meist im Spätsommer schlüpfen, haben eine Länge zwischen 22–25 cm.
Haltung und Zucht: Die Braune Hausschlange erweist sich im Terrarium als gut haltbarer und interessanter Pflegling, der bald so zahm wird, daß er nach einiger Zeit sogar Mäuse aus der Hand nimmt. Da diese Natter nachts aktiv ist, bekommt man sie tagsüber kaum zu sehen. Mein Tier verbirgt sich am Tage in einem hohlen Zierkork und kommt auch am Abend nur selten zum Vorschein. Zur Haltung der Braunen Hausschlange genügt ein kleines bis mittelgroßes Terrarium mit grobem Sandboden, einigen Steinen oder einem Zierkork als Versteck und einem kleinen Wassergefäß. Eine Beleuchtung ist nicht notwendig, sofern der Behälter Tageslicht erhält. Eine milde Bodenheizung ist angezeigt. Am Tage sollte die Lufttemperatur zwischen 22–27 °C betragen, in der Nacht jedoch ein wenig absinken. Die Braune Hausschlange geht gut an die dargebotene Nahrung. Die Verdauung ist nach 3–4 Tagen beendet. Eine kühle Überwinterung entfällt.
Lamprophis fuliginosus wurde mehrfach zur Fortpflanzung gebracht. Hartmann pflegte seine Tiere in einem Terrarium (65 × 40 × 50 cm) bei Tagestemperaturen zwischen 26 und 29 °C und Nachttemperaturen zwischen 20–23°C. Ein besonderes Stimulans für die Kopulation war nicht vorhanden. Das Weibchen nahm auch während der Trächtigkeit Nahrung zu sich. Am 23. Mai 1983 legte das Weibchen 5 Eier, die bei einer Temperatur von 30 °C inkubiert wurden. Nach 56 Tagen schlüpften 4 Jungtiere, die eine Länge von 20–25 cm hatten. Ein Tier verendete nach 2 Wochen. Die 3 verbliebenen Jungschlangen wurden mit nackten Mäusen zwangsgefüttert.

Gattung Farancia
Schlammnattern
2 Arten

Farancia abacura
Schlammnatter
2 Unterarten
(Bild Seite 142)

Kennzeichen: Der ovale, kurze Kopf setzt sich nicht vom Hals ab. Der Körper wirkt kräftig und gedrungen. Der kurze Schwanz endet mit einem Hornnagel; daher bezeichnet man die Schlange auch als Hornschlange. Die Schuppen sind glatt und nur oberhalb der Analregion gekielt. Das Afterschild ist geteilt, gelegentlich aber auch ungeteilt. Besonders im hellen Licht glänzen die Schuppen metallisch. Das Auge ist ziemlich klein. Die Körperoberseite erscheint grau- bis glänzend schwarz, die Bauchseite rot und schwarz gefleckt. Albinos wurden gefunden, sind aber selten.
Länge: 100–130 cm, in Ausnahmefällen bis 206 cm.
Herkunft und Lebensweise: Die Nominatform der Schlammnatter kommt in Virginia, Nord- und Südkarolina, Georgia, Florida und Alabama vor. Die Unterart *Farancia abacura*

reinwardti ist in Illinois, Indiana, Kentucky, Arkansas, Mississippi, Missouri, Oklahoma, Tennessee, Alabama, Louisiana und Texas beheimatet. Die Schlammnatter bewohnt das Flachland bis zu Höhenlagen von 200 m. Sie hält sich meist im Wasser auf. Mit Vorliebe bewohnt sie Zypressensümpfe, feuchte Niederungen, Tümpel und Teiche, die von dichter Vegetation umgeben sind. Oft liegt sie unter Baumstämmen, in Sphagnum-Polstern und unter Laubhäufen. Jungtiere leben häufig zwischen den aus dem flachen Wasser herausragenden Wurzeln der Wasserhyazinthen *(Eichhornia crassipes)*. Die Schlammnatter ist weitgehend nachtaktiv. Ihre Schlupfwinkel verläßt sie in der Dämmerung, kurz nach Regenfällen und im Frühjahr in der Paarungszeit. An manchen Stellen kommt diese Schlange sehr häufig vor. Nördlich von Orlando (Florida) sah ich an einem Abend Hunderte von Schlammnattern. Die Tiere kamen aus einem großen Zypressensumpf neben einem Highway und wurden von den Autos überrollt. Im Verlauf einer Stunde füllten wir mehrere große Mehlsäcke hauptsächlich mit diesen Schlangen. *Farancia abacura* frißt Salamander (hauptsächlich *Amphiuma means* und *Siren lacertina*), Molche, Frösche, Fische und Würmer. Dem Menschen gegenüber verhält sich die Schlammnatter friedfertig. Wenn sie in die Hand genommen wird, beißt sie nicht, sondern rollt sich zu einer Kugel zusammen und zeigt dabei die schwarzrote Warnfärbung der Bauchseite. Die Schlammnatter überwintert meist von Oktober–März. Die Paarung findet im Wasser und auf dem Lande statt. Die Eier werden in der Regel von April–Juni abgelegt. *Farancia abacura* ist sehr fruchtbar, man hat schon bis zu 104 Eier in einem Gelege gezählt. Das Weibchen rollt sich um die Eier und treibt Brutpflege. Die Jungen schlüpfen von August bis Oktober und haben eine Länge von etwa 16 cm. Die erste Häutung findet ungefähr nach einer Woche statt.

Haltung und Zucht: Als Behälter empfiehlt sich ein Aquaterrarium mit einem größeren Wasser- und einem kleineren Landteil. Als Bodengrund für den Landteil verwendet man ein Gemisch aus Sand, Walderde und Torf. Ein etwas größerer Baumstubben, einige Torfziegel, große Rindenstücke und einige Steine dienen als Unterschlupf. Bodenheizung ist unnötig, wenn die Temperatur am Tage zwischen 24–30 °C und in der Nacht zwischen 18–22 °C beträgt. Im Winter ist eine Ruhezeit von 2–3 Monaten bei herabgesetzter Temperatur zwischen 10–15 °C notwendig. Die Schlammnatter ist in der Gefangenschaft ausdauernd, wenn man das richtige Futter beschaffen kann. So lebt ein Exemplar dieser Schlange seit 18 Jahren im Zoo von Philadelphia. Manche Schlammnattern fressen nur *Amphiuma* und *Siren*, andere gewöhnen sich an Frösche, Molche und Fische. Während des Tages ruht die Schlammnatter meist in ihrem Versteck, im Wasserbehälter oder gräbt sich in den lockeren Boden ein. Erst gegen Abend wird sie munter und kommt dann zum Vorschein. Meade züchtete diese Art in der Gefangenschaft nach. Seine Tiere paarten sich am 11. Juli. Das Weibchen legte am 5. September Eier. Die Jungen schlüpften am 30. Oktober.

Gattung Lycodon
Wolfszahnnattern
Über 10 Arten

Lycodon laoensis
Laotische Wolfszahnnatter

Kennzeichen: Lycodon laoensis besitzt einen länglichen Kopf, der sich nur wenig vom Hals absetzt. Das große, etwas vorstehende Auge hat im hellen Licht eine geschlitzte Pupille. Von den 9 Oberlippenschilden berühren das 3., das 4. und das 5. das Auge. Das Afterschild ist geteilt. Die Schuppen sind glatt und umgeben die Rumpfmitte in 15–19 schrägen Reihen. Die Grundfärbung der Körperoberseite variiert zwischen bräunlich und glänzend lackschwarz. Die Rückenseite ist von 21–29, der Schwanz von 12–18 weißen bis gelben Querbinden bedeckt, die sich auf die Flanken aus-

dehnen. Die vorderen Querbinden sind breit. Zum Rumpfende und zum Schwanz hin werden sie enger. Die Bauchseite ist weiß bis gelb und ungefleckt.
Länge: Knapp 50 cm.
Herkunft und Lebensweise: Lycodon laoensis bewohnt die Ebenen und Hügel von Thailand, Laos, Süd-Vietnam, Kambodscha und die nördlichen Teile der Malayischen Halbinsel. Die Schlange kommt in Wäldern, an Waldrändern, an Hecken und in Gärten vor. Der Verfasser kennt *Lycodon laoensis* aus Ost-Thailand aus den Reisfeldern, die die Ortschaften Ban Mak Yang, Ban Po, Ban Koi und Ban Dong Khen umgeben. Hier lebt das harmlose Geschöpf, das von der dortigen Bevölkerung mit dem ähnlich aussehenden *Bungarus candidus* verwechselt wird, auf Reisfelddämmen und an anderen hochliegenden Stellen, die nicht vom Wasser überflutet werden. Während des Tages hält sich die Laotische Wolfszahnnatter in Erdlöchern, unter Baumstämmen oder unter Häufen von Ästen und von Laub auf. In der Dämmerung und in der Nacht kriecht sie umher. Beim Fang von *Trimeresurus albolabris, Dendrelaphis pictus* und *Gekko gecko* sah ich das sonst bodenbewohnende Tier mehrmals auf Bäumen und entdeckte es unter loser Baumrinde, wo es seiner Nahrung nachstellt, die aus Echsen, vornehmlich aus Gekkos, Skinken und Fröschen besteht. Daß die Laotische Wolfszahnnatter eine sehr versteckte Lebensweise führt und nur selten auf der Erdoberfläche erscheint, trifft meiner Meinung nach aber nicht zu. Über die Fortpflanzung in freier Natur ist nur wenig bekannt. Weibchen mit Eiern im Körper wurden im Januar, im Februar und im April gefunden.
Haltung und Zucht: Wegen ihrer geringen Größe verlangt diese hübsche Natter kein großes Terrarium. Als Bodengrund eignet sich ein Gemisch aus Sand und aus Waldhumus oder Torf. Ein oder mehrere Rindenstücke, unter denen sich die Schlange während des Tages verbirgt, genügen als Unterschlupf, und ein Wasserbehälter darf nicht fehlen. Wegen ihrer dämmerungs- und nachtaktiven Eigenschaften wird die Laotische Wolfszahnnatter erst am Abend und in der Nacht munter. Tageslicht genügt. Am Tage soll die Lufttemperatur zwischen 27 und 32 °C betragen und in der Nacht um 2–3 °C abfallen. Die genannte Art ist nicht schwierig in der Pflege, wenn man über hinreichend Futterechsen verfügt. Vereinzelte Exemplare lassen sich auch auf nackte oder gerade behaarte Mäuse umgewöhnen. Andernfalls ist man zur Zwangsernährung gezwungen, bis das Tier selbständig an Nahrung geht. Die Laotische Wolfszahnnatter wurde noch nicht zur Nachzucht gebracht.

Unterfamilie Dasypeltinae Eierschlangen

Gattung Dasypeltis
Afrikanische Eierschlangen
5 Arten

Dasypeltis scabra
Afrikanische Eierschlange

Kennzeichen: Der Kopf ist klein und setzt sich kaum vom Hals ab. Die Augen weisen senkrecht stehende Pupillen auf. Die Schnauze ist abgerundet. 3–9 sehr kleine, funktionslose Zähne stehen verborgen im Gewebe in jeder Oberkieferhälfte. Die länglichen Schuppen sind deutlich gekielt. Die unteren Dornfortsätze der Rückenwirbel, die mit einem zahnschmelzartigen Überzug versehen sind, haben die Speiseröhre durchbrochen und ragen weit

---

Abb. 76: Elaphe longissima longissima (Äskulapnatter) s. Seite 184

in sie hinein. Die Grundfärbung des Körpers ist grau, gelb oder braun. Über die Rückenmitte verläuft eine Längsreihe schwarzer Flekken, die zuweilen ineinander fließen und dadurch ein unterbrochenes Zickzackband bilden. Die Körperseiten sind ebenfalls in ungefähr gleichen Abständen gefleckt. Die Kopfzeichnung besteht aus zwei spitzwinklig zusammenstoßenden dunklen Flecken. Die Bauchseite der Afrikanischen Eierschlangen ist weißlich bis gelblich, einfarbig oder dunkel gefleckt.

Länge: 70–90 cm.

Herkunft und Lebensweise: Die Afrikanische Eierschlange kommt in Südarabien und von Ost- und Zentral- bis nach Südafrika vor. Diese auf Bäumen und am Boden lebende Natter bewohnt trockene Busch- und Waldgebiete. Sie klettert hervorragend und man findet sie oft in der Nähe von Vogelnestern. Ihre Nahrung besteht ausschließlich aus Vogeleiern, denen sie vor allem in der Nacht, in der Zeit ihrer besonderen Aktivität, nachstellt. Eine erwachsene Afrikanische Eierschlange, deren Kopf kaum fingerdick ist, kann ohne weiteres ein Hühnerei bewältigen. Wenn sie auf ein Ei stößt, reißt sie ihr Maul weit auf, drückt das Ei gegen eine Unterlage und beginnt mit dem Schlingakt am spitzen Pol. Die Haut der Halsregion und die Wände der Mundhöhle dehnen sich dabei ungemein. Das Ei wird dann hinuntergewürgt, durch Muskeln gegen die mit Schmelz überzogenen Wirbelfortsätze gedrückt und aufgeschlitzt. Die Eiflüssigkeit fließt in den Magen, und die Eischale wird wieder ausgewürgt. *Dasypeltis scabra* soll in Hühnerställen gelegentlich an Gipseier geraten, die sie von echten Eiern nicht unterscheiden kann, da diese ebenfalls den Geruch und die Körpertemperatur der Hennen annehmen. Entweder würgt die Schlange das Gipsei wieder aus, oder sie erstickt. Die Afrikanische Eierschlange verhält sich dem Menschen gegenüber nicht angriffslustig. Bei Gefahr rollt sie ihren Körper zusammen und wieder auf; dabei reiben die gekielten Schuppen gegeneinander und erzeugen ein raspelndes Geräusch. *Dasypeltis scabra* bläst ihren Körper auf und stößt wütend gegen den Störenfried vor. Die Afrikanische Eierschlange ist völlig harmlos. In ihrer Färbung und in ihrem Verhalten ähnelt sie der giftigen Nachtotter *(Causus rhombeatus)* und wird daher öfter mit ihr verwechselt und deshalb auch getötet. Sie legt 12–15 Eier im Dezember und Januar, manchmal sogar noch im April oder Mai. Diese Eier werden einzeln abgelegt und nicht wie sonst in einem zusammenklebenden Gelege. Wenn die Jungen nach 3–4 Monaten schlüpfen, sind sie ungefähr 23 cm lang.

Haltung und Zucht: Bei entsprechender Pflege hält sich die Afrikanische Eierschlange gut und über 10 Jahre im Terrarium. Wenn sie sich zu Anfang auch angriffslustig verhält, beißt sie doch nur sehr selten zu; ihre kleinen Zähne können die Haut nicht durchdringen. Mit der Zeit wird sie so zahm, daß sie Hühnereier (man sollte nur kleine Eier verfüttern) und Taubeneier aus der Hand nimmt. Man füttert am Abend, da die Schlange die dargebotenen Eier in dieser Zeit am liebsten annimmt. *Dasypeltis scabra* legt im Frühjahr und Sommer gelegentliche Fastenpausen ein. Die Afrikanische Eierschlange ist in einem mittelgroßen Trockenterrarium mit Sandboden, einigen Steinen, Kletterästen, einer eingetopften Pflanze und einem kleinen Wassergefäß zu pflegen. Sie trinkt re-

---

Oben links: Abb. 77: Elaphe situla (Leopardnatter) s. Seite 197
Oben rechts: Abb. 78: Elaphe scalaris (Treppennatter) s. Seite 193
Mitte links: Abb. 79: Elaphe rufodorsata (Rotbauch-Kletternatter) s. Seite 192
Mitte rechts: Abb. 80: Elaphe taeniura ridleyi (Streifenkletternatter) s. Seite 199
Unten links: Abb. 81: Elaphe triaspis intermedia (Grüne Rattennatter) s. Seide 201
Unten rechts: Abb. 82: Elaphe vulpina vulpina (Fuchsnatter) s. Seite 202

gelmäßig. Eine örtliche Bodenheizung ist notwendig. Die Beleuchtung sollte am Tage 10–12 Stunden in Betrieb sein. *Dasypeltis scabra* benötigt tagsüber Temperaturen zwischen 22–30 °C, nachts sollte die Temperatur um einige Grad absinken. *Dasypeltis scabra* wurde im Lincoln Park Zoo in Chicago nachgezüchtet. Von trächtig gefangenen Weibchen abgelegte Eier wurden jedoch schon mehrmals künstlich zum Schlüpfen gebracht. Besonders erfolgreich bei der Nachzucht dieser Art war Kulmus. Ein Weibchen, das vom Ei bis zur Geschlechtsreife aufgezogen wurde, paarte sich mit einem Wildfang-Männchen und produzierte 5 Gelege mit je 6–18 Eiern. Vor jeder Eiablage kletterte und grub das Weibchen eine Woche lang beinahe ununterbrochen. Die Eiablagen, die 4–9 Stunden andauerten, fanden während des Tages und in der Nacht statt. Die Größe der befruchteten Eier, die in einem Haufen abgelegt wurden, lag zwischen 40 × 15 mm und 45 × 17 mm. Während der Entwicklung nahmen Länge und Durchmesser der Eier zu. Die Zeitigungsdauer der bei 28–30 °C in einem Inkubator untergebrachten Eier betrug 58–65 Tage. Aus diesen Eiern schlüpften 43 Schlangen. Somit lag die Schlupfrate über 90 %. Die jungen *Dasypeltis scabra* nahmen schon wenige Tage nach dem Schlüpfen kleine Eier, wie die von Zebrafinken und Bandfinken und häuteten sich temperaturabhängig 1–3 Wochen nach dem Schlüpfen. Einige Monate später werden Wellensitticheier gefressen. Mit 30–35 cm fressen die kleinen Schlangen Eier von der Größe eines Wachteleies und ab 40 cm Länge Eier in Taubeneigröße. *Dasypeltis scabra* von 80 cm Länge bewältigen Hühner- und Fasaneneier.

Unterfamilie Homalopsinae
Wassertrugnattern

Gattung Cerberus
Hundskopf-Wassertrugnattern
2 Arten

Cerberus rhynchops
Hundskopf-Wassertrugnatter
2 Unterarten

Kennzeichen: Der kleine, kurze Kopf setzt sich kaum vom Hals ab. Das kleine Auge hat eine senkrecht geschlitzte Pupille. Der im Querschnitt runde Körper weist stark gekielte Schuppen auf. Der Schwanz ist ein wenig zusammengedrückt. Die graue, bräunliche oder olivfarbene Körperoberseite bedecken dunkle Querbinden oder Flecken. Eine dunkle Binde zieht sich von der Schnauzenspitze durch das Auge bis zu den Halsseiten. Die Bauchseite ist weißlich, schwarz gefleckt, von schwarzen Querbinden umgeben oder einfarbig schwarz.
Länge: 80–100 cm.
Herkunft und Lebensweise: Cerberus rhynchops kommt auf Ceylon, in Indien, auf der Malayischen Halbinsel und der Malayischen Inselwelt, den Andamanen, den Nikobaren, den Philippinen und in Nordaustralien vor. Besonders häufig ist diese Schlange in Burma und im Golf von Siam. Sie lebt vor allem im Brackwasser in der Nähe von Flußmündungen und wurde schon bis zu 150 km von der Küste entfernt gefunden. Zuweilen ringelt sie ihren Schwanz um einen untergetauchten Ast und bewegt sich nicht. Mit Vorliebe ruht sie außerhalb des Wassers auf Mangroven oder überhängenden Ästen. Bei Gefahr läßt sie sich sofort ins Wasser fallen. Auch auf Schlammboden kriecht sie geschickt und fängt hier springende Fische („Schlammspringer") der Gattungen *Periophthalmus* und *Boleophthalmus*. *Cerberus rhynchops* ernährt sich vorwiegend von Fischen; gelegentlich frißt sie auch Krebse. Die Hundskopf-Wassertrugnatter ist nicht angriffslustig. Wird sie jedoch ergriffen, so flacht

sie den Körper ab, beißt zu und sondert aus den Afterdrüsen ein unangenehm riechendes Sekret ab. Sie ringelt sich um die Hand und drückt kräftig zu. *Cerberus rhynchops* bringt 8–26 voll entwickelte Junge zur Welt, die bei der Geburt 18–20 cm lang sind.

Haltung und Zucht: Die Hundskopf-Wassertrugnatter gewöhnt sich sehr schnell an die Gefangenschaft und und wird völlig zahm. Man hält sie in einem Aquarium oder Aquaterrarium mit einem großen Wasser- und einem kleinen Landteil, einigen aus dem Wasser hervorragenden Steinen und einigen Kletterästen bei Temperaturen zwischen 25–30 °C. Die Beleuchtung hält man ganztägig in Betrieb. Die Schlange, die nachts munterer ist als am Tage, liegt meist im Wasser, mit dem Kopf unter der Wasseroberfläche. Als Futter bietet man lebende und tote Fische. Molche und Frösche frißt sie nicht, beißt sie aber tot. Lebende Fische wittert die Schlange schnell. Ihr Biß ist für Fische giftig. Sie packt sie beim Kopf, wenn sie tot sind und frißt sie oft unter Wasser. *Cerberus rhynchops* hat sich bisher in der Gefangenschaft noch nicht fortgepflanzt. Von trächtig importierten Weibchen ist jedoch bekannt, daß sie im Aquarium Junge geboren und auch aufgezogen haben.

Gattung Erpeton
Fühlerschlangen
1 Art

Erpeton tentaculatum
Fühlerschlange

Kennzeichen: Diese Art gehört zu den bemerkenswertesten Schlangen. An der Schnauzenspitze ihres länglichen, viereckigen Kopfes befindet sich links und rechts je ein horizontal nach vorn gerichteter, fühlerähnlicher Fortsatz, dessen Funktion unbekannt ist. Das kleine Auge mit der geschlitzten Pupille bleibt immer waagerecht gestellt, wie die Schlange auch den Kopf hält. Der Körper wirkt mäßig schlank. Die Schuppen sind stark gekielt. Auf der Körperoberseite ist die Fühlerschlange gelblich bis rötlichbraun mit zwei dunklen Längsstreifen zu beiden Seiten der Rückenmitte. Auf den beiden Körperseiten verläuft ein dunkles Band, beginnend auf beiden Schläfenseiten. Auf der Rückenmitte finden sich zahlreiche dunkle Flecken. Die Bauchseite ist gelblich bis bräunlich und unregelmäßig dunkel gefleckt. Neben längsgestreiften Exemplaren gibt es jedoch auch quergefleckte. Die Fühlerschlange ist oft mit Algen bewachsen.

Länge: 70–90 cm.

Herkunft und Lebensweise: Diese nur im Wasser lebende Schlange kommt in Thailand, Kambodscha und in Südvietnam vor, wo man sie gelegentlich in Tümpeln, Sümpfen und trüben, langsam fließenden Gewässern in großer Zahl findet. Auf dem Land bewegt sie sich nur sehr mühsam. Wenn sie in die Hand genommen wird, versucht sie nie zu beißen oder zu entfliehen. Im Wasser ringelt sich die Fühlerschlange mit dem Schwanz um Wasserpflanzen oder um abgesunkene Äste und verharrt so steif und unbeweglich. Wegen dieser Eigenart nennen sie die Siamesen „Ngu kradan“, „Brettschlange“. Über die Funktion der Kopftentakel ist bisher nur unzutreffend geschrieben worden. Vielleicht sollen sie Fische anlocken, die ja die einzige Nahrung der Fühlerschlange darstellen. *Erpeton tentaculatum* bringt 9–13 voll entwickelte Junge zur Welt.

Haltung und Zucht: Die Fühlerschlange wurde in den letzten Jahren mehrfach in größerer Anzahl eingeführt. Man hält sie in einem gut bepflanzten Zierfischaquarium mit sandigem Bodengrund bei Temperaturen um 25–27 °C. Ein Deckrahmen mit Nylongaze oder eine passende Deckscheibe ist erforderlich, damit die Schlange nicht entweicht. Die Fühlerschlange ist in der Dämmerung aktiver als am Tag. In der Nacht kriecht sie oft pausenlos im Aquarium umher. Als Nahrung bietet man ausschließlich Fische, die die Schlange nicht verfolgt, sondern meist vom Kopf her packt wenn sie ihr vor das Maul schwimmen und sie dann sehr schnell verschlingt. Obwohl im Aquarium schon Paarungen beobachtet wurden, ist eine Nachzucht noch nicht gelungen.

Gattung Homalopsis
Boa-Trugnattern

Homalopsis buccata
Boa-Trugnatter
2 Unterarten

Kennzeichen: Die Boa-Trugnatter hat einen stämmigen Körper, einen kurzen, mopsförmigen Kopf, der sich deutlich vom Hals absetzt und ein kleines Auge mit senkrecht geschlitzter Pupille. Die Schuppen sind gekielt. Den dunkelgrauen, braunen oder rotbraunen Körper überziehen breite und schmale Querbinden, die gelblich, ockerfarben oder weißgrau sein können. Der Kopf ist gelblich bis grauweiß. Auf der Schnauze befindet sich ein mit der Spitze nach hinten gerichteter Winkelfleck. Ein mit der Spitze nach vorn gerichteter Winkelfleck ziert den Hinterkopf. Hinter jedem Auge steht ein ovaler, dunkler Fleck. Eine dunkle Linie zieht sich durch das Auge und endet an den Mundwinkeln. Die weiße Bauchseite ist an den Rändern schwarz, grau oder braun gefleckt. Die Schwanzunterseite trägt dunkelbraune oder schwarze Flecken.
Länge: 1 m.
Herkunft und Lebensweise: Homalopsis buccata kommt in Burma, Thailand, Laos, Kambodscha, Vietnam, auf der Malayischen Halbinsel und auf der Malayischen Inselwelt vor. Die an und in kleinen Flüssen, Tümpeln, Teichen, Klongs, überschwemmten Reisfeldern und in Sümpfen lebende Schlange ist stellenweise ziemlich häufig. Oft finden sie die Fischer in ihren Netzen. Mehr als andere Wassertrugnattern hält sie sich auf dem Lande auf, entfernt sich jedoch nie weit von ihren Heimatgewässern. Auf dem Lande unbeholfen und träge in ihren Bewegungen, erweist sie sich im Wasser als geschickte Schwimmerin. Ihre Nahrung besteht aus Fischen, Fröschen und gelegentlich Krebsen. *Homalopsis buccata* ist sanftmütig und beißt so gut wie nie, wenn man sie in die Hand nimmt. Sie bringt 9–21 voll entwickelte Junge zur Welt.
Haltung und Zucht: Die Boa-Trugnatter hält sich gut in der Gefangenschaft. Sie wird schon nach einigen Tagen handzahm und stellt sich auf die Person ihres Pflegers ein. Man bietet dieser anpassungsfähigen Wassertrugnatter ein Aquaterrarium, wie es für *Cerberus rhynchops* beschrieben ist, und pflegt sie bei den gleichen Licht- und Temperaturverhältnissen. *Homalopsis buccata* geht oft stundenlang an Land und wühlt im feuchten Erdboden. Man füttert sie mit Fischen und Fröschen. Die Boa-Trugnatter wurde bisher noch nicht in der Gefangenschaft nachgezüchtet.

Unterfamilie Boiginae
Trugnattern

Gattung Ahaetulla
Peitschennattern
8 Arten

Ahaetulla nasuta
Baumschnüffler
(Bild Seite 142)

Kennzeichen: Der lanzenspitzenförmige Kopf weist eine rüsselartig verlängerte Nasenspitze auf. Er setzt sich deutlich von dem sehr dünnen Hals ab. Die Augen sind auffallend groß. Die schlitzförmigen Pupillen stehen waagerecht und sind in der Mitte verengt. Ihre Form erinnert an ein Schlüsselloch. Der Baumschnüffler ist zu beidäugigem räumlichen Sehen befähigt. Die Augen sind meist auf die Ferne eingestellt. Der Körper dieser Schlange wirkt außerordentlich schlank und läßt sich mit einer Peitschenschnur vergleichen. Daher bezeichnet man den Baumschnüffler auch als Grüne Peitschenschlange. Die Schuppen sind glatt. Die Körperoberseite zeigt ein prachtvolles Gelbgrün, das an den Körperseiten in gelbliche Farbtöne übergeht. An jeder Bauchkante findet sich ein scharf begrenzter, gelblichweißer Längsstreifen, der am Hals beginnt und sich an der Schwanzspitze verliert. Die Bauchseite ist gelblichgrün bis gelb. Gelegentlich findet man

Exemplare mit gelber, brauner und isabellfarbener Oberseite und blei- oder rosafarbener Bauchseite. Die Unterseite des Kopfes ist weiß.
Länge: Zuweilen über 150 cm.
Herkunft und Lebensweise: Der Baumschnüffler bewohnt das tropische Südost-Asien von Ceylon über weite Teile Indiens bis nach Hinterindien. Er lebt meist auf Bäumen und steigt nur selten auf den Erdboden herab. Bewegungslos liegt die Schlange auf Ästen und Zweigen, wobei ein großer Teil des Körpers frei in der Luft hängt. Der Baumschnüffler kriecht mühelos und erstaunlich sicher von Ast zu Ast. Er ist am Tage aktiv. Seine Nahrung besteht fast ausnahmslos aus Echsen. Seltener frißt er Mäuse oder Vögel. In Ausnahmefällen soll er sogar Schlangen verzehren. Eine erjagte Echse wird nicht umschlungen, sondern so lange mit der Schnauze festgehalten bis sie tot ist. Der Baumschnüffler ist schwach giftig und etwas bissig, so daß, wie bei allen Trugnattern, bei der Pflege Vorsicht geboten ist. *Ahaetulla nasuta* bringt 8–23 voll entwickelte Junge zur Welt, die meist zwischen März und Dezember abgesetzt werden.
Haltung und Zucht: Damit sich der Baumschnüffler wohl fühlt, hält man ihn in einem geräumigen, hohen Regenwald-Terrarium mit reich verzweigten Kletterästen und reichlichem Pflanzenwuchs. Als Bodenfüllung verwendet man Lauberde oder Torf. Ein großer Wasserbehälter ist notwendig, eine Bodenheizung kann fehlen, da die Schlange die Astregion nur selten oder gar nicht verläßt. Die Schlangen haben es gern, wenn man sie am Tage 2–3mal besprüht. Der Baumschnüffler benötigt eine ganztägige Beleuchtung, er liebt Sonnenlicht und Tagestemperaturen zwischen 23–28°C. Als Futter bietet man wöchentlich 1–3 Eidechsen in der Größe der Mauereidechse an, die der Baumschnüffler in der ihm eigenen Weise mit S-förmig angezogenem Vorderleib und unter wippenden Bewegungen mit großer Zielsicherheit blitzschnell erfaßt. Gelegentlich frißt er auch kleinere Mäuse und Fische. Das Beutetier ist nach ungefähr 10 Minuten tot, nachdem es von den weit hinten im Rachen sitzenden Furchenzähnen vergiftet worden ist. *Ahaetulla nasuta* ist in der Gefangenschaft nachgezüchtet worden, aber auch trächtig eingeführte Weibchen haben schon Junge abgesetzt. Die Jungen sind bei der Geburt durchschnittlich 44 cm lang. Die erste Häutung findet etwa 2 Wochen nach der Geburt statt. Die jungen Schlangen fressen junge Grasfrösche und Eidechsen und nach einiger Zeit sogar nackte Mäuse. Nach ungefähr 3 Monaten messen sie 57 cm.

Gattung Boiga
Nachtbaumnattern
21 Arten

Boiga dendrophila
Mangroven-Nachtbaumnatter
7 Unterarten
(Bild Seite 142)

Kennzeichen: Der oval geformte Kopf setzt sich kaum vom Hals ab. Die Pupille der großen Augen ist bei hellem Licht senkrecht geschlitzt. Der Körper wirkt seitlich leicht abgeflacht mit einem auf der Rückenmitte verlaufenden schwachen Rückenfirst. Der „Ularburong“ – so wird diese Art von den Malaien genannt – besitzt eine wundervolle Färbung und Zeichnung. Von der blauschwarzen Körperoberseite heben sich senkrecht verlaufende, schwefelgelbe Querbinden deutlich ab. Die Querbinden, die auf der Rückenmitte unterbrochen sind, werden zum Bauch hin breiter. Die Bauchseite ist einfarbig schwarz oder gelb gefleckt. Auch die Ober- und Unterlippenschilder und die Kehle sind gelb, aber von schwarzen Rändern eingefaßt.
Länge: Etwas über 2 m.
Herkunft und Lebensweise: Die Mangroven-Nachtbaumnatter ist in Südasien, Indonesien und auf den Philippinen beheimatet. Sie bewohnt die tropischen Regenwälder und ist in der Dämmerung und nachts aktiv. Sie lebt auf Bäumen und im Gebüsch und kriecht nur aus-

nahmsweise auf den Erdboden herab. *Boiga dendrophila* ernährt sich von Vögeln, Schlangen und Echsen; gelegentlich frißt sie auch Fledermäuse und Fische. Dem Menschen gegenüber verhält sich diese Schlange sehr bissig. Wenn sich ein Feind nähert, bereitet sie sich sofort zur Abwehr vor, biegt den Kopf nach hinten und zittert erregt mit dem Schwanz. Der Biß dieser Trugnatter ist in der Regel ungefährlich. Es ist jedoch mehrfach schon zu schweren Vergiftungen gekommen. Daher sollte man sich dieser Schlange gegenüber auf keinen Fall unachtsam verhalten. Die Mangroven-Nachtbaumnatter legt etwa 7–10 Eier.

Haltung und Zucht: Als Baumbewohner hält man die Mangroven-Nachtbaumnatter entsprechend in einem sehr geräumigen Terrarium mit kräftigen Kletterästen und guter Bepflanzung. Als Bodengrund verwendet man ein Gemisch aus Lauberde und Sand mit viel verrottenden Blättern. Die Inneneinrichtung des Behälters und die Schlange sollten jeden Tag mit lauwarmem Wasser besprüht werden. Ein großer Wasserbehälter ist notwendig. *Boiga dendrophila* verlangt Tagestemperaturen zwischen 25–30 °C und nachts 22 °C. Als Futter bietet man Vögel, Eidechsen, Fische und auch Mäuse. Man hält die Mangroven-Nachtbaumnatter einzeln, da sie zuweilen andere Käfiginsassen kurzerhand auffrißt. Am Tage liegt diese Trugnatter auf Ästen und bewegt sich wenig. Selten steigt sie auf den Boden herab. Die Nachzucht ist im Zoo von Baltimore gelungen. Die Eier wurden in einen keimfreien Bodengrund eingebettet. Die jungen Schlangen schlüpften nach 108 Tagen.

Boiga cyanea
Grüne Katzenaugennatter
Bild Seite 196

Kennzeichen: Der kurze, herzförmige Kopf setzt sich deutlich von dem schlanken Hals ab. Das Auge ist auffallend groß. Die Pupillen sind im hellen Licht senkrecht geschlitzt. Von den 8 Oberlippenschilden berühren das 3., das 4. und das 5. den unteren Augenrand. An das Auge grenzen weiterhin ein Präokular-, ein Supraokular- und 2 Postokularschilde. Die glatten Körperschuppen umgeben die Rumpfmitte in 21 schrägen Reihen. Die Körperoberseite ist dunkelgrün. Die Häute zwischen den Schuppen sind schwarz. Die Körperunterseite variiert zwischen grünlichweißen, hellgrünen und gelblichen Farbtönen. Das Maulinnere ist schwarz.

Länge: 100–150 cm, in seltenen Fällen kaum 2 m erreichend.

Herkunft und Lebensweise: Boiga cyanea ist auf dem südostasiatischen Subkontinent von Nordost-Indien über Burma, Thailand, Laos, Kambodscha, Vietnam und Teile der Malayischen Halbinsel weit verbreitet. Die genannte Art bewohnt sowohl die Ebene wie das Bergland. In der nordostthailändischen Provinz Loei kommt sie auf dem Phu Lom Lo noch in Höhenlagen von 2100 m vor. Ich fing *Boiga cyanea* auf der südthailändischen Insel Phuket im Flachland bei Hat Nai Harn am Rande eines Sekundärwaldes, in der ostthailändischen Provinz Sisaket bei Ban Mak Yang in niedrigem Gebüsch, das die dortigen Reisfelder umgibt, und beobachtete die Grüne Katzenaugennatter am Rande des Huai Lumta Khlong im Bergland des Khao Yai Nationalparkes. *Boiga cyanea* ist ein entschieden busch- und baumbewohnendes Reptil, das nur gelegentlich und dann fast nur nachts oder bei oder nach starken Regenfällen auf den Erdboden herabsteigt. In freier Natur vertraut die Grüne Katzenaugennatter auf ihre kryptische Färbung und macht keine Anstalten zur Flucht. In ihren Bewegungen ist sie langsam und somit ohne die geringsten Schwierigkeiten zu fangen. Beim Fang verhalten sich manche Exemplare recht passiv, während andere den langen, schlanken Vorderkörper in S-förmige Windungen legen, das Maul in aposematischer Weise drohend öffnen und dann auch zubeißen. Obwohl *Boiga cyanea* eine opistoglyphe Natter mit Furchenzähnen ist, kommt es zu keinen oder unbedeutenden Vergiftungserscheinungen. Das Beutespektrum besteht aus Kleinsäugern, Vögeln, Fröschen, Echsen und bevorzugt aus Schlangen, wobei sie auch giftige Arten wie Vertreter der Gattung *Trimeresurus* und *Calloselasma* wie die der eigenen Art nicht verschmäht. Ihre Beutetiere tötet sie durch Erdrosseln. Nach den Angaben von Saint Girons findet die Paarung im Juli und im August statt und die Ablage der Eier, oft 9–13 an der Zahl, gegen Ende August bis Anfang September. Die jungen *Boiga cyanea* schlüpfen im Oktober und im November.

Haltung und Zucht: Unter Obhut des Menschen ist *Boiga cyanea* bei sachgerechter Pflege nicht schwierig in der Haltung und ein ausdauerndes Terrarientier. Angezeigt ist ein geräumiges Regenwaldterrarium mit einem Bodengrund möglichst aus Walderde, mehreren Kletterästen, die von gut wachsenden Pflanzen umrankt werden. Während des Tages hält sich die Schlange auf den Ästen auf und steigt gegen Abend und in der Nacht auf den Erdboden herab. Ein großer Wasserbehälter ist notwendig. Die Grüne Katzenaugennatter liebt ein tägliches Übersprühen mit leicht angewärmtem Wasser von ungefähr 25 °C. Während des Tages soll die Lufttemperatur 25–32 °C und in der Nacht 22–24 °C betragen. Einzelhaltung ist eine Notwendigkeit, da *Boiga cyanea* bevorzugt Schlangen frißt und auch Artgenossen nicht verschont. Die meisten Exemplare lassen sich jedoch auf Mäuse und Vögel umstellen. Über eine gelungene Nachzucht ist nichts bekannt.

Gattung Dendrelaphis
Bronzenattern
Ungefähr 12 Arten

Dendrelaphis pictus
Bronzenatter
3 Unterarten
(Bild Seite 231)

Kennzeichen: Die Bronzenatter ist eine peitschenähnlich langgestreckte Schlange, deren länglich-ovaler Kopf sich von der schlankeren Halsregion deutlich absetzt. Die Schnauzenspitze ist leicht abgerundet. Das Auge ist groß mit runder Pupille. Es sind 9, seltener 8–10 Oberlippenschilde vorhanden. 15 trapezähnliche Schuppen umgeben die Körpermitte in schrägen Reihen. Die Körperoberseite ist braun mit einem gelben Streifen auf jeder Flanke. Der gelbe Lateralstreifen wird sowohl oben wie unten durch einen schwarzen Streifen begrenzt, der im Kloakenbereich endet. Die Bauchseite ist gelblich, cremefarben oder bläulich.

Länge: 100–120 cm.

Herkunft und Lebensweise: Dendrelaphis pictus ist von Ceylon über Indien, Bengalen, Burma, Thailand, Süd-China, Hongkong, Hainan, Laos, Vietnam, Kambodscha, die Malayische Halbinsel und die Philippinen bis zu den Molukken verbreitet. Diese schlankwüchsige Art lebt bevorzugt auf Hecken, Büschen und Bäumen, wo man sie in der Regel auf Zweigen und im Geäst antrifft. Ich habe diese tag- und nachtaktive Schlange häufig auf Büschen und Bäumen, aber auch auf dem Erdboden mitten in Reisfeldern in Ost-Thailand gesehen, wo sie überaus häufig vorkommt. Wenn man das Tier in der Dunkelheit mit der Taschenlampe anleuchtet, bleibt es ruhig im Geäst liegen. Nicht selten erblickt man zwei oder drei Exempare auf dem gleichen Zweig. Zu zweit bereitet der Fang kaum Schwierigkeiten. Eine Person klettert auf den Baum und fängt die Schlange, die nachts nur wenig Neigung zur Flucht verspürt und liegen bleibt. Läßt sich die Schlange vom Baum herabfallen, was ihr in der

Regel keinen Schaden bereitet, so kann die unten stehende zweite Person rasch zugreifen. Die Bronzenatter lebt sowohl in der Ebene wie im Bergland, meist in der Nähe von Gewässern wie Teichen, Bächen, Flüssen, Reisfeldern usw., wo sie als Kulturfolgerin hinreichend Frösche findet, die ihre Hauptnahrung darstellen. Gelegentlich verzehrt sie kleine Echsen, vornehmlich Geckos, während Jungtiere auch auf Insekten, besonders auf Heuschrecken, Jagd machen. *Dendrelaphis pictus* legt 3–9 große, längliche Eier mit weitgehend entwikkelten Embryonen.

Haltung und Zucht: Die Bronzenatter wird nur gelegentlich importiert. Man pflegt diese haltbare Schlange in einem gut bepflanzten Regenwaldterrarium, in dem genügend Klettergelegenheiten vorhanden sind. Meist halten sich die Schlangen im Geäst auf. Ein großes Wassergefäß darf nicht fehlen und ebenso ist tägliches Besprühen mit leicht angewärmtem Wasser (ca. 25 °C) eine Notwendigkeit. Falls das Terrarium keinen hellen Standort aufweist, sollte die Beleuchtung täglich 10–12 Stunden in Betrieb sein. Zu seinem Wohlbefinden verlangt *Dendrelaphis pictus* Tagestemperaturen zwischen 25 und 30 °C, die nachts auf 22 °C absinken dürfen. Die Bronzenatter ist nach einer Eingewöhnungsphase von mehreren Wochen ein ausdauerndes Terrarientier. Als Futter biete man Echsen, vornehmlich Geckos, Frösche oder Froschteile, die auch von der Pinzette genommen werden. Ein Vorrat von überfahrenen Grasfröschen, die man nach Regengüssen auf den Straßen einsammeln kann, läßt sich über lange Zeit im Eisschrank konservieren. Obwohl Bronzenattern gierige Fresser sind, so nehmen sie doch erst dann wieder Futter an, wenn die vorhergegangene Mahlzeit verdaut ist. *Dendrelaphis pictus* mag es nicht leiden, in die Hand genommen zu werden. Im Erregungszustand flacht sie den Hals und Vorderkörper vertikal ab, wobei die hellblauen Tupfen auf den Schuppenrändern einen wunderschönen Anblick bieten und züngelt gefährlich. *Dendrelaphis pictus* wurde noch nicht nachgezüchtet.

Gattung Chrysopelea
Schmuckbaumnattern
5 Arten

Chrysopelea ornata
Schmuckbaumschlange
2 Unterarten
(Bild Seite 231)

Kennzeichen: Der flache, längliche und an der Schnauzenspitze kantige Kopf setzt sich deutlich vom Hals ab. Das sehr große Auge besitzt eine runde Pupille. Die langgestreckte, elegante Körperform läßt erkennen, daß diese Art vorwiegend auf Bäumen lebt. Die Schuppen sind glatt oder nur schwach gekielt. Der Kopf ist schwarz und gelb gefleckt oder weist gelbe und schwarze Querbinden auf. Die grünen Schuppen des Rückens und der Körperseiten haben schwarze Ränder. Während die Nominatform *ornata ornata* auf dem Rücken eine Längsreihe roter Flecken von verschiedener Form aufweist, fehlen diese bei der Unterart *ornata ornatissima* auf der Rückenmitte. Jede einzelne Schuppe durchzieht in der Mitte eine schwarze Linie. Im Gegensatz zu erwachsenen Exemplaren weisen Jungtiere auf dem Körper stets eine helle Querbänderung auf. Die Bauchseite dagegen ist hellgelb bis grünlichgelb gefärbt.

Länge: Selten über 140 cm.

Herkunft und Lebensweise: Die Schmuckbaumschlange bewohnt Ceylon, Vorderindien, Südchina und Südost-Asien samt der Malayischen Halbinsel. Sie ist ein häufig vorkommendes Reptil, das außerordentlich gut zu klettern vermag. Ihr Lebensbereich sind Bäume und Büsche. Jungtiere findet man zuweilen im Gras und am Fuß von Bäumen. In dichten Wäldern kommt sie nicht oder nur sehr selten vor. Dagegen beherbergen alte Bäume selbst in Stadtgebieten oft eine oder mehrere dieser Schlangen. Häufig findet man sie auf Kokospalmen und im Dachgebälk alter Häuser. So ergriff und fing der Verfasser im Juli 1980 ein Exemplar, das in einem Hotel am Mae Nam Kwae Noi in West-Thailand unerwartet aus dem Dachgebälk auf das Geländer fiel. Die Schmuckbaumschlange bewegt sich ungemein flink und vermag ohne große Mühe an Baumstämmen senkrecht emporzukriechen. Zu einem sogenannten „Fallschirmflug", wie man ihn von der nahe verwandten *Chrysopelea paradisii* her kennt, die ihren Körper vom Rücken zum Bauch abplatten kann, ist sie nicht befähigt, wohl aber kann sie von einem Ast zum anderen gleiten. Die Nahrung der Schmuckbaumschlange besteht aus Echsen – namentlich Geckos –, Mäusen, Fledermäusen, Schlangen und selbst Insekten. Die Schmuckbaumschlange packt ihre Beute, hält sie zwischen den Kiefern fest, umschlingt sie mit ihrem Vorderkörper und verzehrt sie vom Kopf her. Die Paarung findet im Juni statt. 6–12 längliche Eier werden meist in Bäumen abgelegt.

Haltung und Zucht: Chrysopelea ornata verlangt die gleiche Terrarieneinrichtung und weitgehend die gleichen Pflegebedingungen wie *Boiga dendrophila*, bei Tagestemperaturen zwischen 22–28 °C. Allerdings sollte man sie nicht ganz so feucht halten wie *Boiga dendrophila*. Die weitgehend tagsüber aktive Schmuckbaumschlange benötigt 12–14 Stunden künstliche Beleuchtung, besser aber Sonne am Vor- und Nachmittag. Obwohl *Chrysopelea ornata* sich ziemlich bissig zeigt, ist über Vergiftungen beim Menschen bisher nichts bekannt geworden. Als Futter bietet man Eidechsen, falls die Schlangen überhaupt nicht an Mäuse zu gewöhnen sind. Die Nachzucht ist F. Golder gelungen. Die Eier entwickelten sich im Verlauf von 70–92 Tagen bei Temperaturen zwischen 25–26 °C. Die jungen Schlangen waren nach dem Schlüpfen ungefähr 20 cm lang.

Gattung Thrasops
Schwarze Baumschlangen
4 Arten

Thrasops jacksonii
Schwarze Baumschlange

Kennzeichen: Der mittellange Kopf setzt sich nur mäßig vom Hals ab. Die großen, schwarzen Augen haben eine runde Pupille. Es sind 8 Oberlippenschilde vorhanden, selten 7 oder 9. Die Rumpfmitte wird von 17–19, selten von 21 in schrägen Reihen stehenden ungekielten und gekielten Schuppen umgeben. Erwachsene Exemplare sind einförmig schwarz. *Thrasops jacksonii* ist der schwarzen Farbvariante von *Dispholidus typus* so sehr ähnlich, daß sie von der letzteren nur äußerst schwer zu unterscheiden ist. Ein Unterscheidungsmerkmal der beiden Arten stellt die Augenfärbung dar. Die Augen von *Dispholidus typus* sind hellbraun, während die von *Thrasops jacksonii* schwarz sind. Junge *Thrasops jacksonii* sind dunkelgelb bis orange gebändert.

Länge: Bis 230 cm.

Herkunft und Lebensweise: Die Schwarze Baumschlange bewohnt Tansania westlich von Victoria Nyanza, West-Kenya, West-Uganda bis zum zentralen Kongo-Kinshasa und kommt noch im westlichen Kasai-Becken vor. Die weitgehend baumbewohnende und tagaktive Natter ist in ihrem Vorkommen an primäre Regenwälder gebunden. Wenn die letzteren vernichtet werden, gehen die Schlangenbestände dieser Art drastisch zurück oder verschwinden gänzlich. Ihr Beutespektrum umfaßt in freier Natur Echsen, Frösche, Vögel, Mäuse, Ratten und gelegentlich sogar Schlangen. *Thrasops jacksonii* zeigt unter Freiheitsbedingungen ein eindrucksvoll stürmisches Naturell. Im Zustande der Erregung bläht sie die Halsregion auf und flacht sie vertikal ab. Sie beißt rasch zu.

Im Terrarium gewöhnt sie sich schnell an den Menschen und verliert das imposante Drohverhalten. Über das Fortpflanzungsverhalten und die Fortpflanzung in der Natur ist nur wenig bekannt. Die Schwarze Baumschlange legt oft über 10 Eier.

Haltung und Zucht: Wegen ihrer Größe benötigt *Thrasops jacksonii* einen sehr geräumigen Behälter mit einem beliebigen Bodengrund. Wichtig sind Kletteräste, auf denen sich diese Baumschlangen fast immer aufhalten. Ein Trinkgefäß darf nicht fehlen und es sollte täglich mit leicht angewärmtem Wasser gesprüht werden. Als typische Bewohnerin des zentralafrikanischen Regenwaldes benötigt *Thrasops jacksonii* Tagestemperaturen zwischen 25 und 30 °C, die nachts auf 20–25 °C fallen sollen. Während des Tages sollte die Beleuchtung 10–12 Stunden in Betrieb sein. Unter den genannten Bedingungen ist die Schwarze Baumschlange ein dankbarer Pflegling, der jahrelang im Terrarium ausdauert und auch zur Fortpflanzung schreitet. Pillich konnte diese stattliche Natter zur Nachzucht bringen. Die Tiere paarten sich im Spätsommer. Das Weibchen legte am 21. Dezember 1976 9 Eier unter dem Wasserbehälter ab. Die Eier, die eine Länge von 3,5 cm und eine Breite von 1,5 cm hatten, wurden bei einer Temperatur von 30 °C inkubiert. In der Folgezeit gingen 4 Eier zugrunde, während die anderen 5 auf eine Größe von 5,5 × 3,5 cm heranwuchsen. Nach 84 Tagen schlüpfte eine und nach 86 Tagen 4 Jungschlangen. Die erste Häutung erfolgte nach 11 Tagen. Die jungen *Thrasops jacksonii* gingen recht bald selbständig an Jungmäuse. Zwei der jungen Schlangen wuchsen heran und paarten sich zwischen September und November 1981. Das Weibchen legte am 19. Januar 1982 ein Gelege von 7 Eiern ab. Am 15. April schlüpfte jedoch nur ein Jungtier.

Gattung Crotaphopeltis
Rotlippenschlangen
3 Arten

Crotaphopeltis hotamboeia
Rotlippenschlange
3 Unterarten

Kennzeichen: Der flache, kurze Kopf setzt sich deutlich vom Hals ab. Das große Auge hat eine senkrecht geschlitzte Pupille. Der Körper wirkt seitlich ein wenig zusammengedrückt. Die Schuppen sind glatt oder leicht gekielt. Die Körperfärbung schwankt zwischen graubraun, olivbraun, graugrün oder schwärzlich. Die Schlange kann einfarbig oder weißlich gefleckt sein. Gewöhnlich sind die Schuppenränder weißlich gefleckt und bilden dann feine Querbänder. Die Kopfoberseite erscheint dunkelblau bis schwarz, die Oberlippenschilder orangerot, gelblich oder weiß. Die Bauchseite ist einfarbig weiß, die Kehle und die Schwanzspitze manchmal schwarz.

Länge: 70 cm, gelegentlich bis 110 cm.

Herkunft und Lebensweise: Mit Ausnahme des tropischen Regenwaldes ist die Rotlippenschlange über weite Teile des tropischen Afrikas und in Südafrika von der westlichen Hälfte des Kaplandes bis zum Osten hin verbreitet. *Crotaphopeltis hotamboeia* lebt von Meereshöhe an bis hinauf in ungefähr 2000 m. Ihrer weiten Verbreitung wegen ist sie eine der bekanntesten afrikanischen Schlangen. In der östlichen Kapprovinz ist sie auch unter der Bezeichnung „Heraldschlange“ bekannt. Diese Benennung gab ihr J. M. Leslie, der sie zuerst im sogenannten „Heroldbezirk“ entdeckte. Die Rotlippenschlange ist weitgehend nachts aktiv. Darum wird sie irrtümlicherweise oft mit der Nachtotter *(Causus rhombeatus)* verwechselt. *Crotaphopeltis hotamboeia* bevorzugt feuchte Lebensräume. Am Tage hält sie sich unter Baumstämmen, altem Holz, morscher Rinde, Blättern und Steinen versteckt. Stört man sie, zeigt sie sich recht angriffslustig. Sie zischt laut, flacht Kopf und Körper ab und beißt wild auf den Störenfried ein. Ihre bevor-

zugte Nahrung sind Frösche und Kröten, die sie an irgendeinem Körperteil packt und lebend hinunterwürgt. Sie frißt aber auch Echsen und Kleinsäuger, besonders Mäuse. Ihr Biß ist für den Menschen im allgemeinen ungefährlich, da die Giftzähne tief im Rachen sitzen und das Gift sehr schwach ist. Im späten Frühling oder frühen Sommer legt die Rotlippenschlange 6–12 Eier, die ungefähr 30 × 12 mm groß sind. Die Eier, die meist in verrottendes Pflanzenmaterial gelegt werden, benötigen ungefähr 3 Monate zur Entwicklung. Die jungen Schlangen sind ungefähr 8–10 cm lang.
Haltung und Zucht: Crotaphopeltis hotamboeia gewöhnt sich bald an die Gefangenschaft, wird handzahm und nimmt die dargebotene Nahrung aus der Hand. Für den Anfänger ist diese Schlange recht geeignet. In einem kleinen bis mittelgroßen Terrarium mit einer Bodenfüllung aus einem Gemisch von Sand und Walderde, einigen Rindenstücken und Steinen als Versteck und einem etwas größeren Wassergefäß hält sie sich gut. Da sie weitgehend nachtaktiv ist, kommt sie am Tage nur selten aus ihrem Unterschlupf. *Crotaphopeltis hotamboeia* verlangt zu ihrem Wohlbefinden Tagestemperaturen zwischen 25–30 °C. Nachts soll die Temperatur um einige Grad absinken. Von einer Nachzucht in der Gefangenschaft liegen keine Berichte vor. F. W. Fitzsimons berichtet von einer zweiköpfigen Rotlippenschlange, die ein Jahr im Port Elisabeth Snake Park lebte. Das betreffende Exemplar fraß mit beiden Köpfen; die Nahrung rutschte in einen Magen. Beide Köpfe waren futterneidisch aufeinander. Oft packten sie den gleichen Frosch und stritten sich um die Beute.

Gattung Dispholidus
Boomslangs

Dispholidus typus
Boomslang

Kennzeichen: Der Kopf ist kurz, hinten ein wenig verdickt und deutlich vom Hals abgesetzt. Das sehr große Auge weist eine runde, gelegentlich auch eine horizontale Pupille auf. Der Körper wirkt schlank und auf beiden Seiten ein wenig zusammengedrückt. Die schmalen Schuppen sind deutlich gekielt. Die Boomslang spaltet nicht in Unterarten auf, kommt aber in den verschiedensten Farbvarianten vor. Die Körperoberseite der Boomslang kann hell- bis dunkelbraun, blatt- bis olivgrün und sogar schwarz sein. Manche Exemplare sind einfarbig, andere braun oder schwarz gefleckt oder weisen auf der Rückenmitte eine dunkle Linie auf. Bei den grünen Boomslangs können die Schuppen schwarze Ränder haben. Die Bauchseite kann einfarbig braun, gelb oder grün oder auch gefleckt sein. Neben den hier aufgezählten Farbvarianten gibt es alle möglichen Übergänge, die als Boomslangs zuweilen gar nicht erkannt und mit anderen Schlangenarten verwechselt werden. Braune Boomslangs sind in der Regel Weibchen, die anders gefärbten Exemplare Männchen.
Länge: 130–150 cm, selten über 180 cm.
Herkunft und Lebensweise: Dispholidus typus ist in Afrika weit verbreitet. Sie kommt vom Senegal und Äthiopien bis nach Südafrika vor. Die Boomslang bewohnt die Savanne und Buschlandschaften. Ihr eigentlicher Lebensraum sind Bäume und Büsche. Ihr schlanker Körperbau ermöglicht ihr sich mit großer Geschicklichkeit im Geäst zu bewegen. Ihrer tarnenden Körperfärbung wegen und bei ihrer Fähigkeit mit erhobenem Körper längere Zeit unbeweglich im Geäst zu verharren, paßt sie sich so täuschend ihrer Umgebung an, daß selbst Vögel sie oft nicht bemerken. Zuweilen steigt diese Trugnatter zum Erdboden herab, ist aber hier bei weitem nicht so gewandt wie auf Bäumen. Bei der geringsten Störung verschwindet sie auf dem nächsten Baum oder im Gebüsch. Ihre Schwimmfähigkeiten sind ebenfalls gut entwickelt. Die Boomslang ernährt sich von baumbewohnenden Echsen, besonders von Chamäleons. Sie frißt auch Frösche, Mäuse, Vögel und deren Eier. Sie erdrosselt ihre Beute nicht, sondern hält sie zwischen den

Kiefern bis das Gift wirkt. Der Biß von *Dispholidus typus* kann auch für den Menschen sehr gefährlich werden. Ihre Giftzähne stehen weiter vorn im Oberkiefer als es bei anderen Trugnattern der Fall ist. Bei einem Biß können die Giftzähne also durchaus in Funktion treten. Das Gift ist sehr stark und in der gleichen Menge wirkungsvoller als das von Mambas *(Dendroaspis)* und Kobras *(Naja)*. Es ist ein Gemisch von Nerven- und Blutgiften und kann durchaus den Tod eines Menschen verursachen. Dies ist in der Tat schon mehrfach geschehen. Daher ist beim Umgang mit diesen Schlangen größte Vorsicht geboten. *Dispholidus typus* ist nicht angriffslustig. Daher sind Bißе sehr selten. Wird sie jedoch gestellt und kann nicht mehr fliehen, so bläht sie die Halsregion und den Vorderkörper senkrecht auf. Die Paarung findet auf Bäumen und Büschen und nicht wie bei den meisten Schlangen auf dem Erdboden statt. Ungefähr 4 Monate nach der Paarung legt das Weibchen 8–23 Eier in hohle Bäume, Spechtnester oder in den Erdboden, dort wo Wärme und Feuchtigkeit ihre Entwicklung sicherstellen. Die Jungen, die nach 4–7 Monaten schlüpfen, sind ungefähr 33 cm lang.

Haltung und Zucht: Bei ihrem starken Bewegungsdrang benötigt die Boomslang ein großes, bepflanztes Terrarium mit zahlreichen Kletterästen damit sie sich wohlfühlt. Als Bodenfüllung verwendet man Sand. Ein Wasserbehälter darf nicht fehlen. Auf eine Bodenheizung kann man verzichten, da die Schlangen sich fast immer im Geäst aufhalten. Als Pflanzen verwendet man nur widerstandsfähige Arten, da die Boomslang beim Umherkriechen empfindlichere Pflanzen beschädigt. Falls das Terrarium weder Vor- und Nachmittagssonne noch sonst Tageslicht erhält, sollte die Beleuchtung ganztägig in Betrieb sein. *Dispholidus typus* verlangt Tagestemperaturen zwischen 25–30°C und in der Nacht 20–22°C. Da die natürliche Nahrung dieser Schlange hauptsächlich aus Chamäleons besteht, bereitet die Futterbeschaffung einige Schwierigkeiten. Da manche Exemplare Mäuse durchaus nicht als Nahrung annehmen wollen, ist gelegentlich eine zwangsweise Fütterung erforderlich. Die meisten Boomslangs fressen jedoch über kurz oder lang Mäuse und sind dann sehr haltbar. Die Nachzucht ist im Terrarium bereits gelungen. Die Eier bettet man in feuchten Torfmull oder einen ähnlichen Bodengrund bei Temperaturen zwischen 25–28°C ein. Die Jungen häuten 7–11 Tage nach dem Schlüpfen. Oft nehmen sie die dargebotene Nahrung nicht an und man muß sich auch hier zu zwangsweiser Fütterung entschließen. Bald fressen die Jungen jedoch selbständig kleine Mäuse. Wenn *Dispholidus typus* als Trugnatter im üblichen Sinn auch keine Giftschlange ist, so besteht doch die Gefahr, daß ein Biß unter Umständen einen so tragischen Ausgang nehmen kann wie bei dem berühmten amerikanischen Herpetologen Karl Patterson Schmidt, der einem Biß dieser Schlange zum Opfer fiel. Deshalb sollte die Boomslang privat nur von sehr erfahrenen Kennern gehalten werden; auch bei jeder Zwangsfütterung ist große Vorsicht geboten.

Gattung Thelotornis
Vogelschlangen
1 Art

Thelotornis kirtlandii
Lianennatter
3 Unterarten

Kennzeichen: Thelotornis kirtlandii besitzt einen langen, zugespitzten Kopf, der sich deutlich von dem sehr schlanken Hals absetzt. Das Auge ist groß. Die horizontal liegende Pupille weist in der Mitte eine Verengung auf und erinnert so an den Umriß eines Schlüssellochs. Der Körper wirkt dünn, der Schwanz langausgezogen. Die Schuppen sind länglich und schwach gekielt. Der dunkelgraue bis graubraune Körper trägt unregelmäßige helle Querbinden mit dunklem Rand. Ein oder zwei große schwarze Querflecken finden sich auf dem Hals. Der Kopf ist graugrün, violett oder

rotbraun und mehr oder weniger braun bis schwarz gefleckt. Die Flecken verschmelzen teilweise zu einem Y-förmigen Muster. Ein rotviolettes bis schwarzes Schläfenband zieht sich von der Schnauzenspitze durch das Auge und endet auf der Halsseite. Die Bauchseite ist rötlichweiß mit dunkelgrauer Fleckung.
Länge: 120–170 cm.
Herkunft und Lebensweise: Wie schon der deutsche Name sagt, lebt *Thelotornis kirtlandii* auf Bäumen und steigt nur sehr selten zum Erdboden hinab. Ihr eigentlicher Lebensbereich ist die Savanne. Farblich hat sie sich so hervorragend an ihre Umgebung angepaßt wie kaum eine andere afrikanische Schlange. Im Geäst nimmt sie ihre typische Ruhestellung ein. Dabei ist das vordere Körperdrittel schräg aufgerichtet. In dieser Stellung verweilt sie ohne Bewegung lange Zeit. Wird sie in die Enge getrieben, so nimmt sie sofort eine eindrucksvolle Drohstellung ein. Sie bläht die Kehle und den vorderen Körperteil vertikal auf und hält dabei den Kopf waagrecht. Da die Zähne weit im Rachen stehen, sind manche Bisse ohne Folgen. Das Gift dieser baumbewohnenden Trugnatter ist so stark wie das der Boomslang und verursacht die gleichen Symptome, beispielsweise kaum aufzuhaltende Blutungen in den inneren Organen. An den Folgen eines Bisses von *Thelotornis kirtlandii* verstarb im August 1975 Prof. Dr. Robert Mertens, der bekannte und bedeutende Herpetologe. Die Lianennatter ernährt sich mit Vorliebe von Echsen, namentlich Geckos und Chamäleons, frißt aber auch Schlangen, Frösche und Kröten. Dank der hervorragenden beidäugigen räumlichen Sehfähigkeit, bedingt durch die schlüssellochförmigen Pupillen, vermag diese Schlange sowohl regungslose wie sich bewegende Beutetiere wahrzunehmen. Sie packt das Beutetier und hält es so lange zwischen den Kiefern fest bis es vergiftet ist. Die Lianennatter legt meist im Dezember oder Januar 6–10 Eier. Die jungen Schlangen sind zwischen 23–25 cm lang.
Haltung und Zucht: Thelotornis kirtlandii verlangt die gleiche Pflege und Behältereinrichtung wie *Dispholidus typus*. Als Futter bietet man Echsen und Frösche. Manche Exemplare fressen auch Vögel und Mäuse. Bei der Haltung dieser Trugnatter ist größte Vorsicht geboten. Eine Nachzucht von *Thelotornis kirtlandii* gelang im Lincoln Park in Chicago.

Gattung Malpolon
Eidechsennattern
2 Arten

Malpolon monspessulanus
Europäische Eidechsennatter
2 Unterarten
(Bild Seite 232)

Kennzeichen: Der lange Kopf setzt sich kaum vom Hals ab. Die Stirn ist vor und zwischen den Augen gefurcht. Die Augenbrauenschilde ragen ein wenig über die sehr großen Augen mit den runden Pupillen hinaus. Der Körper wirkt mäßig schlank. Die Schuppen sind ungekielt. Die Eidechsennatter tritt in den verschiedensten Farbschattierungen auf, von Hellgelb über Graugrün bis Schwarz. Den Rücken und die Flanken bedecken kleine schwärzliche Flecken, die teilweise oder gänzlich gelb oder weiß gesäumt sind. Diese Flekken, die gewöhnlich 5–7 Längsreihen bilden sind so angeordnet, daß sie in jeder Reihe gegeneinander versetzt stehen. Die Bauchseite ist einfarbig gelblichgrau oder weist Tupfen in 4 Reihen auf. Die Kopfzeichnung besteht aus dunklen Flecken und Linien, die hell gesäumt sind und bei der Nominatform im Alter sich weitgehend zurückbilden.
Länge: Zuweilen über 2 m.
Herkunft und Lebensweise: Malpolon monspessulanus ist in Südeuropa, Nordafrika und Westasien beheimatet, in warmen und sonnigen, mit niedrigem Gestrüpp und dorniger Buschvegetation überwucherten Trockengebieten. Mit Vorliebe hält sich diese Schlange an Feldrändern, an Steinhäufen, in Legesteinmauern, an Geröllhängen und in altem Gemäuer auf. Sie ist am Tage, mehr als in warmen

Nächten munter und ungemein schnell und ungestüm. Wird sie gefangen, so zischt sie laut und anhaltend. Da die Giftzähne weit im Rachen stehen und kaum in Funktion treten, bleibt der Biß der Eidechsennatter meist ohne Folgen. Werden sie doch einmal in die Muskulatur eingedrückt, so können Schmerzen, Anschwellungen, Brechreiz und nervenschädigende Vergiftungserscheinungen auftreten. Die Eidechsennatter frißt Kleinsäuger, Vögel, Eidechsen und Schlangen, die sie erdrosselt und durch ihr Gift tötet. Kleine Beutetiere würgt sie lebend hinunter. *Malpolon monspessulanus* sucht ihre Winterquartiere oft erst im November auf und kommt bereits im März wieder zum Vorschein. Die Paarung findet im April oder Mai statt. Im Juli oder August legt sie 4–18 Eier ab, aus denen nach ungefähr 2–3 Monaten die Jungen schlüpfen.
Haltung und Zucht: Für diese große Trugnatter benötigt man ein großes Trockenterrarium mit einer Bodenfüllung aus Sand und Lehm. Mehrere große, flache Kalksteine, die man am besten festzementiert, dienen als Unterschlupf. Auch ein kleiner Wasserbehälter ist notwendig. Die Eidechsennatter verlangt zu ihrem Wohlbefinden hohe Tagestemperaturen zwischen 25–32 °C. Eine örtliche Bodenheizung darf keinesfalls fehlen, da die Eidechsennatter während des Tages häufig das Wasser aufsucht. Ein heller Standort mit Vor- und Nachmittagsonne ist stets von Vorteil; sonst sollte die Beleuchtung 12–14 Stunden am Tage in Betrieb sein. Anfänglich ist die Eidechsennatter scheu und ungestüm. Wenn sie sich beobachtet fühlt, verschwindet sie sofort in ihrem Versteck unter einem Stein oder in einem Zierkork und faucht wild. Sie ringelt sich zusammen und versteckt den Kopf in der Mitte ihrer Körperschlingen. Manche Exemplare gehen erst nach geraumer Zeit an die dargebotenen Mäuse. Die anfängliche Scheu legt sich bald und manche Eidechsennattern werden handzahm. Als Futter bietet man neben Mäusen auch Ratten, Goldhamster, kleine Kaninchen, Sperlinge und Hühnerküken an. Bei trockener und warmer Haltung geht die Eidechsennatter gut ans Futter und ist auch ausdauernd. Von November bis Ende Februar sollte die Eidechsennatter bei 10–15 °C überwintert werden. In der Gefangenschaft wurde *Malpolon monspessulanus* noch nicht nachgezüchtet.

Gattung Oligodon
Kukrinattern
Ungefähr 60 Arten

Oligodon purpurascens
Braune Kukrinatter

Kennzeichen: Der sehr kurze Kopf setzt sich nur geringfügig vom Hals ab. Das Schnauzenschild ist recht breit und zum Wühlen im Erdboden geeignet. Es sind 8 Oberlippen- und 8–9 Unterlippenschilde vorhanden. Der Körper ist gesetzt und sehr muskelkräftig. Die Schuppen sind ungekielt. Sie umgeben die Rumpfmitte in 19–21 schrägen Reihen. Das Afterschild ist ungeteilt. Die Körperoberseite variiert zwischen cremefarben, bräunlich und rötlich. 16–19 Querflecken bedecken die Rückenmitte. Diese Flecken, die schwarz gerandet sind, sind im Kern hell. Zu den Körperseiten hin werden sie eng und gehen in Form eines Striches oder eines Tupfens auf die Flanken über. Zwischen zwei Rückenflecken verlaufen jeweils drei enge, dunkle Querbinden. Ein V-förmiges Muster, das mit der Spitze am Hinterkopf beginnt, geht mit seinen beiden Schenkeln auf die Nackenregion über. Die Bauchseite ist gelblich oder rötlich. Zwei schwarz gefleckte Bauchschilde alternieren mit zwei ungefleckten.
Länge: 60–90 cm.
Herkunft und Lebensweise: Oligodon purpurascens ist in Thailand, auf der Malayischen Halbinsel, in Singapur und auf zahlreichen Sundainseln beheimatet. Der Verfasser kennt die Braune Kukrinatter aus der Umgebung von Pak Chong, wo sie an Waldrändern lebt. Die genannte Art ist an Waldrändern und in Wäldern recht häufig, wo sie sich in Erdlö-

chern, unter Steinen, Baumstämmen, Laubhäufen und unter Ansammlungen von Ästen aufhält. Sie ist tag-, mehr jedoch nachtaktiv. Ihre Nahrung besteht aus Insekten, Reptilien- und Vogeleiern, Fröschen, Kröten und deren Laich, sowie aus Vögeln und Mäusen. *Oligodon purpurascens* ist nicht aggressiv. Wie ich an Exemplaren feststellen konnte, die ich aus Thailand mitbrachte, beißt sie aber sofort zu, wenn man sie in die Hand nimmt und verursacht mit den rasiermesserscharfen Zähnen in ihrem hinteren Oberkiefer unter kauenden und alternierenden Kieferbewegungen tiefe und stark blutende Wunden. Die Bezeichnung Kukrinatter nimmt Beziehung auf diese scharfen Zähne, die an ein geschliffenes Gurkamesser erinnern. Sie sind so scharf, daß die Schlange mit ihnen sogar lederne Motorradhandschuhe aufschlitzt, wie das bei mir geschah. Ihr Kopf ist unglaublich beweglich und selbst wenn man sie am Kopf festhält, beißt sie einem in die Finger. *Oligodon purpurascens* vermehrt sich durch Ablegen von Eiern.

Haltung und Zucht: Ein mittelgroßer Behälter genügt für die Pflege der Braunen Kukrinatter. Als Bodengrund eignet sich ein Gemisch aus Sand mit Waldhumus. Ein Versteck in Form einer Zierkorkröhre, einiger flacher Steine und eines alten Astes sowie ein Wassergefäß dürfen nicht fehlen. Die Beleuchtung sollte über Tag 10–12 Stunden in Betrieb sein, obwohl sich die Schlangen in der ersten Zeit fast ausschließlich in ihrem Versteck oder im Bodengrund aufhalten. Damit sich *Oligodon purpurascens* wohlfühlt, benötigt sie am Tage Lufttemperaturen zwischen 28 und 32 °C, die in der Nacht auf 25 °C abfallen dürfen. Man biete der Braunen Kukrinatter einige feuchte Stellen im Terrarium, da die Häutung, die sich in der Regel alle 4–8 Wochen vollzieht, sonst nur in Fetzen vollzieht. Als Futter gibt man Mäuse und Frösche, die nach der Eingewöhnungszeit von einigen Wochen lebend wie tot gierig ergriffen und verschlungen werden. Am liebsten werden kleine bis mittlere Mäuse genommen. Die Schlange drückt sie gegen den Untergrund oder gegen den eigenen Körper oder beißt sie tot. Wie ich feststellte, gewöhnt sich *Oligodon purpurascens* rasch in die Gefangenschaft ein. Über eine gelungene Nachzucht ist mir jedoch nichts bekannt.

Gattung Psammophis
Sandrennattern
16 Arten

Psammophis sibilans
Sandrennatter
4 Unterarten

Kennzeichen: Der längliche Kopf setzt sich deutlich vom Hals ab. Das große Auge hat eine runde Pupille. Der Hals und der Körper wirken sehr schlank. Die Schuppen sind ungekielt. Die Körperfärbung schwankt stark. Der Kopf ist grau oder braun, einfarbig oder gefleckt. Der Rücken und die Körperseiten sind einfarbig grau, olivfarben, gelblichbraun bis dunkelbraun oder von einer gelblichen Rückenlinie und zwei Seitenlinien bedeckt. Die Bauchseite ist einfarbig porzellanfarben, gelblich oder grünlich oder gestreift.

Länge: 120–150 cm.

Herkunft und Lebensweise: Die Sandrennatter ist über ganz Afrika verbreitet, ausgenommen der Nordwesten, der tropische Regenwald und das Wüstengebiet. Entgegen ihrem Namen kommt diese Trugnatter durchaus nicht nur in Gegenden mit sandigem Untergrund vor, sondern findet sich vor allem in der trockenen, buschbestandenen Savanne. Sie lebt fast ausschließlich auf dem Boden und steigt nur sehr selten zum Sonnen auf niedriges Buschwerk. *Psammophis sibilans* ist scheu und bewegt sich ungemein flink. Bei der geringsten Störung verschwindet sie im Gebüsch, einem Mauseloch oder in einem Steinhaufen und ist dann kaum mehr zu finden. Wenn sie gefangen wird, beißt sie sofort zu. Der Biß kann Schmerzen, Anschwellungen und Erbrechen verursachen, ist aber, soweit bekannt, nicht tödlich. Die Sandrennatter frißt kleine Säugetiere, Vögel, Echsen und Frösche. Sie selbst wird von Kobras und Boomslangs, besonders aber von Raubvögeln verfolgt, denen sie in besonderem Maße ausgeliefert ist, wenn sie sich auf Büschen sonnt. So ist es verständlich, daß bei einem großen Prozentsatz dieser Schlangen die Schwänze fehlen. Die Eier, bis zu 30, werden meist im Dezember oder Januar gelegt. Die jungen Schlangen sind beim Schlüpfen ungefähr 28–30 cm groß.

Haltung und Zucht: Die Sandrennatter, die sich beim Fang so ungestüm gebärdet, gewöhnt sich verhältnismäßig schnell in die Gefangenschaft und wird bald handzahm, aber dennoch ist Vorsicht im Umgang mit ihr angebracht. *Psammophis sibilans* läßt sich besser als die nahe verwandte *Psammophis schokari* halten. Einzelne Sandrennattern haben über 10 Jahre in der Gefangenschaft ausgedauert. Diese Schlange frißt gierig tote und lebende Mäuse. Manche Exemplare stellen sich nur auf ein bestimmtes Futtertier ein und verschmähen jegliche andere Nahrung, die ihnen geboten wird. Die Schlange hält ihre Beute zwischen den Kiefern, bis das Gift gewirkt hat, oder drückt sie außerdem noch zu Boden. *Psammophis sibilans* benötigt ein geräumiges Trockenterrarium mit einer Bodenfüllung aus Sand und Lehm, einigen flachen Steinen als Unterschlupf, ein kleines Wassergefäß und vor allem eine gut funktionierende Bodenheizung. Die Beleuchtung sollte während des Tages 12–14 Stunden eingeschaltet sein. Die am Tag aktive Sandrennatter schätzt besonders Morgen- und Nachmittagssonne und eine Tagestemperatur zwischen 25–30°C, die in der Nacht um 5–10°C absinken darf. Berichte über eine Nachzucht in der Gefangenschaft liegen nicht vor.

Eine recht genaue Beschreibung des Paarungsverhaltens, der Eiablage und der Aufzucht des nahe verwandten, 120–137 cm langen *Psammophis subtaeniatus sudanensis* gibt Steehouder. Diese schlanke Natter ist im Senegal, in Kongo-Kinshasa, im südlichen Sudan, in Uganda, in Süd-Aethiopien, in Nord-Kenya, in Süd-Tansania, in Zambia, in Malawi, in Nord-Mozambique und in Ost-Rhodesien beheimatet. Die auf dem Rücken bräunliche bis olivfarbene Schlange mit den gelblichen, schwarzen und braunen Flankenstreifen ist an Trockenzonen gebunden, wo sie von der Ebene bis zu Höhenlagen von ungefähr 2000 m emporsteigt. Ihre Nahrung besteht aus Echsen, Schlangen (selbst *Dendroaspis angusticeps*), Mäusen, Vögeln und Fröschen. Die Pflegeansprüche von *Psammophis subtaeniatus sudanensis* sind die gleichen wie von *Psammophis sibilans. Psammophis subtaeniatus sudamensis* ist bei artgerechter Haltung eine gierige Fresserin. Nach Steehouder paarten sich seine Tiere zu allen Zeiten des Jahres. Während der Kopula berührten sich die Kloaken der beiden Tiere nicht. Der wurmartiglanggestreckte Hemipenis dringt aus dem Körper des Männchens in die Kloake des Weibchens. Die Temperaturen des Terrariums, in dem diese Schlangen gepflegt wurden, variierten im Winter am Boden zwischen 24 und 32°C unter der Beleuchtung. Die Temperaturen fielen im Winter bis auf 16°C, im Sommer variierten sie zwischen 30 und 42°C. Vor der Eiablage verweigerte das Weibchen, das im Rumpfbereich zunehmend anschwoll, die Nahrungsaufnahme. Am 12. August 1983 wurden 12 und am 19. Oktober 11 Eier abgelegt. Bei hoher Luftfeuchtigkeit und Temperaturen zwischen 27 und 30°C wurden die Eier in einem Inkubator untergebracht. Die Eier absorbierten viel Feuchtigkeit aus der Luft und schwollen an, zwei völlig entwickelte Jungtiere waren im Ei erstickt. Das nächste Gelege brachte Steehouder in leicht feuchtem Sand unter. Die Jungschlangen schlüpften nach einer Inkubationsdauer von 63–64 Tagen. Die erste Häutung fand 2–3 Wochen nach dem

---

Oben: Abb. 83: Dendrelaphis pictus pictus (Bronzenatter) s. Seite 221
Unten: Abb. 84: Chrysopelea ornata ornatissima (Schmuckbaumschlange) s. Seite 222

Schlüpfen statt. Die Jungschlangen wurden mit Stücken von nestjungen Mäusen gefüttert. Nach 10 Wochen ging ein Teil der Schlangen selbständig an nestjunge Mäuse.

Gattung Psammophylax
Shaapstekers
2 Arten

Psammophylax rhombeatus
Gefleckter Shaapsteker
(Bild Seite 160)

Kennzeichen: Der Kopf setzt sich mäßig vom Hals ab. Der Oberkiefer ragt über den Unterkiefer hinaus. Das große Auge hat eine senkrecht geschlitzte Pupille. Die Rückenfärbung schwankt zwischen graubraun, gelbbraun und blaß olivbraun. Die Zeichnung des Rückens und der Körperseiten besteht aus einer Reihe dunkler rundlicher oder rautenförmiger Flekken, die manchmal zu einem Zickzackband oder einer unregelmäßigen Wellenlinie zusammenfließen. Auf dem Schwanz verschmelzen die Flecken zu 3 Längsbändern, die durch helle Linien voneinander getrennt sind. Der Kopf ist einfarbig braun oder schwarz. Die weißgelbe Bauchseite ist grau bis schwarz gefleckt.
Länge: Bis zu 120 cm.
Herkunft und Lebensweise: Das Verbreitungsgebiet von *Psammophylax rhombeatus* reicht von der westlichen Kapprovinz nach Osten und Norden durch den Oranjefreistaat und Natal bis nach Transvaal. Die am Boden lebende Trugnatter kommt in der trockenen Savanne und im Grasland vor, wo man sie von der Küste bis hoch in das Gebirge hinauf teilweise sehr häufig antrifft. Sie ist ziemlich flink. Trotzdem wird sie oft eine Beute von Raubvögeln und Kobras. *Psammophylax rhombeatus* ist friedfertig und beißt nur sehr selten. Der Name „Shaapsteker" ist irreführend. *Psammophylax rhombeatus* kann weder ein Schaf noch sonst ein anderes größeres Tier oder gar einen Menschen durch ihren Biß in Gefahr bringen, da ihre Giftzähne zu tief im Rachen sitzen. Obwohl das nervenschädigende (neurotoxische) Gift dem der Giftnattern ähnelt und sogar noch stärker wirkt, sind bisher keine ernsten Vergiftungsfälle bekannt geworden. Der Shaapsteker ernährt sich von Eidechsen und Mäusen, gelegentlich frißt er auch Frösche. Von Oktober – Dezember legt er bis zu 30 Eier in verrottendes Laub oder an einer anderen geeigneten Stelle ab. Das Weibchen treibt Brutpflege; es rollt sich um die Eier bis die 18–20 cm langen jungen Schlangen nach 5–6 Wochen schlüpfen.
Haltung und Zucht: Der Shaapsteker hält sich gut in einem mittelgroßen Trockenterrarium mit einer Bodenfüllung aus Sand und Lehm, einigen flachen Steinen als Unterschlupf und einem kleinen Wassergefäß. Ein eingetopfter Christusdorn läßt die Einrichtung natürlicher erscheinen. Eine Bodenheizung ist erforderlich. Die Beleuchtung sollte ganztägig in Betrieb sein. Fünf Exemplare dieser Art, die ich vorübergehend pflegte, setzten sich besonders gern der Morgensonne aus. *Psammophylax rhombeatus* wird in der Gefangenschaft schnell zahm und fühlt sich am Tage bei 25–30 °C wohl. In der Nacht sollte die Temperatur um einige Grad absinken. Bei der angegebenen Temperatur frißt die Schlange regelmäßig. Als Futter bietet man Mäuse. *Psammophylax rhombeatus* wurde bisher noch nicht im Terrarium nachgezüchtet. Zwei meiner Schlangen, die in das Eigentum von N. Wittmann übergingen, legten am 25. und 26. Oktober 1977 5 und 6 Eier. Die Jungen schlüpften am 8. und 10. Dezember. Die erste Häutung fand nach 2–3 Wochen statt. Da die Jungen nicht selbständig fraßen, wurden sie mit Herzfleisch

---

Oben links: Abb. 85: Malpolon monspessulanus insignitus (Europäische Eidechsennatter) s. Seite 227
Oben rechts: Abb. 86: Philodryas baroni (Langnasen-Strauchnatter) s. Seite 238
Unten: Abb. 87: Telescopus fallax fallax (Europäische Katzennatter) s. Seite 234

zwangsweise gefüttert. Diese Nahrung verdauten sie gut und wuchsen rasch.

Gattung Telescopus
Katzenschlangen
8 Arten

Telescopus fallax
Europäische Katzennatter
8 Unterarten
(Bild Seite 232)

Kennzeichen: Der breite, flache Kopf setzt sich deutlich vom Hals ab. Das mittelgroße Auge hat eine senkrecht geschlitzte Pupille. Der Körper wirkt seitlich zusammengedrückt und höher als breit. Die Schuppen sind nicht gekielt. Die Grundfärbung der Europäischen Katzennatter ist hell- bis dunkelgrau. Die Kopfoberseite kann dunkel getupft oder gefleckt sein. Vom Kopfende aus zieht sich eine Reihe schwarzer Flecken über die Rückenmitte zum Schwanz. Die Körperseiten sind ebenfalls in gleichen Abständen dunkel gefleckt. Die Bauchseite ist porzellanfarben, gelblich oder zartrosa und meist gefleckt. Die Katzenschlange besitzt Giftdrüsen und gefurchte Giftzähne, die aber so weit hinten im Rachen sitzen, daß sie einen Menschen nicht verletzen können.
Länge: Bis 1 m.
Herkunft und Lebensweise: Die Katzennatter ist auf dem Balkan, den Inseln der Ägäis und im Vorderen Orient beheimatet. Sie lebt sowohl im Flachland als auch im Gebirge und hält sich besonders in trockenem, steinigem Gelände mit niedrigem Buschbewuchs auf. Das in der Dämmerung aktive Tier verläßt erst gegen Abend oder in der Nacht seine Schlupfwinkel. Die Katzennatter frißt Eidechsen, seltener Mäuse. Zuvor umschlingt sie ihre Beutetiere und tötet sie durch ihren Giftbiß. Die Überwinterung dauert 4–6 Monate. Das Weibchen legt im Sommer 7–8 Eier, die eine Länge zwischen 33–36 mm und einen Durchmesser von 14 mm haben. Die Jungen schlüpfen meist im Spätsommer. Sie sind 15–20 cm lang. Ihre erste Nahrung besteht aus größeren Insekten und kleinen Eidechsen.
Haltung und Zucht: Diese kleine Trugnatter wird nur selten gehalten. Sie benötigt ein trokkenes, kleines bis mittelgroßes Terrarium. Als Bodenbelag verwendet man eine Mischung aus Lehm und Sand. Einige flache Kalksteine oder ein hohler Zierkork sind als Schlupfwinkel geeignet. Ein kleines Wassergefäß und einige Äste dürfen nicht fehlen, ebensowenig wie eine örtliche Bodenheizung. Auf Pflanzen braucht man nicht zu verzichten, da die Schlange nicht sehr schwer ist. Die Katzennatter verlangt am Tage Lufttemperaturen zwischen 25–30 °C. Die Beleuchtung sollte 12–14 Stunden in Betrieb sein, wenn Tageslicht oder Vor- und Nachmittagssonne fehlen. Als Futter bietet man Eidechsen. Einzelne Exemplare fressen auch junge Mäuse. Eine 3- bis 4monatige Überwinterung ist empfehlenswert. *Telescopus fallax* wurde bisher noch nicht im Terrarium nachgezüchtet.

Telescopus semiannulatus
Tigerschlange
2 Unterarten

Kennzeichen: Der breite, flache Kopf setzt sich deutlich vom Hals ab und verleiht dieser Schlange ein vipernähnliches Aussehen. Das mäßig große Auge hat eine senkrecht geschlitzte Pupille. Der seitlich zusammengedrückte Körper wirkt höher als breit. Die Schuppen sind nicht gekielt. Die Grundfärbung des Rückens und der Flanken schwankt von dunkelrosa über gelblich bis rotbraun. Bei der Nominatform ist der Rücken von 24–46 dunkelbraunen bis schwarzen Flecken bedeckt. Die Unterart *polystictus* weist 52–75 derartiger Rückenflecken auf. Die Bauchseite ist porzellanfarben.
Länge: 70 cm, selten über 1 m.
Herkunft und Lebensweise: Die Tigerschlange ist von Kenya und dem Kongo südwärts durch Tanganyika bis nach Südafrika verbreitet. Das

weitgehend in der Nacht aktive Tier hält sich meist am Boden auf und klettert nur gelegentlich auf Büsche und Bäume. Hin und wieder findet man sie in den Nestern von Webervögeln. Die Nahrung der Tigerschlange besteht hauptsächlich aus Geckos und anderen Echsen; seltener frißt sie nestjunge Vögel und Kleinsäuger. Ihre Beute hält sie zwischen den Kiefern, bis das Gift gewirkt hat. Die Tigerschlange verhält sich dem Menschen gegenüber ziemlich angriffslustig. Bei Gefahr bläst sie ihren Körper auf, zischt wild und beißt zu. Dennoch ist diese Art für den Menschen ungefährlich. Im übrigen ist sie ziemlich träge. Ihre Giftzähne stecken tief im Rachen und treten beim Biß nur in Ausnahmefällen in Funktion. Das Gift wirkt nur sehr schwach; es verursacht kaum mehr als eine leichte Anschwellung im Bereich der Bißwunde sowie ein leichtes Brennen. *Telescopus semiannulatus* legt 6–20 Eier, die 25 × 10 mm groß sind.

Haltung und Zucht: Die Tigerschlange wird nur selten eingeführt. Man hält sie in einem kleinen bis mittelgroßen Terrarium mit einer Bodenfüllung aus Sand und Lehm, einigen Steinen als Unterschlupf, einem verzweigten Kletterbaum und einem kleinen Wassernapf. Eine örtliche Bodenheizung ist vorteilhaft. Da die Tigerschlange während des Tages nur selten ihr Versteck verläßt, genügt Tageslicht. Die Lufttemperatur sollte tagsüber zwischen 25–30 °C liegen und in der Nacht um einige Grad absinken. Die Hauptnahrung besteht aus Eidechsen, Mäuse frißt sie nur gelegentlich. *Telescopus semiannulatus* verweigert oft lange die Nahrung, bis sie schließlich regelmäßig frißt. Bei Balvers legte ein Weibchen von *Telescopus semiannulatus* am 9. Dezember 1976 13 Eier ab. Die Eier wurden bei 30 °C in einer Schale untergebracht. Am 17. und am 18. Februar 1977 schlüpften 9 Jungtiere aus dem Ei. Über die Aufzucht der jungen Tigerschlangen wird weiter nicht berichtet. Nach den Angaben von Patterson und Bannister hat ein Weibchen in Gefangenschaft einmal nach nur einer Paarung vier fruchtbare Gelege im selben Jahr gelegt.

Gattung Hypsiglena
Nachtschlangen
4 Arten

Hypsiglena torquata
Nachtschlange
7 Unterarten

Kennzeichen: Der flache Kopf setzt sich kaum vom Hals ab. Das große Auge hat eine senkrecht geschlitzte Pupille. Der Körper wirkt schlank. Die Schuppen sind ungekielt. Die Grundfärbung des Körpers schwankt zwischen isabellfarben, grau und braun. Auf jeder Halsseite findet sich je ein großer dunkelbrauner Fleck. Beide Flecken können auf der Halsmitte miteinander verschmelzen, aber auch gänzlich fehlen. Ein dunkles Schläfenband verläuft von der Schnauzenspitze zu den Halsseiten. Der Rücken und die Körperseiten sind in ungefähr gleichen Abständen dunkel gefleckt. Die Bauchseite ist gelblich bis grauweiß.

Länge: 30–40 cm, selten 50 cm oder etwas länger.

Herkunft und Lebensweise: Hypsiglena torquata kommt in den westlichen Vereinigten Staaten und in Mexiko bis nach Costa Rica vor. Die kleine Trugnatter bewohnt verschiedene Biotope in der Ebene und im Gebirge bis zu 2900 m. Sie lebt in der Wüste, in Geröllhalden und besonders häufig an felsigen Berghängen, die von Gestrüpp und offenem Wald durchsetzt sind. Während des Tages verbirgt sich *Hypsiglena torquata* unter Steinen, altem Holz und in ähnlichen Verstecken. In der Dämmerung und in der Nacht kriecht sie umher und wird dann oft auf den Straßen totgefahren. Ihre Nahrung besteht aus kleinen Echsen und Fröschen, die sie mit Hilfe ihres schwachen Giftes lähmt. Die Nachtschlange überwintert oft in großer Anzahl in den von den Gopherschildkröten *(Gopherus agassizi)* gegrabenen Gängen in der Erde. Die Überwinterung dauert meist von Oktober bis April. Die Nachtschlange paart sich im Frühjahr. Von April bis Juli legt sie 4–6 Eier, die 50–60 Tage zu ihrer Entwicklung benötigen. Die jungen Schlangen sind beim Schlüpfen ungefähr 15 cm lang.

Haltung und Zucht: Hypsiglena torquata wird selten im Tierhandel angeboten. Bei ihrer geringen Größe kann man diese Natter in kleinen Behältern mit einer Bodenfüllung aus trockenem Sand und Lehm halten. Als Unterschlupf bietet man einige flache Steine und Rindenstücke, unter denen die Schlange während des Tages wühlt. Ein kleines Wassergefäß genügt. *Hypsiglena torquata* benötigt starke Bodenwärme. Eine Bodenheizung, die örtlich Wärme abgibt, ist daher erforderlich. Da die Nachtschlange erst in der Dämmerung zum Vorschein kommt, genügt Tageslicht. Die Lufttemperatur im Terrarium sollte am Tage zwischen 22–28 °C betragen. In der Nacht läßt man sie auf ungefähr 18–20 °C absinken. Als Futter bietet man kleine Echsen und Laubfrösche, die auch in der Natur ihre Nahrung darstellen. Die Beute wird an irgendeinem Körperteil ergriffen, durch das Gift gelähmt und noch lebend verschlungen. Die Nachzucht in der Gefangenschaft ist bisher anscheinend noch nicht gelungen. Die von trächtig gefangenen Weibchen abgelegten Eier wurden jedoch schon zur Entwicklung gebracht.

Gattung Trimorphodon
Leiernattern
11 Arten

Trimorphodon vandenburghi
Van Denburg's Leiernatter

Kennzeichen: Der breite Kopf setzt sich deutlich von dem schlanken Hals und Körper ab. Das große Auge hat eine senkrecht geschlitzte Pupille. Die Schuppen sind nicht gekielt. Die Grundfärbung des Körpers erscheint grau oder braun. Die Oberseite des Kopfes weist ein lyraförmiges Muster auf. Auf der Rückenmitte verlaufen 28–43, im Durchschnitt 35 dunkelbraune, mehr oder weniger sechseckige Flekken. Jeder Fleck besitzt in der Mitte eine helle Querzone. Die grauweiße bis gelbliche Bauchseite ist spärlich braun gefleckt. Leiernattern aus der Wüste sind heller gefärbt als Exemplare aus dem Gebirge.
Länge: 50–80 cm, selten etwas über 1 m.
Herkunft und Lebensweise: Van Denburg's Leiernatter kommt in Südwest-Kalifornien und im Nordwesten von Baja California in Meereshöhe und bis in 1000 m Höhe vor. Die in der Nacht aktive Schlange liebt felsiges Gelände. Man trifft sie sowohl in den kalifornischen Küstengebirgen wie in der Wüste. Während des Tages verkriecht sie sich unter Felsen und in tiefen, sicheren Felsspalten. Erst in der Nacht und am frühen Morgen kommt sie aus ihrem Versteck. Nicht selten kriecht sie dann über Straßen und wird von Autos überrollt. Ihre Hauptnahrung besteht aus Echsen, die sie mit Hilfe ihres Giftes tötet. Sie frißt aber auch Mäuse und kleine Fledermäuse. *Trimorphodon vandenburghi* hält nur einen kurzen Winterschlaf von 2–3 Monaten. Sie verschwindet im Oktober oder November und kommt oft schon im Januar oder Februar wieder zum Vorschein. Diese Trugnatter legt Eier. Die jungen Schlangen, die nach ungefähr 11 Wochen schlüpfen, sind etwa 20 cm lang.
Haltung und Zucht: Trimorphodon vandenburghi hält sich gut in einem geheizten Trokkenterrarium mit einigen Felsbrocken und einem Kletterast. Sie erhält die gleiche Pflege wie die Nachtschlange. Als Futter bietet man lebende und tote Eidechsen, die sie beide gern frißt. Mäuse erdrosselt sie zuvor. *Trimorphodon vandenburghi* wird in der Dämmerung munter und kriecht dann umher. Stört man sie, so zeigt sie sich ziemlich angriffslustig, zischt, zittert mit dem Schwanz und beißt zu. Während sie im hellen Tageslicht ziemlich hilflos ist, beißt sie in der Dunkelheit zielsicher zu. Für den Menschen ist der Biß dieser Trugnatter anscheinend ungefährlich. *Trimorphodon vandenburghi* wurde im Terrarium vermutlich noch nicht nachgezüchtet. Trächtig gefangene Weibchen legten jedoch schon in Gefangenschaft Eier ab, aus denen junge Schlangen nach 79 Tagen schlüpften.

Gattung Philodryas
Südamerikanische Strauchnattern
15 Arten

Philodryas olfersii
Grüne Strauchnatter
(Bild Seite 142)

Kennzeichen: Der kurze Kopf setzt sich kaum vom Hals ab. Das große Auge hat eine runde Pupille. *Philodryas olfersii* besitzt einen schlanken, muskulösen Körper. Die Schuppen sind nicht gekielt. Der Kopf und der Körper sind einfarbig hellgrün. Ein dünner schwarzer Schläfenstreifen beginnt hinter der Nasenöffnung und endet im Bereich des Mundwinkels. Vereinzelt treten Exemplare mit gelbem oder rotem Rückenstreifen auf. Die Ober- und die Unterlippenschilde wie die Halsunterseite sind weißlich. Die Bauchseite ist gelblichgrün oder blaugrün.
Länge: 1 m.
Herkunft und Lebensweise: Philodryas olfersii ist in Westbrasilien, Ostperu, Bolivien, Paraguay, Uruguay und Argentinien beheimatet. Diese Trugnatter lebt hauptsächlich am Rande von Regen- und mehr oder weniger dichten Sekundärwäldern in der Nähe von Gewässern. Sie hält sich sowohl am Boden als auch im Gebüsch und auf Bäumen auf. Ihr Verhalten ist überwiegend am Tag aktiv. Dem Menschen gegenüber verhält sie sich nicht angriffslustig. Ihr Biß kann unter Umständen leichte Vergiftungserscheinungen hervorrufen. Die Grüne Strauchnatter frißt Kleinsäuger, vereinzelt auch Vögel und Frösche. Über ihre Lebensweise in freier Natur sind wir nur schlecht unterrichtet. *Philodryas olfersii* pflanzt sich durch Eier fort.
Haltung und Zucht: Entsprechend ihrem natürlichen Lebensbereich mit üppiger Vegetation, verlangt die grüne Strauchnatter ein gut bepflanztes Regenwald-Terrarium mit einer Bodenfüllung aus Walderde oder Torf, ein größeres Wassergefäß und zahlreiche Kletteräste. Die Beleuchtung sollte am Tage 12–14 Stunden in Betrieb sein, die Lufttemperatur am Tage zwischen 23 und 28 °C betragen und in der Nacht 3–4 °C tiefer liegen. Unter solchen Bedingungen und bei hoher Luftfeuchtigkeit ungefähr zwischen 70–90 %, ist diese Schlange gut haltbar. Man bietet Mäuse und Frösche als Nahrung an. Die Beutetiere werden nicht erdrosselt, sondern zwischen den Kiefern festgehalten und lebend oder tot verschlungen. Die Grüne Strauchnatter wird in der Gefangenschaft schnell zahm und versucht fast nie zu beißen. Die Nachzucht ist F. Golder gelungen. 8 walzenförmige Eier, die durchschnittlich 3,9 × 17 mm groß waren, wurden am 18. Oktober abgelegt und in einen Brutapparat bei Temperaturen zwischen 22–25 °C gebracht. Die jungen Schlangen, die nach einer Entwicklungsdauer von 89 Tagen am 15. Januar 1973 schlüpften, hatten eine durchschnittliche Länge von 28 cm.
In gleicher Weise wie *Philodryas olfersii* ist *Philodryas psammophideus* zu pflegen. Diese bis zu 120 cm lang werdende, opisthoglyphe Strauchnatter, die im Süden Brasilien, im Osten Boliviens, in Uruguay, in Paraguay und in Argentinien beheimatet ist, lebt auf Büschen und Bäumen, legt mehrere längliche Eier und ernährt sich von Fröschen, Eidechsen, kleinen Vögeln und Säugetieren. Im Frühjahr 1983 gelang mir der Fang einer derartigen Schlange, die am Rande des Regenwaldes in den Bergen von Petropolis im brasilianischen Staate Rio de Janeiro zusammengerollt auf einem umgeknickten Grasbüschel ruhte und meine Annäherung erst bemerkte, als ich sie in der Hand hielt. Das grasgrüne, tagaktive Tier mit der rotbraunen Kopfoberseite und dem gleichfarbigen Vertebralstreifen, der sich vom Halsende ausgehend über die Rückenmitte bis fast zum dunkleren Schwanzende erstreckt, versetzte mir sofort einen Biß in die Hand, der ungefähr 15 Minuten lang ein brennendes Gefühl verursachte.

Philodryas baroni
Langnasen-Strauchnatter
(Bild Seite 232)

Kennzeichen: Der längliche Kopf setzt sich kaum vom Hals ab. Bei keiner anderen *Philodryas*-Art ist die Schnauze so stark nach oben aufgebogen und läuft in einen kurzen, spitzen Fortsatz aus. Das große Auge hat eine runde Pupille. Die Schuppen sind glatt. *Philodryas baroni* kommt in einer braunen und einer grünen Farbvariante vor. Bei der grünen Variante sind der Rücken und die Körperseiten dunkelgrün. Am Bauch wird die grüne Färbung heller. Von der Schnauze ausgehend verläuft zu beiden Kopfseiten ein schwarzer Streifen, der sich über die Halsseiten hinwegzieht und sich beidseitig des Vorderkörpers verliert. Die Rückenmitte ist von einem dunklen Streifen überzogen. Eine weißgelbe Binde, die die Ober- und Unterlippenschilde ziert, zieht sich an den Halsseiten entlang und geht auf dem vorderen Körperdrittel in ein Gelbgrün oder Grün über.
Länge: 2 m.
Herkunft und Lebensweise: Die Langnasen-Strauchnatter ist in Argentinien, Bolivien und Paraguay beheimatet. Über die Lebensweise dieser überwiegend am Tag aktiven Trugnatter, die sowohl auf Bäumen als auch am Boden lebt, ist nicht viel bekannt. Wie mir ein Schlangenfänger aus Argentinien mitteilte, kommt diese Art vorwiegend in Wäldern in der Nähe von Gewässern vor. *Philodryas baroni* ernährt sich von Säugetieren, Vögeln, Fröschen und Fischen und pflanzt sich durch Eier fort.
Haltung und Zucht: Diese schöne Schlange wird nur vereinzelt in Gefangenschaft gehalten. *Philodryas baroni* wird zweckmäßigerweise in einem Regenwald-Terrarium bei Luftfeuchtigkeit zwischen 60–95% und bei Tagestemperaturen zwischen 26–27 °C untergebracht. In der Nacht sollte die Temperatur zwischen 23–24 °C liegen. Die Beleuchtung wird täglich 12–14 Stunden eingeschaltet. Die Schlange, die sowohl im Geäst als auch auf dem Boden umherkriecht, sucht hin und wieder für mehrere Stunden das Wasserbecken auf. Die Langnasen-Strauchnatter wird bei aufmerksamer Pflege bald zahm. Als Futter bietet man Mäuse, die sie lebend verschlingt. Das Gift dieser Schlange ist nicht sonderlich wirkungsvoll. *Philodryas baroni* wurde von F. Golder nachgezüchtet. Ein Weibchen legte am 22. November 12 weißliche, zylindrisch geformte Eier. Nach einer Zeitigungsdauer von 83 Tagen, bei Temperaturen zwischen 22–25 °C schlüpften die durchschnittlich 37,5 cm langen jungen Schlangen, unter denen sich sowohl Exemplare der grünen als auch der braunen Farbvariante fanden.

Gattung Clelia
Mussuranas
6 Arten

Clelia clelia
Mussurana
2 Unterarten

Kennzeichen: Der kurze Kopf setzt sich kaum vom Hals ab. Die kleinen Augen haben eine runde Pupille. Der Körper wirkt schlank, aber sehr muskulös. Die Schuppen sind nicht gekielt. Die Körperoberseite ist schwarzblau glänzend, die Bauchseite weiß. Die Unterart *plumbea* weist einen braunen Rücken und auf dem Nacken ein helles Querband auf. Die Mussurana zeichnet sich durch einen ausgeprägten altersbedingten Farbwechsel aus. Jungtiere haben einen bräunlichen bis schwarzen Kopf, einen braunroten bis lachsroten Rücken und einen weißen Halsring, der mit zunehmendem Alter verblaßt.
Länge: Über 2 m.
Herkunft und Lebensweise: Clelia clelia findet sich von Guatemala und Honduras bis nach Uruguay und Argentinien. Die Schlange kommt nicht allzu häufig vor und ist an keinen bestimmten Lebensbereich gebunden. Die Mussurana hält sich während des Tages in ihrem Versteck verborgen und erscheint erst in der Nacht an der Erdoberfläche. In ihrer Hei-

mat soll sie von Mai bis Oktober ihre Winterruhe halten und zu dieser Zeit keine Nahrung aufnehmen. In Brasilien dagegen ist diese Trugnatter allgemein bekannt und wird sehr geschätzt, da sie sich fast ausschließlich von Schlangen ernährt und auch vor Giftschlangen nicht zurückschreckt. Die Mussurana packt ihre Beute blitzschnell, umwindet sie mit dem ganzen Körper und erdrosselt sie. Mit Hilfe ihrer Giftzähne, die weit hinten im Rachen liegen, lähmt sie ihr Opfer. Die erbeutete Schlange würgt sie vom Kopf her hinunter. Die Mussurana ist gegen Schlangengift immun. In seinen Veröffentlichungen stellte der brasilianische Schlangen- und Schlangenserumexperte Vital Brasil die Mussurana als wertvolle Mitstreiterin des Menschen im Kampf gegen die Giftschlangengefahr dar und setzte ihr steinernes Abbild über das Portal seines Institutes. Dem Menschen gegenüber verhält sich diese Trugnatter friedfertig und beißt fast nie. Die Mussurana pflanzt sich durch Eier fort.
Haltung und Zucht: Clelia clelia gelangt nur gelegentlich nach Europa und wird daher nur sehr selten gehalten. Obwohl sie jahrelang in der Gefangenschaft ausdauert und bald zutraulich wird, ist ihre Pflege doch nicht empfehlenswert, da sie auf die Dauer nur mit Schlangen ernährt und am Leben erhalten werden kann. Je nach Körpergröße frißt sie monatlich 1–4 Schlangen, die man ihr lebend oder tot anbieten kann. Da sich die Mussurana auch an Artgenossen vergreift, ist eine Einzelhaltung erforderlich. Als Ersatzfutter kann man ihr vorübergehend auch in Streifen geschnittenes Rinder- oder Schweineherz anbieten. Die Mussurana verlangt ein geräumiges Terrarium, einen passenden Unterschlupf, ein großes Wasserbecken und Lufttemperaturen zwischen 25–30 °C. Eine Bodenheizung ist notwendig. Während des Tages hält sich die Schlange fast nur in ihrem Versteck auf. Da sie gern badet, ist der Wasserbehälter oft zu reinigen. Als Bodengrund verwendet man ein Gemisch aus Torf und Walderde, das die stinkenden Exkremente gut absorbiert; die Bodenfüllung muß aber dennoch von Zeit zu Zeit gewechselt werden. Die Mussurana ist bisher noch nicht im Terrarium nachgezüchtet worden. Bei Kisslinger legte ein Exemplar 42 Eier, die allerdings unbefruchtet waren.

Gattung Uromacer
Hispaniolische Spitzkopfnattern
3 Arten

Uromacer oxyrhynchus
Haiti-Spitzkopfnatter
2 Unterarten

Kennzeichen: Der lange stark zugespitzte Kopf setzt sich kaum vom Hals ab. Das mäßig große Auge hat eine runde Pupille. Körper und Schwanz wirken überaus dünn. Die Schuppen sind ungekielt. Die Natter ist blattgrün gefärbt. Zwischen der Körperober- und Unterseite verläuft je ein gelber und weißer Streifen. Die Bauchseite kann gelblichgrün, aber auch rotbraun sein.
Länge: Knapp 2 m.
Herkunft und Lebensweise: Uromacer oxyrhynchus ist auf Hispaniola (Haiti) und der westindischen Insel Gonave weit verbreitet. Die Schlange lebt hauptsächlich im lichten Buschwald, kommt aber auch an anderen Stellen vor. Meist hält sie sich in 2–3 m Höhe im Gebüsch auf. Gelegentlich steigt sie auf den Erdboden hinab. Wird sie gefangen, so beißt sie nicht, sondern sperrt drohend ihr Maul auf und spreizt dabei den Unterkiefer besonders weit, so daß sie gefährlicher erscheint als sie es in Wirklichkeit ist. Die Nahrung dieser am Tage aktiven Schlange besteht hauptsächlich aus Echsen der Gattung *Anolis*. Sie frißt aber auch kleine Frösche. Auf Echsen wirkt ihr Biß tödlich, während er für Menschen ungefährlich ist. *Uromacer oxyrhynchus* pflanzt sich durch Eier fort, die zu einem Gelege zusammenkleben.
Haltung und Zucht: Die Haiti-Spitzkopfnatter verlangt ein geräumiges Baumschlangen-Terrarium mit zahlreichen Kletterästen, gutem Pflanzenwuchs, einem großen Wassergefäß

und Tagestemperaturen zwischen 25–28 °C und einer 12- bis 14stündigen Beleuchtungsdauer. In der Nacht sollte die Lufttemperatur nicht unter 18 °C absinken. Bei richtiger Haltung erweist sich *Uromacer oxyrhynchus* als ausdauernder Pflegling, der seine anfängliche Scheu bald verliert. Die Bewegungen dieser dünnen Schlange sind ungemein flink. Beim Hantieren im Behälter muß man aufpassen, denn das Tier benutzt jede Möglichkeit, um pfeilschnell zu entweichen. Als Futter bietet man kleinere Eidechsen, die die Haiti-Spitzkopfnatter blitzschnell packt, jedoch nicht umschlingt, sondern durch ihr Gift tötet. Diese Trugnatter bohrt ihre Zähne unter kauenden Bewegungen tief in das Beutetier, das bald schlaff herunterhängt und vom Kopf her verschlungen wird. *Uromacer oxyrhynchus* frißt jeden 2.–3. Tag eine Eidechse. Die Verdauung geht sehr schnell vor sich. Die Haiti-Spitzkopfnatter ist in der Gefangenschaft noch nicht nachgezüchtet worden. Die nahe verwandte, ungefähr 130 cm lange Catesby-Spitzkopfnatter *(U. catesbyi)*, die ebenfalls auf Haiti und im gleichen Lebensraum wie *U. oxyrhynchus* vorkommt, verlangt die gleichen Pflegebedingungen. Der smaragdgrüne und ebenfalls am Tag aktive *U. catesbyi* ist noch mehr an das Leben auf Bäumen gebunden als *U. oxyrhynchus*. Die Catesby-Spitzkopfnatter frißt kleine Frösche und Eidechsen. Im Terrarium erweist sie sich nicht so ausdauernd wie ihre größere Verwandte.

Gattung Leptodeira
Katzenaugennattern
9 Arten

Leptodeira annulata
Bananennatter
7 Unterarten

Kennzeichen: Der kurze, breite Kopf setzt sich deutlich vom Hals ab. Das große Auge hat eine senkrecht geschlitzte Pupille. Der Körper wirkt kurz und seitlich ein wenig zusammengedrückt. Die Körperfärbung schwankt zwischen gelblich und rotbraun. Der Kopf ist einfarbig braun. Hinter dem Auge verläuft ein dunkles Schläfenband. Die Rückenzeichnung besteht aus großen, dunklen Flecken, die hell gesäumt sind und teilweise zu einem Zickzackband verschmelzen können. Die dunklen Flecken der Körperseiten stehen im Wechsel zu denen des Rückens. Auf dem Schwanz werden die Flekken undeutlich. Die hellgraue Bauchseite ist schwach grau getupft.
Länge: 50–70 cm.
Herkunft und Lebensweise: Die Bananennatter ist weit verbreitet, von Mexiko bis nach Argentinien. Hin und wieder gelangt sie mit Bananen- und Edelholzimporten nach Europa. Diese Trugnatter kommt hauptsächlich in vegetationsreichen Feuchtgebieten vor. Besonders häufig ist sie am Rande von Sümpfen. Ihre Nahrung besteht aus Fröschen, Kröten, Eidechsen und Insekten. Gelegentlich frißt sie auch Schlangen. Jungtiere leben weitgehend auf Bäumen. Erwachsene Bananennattern halten sich aber am Boden auf. Diese Schlangen verbergen sich am Tage an dunklen Stellen. In der Nacht kriechen sie umher und man findet sie oft in der Nähe von Ansiedlungen, in denen sie sogar auf die Strohdächer klettern. *Leptodeira* pflanzt sich im tropischen Südamerika fast über das ganze Jahr fort. Sie legt bis zu 10 Eier ab. Beim Schlüpfen sind die Jungen 16–19 cm lang.
Haltung und Zucht: Leptodeira annulata wird nur selten gehalten. Die in der Gefangenschaft ziemlich ausdauernde Schlange gewöhnt sich schnell ein. Sie benötigt einen mittelgroßen Behälter mit einem großen Wasserbecken, einem Rindenstück oder Baumstubben als Versteck und einige Kletteräste. Als Bodenfüllung verwendet man Walderde oder ein Gemisch aus Sand und Torf. Tageslicht genügt. Die Lufttemperatur sollte am Tage zwischen 25–30 °C liegen und in der Nacht nur ein wenig absinken. Als Futter bietet man Frösche und Eidechsen. Einzelhaltung ist empfehlenswert, da manche Tiere auch Schlangen fressen. Trächtig eingeführte Weibchen haben in der Gefangenschaft wiederholt Eier abgelegt.

Haines pflegte eine *Leptodeira annulata*, die nach 5jähriger Gefangenschaft ein Gelege von 11 Eiern absetzte, von denen 6 befruchtet waren. In diesem Zeitraum hatte die Schlange zwei weitere Gelege abgesetzt, obwohl sie mit keinem Männchen zusammen war.

Leptodeira septentrionalis
Gebänderte Katzenaugennatter
3 Unterarten

Kennzeichen: Der breite, kurze Kopf setzt sich deutlich vom Hals ab. Das große Auge hat eine senkrecht geschlitzte Pupille. Der Körper der Schlange wirkt robust. Sie besitzt glatte Schuppen. Die Grundfärbung des Körpers ist grünlichgelb bis rotbraun. Breite, dunkelbraune bis schwarze Sattelflecken verlaufen in gleichen Abständen über den Rücken und die Körperseiten. Ein dunkler Schläfenfleck zieht sich vom Auge bis zum Mundwinkel. Die Oberseite des Kopfes ist dunkel gefleckt. Die Bauchseite ist einfarbig gelb.
Länge: 50–75 cm.
Herkunft und Lebensweise: Die Gebänderte Katzenaugennatter kommt von Südtexas bis nach Costa Rica vor. Wie die Bananennatter ist sie eine in der Nacht aktive Art. Sie kommt in der Ebene und in den Bergen bis 1000 m Höhe vor und hält sich in der Nähe verschiedenartiger Gewässer auf. Die Gebänderte Katzenaugennatter lebt mehr auf Bäumen als am Boden. Ihre Nahrung besteht überwiegend aus Fröschen. Sie frißt aber auch Eidechsen, Mäuse und Schlangen. Über ihr Fortpflanzungsverhalten ist nur wenig bekannt; sie legt Eier. Die Jungen sind etwa 18 cm lang.
Haltung und Zucht: Leptodeira septentrionalis wird ebenso wie *Leptodeira annulata* gepflegt und ist dann eine äußerst haltbare Art, von der ein Exemplar im Lincoln Park Zoo in Chicago schon seit über 11 Jahren lebt. Da *Leptodeira septentrionalis* teilweise Schlangen frißt, sollte man sie nur einzeln halten. Als Futter kommen hauptsächlich die leider immer seltener werdenden Frösche in Betracht. Gelegentlich kann man auch Fische verfüttern. Da die Katzenaugennatter außerdem junge Mäuse annimmt, sollte man versuchen, sie an dieses Futter zu gewöhnen. Gesunde *Leptodeira septentrionalis* fressen gierig und stets regelmäßig; nur in der heißen Jahreszeit setzen sie für einige Wochen mit der Nahrungsaufnahme aus. Diese Trugnattern liegen vor der Häutung oft tagelang im Wasserbehälter. Im Terrarium wurde die Gebänderte Katzenaugennatter noch nicht nachgezüchtet. Bei Ditmars legte ein trächtig gefangenes Weibchen 12 Eier unter einem Stein ab.

Gattung Oxybelis
Spitznattern
4 Arten

Oxybelis aeneus
Erzspitzschlange
2 Unterarten

Kennzeichen: Der längliche, schmale Kopf setzt sich deutlich vom Hals ab. Ein spitzer Schnauzenfortsatz wie bei *Oxybelis fulgidus* fehlt. Das große Auge hat eine runde Pupille. Der Körper wirkt ungewöhnlich dünn, der Schwanz lang ausgezogen. Die Rückenschuppen sind glatt oder schwach gekielt. Die Grundfärbung des Körpers ist glänzend gelblichgrau bis rötlichbraun. Rücken und Körperseiten können einfarbig sein oder braune und schwarze Flecken aufweisen. Auf jeder Schläfenseite verläuft eine schwarze Linie durch das Auge. Ober- und Unterlippenschilder wie Kehle, Hals und Bauchseite sehen weißlich und mehr oder weniger rötlich gepudert aus. Am Rande der Bauchschilde kann ein feiner, dunkler Seitenstreifen, auf der Bauchmitte eine helle Mittellinie verlaufen.
Länge: 150 cm, in Ausnahmefällen bis zu 190 cm.
Herkunft und Lebensweise: Die Erzspitzschlange ist von Südarizona bis zum nördlichen Südamerika zu finden. Sie kommt ebenfalls auf Trinidad, Tobago und den Huevos-Inseln vor.

Hauptsächlich kommt sie in der Ebene, seltener im Hügelland vor. Das mehr am Tag als in der Nacht aktive Tier hält sich stets auf Büschen und niederen Bäumen in der Nähe von Gewässern auf. In fast allen Waldgebieten ist *Oxybelis aeneus* häufig anzutreffen. Mit ihren seitlich stehenden Augen kann die Erzspitzschlange überblicken, was sich ober- und unterhalb von ihr abspielt. Ihre Nahrung besteht aus Echsen, Fröschen und jungen Vögeln, die sie durch ihr Gift schnell tötet und vom Kopf her verschlingt. Für den Menschen bedeutet diese Schlange keine Gefahr. Auch wenn man sie stört, beißt sie nur selten zu; meist öffnet sie nur ihren Rachen. Wenn sie sich angegriffen fühlt, scheiden die Afterdrüsen ein stark riechendes Sekret aus. Die Erzspitzschlange setzt im Juni ein Gelege mit ungefähr 6 Eiern ab.

Haltung und Zucht: Oxybelis aeneus verlangt ein Terrarium für Baumschlangen mit zahlreichen Kletterästen, sehr viel Pflanzenwuchs, einem Bodengrund aus humushaltiger Lauberde und einem Wassergefäß. Eine Bodenheizung erübrigt sich. Die Beleuchtung sollte ganztägig in Betrieb sein. Tages- und besonders Sonnenlicht wirken sich günstig aus. Die Erzspitzschlange ist an weitgehend konstante Temperaturen zwischen 25–30°C gewöhnt. Bei Wärmeschwankungen ist sie schnell erkältet. Als Nahrung bietet man Eidechsen, kleine Frösche und nestjunge Sperlinge. Hin und wieder sprüht man lauwarmes Wasser, das die Schlangen gern in Tropfenform zu sich nehmen. *Oxybelis aeneus* wurde bisher noch nicht in der Gefangenschaft nachgezüchtet.

Oxybelis fulgidus
Glanzspitznatter

Kennzeichen: Der lange, schmale Kopf mit dem unbeweglichen, auffallend zugespitzten Schnauzenschild setzt sich merklich vom Hals ab. Das große Auge hat eine runde Pupille. Der Körper wirkt ungewöhnlich dünn und zierlich, der Schwanz fadenartig lang ausgezogen. Die Rückenschuppen sind glatt oder schwach gekielt. Die prächtig laubgrüne Körperoberseite trennt farblich eine weiße Längslinie auf den Bauchschilden von der gelbgrünen Bauchseite. Die Ober- und Unterlippenschilde sind gelbgrün, die Zunge laubgrün.

Länge: 150–180 cm, in Ausnahmefällen bis zu 213,5 cm.

Herkunft und Lebensweise: Oxybelis fulgidus ist von Mexiko bis nach Argentinien verbreitet. Sie kommt in der Ebene und in Höhenlagen bis zu 1000 m stellenweise häufig vor. Die am Tag und in der Nacht aktive Schlage hält sich ausnahmslos auf Büschen und niederen Bäumen auf und meidet den Erdboden. Durch ihre laubgrüne Färbung und ihren rankenähnlichen Körperbau ist sie im verschlungenen Astwerk oft kaum zu entdecken. In ihrem äußeren Erscheinungsbild und in einigen ihrer Lebensäußerungen erinnert sie somit an die südostasiatischen Peitschennattern der Gattung *Dendrelaphis*. Sie ernährt sich von Eidechsen und nestjungen Vögeln, seltener von Fröschen. Wird sie gestört, bläht die Glanzspitznatter ihren Vorderkörper auf, wobei sich die Schuppen auseinanderspreizen und ihre leuchtend grüne Färbung dadurch besonders lebhaft hervortritt. Wenn man diese Trugnatter ergreift, beißt sie. Ihr Biß ist jedoch harmlos. *Oxybelis fulgidus* legt Eier.

Haltung und Zucht: Wie die vorige Art wird *Oxybelis fulgidus* nur selten eingeführt. Die Glanzspitznatter wird ebenso gehalten wie die Erzspitzschlange. Als Futter bietet man Eidechsen in Größe einer Mauereidechse, sie geht aber auch willig an Mäuse. Frisch gefangene Glanzspitznattern sind zu Beginn scheu und bissig. Im Zustande der Erregung sperren sie drohend das Maul auf und pendeln mit dem Kopf und dem Vorderkörper hin und her. Dabei züngeln sie oft in seltsamer Weise, wobei die Zunge lang und starr aus dem Maul herausgehalten wird. Die opisthoglyphe Glanzspitznatter wurde von Golder zur Nachzucht gebracht. Die Tiere paarten sich am 14. und am 15. Dezember 1979, wobei das Männchen in Schlangenlinien über dem Körper des Weibchens lag. Die anormal lange Zeitdauer der Eiablage begann am 20. 3. 1980 und zog sich bis zum 12. 4. des gleichen Jahres hin. Es wurden 6 Eier von durchschnittlich 5 × 2,2 cm abgelegt. Aus dem zuerst abgelegten Ei schlüpfte nach 83 Tagen eine 43,5 cm lange Jungschlange bei einer Inkubationstemperatur von 24–26 °C und einer relativen Luftfeuchtigkeit von 100 %. Der junge *Oxybelis fulgidus* ging nicht selbständig ans Futter und wurde wöchentlich mit einer nackten Maus zwangsernährt.

Literaturverzeichnis

Aleven, I. M.: Alles über das Terrarium. Alfred Kernen Verlag, Stuttgart 1970.

Amaral do, A.: Serpentes do Brasil. Iconografia Colorida. Melhoramentos – Edition da Universidade de São Paulo, São Paulo 1978.

Bade, E.: Praxis der Terrarienkunde. Creutz'sche Verlagsbuchhandlung, Magdeburg 1907.

Baran, I.: Türkiye Yilanlarinim Taksonomik Revizyonu ve Cografi Dagilislari. Kavaklidere, Ankara 1976.

Barboza du Bocage, J. V.: Herpétologie d'Angola et du Congo. Imprimerie Nationale, Lisbonne 1895.

Bechtel, H.: Terrarientiere. Lurche und Schlangen. Landbuch-Verlag GmbH., Hannover 1975.

Bechtle, W.: Bunte Welt im Terrarium. Franckh'sche Verlangshandlung, Stuttgart 1971.

Berendt, Th.: Kleine Terrarienkunde. Falken-Verlag Erich Sicker, Wiesbaden o. J.

Böhler, E. A.: Beitrag zur Kenntnis der Herpetofauna von Rio Grande do Sul-Brasilien. Dissertation der Philosophischen Fakultät der Universität des Saarlandes, Saarbrükken 1976.

Boulenger, G. A.: The Snakes of Europe. Methuen & Co. Ltd., London 1913.

Bowler, K. J.: Longevity of Reptiles and Amphibians in North American Collections. Zoological Society of Philadelphia, Philadelphia 1977.

Brasil, V.: La Défense contre l'Ophidisme. Imprimerie Pocai & Weiss, St. Paul 1911.

Breen, J. F.: Encyclopedia of Reptiles and Amphibians. T. F. H. Publications Inc., Neptune City/New Jersey 1974.

– Reptiles and Amphibians in your Home. T. F. H. Publications Inc., Neptune City/New Jersey 1967.

Brehm's Tierleben: Lurche und Kriechtiere, 2. Band. Neubearbeitet von Otto zur Strassen. Bibliographisches Institut, Leipzig und Wien 1913.

Broadley, D. G., and Cock, E. V.: Snakes of Rhodesia. Mardon Printers Ltd., Salisbury 1975.

Broadley, D. G.: Fitzsimons' Snakes of Southern Africa. National Book Printers, Johannesburg and Capetown 1983.

Cansdale, G. S.: West African Snakes. William Clowes and Sons Ltd., London 1961.

Cei, M. J.: Reptiles del Centro, centro oeste y sur de la Argentina. Herpetofauna de las zonas áridas y semiáridas. Monografia IV. Museo Regionale di Scienze Naturali. Torino 1986.

Cogger, H. G.: Reptiles and Amphibians of Australia. A. H. & A. W. Reed Pty Ltd., Sydney 1975.

Conant, R.: A Field Guide to Reptiles and Amphibians of Eastern and Central North America. Houghton Mifflin Company. Boston 1975.

– A Review of the Water Snakes of the Genus *Natrix* in Mexico. Bulletin of the American Museum of Natural History, New York 1969.

Daniel, J. C.: The Book of Indian Reptiles. Bombay Natural History Society, Bombay 1983.

Deoras, P. J.: Snakes of India. National Book Trust, New Delhi 1965.

Deraniagala, P. E. P.: A Colored Atlas of some Vertebrates from Ceylon. Serpentoid Reptilia. Governement Press Ceylon, Colombo 1955.

De Rooj, N.: The Reptiles of the Indo-Australian Archipelago II. Ophidia. E. J. Brill Ltd., Leiden 1917.

Deutsche Lufthansa AG: Klimatologische Daten. Köln 1971.

Deuve, J.: Serpents du Laos. Office de la Recherche scientifique et technique Outre-Mer, Paris 1970.

Ditmars, R. L.: Snakes of the World. The Macmillan Company, New York 1960.

Dixon, J. R. & P. Soini: The Reptiles of the Upper Amazon Basin, Iquitos Region, Peru. II Crocodilians, Turtles and Snakes. Milwaukee Public Museum, Milwaukee 1976.

Dobbs, J. S.: Reptilian Disease – Recognition and Treatment. Ralph Curtis Books, Hollywood/Florida 1973.

Domergue, Ch.: Les Serpents de Franche Comté. Imprimerie de l'Est, Besançon 1942.

Dowling, H. G. and W. E. Duellman: Systematic Herpetology: A Synopsis of Families and Higher Categories. Hiss Publications, New York 1984.

Duellman, W. E.: The South American Herpetofauna: Its Origin, Evolution, and Dispersal. Museum of Natural History, The University of Kansas, Lawrence, Kansas 1979.

Echternacht, A. C.: Reptielen en Amfibieen. Elsevier Nederland B. V., Amsterdam – Brüssel 1977.

Engelmann, W. E., J. Fritsche, R. Günther, F. J. Obst: Lurche und Kriechtiere Europas. Neumann Verlag, Leipzig – Radebeul 1985.

Fitch, H.: Reproductive Cycles in Lizards and Snakes. The University of Kansas Printing Service, Lawrence/Kansas 1970.

Fitzsimons, V. F. M.: Snakes of Southern Africa. Macdonald, London 1962.

Floericke, K.: Der Terrarienfreund. Franckh'sche Verlagshandlung/Kosmos, Stuttgart 1927.

Fowlie, J. A.: The Snakes of Arizona. Azul Quinta Press, Fallbrook 1965.

Freiberg, M.: Snakes of South America. T. F. H. Publications, Neptune, N. J. 1982.

Fretey, J.: Guide des Reptiles et Batraciens de France. Hatier, Paris 1975.

Frommhold, E.: Wir bestimmen Lurche und Kriechtiere Mitteleuropas. Neumann Verlag, Radebeul 1959.

Frye, F. L.: Husbandry, Medicine & Surgery in Captive Reptiles. V. M. Publishing, Bonner Springs/Kansas 1973.

Gans, C.: A Taxonomic Revision of the African Snake Genus *Dasypeltis*. Tervuren 1959.

Geus, A.: Schlangen. Lehrmeister-Bücherei Nr. 167. Albrecht Philler Verlag Minden o.J.

Gharpurey, K. G.: Snakes of India and Pakistan. Popular Prakashan, Bombay 1937.

Grzimeks Tierleben. Sechster Band: Kriechtiere. Herausgegeben von Grzimek, B., Hediger, H., Klemmer, K., Kuhn, O., Wermuth, H., Kindler Verlag, Zürich 1971.

Huheey, J. E., and Stupka, A.: Amphibians and Reptiles of Great Smokey Mountains National Park. The University of Tennessee Press, Knoxville 1967.

Ippen, R., Schröder H.-D., Elze, K.: Handbuch der Zootierkrankheiten. Band 1 – Reptilien. Akademie Verlag, Berlin 1985.

Isemonger, R. M.: Snakes of Africa, southern, central and east. Cape and Transvaal Printers Ltd., Cape Town 1962.

Jahn, J.: Das Terrarium. Lehrmeister-Bücherei Nr. 66. Albrecht Philler Verlag, Minden o. J.

– Das Freilandterrarium. Lehrmeister-Bücherei Nr. 959. Albrecht Philler Verlag, Minden o. J.

– Kleine Terrarienkunde. Lehrmeister-Bücherei Nr. 66. Albrecht Philler Verlag, Minden o. J.

– Lebendfutter für ausgewachsene Aquarien- und Terrarientiere. Lehrmeister-Bücherei Nr. 17. Albrecht Philler Verlag, Minden o.J.

Jocher, W.: Futter für Vivarientiere. Franckh'sche Verlagshandlung, Stuttgart 1965.

Kauffeld, C.: Snakes – The Keeper and the Kept. Doubleday & Co. Inc., New York 1969.

Kinghorn, J. R.: The Snakes of Australia. Angus and Robertson, Sydney – London – Melbourne – Wellington 1956.
Klingelhöffer, W., und Scherpner, Chr.: Terrarienkunde Bd. I-Technik. Alfred Kerner Verlag, Stuttgart 1955.
– Terrarienkunde Bd. IV-Schlangen, Schildkröten, Panzerechsen. Alfred Kerner Verlag, Stuttgart 1959.
Koch-Isenburg, L.: Vivarium Darmstadt – moderne Heimstatt für Tiere. Reba-Verlag GmbH, Darmstadt 1971.
Kramer, E., und Schnurrenberger, H.: Systematik, Verbreitung und Ökologie der libyschen Schlangen. Imprimerie Albert Kundig, Genève 1963.
Kundert, F.: Das neue Schlangenbuch in Farbe. Albert Müller Verlag, Rüschlikon-Zürich 1984.
Kuntz, R. E.: Snakes of Taiwan. United States Naval Medical Research Unit Nr. 2. Taipei/Taiwan 1963.
Laurent, R. F.: Contribution à l'Herpétologie de la Région des Grands Lacs de l'Afrique Centrale. Tervuren 1956.
Loveridge, A.: Reptiles of the Pacific World. The Macmillan Company, New York 1946.
Martin, R. D.: Breeding Endangered Species in Captivity. Academic Press, London – New York – San Francisco 1975.
Mehrtens, J.: Living Snakes of the World in Color. Sterling Publishing Co. Inc., New York 1987.
Mell, R.: Beiträge zur Fauna Sinica. Grundzüge einer Ökologie der chinesischen Reptilien. Verlag Walter de Gruyter & Co., Berlin und Leipzig 1929.
Menzel-Tettenborn, H.: Das bunte Terrarienbuch. C. Bertelsmann Verlag, Gütersloh 1967.
Mertens, R.: Kriechtiere und Lurche. Franckh'sche Verlagshandlung, Stuttgart 1975.
– Die Arten und Unterarten der Schmuckbaumschlangen *(Chrysopelea)*, Senckenbergiana biol.; Frankfurt a.M. 1968.
– Die Amphibien und Reptilien West-Pakistans. Stuttgarter Beiträge zur Naturkunde aus dem staatlichen Museum für Naturkunde in Stuttgart. Stuttgart 1969.
– Herpetologische Ergebnisse einer Reise nach Kamerun. Abh. senckenberg. naturf. Ges., Frankfurt 1938.
– Herpetologische Ergebnisse einer Reise nach der Insel Hispaniola, Westindien. Abh. senckenberg, naturf. Ges., Frankfurt a.M. 1939.
– Die Amphibien und Reptilien von El Salvador. Abh. senckenberg. naturf. Gesellschaft, Frankfurt a.M. 1952.
Mertens, R., und Wermuth, H.: Die Amphibien und Reptilien Europas. Verlag Waldemar Kramer, Frankfurt a.M. 1960.
Moonen, J., Erics, W., Van Deursen, K.: Suri naamse Slangen in Kleur. Printing office Dubois & Dubois, Paramaribo 1979.
Müller, M. J.: Klimastationen der Erde. Universitätsverlag Trier, Trier 1978.
Müller, P.: Die Herpetofauna der Insel von São Sebastião (Brasilien). Saarbrücker Zeitung Verlag und Druckerei GmbH, Saarbrücken 1968.
Murphy, J.: A Brief Outline of Suggested Treatments for Diseases of Captive Reptiles and Amphibians. Dallas Zoo and Aquarium, Dallas/Texas o.J.
Nakamura, K. and Uéno, S. I.: Japanese Reptiles and Amphibians in Colour. Hoikusha Publishing Co., Ltd., Osaka 1974.
Nietzke, G.: Die Terrarientiere. Natürlicher Lebensraum und Klimabedingungen, Bau und technische Einrichtung der Terrarien, Ernährung und Fütterung der Terrarientiere.
– Band 1: Schwanzlurche und Froschlurche. 4. Aufl., Verlag Eugen Ulmer, Stuttgart 1989.
– Band 2: Pflanzen im Tarrarium, Zucht und Aufzucht, Freilandaufenthalt und Überwinterung. Krokodile, Echsen, Schlangen. 3. Aufl. Verlag Eugen Ulmer, Stuttgart 1980.
Nikol'skii, A. M.: Fauna of Russia and adjacent Countries. Reptiles, Vol. II. Ophidia. Israel Program for Scientific Translations, Jerusalem 1964.

Oliver, J. A.: The Natural History of North American Amphibians and Reptiles. D. Van Nostrand Company, Inc., New York 1955.

Parker, H. W., and Grandison, A. G. C.: Snakes – a natural history. Cornell University Press, Ithaca and London 1977.

Peters, J. A., and Orejas-Miranda, B.: Catalogue of the Neotropical Sqamata. Part I: Snakes. Smithsonian Institution, Washington 1970.

Pitman, Ch. R. S.: A Guide to the Snakes of Uganda. Wheldon & Wesley, Ltd., Codicote 1974.

Pope, C. H.: The Giant Snakes. Alfred A. Knopf, Inc., New York 1965.

– The Reptiles of China. The American Museum of Natural History, New York 1935.

– La Vie des Amphibiens & Reptiles. Horizonsche France, Paris 1959.

Reichenbach-Klinke, H. H.: Krankheiten der Reptilien. VEB Gustav Fischer Verlag, Jena 1977.

Riches, R. J.: Breeding Snakes in Captivity. The Palmetto Publishing Company, St. Petersburg/Florida 1976.

Rimpp, K.: Amphibien und Reptilien im Terrarium – Lebensgewohnheiten, Arten, Pflege. Falken-Verlag, Niederhausen/Taunus 1977.

Roberts, M. F.: All about Boas and other Snakes. T. F. H. Publications, Neptune City, New Jersey 1975.

Rooj, N.: The Reptiles of the Indo-Australian Archipelago. II Ophidia. A. Asher & Co N. V., Vaals 1970.

Roze, J. A.: La Taxonoma y Zoogeografia de los Ofidios de Venezuela. Universidad Central de Venezuela, Caracas 1966.

Sachs, W. B.: Terrarienpflege leicht gemacht. Franckh'sche Verlagshandlung, Stuttgart 1961.

Salvador, A.: Guia de los Anfibios y Reptiles Espanioles. Madrid 1974.

St. Girons, H.: Les Serpents du Cambodge. Editions du Museum, Paris 1972.

Schmidt, K. P., and Davis, D. D.: Field Book of Snakes of the United States and Canada. G. P. Putnam's Sons, New York 1941.

– und Inger, R. F.: Knaurs Tierreich in Farben: Reptilien. Droemersche Verlagsanstalt, München-Zürich 1957.

Schneider, E.: Freude an Schlangen. The Pet Library Ltd., Harrison, New Jersey o. J.

– Die Pflanzen des Terrariums. Lehrmeister-Bücherei Nr. 960. Albrecht Philler Verlag, Minden o. J.

Schreiber, E.: Herpetologia Europaea. Verlag Gustav Fischer, Jena 1912.

Shaw, Ch. E., and Campbell, Sh.: Snakes of the American West. Alfred A. Knopf Inc., New York 1974.

Silvio, M.: O Ophidismo No Brasil. Ministerio da Saúde, Rio de Janeiro 1956.

Smith, H. M.: Snakes as Pets. T. F. H. Publications, Neptune City/New Jersey 1965.

Smith, H. M., and Taylor, E. H.: Herpetology of Mexico. Reprinted by Eric Lundberg, Ashton 1966.

Stanek, V. J.: Ungiftige Schlangen. Artia-Verlag, Prag 1962.

Stebbins, R. C.: Amphibians and Reptiles of Western North America. Mc Graw-Hill Book Company, Inc., New York – Toronto – London 1954.

– A Field Guide to Western Reptiles and Amphibians. Houghton Mifflin Company, Boston 1966.

Steinheil, F.: Die Europäischen Schlangen. Verlag Gustav Fischer, Jena 1913.

Stejneger, L.: Herpetology of Japan and adjacent Territory. Government Printing Office, Washington 1907.

Stettler, P. H.: Handbuch der Terrarienkunde. Franckh'sche Verlangshandlung, Stuttgart 1978.

Steward, J. W.: The Snakes of Europe. Latimer Trend & Co. Ltd., Plymouth 1971.

Stimson, A. F.: Liste der rezenten Amphibien und Reptilien: Boidae. Verlag Walter de Gruyter & Co., Berlin 1969.

Taylor, E. H.: Herpetology of the Phillipine Islands. A. Asher & Co., (Reprint) Amsterdam 1966.

Terent'ev, P. V., and Chernov, S. A.: Key to the Amphibians and Reptiles. Israel Program for Scientific Translations, Jerusalem 1965.

Trutnau, L.: Europäische Amphibien und Reptilien. Belser Verlag, Stuttgart 1975.

Tweedie, M. W. F.: The Snakes of Malaya. Third Edition. Singapore National Printers (pte) Ltd, Singapore 1983.

Van Denburgh, J.: The Reptiles of Western North America. Vol. II: Snakes and Turtles. California Academy of Sciences, San Francisco 1922.

Vanzolini, P. E., A. M. M. Ramos-Costa, L. J. Vitt: Repteis Das Caatingas. Academia Brasileira de Ciências, Rio de Janeiro 1980.

Villiers, A.: Les Serpents de l'Ouest Africain. Les Nouvelles Editions Africaines, Dakar 1975.

Vogel, Z.: Aus dem Leben der Reptilien. Artia-Verlag, Prag 1954.

– Riesenschlangen aus aller Welt. Die Neue Brehm-Bücherei. A. Ziemsen Verlag, Wittenberg 1968.

– Wunderwelt Terrarium. Urania-Verlag, Leipzig – Jena – Berlin 1962.

– Terrarien-Taschenatlas. Verlag Werner Dausien, Hanau/Main 1966.

Vogt, D., und Wermuth, H.: Knaurs Aquarien- und Terrarienbuch. Droemersche Verlagsanstalt, München – Zürich 1961.

Webb, R. G.: Reptiles of Oklahoma. University of Oklahoma Press, Norman 1970.

Wehner, W.: Kleine Terrarienkunde. Urania-Verlag, Leipzig – Jena – Berlin 1966.

Worrell, E.: Reptiles of Australia. Angus and Robertson, Sydney 1964.

Wright, A. H., and Wright, A. A.: Handbook of Snakes. 2 Volumes. Comstock Publishing Associates, Ithaca New York 1957.

Fachzeitschriften

Amphibia – Reptilia
Publikations of the Societas Europaea Herpetologica. E. J. Brill, Postbus 9000, 2300 PA Leiden, Niederlande.

Das Aquarium
Albrecht Philler Verlag GmbH, Stiftsallee 40, 4950 Minden.

Aquarien-Magazin
Franckh'sche Verlagshandlung, Pfizerstr. 5–7, 7000 Stuttgart 1.

ASRA – The Journal of the Association for the Study of Reptilia and Amphibia
c/o The Cotswold Wild Life Park, Burford/Oxon, England.

Bulletin of the Maryland Herpetological Society
Department of Herpetology, The Natural History Society of Maryland, Inc., 2643 North Charles Street, Baltimore, Maryland 21218, USA.

Copeia
American Society of the Ichthyologists and Herpetologists. Linda Trueb, Publications Secretary ASIH, Museum of Natural History, The University of Kansas, Lawrence, Kansas 66045, USA.

DATZ (Die Aquarien- und Terrarienzeitschrift)
Eugen Ulmer Verlag, Postfach 700561, 7000 Stuttgart 70.

Elaphe – Aquaristisch-terraristische Beiträge
Dr. sc. Dieter Schmidt, Heinrich-Heine-Str. 86, DDR-1282 Schönow bei Berlin.

Herpetofauna (Die Zeitschrift für den Terrarianer)
Herpetofauna-Verlags GmbH, Römerstr. 21, 7056 Weinstadt.

Herpetologica
Published by the Herpetologists' League, Inc., 1041 New Hampshire Street, Lawrence, Kansas 66044, USA.

Literatura Serpentium
Anthony van Woerkom, Volkerakstraat 19, 3522 RB Utrecht, Niederlande.

Salamandra (Zeitschrift für Herpetologie und Terrarienkunde)
Zoologisches Forschungsinstitut und Museum Alexander Koenig, Adenauerallee 150–164, 5300 Bonn.

Sauria (Eine Zeitung der Terrariengemeinschaft Berlin e.V.)
Ulrich Manthey, Kindelbergweg 15, 1000 Berlin 46.

Bildnachweis

W. Frick: Abb. 17, 22, 23, 59
L. Trutnau: Abb. 1–16, 18–21, 24–58, 60–87

Register

Seitenziffern mit Sternchen * verweisen auf Abbildungen